高等学校文科教材

新闻评论教程

胡文龙　秦　珪　涂光晋　著

中国人民大学出版社

前　言

新闻评论学是高等学校新闻学专业本科生的必修课程。为了教学的需要，并根据国家教委高等学校文科教材编写计划，在多年从事新闻评论教学的实践和研究的基础上，我们撰写了《新闻评论教程》这本书。回想我们曾经于1987年，撰写出版了教材《新闻评论学》。十多年来，该教材先后印刷了九次，受到了新闻界和新闻教育界的重视并被广泛采用。《新闻评论教程》正是在《新闻评论学》的基础上，根据新闻评论改革和发展现状，特别是电子媒介新闻评论的日趋重要和繁荣情况，吸收新闻评论实践中的新鲜经验并考虑新闻评论教学的实际需要，重新加以修订、拓展、增补而撰写成书的。

新闻评论学是一门政治性和实践性很强的应用新闻学。新闻评论作为新闻宣传的基本手段之一，是新闻报道的延伸、拓展和深化。应用和写作新闻评论是新闻工作者的一项基本功。学习和掌握新闻评论的基本规律和方法，有助于指导新闻评论的实践，提高新闻评论的水平，更好地发挥其“以正确的舆论引导人”的独特功能。

本书共十五章，分上下两篇。上篇是总论，包括新闻评论的特点、功能、回顾与发展，评论写作的基本原则、规律和方法；下篇是分论，包括新闻评论各种体裁的基本知识，它们的特点和运用，以及写作或操作的基本要求和技能。考虑到便于读者阅读和领会，写作时尽量使之体现理论与实践的结合、材料与观点的结合、分析与概括的结合、历史与现实的结合，并注意到内容的理论性、知识性和可操作性。各章执笔人如下：第一章、第二章的第一节、第六章、第十二章、第十三章由秦珪撰写；第四章、第十章、第十四章、第十五章由涂光晋撰写；第二章的第二节及第三节、第三章、第五章、第七章、第八章、第九章、第十一章由胡文龙撰写并负责全书的统稿。

本书撰写过程中，曾经得到新闻单位同志、我院有关教授和校出版社同志的支持和帮助，谨此表示谢意。对于书中所存在的缺点和不足，恳请读者批评指正。

作　者

1998 年春于中国人民大学新闻学院

目　　录

上　　篇

下　篇

上　　篇

第一章　绪　　论

新闻评论是针对现实生活中新近发生的、具有普遍意义的新闻事件和迫切需要解决的问题而发议论，讲道理，直接发表意见的文体。它包括社论（本台评论）、评论员文章、短评、编者按语、专栏评论、述评、杂感随笔、广播评论、电视评论等体裁，是报刊、通讯社、广播、电视等新闻媒介的评论文章（或节目）的总称。它是一种政论性的新闻体裁，是新闻宣传的一种重要手段。

新闻评论属于议论文的范畴。它同别的类型的文章一样，是客观事物的反映，是人们对客观事物认识的结果。它反映客观事物的方法是比较概括和抽象的，主要通过分析说理的方法，从理论、政治、政策和思想上去启发和引导读者。

新闻评论最早出现于报刊。随着新闻事业的发展，它已经成为包括通讯社、广播、电视的新闻宣传中不可缺少的重要体裁，在舆论引导工作中得到越来越广泛的运用。

新闻评论学是新闻学的一个组成部分，它是研究新闻评论的运用和写作规律的科学，有很强的政治性和实践性。新闻评论工作有它自身的规律。学习和研究新闻评论学，就是为了了解新闻评论的特点、功能，掌握新闻评论写作的基本要求和方法，从而在各种不同的情况下，恰当而灵活地运用这种体裁，不断提高新闻评论写作的水平。

第一节 新闻评论的意义

新闻报道和新闻评论是新闻宣传工作中两种最基本的形式。新闻报道是新闻宣传的主体和基础，新闻评论是新闻宣传的旗帜和灵魂。两者相互配合，不可或缺。

1994 年 1 月 24 日，江泽民同志在全国宣传思想工作会议上的讲话中指出，我们的宣传思想工作，必须以科学的理论武装人，以正确的舆论引导人，以高尚的精神塑造人，以优秀的作品鼓舞人。不断培养和造就一代又一代有理想、有道德、有文化、有纪律的社会主义新人，在建设有中国特色社会主义的伟大事业中发挥有力的思想保证和舆论支持作用。这是对宣传思想战线包括新闻媒介提出的重要任务。对于新闻宣传来说，最主要的就是要“以正确的舆论引导人”，通过正确的舆论导向，宣传好党的路线、方针、政策，凝聚人心，振奋精神，激励斗志，促进团结，把广大群众的积极性引导到完成社会主义现代化建设的各项任务上来。在这方面，新闻评论有它独特的作用。

请看关于李素丽的报道。

1996 年 10 月 4 日，《人民日报》在头版头条位置发表了新华社记者潘善棠、夏俊生，《人民日报》记者赵兴林，《北京日报》记者刘连枢、齐晓峰采写的长篇通讯《岗位做奉献　真情为他人——记北京市 21 路公共汽车售票员李素丽》。李素丽在平凡的岗位上，15 年来，用自己日复一日的劳动给人们带来真诚的笑脸、热情的话语、周到的服务、细致的关怀。她“岗位做奉献，真情为他人”的精神风貌，给乘客带来美好的天地，给乘客留下难忘的印象。李素丽的工作得到了党和人民的肯定与表扬。她先后获得“全国优秀售票员”、“五一劳动奖章”和“优秀共产党员”等多项荣誉。北京市公共交通总公司开展了“向李素丽学习，岗位做奉献，真情为他人”的活动。

通讯用大量的事实和李素丽发自内心的话语，全面介绍了她的事迹，具体生动，十分感人。全文四个部分各用一段话作为标题：“我为我的职业、我的岗位自豪，是它给了我每天都能向他人奉献真情的机会，让我每天都感到充实”；“用力去做只能达到称职，用心去做才能达到优秀。普通平凡的事情要往好里去做，是没有止境的”；“车厢是一个流动的小社会，售票员要在乘客之间穿针引线，调节情绪，营造一个美好空间”；“每一条公共汽车的线路都有终点站，但为人民服务没有终点站。我永远属于我的乘客，属于我的岗位”。李素丽并没做出什么惊天动地的壮举，但正如她所说的，“我在售票员这个平凡的岗位上实现着自己的理想和人生追求”。

通讯介绍的事迹是感人的。人们不仅了解了李素丽不平凡的作为，也看到了她丰富多彩的内心世界。同时，也会感到这样的典型人物是有血有肉的，是可敬、可亲、可学的。李素丽做的许多工作，一般人也可以做到，但像她那样15年如一日地坚持岗位做奉献，就不那么容易了。那么，究竟应该如何向李素丽学习呢？同一天发表的本报评论员文章《真心的微笑更动人》，就是回答这个问题的。

评论根据通讯报道的情况指出：“李素丽的事迹感人之处是多方面的。但她给人留下印象最深的，就是她永远真诚的笑脸和对待乘客发自内心的一片真情。”“而这种真诚，无论对于一名社会服务行业的从业人员，还是一位普通的社会成员，都是一种最可宝贵的品格。比之那些强作的笑容和‘职业化’的微笑，只有真心的微笑才具有感人的魅力。”这样就说出了李素丽最动人、最感人之处，也说到了李素丽最值得人们学习的地方。评论最后说：

学习李素丽，核心是学习她那种真正把乘客当作亲人的真情。服务业是社会的窗口，也是抓社会主义精神文明建设的突破口。要通过学习李素丽的活动，让每一位服务业的从业人员意识到，群众多受一分冷漠，就会多一分委屈和不快；而多受到一分关怀，也就会多奉献一分爱心。正如李素丽所说："如果在我们的服务中融进真情，这个世界对大家都会增添一分美好。"希望在首都和全国涌现出更多的李素丽，把社会服务质量和精神文明建设水平推进到一个新的高度。

这些论述，不仅对服务行业的从业人员，而且会使从事其他行业的社会成员得到启发和教益。因为，通过对李素丽那些动人事迹的分析和提炼，倡导了一种追求真善美、用诚实劳动争取美好生活的思想道德；颂扬了一种对祖国、对人民、对生活满腔热爱的感情；引导人们在平凡的岗位上奋发有为，实现自己的理想和人生价值。

可以看出，通讯主要报道客观事实，通过生动感人的大量事实，从平凡中见伟大，于细微处见真情，表现了李素丽的精神风貌，对于人们向李素丽学习，起了有力的激励作用。而评论则是在客观事实的基础上，通过分析说理，帮助人们提高认识，引导人们从根本上去学习李素丽那种"岗位做奉献，真情为他人"的品德和精神。

新闻报道主要是传播信息，提供新闻事实，重在真实客观，作者的倾向、感情、意见是包括在事实的叙述之中的。评论则是针对新闻事实，分析说理，直截了当地表明作者的观点。新闻媒介要"以正确的舆论引导人"，就要讲道理、发表意见。意见有有形的，也有无形的。也可以说，新闻报道是无形的意见，新闻评论是有形的意见。因此，新闻宣传既要有报道，又要有评论。新闻报道和新闻评论在统一的思想指导下，互相配合，相得益彰，可以更好地发挥作用。

新闻评论对新闻所报道的重要事件或重大问题，进行分析议论，可以明确地指出新闻报道的思想政治意义，深化报道的主题，进而全面、准确地宣传党的路线、方针、政策。有的评论还可以根据新闻报道中提供的事实，从某个侧面或角度，借题发挥，提出一些引人深思的问题，启发读者。所以，和新闻报道比较，新闻评论的宣传应该更全面，站得更高，看得更远，因而对评论作者在某些方面的要求也应当更高。

第二节　新闻评论的特点

一、强烈的新闻性

和其他新闻体裁一样，新闻评论的首要特征是它的新闻性，这是由新闻传播工具的性质所决定的，也是新闻评论和一般议论文的重要区别。新闻评论的新闻性，主要表现在它所评论的对象，是当前重要的新闻事件和现实生活中需要解决的问题。它的内容是具有迫切的现实意义的。新闻评论可以针对一件新闻事实，或是针对一个事件、一种倾向、一个问题发言，但这些都必须是广大干部和群众最关心、最感兴趣的。我们在选题和立论的时候要有针对性，注意有的放矢，就是这个道理。

就一篇新闻评论来说，有时候是针对新闻报道中的事实或反映的问题发言；有时候在新闻评论中既提供事实，也发表意见；也有的新闻评论，既不包含具体的新闻事实，也不是针对某篇新闻报道，而是就当前存在的某种倾向或某个问题发言，但所有这些情况，都离不开新闻性这个特点。

《人民日报》1990 年 5 月 10 日发表的《领导干部要学焦裕禄》就是一篇新闻性很强的社论。这篇社论在党的十三届六中全会做出关于加强党同人民群众联系的决定后不久发表，是一篇宣传贯彻这个决定的重要文章。焦裕禄的感人事迹家喻户晓，他的精神深入人心。但是，焦裕禄已经离开我们二十多年了，时代有了很大的变化，为什么还要强调向他学习呢？而且特别提出领导干部要学焦裕禄呢？这正是贯彻十三届六中全会这个决定的要求，也是端正党风和社会风气的需要。正如社论所指出的，现在一提端正党风和社会风气，群众往往提出先从领导干部做起，这是很自然的。“遗憾的是，现在有些领导干部忘记了党的根本宗旨，忘记了自己是公仆，做出一些使人民很反感的事情，比如以权谋私，官僚主义，在一些党政机关里确实存在，有些还很严重，这样的领导干部虽然只是极少数，但他们的行为损害了党的威信，引起群众的不满。”因此，社论提出，领导干部要学习焦裕禄全心全意为人民服务的精神，学习他深入群众联系群众的精神，学习他的艰苦奋斗精神。社论还强调：

> 尽管现在国家的形势比五六十年代要好，群众的日子比五六十年代要富裕一些，但是我们面前还有许多困难，在社会主义物质文明和精神文明建设中还存在许多问题，还要靠像焦裕禄这样的人物和精神去鼓舞斗志，振奋人心。人是要有精神支柱的，领导干部更要振作精神，要有一种昂扬奋发的精神面貌。

社论既指出有些领导干部身上的毛病，强调了当前学习焦裕禄的重要意义，同时也有力地支持了许多像焦裕禄那样无私奉献、埋头苦干的好干部。这样就及时地宣传了党的十三届六中全会的精神，也反映了广大群众要求端正党风和社会风气的迫切愿望。

过去有些报纸，常常是主笔晚上看完大样写社论，第二天见报。这样的文章新闻性是很强的，我们现在当然不能一概这样要求。注意时效就是要适时，要考虑社会效果，并不是越快越好。当然，如果该发言的时候不能及时发言，或者评论与新闻脱钩，时过境迁，就会成为“明日黄花”。

现在报纸上各种样式的专栏小言论日渐增多，还有许多配合新闻报道发表的评论，包括编者按、编后等，运用灵活，发言及时，即事明理，由于有较强的新闻性，很受读者的欢迎。

二、鲜明的政治性

新闻评论的政治性，也是决定于新闻传播工具的性质。新闻宣传总要反映一定的观点和倾向，代表一定的阶级、政党或政治集团的利益。有些新闻媒介虽然标榜不偏不倚的纯客观态度，但它们的立场和态度总是会在报道中特别是言论中表现出来。自近代报刊产生以来，中外报刊概莫能外。

我们的新闻媒介，总是公开表明自己的政治立场。作为党和人民的喉舌，有着鲜明的立场和态度。它的评论是代表党和人民的利益发言的，具有鲜明的政治性。早在 1948 年，革命导师毛泽东在《对晋绥日报编辑人员的谈话》中曾说过：我们必须坚持真理，而真理必须旗帜鲜明。我们共产党从来认为隐瞒自己的观点是可耻的。我们党所办的报纸，我们党所进行的一切宣传工作，都应当是生动的，鲜明的，尖锐的，毫不吞吞吐吐。这是我们革命无产阶级应有的战斗风格。坚持正确的舆论导向，就必须把坚定正确的政治方向放在首位，服从和服务于全党全国工作的大局，任何时候都不能动摇。舆论工作就是思想政治工作。对于新闻评论来说，更是如此。

新闻评论的政治性，主要表现在它针对那些具有政治意义的问题发言，围绕重要的政治事件以及在贯彻执行党的政策过程中的各种问题，进行实事求是的分析，阐明党的立场和主张。即使是实际工作中的问题，包括业务方面的问题，也要从理论、政策、思想的高度进行分析和评价，而不能就事论事。

1992 年初春，邓小平同志到南方考察期间，发表了一系列谈话，涉及我国进行社会主义现代化建设的许多重要问题。《深圳特区报》从2月20日到3月6日，以编辑部名义，发表了8篇系列评论，题目如下：

《扭住中心不放——猴年新春评论之一》

《要搞快一点——猴年新春评论之二》

《要敢闯——猴年新春评论之三》

《多干实事——猴年新春评论之四》

《两只手都要硬——猴年新春评论之五》

《共产党能消灭腐败——猴年新春评论之六》

《稳定是个大前提——猴年新春评论之七》

《我们只能走社会主义道路——猴年新春评论之八》

这些评论根据邓小平同志讲话的精神，结合深圳特区改革开放以来的经验，以鲜明的观点，为进一步搞好改革开放擂响战鼓，有很强的政治意义和现实意义，发挥了重要的舆论导向作用。

上述评论是论述关系全局的重大政治问题的。有些评论或者说更多的评论，并不是直接论述政治问题或政治事件，但也要尽量从思想、政治的高度对客观事物进行分析，探索其普遍意义。

例如，1990年9月22日《人民日报》关于第11届亚运会闭幕的社论《北京亚运精神光耀神州》，评述的是这次体育盛会，但并不是一般地赞颂亚运会举办的成功和我国运动员所取得的优异成绩，而是经过高度概括，论述了我国人民在筹办亚运会过程中和体育健儿在赛场上所表现出的“亚运精神”。社论把这种精神概括为：

爱我中华，为国争光的精神；

顽强拼搏，争创一流的精神；

团结协作，无私奉献的精神；

放眼世界，博采众长的精神。

社论指出，这是一种“具有强大感召力、凝聚力、鼓舞人奋发进取的精神”。这种精神，正是亚运会取得圆满成功的原因，也是在我国社会主义物质文明和精神文明建设的宏图大业中需要发扬光大的。社论的分析着眼于思想，着眼于政治，论述带有激情，鼓舞人奋进。

总之，新闻评论要摆事实、讲道理，讲什么道理呢？就是讲政治，讲政策，讲思想，讲革命和建设的道理。任何时候都是如此。

三、广泛的群众性

新闻评论的群众性，首先表现在它的内容是广大群众最关心和最感兴趣的，是同人民群众的切身利益息息相关的，又是能反映人民群众的要求和呼声的。即使是专业性的新闻媒介，在宣传上也应该面向更大范围的受众，以求更充分地发挥作用。

邹韬奋在他主编《生活》周刊期间，曾经写了大量的小言论。这些小言论取材广泛，立论深刻，论述通俗而生动，受到广大读者的欢迎和喜爱。广泛的群众性是韬奋小言论的重要特点。他主张言论要切合于当前大家所注意所要解决的实际问题，不要有公式化的空论文章。正因为如此，他的小言论才能使读者每遇着社会上发生一个轰动的事件或问题，就期待着这一栏的文字。

在“中国质量万里行”的活动开始一年以前，《人民日报》在1991年3月7日曾刊登了一篇访问中国消费者协会的文章《质量：投诉的焦点》。据中国消费者协会介绍，他们自1985年至1990年受理的消费者投诉，每年从8000件猛增到88.5万件，其中关于商品质量的投诉每年都占75%以上。消费者在肯定当前商品丰富、市场活跃的同时，也指出，假冒伪劣商品已经对消费者的权益构成了严重的威胁。原因何在呢？消费者协会谈到了几个方面，如经济过热，片面追求产值、利润，不法制造、不法经营，领导部门的地方保护主义，对不法分子打击不力等。同时还针对上述原因，提出了若干解决问题的办法。报纸就这篇文章反映的情况发表了短评《治劣需治本》，在肯定综合治理的同时，尖锐地指出，“治病要治根”，“假冒伪劣的病根在生产环节。各地政府和各级主管部门，必须认真加强对生产环节的管理、规范和约束，紧紧抓住治劣之本”。短评分析道：

> 在商品经济活动中，出现一些不择手段谋求暴利的生产者，并不可怕。只要有好“医生”，“病”一般是不会蔓延的。但如果“医生”出了问题，不是积极治病，而是有意无意地袒护“病毒”，那就可怕了。……只有管理者的认识提高了，行为端正了，态度积极了，措施得力了，被管理者才会心悦诚服地接受管理；那种在假冒伪劣问题上知法犯法，弄权渎职的现象才能彻底改变，假冒伪劣也才有可能治愈。

短评的分析指出了解决问题的关键，可谓一针见血、切中要害，反映了消费者的呼声和迫切要求。

新闻评论要面向广大读者，不仅内容要符合群众的要求，而且在论述方式上也要考虑读者的特点，照顾他们的兴趣爱好和接受能力，为他们所喜闻乐见。

新闻评论的群众性，还要求新闻媒介尽量吸引广大群众关心评论工作，参加评论的写作。这样可以使新闻评论拥有更广泛的受众，使它的内容更加贴近实际、贴近生活、贴近群众，更加丰富多彩。近年来，报纸上的各种专栏评论日渐增多，如《群众论坛》、《读者论坛》、《大家谈》、《百家言》、《群言堂》，发表的全部或大部分是群众的来稿。深受读者欢迎的《人民日报·今日谈》专栏，稿件大多来自群众，反映群众的意见、要求、愿望、呼声。为它写稿的有在中央担任领导工作的同志、省委书记、部长、将军、学者、专家，也有基层干部、工人、农民、战士，它的作者广泛，论题广泛，风格多样，但有一个共同特点，就是贴近生活。

1995年5月2日，我国开始实行五天工作制的第二天，《今日谈》专栏在《议议五天工作制》总标题下面，加编者按，摘发了几篇来稿。它们的标题分别是：《要用足四十小时》、《谨防"损公扰下"》、《别忘消防安全》、《学习娱乐两相宜》。文章都只有一二百字，有的提醒人们首先要把五天的工作做好；有的谈到两个休息日中如何安排以及应注意的问题。选登的几篇评论不可能把实行五天工作制应注意的事情统统谈到，但这些意见都来自生活、来自群众，读来亲切，发言及时，对读者有启发、引导的作用。

第三节　新闻评论的功能

作为新闻媒介的重要宣传手段，新闻评论是社会舆论的集中反映，又反过来有力地引导社会舆论。舆论导向正确与否，对国家和人民都至关重要。我们国家正处在改革和建设的关键时期，成就巨大，形势很好，但存在的困难和问题也不少。在这种情况下，新闻宣传必须坚持正确的舆论导向，维护和促进社会稳定，调动一切积极因素，为集中精力搞好经济建设创造一个良好的舆论环境。在新的历史时期，新闻媒介的任务，就是要通过自己出色的宣传，引导干部和群众正确认识国内外形势，全面准确地贯彻执行党的基本路线，坚定不移地建设有中国特色的社会主义。在完成新闻宣传任务过程中，新闻评论以自己独特的方式发挥作用。它的社会功能主要表现在以下几方面。

一、引导

新闻评论运用马克思主义的立场、观点、方法，对当前的形势、社会生活中的重大问题、重要的新闻事实做出分析，可以旗帜鲜明地表彰先进，针砭时弊，从而帮助群众弄清客观事物的发展方向，区分先进和落后、正确和错误，明确应该赞成什么、反对什么。

《人民日报》在50年代曾经发表过一篇引起强烈反响的社论《要反对保守主义，也要反对急躁情绪》。这篇社论发表于1956年6月20日。它通过对当时形势的具体分析，敏锐地指出了实际工作中和人们思想上已经出现的急躁冒进的倾向，切中了时弊，敲响了警钟，指明了方向。由于在建国以后几年中经济恢复和社会主义改造不断取得胜利，因而在一些人头脑中滋长了骄傲自满、急于求成的情绪，一味反对右倾保守，于是在工作中不考虑实际可能，有些事情做得太急，有些计划定得太高，不少部门争先恐后地以过高的标准向下布置工作。这种倾向如不及时纠正，势必影响群众的积极性，对以后长期的工作造成危害。社论在肯定工作成绩的基础上，指出存在的缺点一方面是右倾保守思想仍然在作怪，同时也发生了急躁冒进的偏向，而这种新的情况是值得严重注意的，所以“只有既反对了右倾保守思想，又反对了急躁冒进思想，我们才能正确地前进”。

社论的分析是中肯的、实事求是的。它不仅用事实说明急躁冒进思想的存在，并且指出，“急躁情绪所以成为严重的问题，是因为它不但是存在在下面的干部中，而且首先存在在上面各系统的领导干部中，下面的急躁情绪有很多就是上面逼出来的”。对于急躁情绪产生的根源，这里也作了分析：“这主要是由于我们思想方法上的片面性造成的”，“没有从事物复杂的矛盾和联系中去全面地观察问题，只从一个方面、一个角度去看问题，就把许多问题看得太死、太绝对化……不问客观条件是否可能，一律求多求快，百废俱兴，企图在一个早晨即把一切事情办好”。社论最后指出：“总之，做任何工作，都要善于把上面的方针、要求与本地区、本单位的实际情况结合起来，从实际情况出发去考虑和确定自己的工作步骤，只有这样，才能不至于犯右倾保守或急躁冒进的错误。”社论通过实事求是的分析，尖锐而深刻地指出了当时迫切需要解决的问题，但也因此而被指责为“有原则性错误”，是“反对多快好省”，等等。甚至在“文革”中，林彪、“四人帮”还用这篇社论来制造冤案。历史事实证明，这篇社论的观点是正确的，发表是及时的，能给人以知所趋避的教益，是一篇好社论。急躁冒进给我们国家和人民带来的危害，也被社论不幸而言中了。

现实生活是错综复杂的。新闻评论要给群众指明方向，使他们知所趋避，分析问题就必须实事求是，既要抓住重点，又要照顾全面；既要看到成绩，又要看到缺点；既要考虑到群众的长远利益，又不能忽视他们的眼前利益；既不能忘记社会主义建设的大目标，又要注意到党的各项现行政策。比如，我们坚持四项基本原则、反对资产阶级自由化和坚持改革开放的方针，都是为了建设有中国特色的社会主义，把这两者对立起来，片面地强调任何一方面都是不对的。现实生活中的许多问题，都可能涉及到党的现行政策。新闻评论不论表彰先进，或是针砭时弊，都要严格区分政策界限，对具体问题进行实事求是的具体分析，这样才能把群众引导到正确的方向上。

有些篇幅短小的评论，论述的似乎是生活中常见的现象，但经过具体而深刻的分析，也能给群众以知所趋避的教益。《人民日报》1990 年 5 月 27 日《今日谈》专栏发表的《孩子的生日怎么过》就是这样一篇评论。文章由一件具体事情谈起，说的是太原市的一名三年级小学生，在过生日的时候，父母亲陪着他到附近的公园种下了一棵“生日树”。这件事看起来很普通，但作者却由此而谈到了如何培养和教育孩子的问题。评论谈到，近年来社会上过生日的风很盛行，这本来是无可非议的，但有些人却越来越追求奢华排场，特别是为孩子过生日的时候，举办“生日宴”、“生日家庭舞会”，有的送给孩子的生日礼物也越来越贵重，包括金戒指、金耳环、高级项链等。这些除了显示做父母的排场外，对孩子的成长有什么好处呢？作者接着议论道："在孩子的成长过程中，家庭教育和影响有较大的引导作用。孩子是棵苗，你怎么扶他就怎么长。过生日，也是重要的一课。譬如带孩子种一棵'生日树'，就比吃吃玩玩、送点礼物意义大得多。"这篇评论谈的是孩子过生日的问题，实际上不仅仅是过生日的问题，更重要的是在孩子的成长过程中，如何给予正确引导和教育的问题。广大读者特别是那些独生子女的家长们，无疑会从中得到启发。

二、解惑

社会生活的内容非常丰富，并且在不断地发展变化，各种新事物、新情况、新问题层出不穷。新闻评论不可能也没有必要对所有的问题发表意见。它主要是通过对客观事物的具体分析，对群众最关心、最焦虑而又议论纷纷、莫衷一是的问题，做出明确的、实事求是的回答，为他们释疑解惑。比如，农村经济改革不久，开始实行家庭联产承包责任制的时候，就有人提出疑问：是不是要走回头路了？对外开放，吸引外商投资，是不是要搞资本主义了？社会主义能不能搞市场经济？等等。对这些人们感到疑惑不解的问题，新闻评论就要做出回答。

有一段时间，由于在宣传中强调引导农民走共同富裕的道路，因而在一些农村干部和农民中产生了一种错觉，以为鼓励和允许一部分地区、一部分人先富起来的政策要变了，这就在某种程度上影响了农民勤劳致富的积极性。针对这种情况，《农民日报》于1985年5月22日发表了题为《鼓励先富是党的长期政策》的社论，鲜明地指出："鼓励和允许一部分地区、一部分人先富起来的政策，是党的一项长期政策，没有变，也不会变。"社论从客观规律的高度分析了这项政策的必然性和长期性：

致富有先后，不是人们主观想象出来的，而是农村的客观存在。由于农村工作发展不平衡，地区不同，经济发展状况不同，文化知识和科技知识水平不同，决定了一个地区、一个农户收入的提高程度不同。例如，有的地区经济发展水平较高，有的企业和农户有较多较好的生产资料或有一定的生产技能和经营管理水平，有的农民对党的政策理解深，行动快，很快就富裕起来；与此相反，实现富裕就会晚一些。这种先富后富的差别，不仅现在有，以后还会有。我们现在讲富裕，就是实现党中央提出的在本世纪末达到小康水平，这是我们近期的奋斗目标。但到了那个时候，也还会有更富些的，比较富些的差别，甚至还会有不富裕的。就是说，地区与地区之间，户与户之间不可能是一样的水平。

社论接着说明，实现共同富裕也有个发展过程，先富起来的地区和农民是共同富裕的先行者，发挥他们的示范作用，可以加快农村的致富步伐。“至于在农村有少数人搞歪门邪道，捞取不义之财，少数干部搞以权谋私，侵占国家、集体和群众利益，是必须坚决反对和加以纠正的。但这同勤劳致富是两码事。不能因为解决这些问题，就对党的鼓励先富的政策产生怀疑。”社论阐明了致富有先后的道理，以及一部分人先富与共同富裕的关系，同时也划清了必要的政策界限，这样就鼓励和保护了农民勤劳致富的积极性。

1992年，党的十四大做出建立社会主义市场经济的决定以后，在一段时间内，“第二职业”、“下海”成了热门话题。职工兼职活动，即所谓第二职业在给一些企业和部分职工带来好处的同时，也带来了一些消极的因素。《人民日报》1992年12月12日在当时新设置的《热门话题大家谈》专栏中，发表了张沁元写的评论《对“第二职业”热的冷思考》。评论主要讲有些从事第二职业的人，在给自己带来好处的同时，也对第一职业造成损害：一是无偿占用式（企业的设备、能源、技术资料等），二是“上班磨洋工，下班打冲锋”式，三是利用工作时间谈生意经式，四是“请病假，吃劳保”式。职工兼职活动当然不都是这样，但也说明当时从事第二职业的无序状态。因此，作者提出，对第二职业不能盲目提倡，不同行业要区别对待，要建立规范，进行有效管理与正确引导。3 月 12 日，《人民日报》又在读者点题的《部长热线》专栏发表了劳动部副部长令狐安写的文章《我看“第二职业”》。这篇文章全面地分析了职工兼职活动的积极方面和消极方面，并明确指出，对“第二职业”现象既不能靠简单的行政命令一律禁止，也不能放任自流，不加区别地大力提倡。“应采取区别对待、分类指导、分散决策、兴利除弊、建立秩序的方针”。这两篇评论都是以个人名义发表的，但由于对当时的热点问题进行了冷静的思考和分析，提出的意见是切合实际的。这不仅能帮助读者正确地看待“第二职业”现象，而且也有助于这项活动有规范、有秩序地进行。

三、表态

新闻评论作为一种直截了当的发言方式，在某些情况下，可以代表编辑部对当前的重要事件或问题表明态度。对于国内外的重大问题或对外关系中的问题，全国性的新闻媒介还可以通过发表评论的方式，表明党和政府的立场和态度。

1997 年 7 月 1 日，被英国强占了一百五十多年的香港，终于回到了祖国的怀抱，这是包括香港同胞在内的全中国人民以至全世界的炎黄子孙无不为之欢欣鼓舞的盛事。但是，在 1990 年 4 月《中华人民共和国香港特别行政区基本法》正式颁布之前和以后，英方一直制造事端，阻挠香港的平稳过渡。在一系列的外交斗争中，我国在许多情况下都是通过《人民日报》和新华社的评论，表明自己的严正立场的。例如，港督彭定康上任不久，就于1992年10月抛出了破坏中英联合声明的所谓“政改方案”，使香港的平稳过渡蒙上了阴影。1993年3月12日，彭定康不顾中方严正立场，公然将其“政改方案”以立法形式公布。《人民日报》于3月14日即发表评论员文章，以《破坏中英合作基础的倒行逆施》为题，表明了对彭定康这种做法的态度。文章鲜明地指出：“这是彭定康蓄意破坏中英联合声明、与基本法衔接的原则以及中央已经达成的有关协议和谅解所采取的又一严重步骤。这一行径不仅制造障碍，破坏中英会谈，而且破坏中英合作的基础。我们对此感到震惊和遗憾。”

以后又经过一系列的谈判，尽管英方毫无诚意，导致谈判破裂，但丝毫不能动摇中国人民的决心。1993年12月31日新华社评论员文章《严正的宣告》坚定地表示：“基本法将于1997年7月1日起实施。中国政府希望与英国政府合作以实现1997年香港的平稳过渡和政权的顺利交接。但是，我们决不是向英国乞求这一点，能合作，很好；不合作，一切不合基本法的东西届时将统统被推倒。这没有什么敢不敢的问题。如果中国自己都不能遵守基本法，那还说什么收回香港，说什么向历史交代、向人民交代?”这是义正词严的宣告。

《人民日报》1996年7月31日发表的署名古平的评论《日本政要必须“补课”》，也是一篇代表了我国人民的政治立场、表明态度的评论。战后50年来，日本根本没有认真反省和清算它过去的侵略历史和战争罪行，美化侵略战争的祸根未加触动，甚至在国际事务中，还迫不及待地要发挥政治大国的作用。7月31日，就任首相半年多的桥本龙太郎参拜了靖国神社，并且以“内阁总理大臣”的名义在登记簿上签到。评论严肃地指出，这种“对战争罪犯顶礼膜拜的举动，亚洲人民和国际社会不仅应当谴责，而且必须保持高度警惕”。

桥本在1月份上台伊始，曾明确承认日本“有过殖民统治和侵略历史”，并表示要“深刻反省”。孰料言犹在耳，他却提前去参拜了靖国神社。评论没有把批判的矛头单纯指向桥本这次言行不一的动作，而是分析了日本不时出现这类事件的复杂的背景和根源，说明桥本的行动正是在日本右翼势力和政界一些人一再回避要害、歪曲侵略历史的反常气氛中发生的。评论最后指出：

> 看来，如何正确认识那段历史，日本政要还得“补课”。这一课不补不行，晚补不如早补。自己不补，别人会逼着补。只有补好这一课，日本才能取信于亚洲各国人民和国际社会，才能确保走和平发展之路，才能在国际事务中发挥与国力相称的作用。否则，一切都无从谈起。

新闻媒介的传播迅速而广泛，评论的表态易于形成社会性的舆论压力，发挥引导和监督的作用。有些关于国内形势或工作的评论，也带有表态的性质。如《人民日报》发表的《收起对策，执行政策》(1985 年 2 月 5 日本报评论员)、《今年决不允许打白条》(1993 年 4 月 15 日社论)，配合有关的文件和规定，能更好地发挥舆论导向作用。

四、深化

新闻评论总是要尽可能从思想、政策、理论的高度提出问题、解决问题，而不能限于就事论事。这样的评论就有理论色彩。我们说评论要善于务虚，就是要用马克思主义的立场、观点、方法分析问题，把理论和实践结合起来。对于新闻报道来说，评论可以深化报道的主题。新闻报道传播的，大都是具体的有时是零散的、微观的事实，而新闻评论则可以通过对这些事实的分析，经过思想的提炼和升华，挖掘其普遍的社会意义，从全局的高度说明问题，虚实结合。对于评论直接引用的新闻事实也是这样，既不能就事论事，也不能把摆事实和讲道理分隔开来，而要进行分析、务虚，说明一定的道理。这样不仅可以使人们从思想、政治的高度弄清楚某些问题，而且可以帮助他们提高思想政治水平，举一反三，触类旁通，掌握辩证唯物主义和历史唯物主义的科学分析方法。

《工人日报》1986年11月21日曾经发表过一篇署名评论《和尚就是和尚》。这是一篇笔调幽默而说理深刻的评论。和尚当然就是和尚，难道会是别的什么吗？读者看了标题恐怕都会这样想的。原来作者是在评论一种普遍的社会现象："一处香火颇盛的寺庙最近被有关部门定为副处级，于是那位主持寺庙的大和尚便俨然成了一名副处级干部。呜呼！连六根清净、看破红尘的出家人，在这一点上也未能免俗，岂不悲哉！"文章还提到一些类似的事情，例如，社会科学院的一级研究员、国际知名学者，只是在一位中央领导同志亲自批示按副部级待遇，才解决了他的住房、用车等问题；为了住旅馆方便，有的记者、编辑只好在住宿登记单上填上"记者长"、"编辑长"，等等。

作者举出这些现象，显然并不是为了讲笑话，而是通过对这种社会弊端的深入分析，指出它的实质和产生的根源以及消除的办法。首先，这种现象有着深刻的阶级根源和社会根源，这种"只认官衔不认人"的现象，同人们头脑中仍然存在的封建意识有密切的关系。其次，这也是思想方法和工作方法简单化的反映，用一个标准、一刀切的形而上学观点看人论事。再次，这种情况也说明我们在许多方面的政策，包括知识分子政策尚未完全落实。评论最后意味深长地指出：

> 和尚就是和尚，教授就是教授，研究员就是研究员……而不再有任何注释，不管是括弧内的还是口头上的。在全社会形成这样一种观念，将是一个历史性的进步。愿这一天早日到来！

这篇评论对社会生活中较普遍存在的一种现象，从思想、理论高度做出分析，指出这是等级观念和简单化的思想方法的反映，这样就不仅使读者从具体的社会现象悟出较深刻的道理，而且使读者在认识和分析问题的方法上也能得到启发和教益。

我们再看看《人民日报》1997年1月7日在《金台随感》专栏刘金写的《这也是一种腐败》。文章从不久前发生的一件事情谈起。宁波一家珠宝店总经理拱手相赠，某影星无偿拿走价值16万元的珠宝。此事经新闻媒介披露后，引起群众极大的反感，纷纷责问：影星有什么权利无偿拿走这些珠宝？总经理有什么权利拿如此巨额的集体财物送人？作者对此议论道：

> 诚然，捧星、宠星，是各人的自由。谁爱捧星，尽管捧去，爱捧谁就捧谁，爱奉赠什么就奉赠什么，由不得别人说三道四。但是有一条，奉赠给“星”的必须是个人财物，而不是、也不应当是属于国家或集体的财物。然而不然，这些年，见之于报端的，慷慨赠与影星、歌星的轿车、别墅、珠宝，乃至海滨名城寸土寸金的地皮，有哪些是董事长、总经理、市长个人的私产？那么，人们不禁要问：一个董事长、总经理或地方长官，究竟有什么权利将国家或集体的巨额财物，“信手”、“信口”赠给明星？

这样分析就接触到问题的实质了。对这类事应当怎么看待呢？评论最后说：

> 企业的董事长、总经理或地方行政长官，随心所欲，将国家或集体的巨额资财赠与影星歌星，我以为这是变相地侵吞“公物”，实质上是一种腐败。既是腐败，就在应坚决反对之列，而且应加以查处。……不然的话，这种慷国家和集体之慨的捧星豪举，日后恐怕还会层出不穷。此则非国家和人民之福也。

评论由此及彼，从一件具体事实，联系到其他类似的情况；又由表及里，从反腐败斗争的高度进行分析，指出了问题的实质。这样经过深化，虚实结合，就挖掘出了新闻事实的现实意义和普遍意义。

第四节　新闻评论工作者的修养

新闻事业的健康发展，关键在于要有一支高素质的新闻队伍。新闻评论工作能不能做得好，新闻评论的质量如何，能不能在社会生活中发挥应有的作用，主要也取决于评论工作者的素质和修养。新闻舆论工作就是思想政治工作，直接关系到国家和人民的利益。人们把人民教师和新闻工作者称做“人类灵魂的工程师”，反映了人民群众对新闻工作者的热切期望，也说明新闻工作者肩负的使命是光荣而艰巨的。

我们的党和政府历来十分重视新闻工作。江泽民同志 1996 年 1 月 2 日接见解放军报社师以上干部，9 月 26 日视察人民日报社，都发表了讲话。江泽民同志在讲话中对整个新闻工作做了重要指示，也提出了更高的要求。特别是关于新闻队伍的建设，做了充分的阐述。他在两次讲话中都强调，要努力培养一支政治强、业务精、纪律严、作风正的新闻队伍。在人民日报社的讲话中还具体阐述了新闻工作者要打好五个根底，发扬六种作风。“既要志存高远，又要脚踏实地，在打好思想政治和业务根底上，老老实实下一番真功夫、苦功夫”。

江泽民同志说的五个根底是：理论路线根底、政策法律纪律根底、群众观点根底、知识根底和新闻业务根底。六种作风是：敬业的作风、实事求是的作风、艰苦奋斗的作风、清正廉洁的作风、严谨细致的作风、勇于创新的作风。这是对新闻队伍的全面要求，是新闻工作者的努力方向。

我们的新闻队伍是一支有较高政治业务素质的队伍。在对外开放和发展社会主义市场经济的新形势下，大多数新闻工作者经得起考验，坚持为人民服务、为社会主义服务的方向。但是，由于拜金主义、享乐主义、个人主义思想的侵蚀，也出现了一些值得注意的问题，如以稿件或版面谋私，以新闻代广告，或以拉“赞助”为名，实为收取宣传费等。个别新闻单位和少数新闻工作者这种违背新闻职业道德的行为，损害了新闻事业的声誉。因此，加强新时期新闻队伍的建设，特别是职业道德的建设，是十分必要的。

对于评论工作者来说，除了具备新闻工作者的基本素质外，还应该在某些方面加强修养，提出更高的要求。他们应该通过学习和实践，努力提高自己的思想政治觉悟和理论政策水平，掌握丰富的知识和熟练的业务能力，培养艰苦深入的调查研究的作风。这些都是需要经过脚踏实地的刻苦锻炼不断加强的。

一、加强思想政治修养

新闻舆论工作关系到党和国家的前途和命运。正如江泽民同志所指出的：舆论导向正确，是党和人民之福；舆论导向错误，是党和人民之祸。因此，新闻工作者，特别是评论工作者，必须把坚定正确的政治方向放在首位，忠于马克思主义、忠于党、忠于人民，服从全党全国工作的大局，坚持正确的舆论导向。这一点在任何时候都不能动摇。树立正确的世界观、人生观、价值观，是评论工作者首先应当做到的。当然，这并不是说，一个评论工作者在有了高度的思想政治觉悟以后，才能动笔写作，而是说，要在做好评论工作的过程中，通过学习和实践不断提高自己的政治觉悟，在思想上、政治上和党中央保持一致，站在时代的前列，和时代一起进步。

提高思想政治觉悟，就要不断提高自己的理论水平。马克思列宁主义、毛泽东思想和邓小平建设有中国特色社会主义的理论，是我们改造世界观和指导工作的有力武器。掌握马克思主义的理论，是为了运用这个分析问题和解决问题的武器去指导评论工作，而不是用马克思主义的词句来代替我们分析问题。毛泽东在《整顿党的作风》一文中，曾经批评有的人“把马克思列宁主义书本上的个别字句看作现成的灵丹圣药”，“可以不费力气地包医百病”，并且指出这是一种“幼稚者的蒙昧”。这是很值得我们引以为戒的。

掌握马克思主义的理论，还可以帮助评论工作者在分析问题的时候，一切从实际出发，运用唯物论和辩证法，进行实事求是的具体分析，避免片面性、绝对化的毛病。形而上学地看问题，只看现象不看本质，动辄肯定一切或否定一切，等等，这样的教训是很多的。

加强思想政治修养，还要求评论工作者加强政策观念，提高政策水平。党的路线、方针、政策是马克思列宁主义的基本原理同中国革命和建设的实际相结合的产物。评论工作是一项政策性很强的工作。新闻评论要宣传党的路线、方针、政策，就要求评论工作者有较强的政策观念。除了那些直接阐明党的某项政策的评论之外，我们在具体地分析实际工作和人民生活中的某些问题的时候，头脑里要有党的政策这根弦，要用党的政策来衡量和评价客观事物，并考察和研究贯彻执行中的情况和问题。

在评论工作中，不能用感情代替政策，兴之所至，随意发表一些不符合政策的言论，更不能跟党的政策唱反调。新闻评论的宣传，既要鲜明，又要准确，不论在任何时候、任何情况下发言，都要从党和人民的利益出发，严格按照党的政策办事。什么问题评，什么问题不评；评论要采取什么态度，掌握什么分寸，等等，都不能有一点主观随意性。这样做，并不等于论述什么问题都要搬用党的政策条文，更不能把某些领导同志在特定场合发表的言论，甚至是即兴的讲话，统统当做党的政策加以宣传。这里有个纪律问题，但评论工作者的纪律性和他的主动性、创造性是不矛盾的，关键是要有较强的政策观念。

评论工作者的职业道德修养，也是加强思想政治修养的重要内容。中华全国新闻工作者协会 1991 年 1 月第一次通过、1997 年 1 月第二次修订公布的《中国新闻工作者职业道德准则》，内容包括五个方面：全心全意为人民服务；坚持正确的舆论导向；遵守宪法、法律和纪律；维护新闻的真实性；发扬团结协作精神。这是对所有新闻工作者的全面要求。对于评论工作者来说，最根本的是要牢固地树立全心全意为人民服务的思想，因为这是社会主义道德建设的中心，也是社会主义道德的集中体现。有了这样的思想，才会有“乐此不疲”的敬业精神，才能自觉地抵制各种不正之风，也才能自觉地提高自己的素质，站到时代前列，表现时代精神。

二、学识渊博，精通业务

评论工作者在加强思想政治修养和提高理论政策水平的同时，还应当注意科学文化知识的积累和业务基本功的训练，尽量做到既懂政治、学识渊博，又有熟练的业务基本功。

新闻评论的写作，实际上也是各方面知识的综合运用。新闻评论的对象很广泛，涉及各种不同的领域，这就要求评论工作者具有广泛的兴趣和丰富的知识。这同评论的立论、构思以至说理论述都有密切的关系。一个知识贫乏的人，不可能写出丰富多彩、生动引人的评论。渊博的知识，还可以使我们开阔眼界，丰富自己的想象力。除了掌握和自己的业务有直接关系的知识，评论工作者还要博览群书，广为涉猎，不仅要具备丰富的哲学、政治、经济、法律、历史、文学等人文社会科学方面的知识，还要尽可能多懂得一些自然科学方面的知识。现代科学技术的发展十分迅速，新的学科知识不断增加，我们都应当抓紧学习和涉猎。新鲜知识的吸收和掌握，能帮助我们突破某些旧的思想方法的束缚，发挥创造性。

一个评论工作者不可能无所不知、无所不晓，但他应当兴趣广泛，勤于学习，有强烈的求知欲，不断丰富自己的头脑。恩格斯1847年在和德国小资产阶级民主主义者卡尔·海因岑论战时曾说，作为政论家，只有善良的愿望和坚定的信念是不够的。他说："他本人诚实、勇敢、坚定，但作为党的政论家，单有这些是不够的。……党的政论家需要更多的智慧，思想要更加明确，风格要更好一些，知识也要更丰富些。"① 卡尔·海因岑恰恰缺少这些，所以只能是像恩格斯说的"无知的"、"拙劣的"政论家。马克思曾经对人赞扬恩格斯，说他"是一部真正的百科全书，不管在白天还是黑夜，不管是头脑清醒还是喝醉酒。在任何时候他的工作能力都很强，写作和思索都极快"。② 没有极为广博的知识，是做不到这一点的。

我国许多老一辈的政论家，学识都是非常渊博的。阅读毛泽东给延安《解放日报》、新华社撰写的社论和评论，读者会感受到他那渊博的知识所产生的力量。他经常用我国古代思想家文章中某些富有哲理的东西，来说明马克思主义的道理；用成语、典故和小说中的形象论证自己的观点。这些都是那种"言必称希腊，对于自己的祖宗，则对不住，忘记了"的文章所无法比拟的。鲁迅的杂文更是表现了博古通今的特色。有人曾经做过一个统计：《鲁迅全集》中引证过的中外古今的书约有五百五十多种，涉及的中外古今的人物有一千多个。可见鲁迅的知识之广博。他的杂文旁征博引，议论风生，在讲道理的同时，还能使人得到丰富的知识，眼界更为开阔。

渊博的知识靠不断的积累。知识就是力量，好的新闻评论也

---

① 《马克思恩格斯全集》，中文1版，第4卷，304页，北京，人民出版社，1980。

② 《马克思恩格斯全集》，中文1版，第26卷，604页，北京，人民出版社，1980。

应蕴含着知识的力量。

新闻评论工作是思想政治工作，又是文字工作。无论思想多么深刻的评论，最终都要通过文字表现出来。广播、电视的新闻评论，一般也要先见诸于文字稿件。所以，除了调查研究和分析问题的能力，好的文字修养也是评论工作者一项重要的基本功。有了较高的思想政治觉悟，有了比较渊博的知识，评论工作者还应当努力加强自己的文字表达能力，勤于学习，刻苦锻炼，不断提高写作水平。

这里特别要强调的是，我们的新闻评论是面向受众、是让人们看或听的。所以，在加强文字修养、提高业务能力的同时，要摒弃那些流行的洋八股以及词句离奇古怪、哗众取宠的各种不良文风。我们在建设有中国特色的社会主义，我们的文章，包括新闻评论，是否也可以写得有点中国特色呢？我国古代的许多思想家、政治家历来重视议论文这种文体的运用。留传至今的许多作品，有不少接近于现代的政论，很值得我们学习。毛泽东 1938 年曾在《中国共产党在民族战争中的地位》一文中提出，宣传和应用马克思主义，都要按照中国的特点，“洋八股必须废止，空洞抽象的调头必须少唱，教条主义必须休息，而代之以新鲜活泼的、为中国老百姓所喜闻乐见的中国作风和中国气派”①。新闻评论要从我国古代优秀政论中汲取营养，写得让老百姓喜闻乐见，这是应该努力做到的。

三、培养深入朴素的作风

新闻评论的特点，决定了评论工作者要有深入朴素的作风。新闻评论不仅要反映客观事物，而且要对客观事物进行分析，要讲道理。对现实生活中的新情况、新问题，不仅要知道“是什

---

① 《毛泽东选集》，2 版，第 2 卷，534 页，北京，人民出版社，1991。

么”，而且要说明“为什么”，不仅要知其然，而且要知其所以然。这就要求评论工作者“不凭主观想象，不凭一时的热情，不凭死的书本”，而要根据客观存在的事实，掌握充分的材料，经过分析，得出正确的结论。所以，评论工作者首先要有深入实际、深入群众调查研究的作风。有些人有一种误解，似乎只有记者写报道需要采访调查，而评论则只要坐在编辑部里，看看材料就可以写了。其实，评论工作同样需要调查研究。不仅要进行专题的调查，而且还需要经常深入实际，到基层，到群众中去，了解情况，发现问题，并且同干部、群众一起研究解决问题的办法。江泽民同志要求新闻工作者要“学习、学习、再学习；深入、深入、再深入”。

要深入，就不能只跑领导机关，浮在上面，而要深入到群众中去，深入到普通的工人、农民、知识分子、基层的干部和官兵中去。这是个群众观点的问题。要同人民群众同呼吸、共命运，了解他们的喜怒哀乐，倾听他们的要求和呼声。只有这样，才能了解到社会生活各个方面的真情实况，及时把握时代的脉搏。和群众保持密切的联系，以平等的态度对待群众，使人感到你的心和他们是相通的，才能得到群众的信任，听到他们的心里话。新闻评论要说真话，讲真理，缺乏群众观点就做不到。

评论工作者还应当有艰苦奋斗、清正廉洁的作风。深入基层要不怕苦，不怕累。一些老少边穷地区，条件往往十分艰苦，下去是要有决心和勇气的。十多年前有一部分人刚富起来的时候，很多人只往富裕户和富起来的地方跑。群众就有怨言了：人家是富在深山有远亲，咱是穷居街前无人问。这些话说的是少数领导干部，说的也是我们的一些新闻工作者。培养艰苦朴素和勤俭的作风，同时也要自觉地反对和抵制搞有偿新闻的不正之风。如果廉洁自律都做不到，还怎么能站到精神文明建设的前列，怎么能做到说真话，讲真理，反映客观事物的本来面目呢？

科学严谨的态度和作风，对于评论工作者也是十分重要的。这也是敬业精神的一种表现。科学的态度，最重要的就是要在马克思主义的指导下，坚持唯物论，坚持辩证法，对客观事物进行实事求是的具体分析。评论的分析应当是科学的分析，它提出的论断应是科学的结论。这就要求评论工作者要有严谨细致、一丝不苟的作风，不人云亦云，力戒猎奇、追风等不良倾向。

办好新闻事业，要靠高素质的新闻队伍，把评论工作做得更好，也离不开高素质的评论工作者。

思考与练习

1. 什么是新闻评论？
2. 新闻评论有哪些特点？
3. 新闻评论有些什么功能？
4. 如何提高新闻评论工作者的素质？

第二章 新闻评论的回顾与发展

第一节 马克思、恩格斯、列宁、斯大林的报刊政论实践

马克思的第一篇政论，是1842年写的《评普鲁士最近的书报检查令》。他从事政论活动就是从这时开始的。这篇文章一年以后才在瑞士发表。当时的德国正处于资产阶级革命的前夜，争取自由和民主的运动高涨，出版自由问题显得特别尖锐。普鲁士政府颁布的新书报检查令，表面上不赞成对作家写作活动的限制，实际上不仅保存而且加强了反动的书报检查制度。马克思在这篇文章中揭露了这个书报检查令的虚伪性，并且对德国的反动封建势力进行了有力的抨击。马克思和恩格斯不仅在他们自己创办和主编的报刊上撰写政论，而且还给予许多进步报刊以多方面的支持，为它们撰写政论。1848年6月1日至1849年5月19日在德国科伦出版的《新莱茵报》，由马克思担任总编辑，恩格斯是编辑之一，也是马克思的得力助手。在将近一年的时间里，马克思和恩格斯在《新莱茵报》上发表了大量的新闻、述评、社论等各种体裁的文章。这些文章及时地回答了德国革命和欧洲革命中许多迫切的问题，从政治上揭露反动封建势力和资产阶级的反革命势力，教育和鼓舞人民群众对它们进行斗争。许多表明报纸的立场和态度的社论，通常都是由马克思和恩格斯执笔。他们写的评论表现了坚定的革命立场和爱憎分明的感情。恩格斯在回忆《新莱茵报》支持巴黎工人的革命行动时说："1848年6月巴黎

工人起义的时候，我们正守卫在自己岗位上。从第一声枪响，我们便坚决站到起义者方面。他们失败以后，马克思写了一篇极其有力的论文向战败者致敬。”① 这篇论文就是著名的《六月革命》。这是一篇及时总结经验教训、充满革命激情的新闻评论。

《新莱茵报》被迫停刊以后，马克思和恩格斯在革命民主主义报刊全被禁止的情况下，就在美国的进步报纸《纽约每日论坛报》和德国资产阶级民主派报纸《新奥得报》以及巴黎、伦敦、维也纳等地的报纸上发表文章，利用一切阵地影响社会舆论，支持和鼓舞各国人民进行革命斗争。从 1851 年至 1862 年，他们给《纽约每日论坛报》写了五百多篇文章，其中大部分是政论，有些是以这个报纸的社论名义发表的。

马克思和恩格斯虽然身处欧洲，但是却时刻关心和注视着世界各地人民群众的革命斗争，并且对许多问题做出分析和评论。他们在许多政论中，怀着深切的同情，支持中国人民反对外国侵略者的斗争，义正词严地驳斥殖民主义辩护者的谬论。例如，《中国革命和欧洲革命》（1853 年）、《俄国的对华贸易》（1857 年）、《英人在华的残暴行动》（1857 年）、《波斯和中国》（1857 年）、《鸦片贸易史》（1858 年）、《中国和英国的条约》（1858 年）、《俄国在远东的成功》（1858 年）、《新的对华战争》（1859 年）、《对华贸易》（1859 年）等文章，都是发表在《纽约每日论坛报》上，其中有几篇是作为社论发表的。这些文章严厉谴责了殖民主义国家对中国的侵略和掠夺，歌颂了中国人民反抗帝国主义侵略的英勇斗争，并对中国革命的胜利前途做了科学的预言。在《英人在华的残暴行动》② 这篇社论中，马克思愤怒地谴责了英国殖民主义者对中国进行第二次鸦片战争的残暴行为：“广州

① 《马克思恩格斯选集》，2 版，第 4 卷，183 页，北京，人民出版社，1995。
② 《马克思恩格斯选集》，2 版，第 2 卷，12～15 页，北京，人民出版社，1995。

城的无辜居民和安居乐业的商人惨遭屠杀，他们的住宅被炮火夷为平地，人权横遭侵犯，这一切都是在‘中国人的挑衅行为危及英国人的生命和财产’这种荒唐的借口下发生的！英国政府和英国人民——至少那些愿意弄清这个问题的人们——都知道这些非难是多么虚伪和空洞。”“本来已趋于平息的、在鸦片战争时期燃起的仇英火焰，在中国爆发成了愤怒的烈火，一切关于和平和友好的声明都未必能扑灭这股烈火。”恩格斯写的《波斯和中国》①也是作为社论发表的。他在这篇文章中指出：“英国政府的海盗政策已引起了一切中国人反对一切外国人的普遍起义”，中国人民在第二次鸦片战争中对英国侵略者的反抗是“保卫社稷和家园的战争，这是保存中华民族的人民战争”。他还预言旧中国的死亡和新中国的诞生以及中国革命的伟大历史意义，他说：“过不了多少年，我们就会看到世界上最古老的帝国作垂死的挣扎，同时我们也会看到整个亚洲新纪元的曙光。”

列宁和斯大林也是在参加革命斗争最初的年代里，开始了他们的报刊活动和政论活动的。列宁是通过办《火星报》来建党的。在“十月革命”以前，列宁和斯大林曾创办和编辑过党中央的许多机关报，并且积极撰写文章在布尔什维克的各种报刊上发表。列宁领导的《火星报》出版了 51 期，共发表列宁的文章约 60 篇。在 1900 年 12 月出版的《火星报》创刊号上，列宁亲自写了社论《我们运动的迫切任务》②，同时还发表了两篇政论，其中一篇是《对华战争》③。列宁在《对华战争》这篇文章中，对八国联军侵略中国的战争的性质，特别是俄国沙皇政府的反动

---

① 《马克思恩格斯选集》，2 版，第 2 卷，16～22 页，北京，人民出版社，1995。

② 《列宁全集》，中文 2 版，第 1 卷，333～338 页，北京，人民出版社，1984。

③ 《列宁全集》，中文 2 版，第 1 卷，319～323 页，北京，人民出版社，1984。

政策，进行了深刻的分析。他指出，这些侵略者“把一座座村庄烧光，把老百姓赶进黑龙江中活活淹死，枪杀和刺死手无寸铁的居民和他们的妻子儿女。这些基督教徒建立功勋的时候，却大叫大嚷反对野蛮的中国人，说他们竟胆敢触犯文明的欧洲人”。在说明俄国沙皇政府的侵略政策只是对资本家大亨和身居军政要职的贵族有利之后，又进一步分析：“侵略中国对俄国工人阶级和全体劳动人民有什么好处呢？成千上万个家庭因劳动力被拉去打仗而破产，国债和国家开支激增，捐税加重，剥削工人的资本家的权力扩大，工人的生活状况恶化，农民的死亡有增无减，西伯利亚大闹饥荒——这就是对华战争能够带来而且已经带来的好处。”最后他强调指出，“想要打碎战争强加在劳动人民身上的新的枷锁”，惟一的办法就是“结束政府的专制统治”。

列宁在领导俄国革命斗争中，在各个革命时期都写了许多短小精悍的政论，有短评、按语，也有杂文和书评。这些文章鲜明生动，尖锐泼辣，论述精辟，具有无产阶级的战斗风格。列宁在1917年3月至11月，在《真理报》上发表了二百多篇文章，大都是简短的政论，在组织和领导“十月革命”的斗争中，发挥了积极的作用。

在苏维埃政权建立以后，列宁领导了反对外国武装干涉和在国内实行社会主义改造的复杂的斗争。在这种情况下，他没有放下手中那枝政论家的笔，仍然就群众关心的各种问题，为报刊撰写政论。列宁把自己的职业看成是政论家、新闻工作者。他认为，在报刊上发表公开的言论，是党和国家工作人员工作的不可分割的部分，也是解决同人民群众“最有切身关系的问题”的有效方法。列宁的政论实践，他留给我们的大量精彩的政论，具体地说明了这个道理。

第二节　我国新闻评论的简要回顾

我国古代报纸诸如邸报旨在传播“皇帝谕旨”和“宫廷动态”，是不做评论的。正式出现报刊评论则始于近代。回顾我国报刊评论发展的历史，大致可划分为五个历史时期，那就是西方殖民国家在中国宣传殖民主义的言论时期；我国资产阶级改良派报刊宣传变法维新的言论时期；资产阶级革命派报刊宣传民主、反对封建帝制的言论时期；新民主主义革命阶段，无产阶级和人民报刊逐渐兴起并日益发展，中国共产党领导的革命的、进步的新闻事业，经过艰苦复杂的斗争，在全国取得胜利的言论时期；新中国建立后，党和人民报刊宣传社会主义革命和建设的言论时期，在这个时期，新闻评论经历了全面恢复和开始建设时期、以阶级斗争为纲时期、由以阶级斗争为纲转变为以经济建设为中心的新的历史时期。本节着重研讨的课题是我国新闻评论的简要回顾，以及新时期新闻评论的改革和发展趋势。

一、西方殖民国家在我国宣传殖民主义的言论时期

我国近代报刊一开始就掌握在外国殖民主义者手里。1815年在马来西亚马六甲出版的中文报刊《察世俗每月统记传》，就是由英国传教士马礼逊和米怜主办的。1868年在上海创刊的《万国公报》，其主要编辑和论说撰稿人为美国传教士林乐知、英国传教士李提摩太等。1872年在上海出版的《申报》为英国商人美查等人创办。因此，可以说，在中国最早的报刊及其评论论坛是由外国殖民主义者直接控制的，旨在传播西方文化，鼓吹殖民政策，宣传中国走印度沦为英国殖民地的道路。英国传教士李提摩太在写给当时英国驻沪领事白利兰的一封信中曾这样表白：别的方法可以使成千的人改变头脑，而文字宣传则可以使成百万

的人改变头脑。他认为只要控制了中国“主要的报纸”和“主要的杂志”，就控制了这个国家的头和背脊骨。李氏由此受到英政府的赏识。

然而，当资产阶级改良主义者和改良派从他们的外国“先生”那里学会了办报，学会了用报刊言论呼吁变法维新以后，那些洋人“先生”们从此就难以独霸中国报刊及其论坛了。

二、我国资产阶级改良派报刊宣传变法维新的言论时期

1874年在香港创刊的《循环日报》，是我国宣传变法改良的第一份报纸，也是近代中国人自己办的第一份政论型报纸。该报主编王韬是中国历史上第一个报刊政论家。王韬出身塾师家庭，儒学基础深厚。早年又同外国传教士过往甚密。他曾因上书太平天国将领而被清廷缉拿，在英国领事庇护下，从上海流亡香港。先后两次出国游历，到过英、德、法、日本，但他并未拜倒在洋人脚下，反而愈益坚定了他“变法图强”的政治主张。他创办《循环日报》正是为了系统全面地宣传他的政见。该报每期4开两小张（星期日停刊），并在重要版区经常发表“论说”，也即评论，大都出自王韬手笔。借助言论，王韬提出了一系列改良政治的主张，从推崇“君民共主之国”，提倡革律例、简繁文，到广贸易、开煤铁、设保险、练水师，几乎无所不包。汇集在《弢园文录外编》中的一百多篇评论，集中反映了中国资产阶级改革封建专制政体、发展资本主义经济的愿望。王韬视言论为“载道之器”，“贵乎纪事述情”，不宜墨守成规，对后来的政论文风影响颇深。

我国资产阶级改良派最著名的报纸则是梁启超任主笔的《时务报》，创办于19世纪90年代的上海。此时资产阶级改良运动已经发动并迅速推向高潮。梁启超作为维新派的主将之一，其报刊政论感情奔放，笔端酣畅。他写了数百篇评论时事和介绍西学

的文章，形成了别具一格的“时务文体”。这种新颖的报刊论说文体，引起文坛的重视。梁启超在《清代学术概论》中，曾对这种文体的特点作过概述：一是“纵笔所至，略不捡束”，也即信笔写来，不拘一格，既冲破了八股文和桐城派古文的古奥矜炼的局限，又兼收散文、骈文之所长，意至笔随，洒脱奔放。二是“务为平易畅达，时杂以俚语、韵语及外国语法”，也即文字流畅，词汇新颖可读，使用新鲜的俗语和外来语词。三是“笔锋常带感情”，也即感情充沛，饱含激情，文气跌宕，富有感召力和鼓动性。

在梁启超为《时务报》撰写的诸多言论中，影响最大，最具代表性的要数《变法通议》。这是由一组未完成的系列言论构成的长篇政论。此文始于该报第 1 期刊出《变法通议·自序》，至第 43 期刊出《变法通议七之十·论商务》止，分 21 期连载。作者在这组政论中，论证了变法维新的必要性和迫切性，从各方面探讨了变法维新的具体措施。文笔锋利，见解新颖，饱含激情，势如破竹。如《时务报》第 2 期刊出的《论不变法之害》（1896 年 8 月）一文中，以行将崩溃的“巨厦”为喻，分析了中国现存的弊端和面临的险境，且以清朝屡更前代的历法、赋法、刑法等和“本朝变本朝之法”的事实为论据，论证了变法以治国的必要性。于结尾处，更是大声疾呼：“法者，天下之公器也；变者，天下之公理也。”“变亦变，不变亦变。变而变者，变之权操诸己，可以保国，可以保种，可以保教；不变而变者，变之权让诸人，束缚之，驰骤之。”道出了震撼人心的话语，起到了警醒世人的效用。

三、资产阶级革命派报刊宣传民主、反对封建的言论时期

由资产阶级革命家孙中山领导筹办的《中国日报》，1900 年 1 月创刊于香港，此为中国资产阶级革命派的第一个机关报。当

时正是民族灾难深重，帝国主义瓜分中国危机日益迫近。此报言论旨在兴我中华，推动资产阶级革命思潮的发展。

资产阶级革命派的另一份重要报刊，可算是章士钊任主笔的《苏报》。

《苏报》创刊于1896年，原是“日商”报纸。1903年5月27日改由章士钊任主笔，成为一张激进的革命派报纸。章士钊(1881—1973)，我国近代报刊政论家，笔名秋桐、孤桐、青桐等，湖南长沙人，曾在《苏报》上撰写发表《释仇满》、《汉奸辨》、《论中国当道者皆革命党》、《读〈革命军〉》等政论，以宣传民主革命。其文论理充足，文字谨严。该报从5月27日起到7月7日被封，除章士钊外，还连续发表章太炎、张继、吴稚晖等爱国学社师生撰写的昌言革命之文，并声援海内外学生反帝爱国斗争。1903年5月，邹容《革命军》一书在上海出版。该册子热情讴歌革命，以浅显的文字阐述革命道理和主张。《苏报》为此连续发表《介绍革命军》、《读革命军》和章太炎写的《革命军序》等文，盛赞《革命军》是“今日国民教育之第一教科书”，系震撼人心的“雷霆之声”。7月7日，上海租界当局应清政府的请求，查封了《苏报》。

继《苏报》之后，1905年在日本东京由孙中山创办了同盟会中央机关报《民报》。孙中山亲笔撰写发刊词。该报着重宣传孙中山的三民主义：民族、民权和民生三大主义，并与梁启超在横滨主持的保皇派报纸《新民丛报》展开了一场是改良还是革命的大论战。论战从1906年4月进行直到1907年10月。1907年8月，《新民丛报》宣告停刊。

“辛亥革命”前夜，在国内出版的革命派报纸中，影响较大者要数于右任于1909年5月在上海创办的《民呼日报》。于右任(1879—1964)，近代资产阶级政论家，喜诗词，善草书，人称“陕北才子”。青年时代因“爱自由如发妻，换太平以颈血”的诗句，开罪于清廷，后逃到上海，东渡日本，参加同盟会，回国后即在上海办报，创办《民呼日报》，擅长写社评和短论，声称以“大声疾呼为民请命”为宗旨。被迫停刊后继出《民吁日报》，因揭露日本侵略野心而被迫停刊。1910 年再办《民立报》，仍以“振发国民精神，痛陈民生疾苦，保存国粹，讲求实学”为宗旨。于氏的报刊评论文辞瑰丽，或“沉郁委婉”，或激昂高亢，将散文和论文熔于一炉，在读者中名噪一时。

四、新民主主义革命阶段，无产阶级和人民报刊逐渐兴起日益发展，中国共产党领导的革命的、进步的新闻事业，经过艰苦复杂的斗争，在全国取得胜利的言论时期

由孙中山领导的资产阶级革命推翻了封建帝制建立民国之后，继而又出现了袁世凯称帝、张勋复辟、军阀混战，资产阶级共和国犹如昙花一现，中国人民仍然呻吟在帝国主义、封建主义压迫之下。俄国“十月革命”一声炮响，给中国人民送来了马克思列宁主义。1919 年“五四”运动揭开了中国新民主主义革命的序幕。1921 年 7 月 1 日，中国共产党诞生，中国革命揭开了新的一页。此后，党的领导人李大钊、毛泽东、瞿秋白、陈独秀等先后主编各种革命刊物，撰写大量言论，成为推动新民主主义革命的著名政论家。从此，我国报刊及其言论揭开了历史的新的一页。

李大钊（1889—1927），早年留学日本，1916 年 5 月回国，曾任北京《晨钟报》主编，并为《新青年》撰稿，开始了报刊评论实践。他的名篇载于 1918 年 11 月 15 日《新青年》的《庶民的胜利》、载于 1919 年 2 月 7 日《晨报·自由论坛》的《战后之世界潮流》是我国报刊上出现最早的若干篇运用无产阶级世界观分析时事的政论，且用白话文写作，标志着我国报刊评论开始了新纪元。《庶民的胜利》一文这样写道：“一个事件的发生，是世

界风云发生的先兆。1789 年的法国革命，是 19 世纪中各国革命的先声。1917 年的俄国革命，是 20 世纪中世界革命的先声。”此文写于 80 年前，用如此质朴的言语剖析第一次世界大战的本质，阐明刚刚发生的俄国“十月革命”的伟大意义实属难能可贵。

在撰写政论的同时，由李大钊等于 1918 年 12 月 22 日在北京创办的《每周评论》，以及由李大钊于 1919 年 8 月创办的通俗刊物《新生活》周刊上，李大钊还以《随感录》专栏的形式发表了为数不少的时评性随感式短论。这些短论，短则百字之内，长则二三百字，是名副其实的微型化言论。它们立论高瞻远瞩，锐敏犀利，文笔凝练，一语破的，发人深思。李大钊结合自己的实践心得，认为政论家应具备“知识、诚笃、勇气”三个方面的完整修养。他主张执笔为文，一要做到“查事之精”，二要做到“推论之正”，而“二者之中，尤以据乎事实为要。他提倡不管论事还是析理，都要以求得“真实之境”为目的。这些经验之谈，至今仍有现实意义。

毛泽东（1893—1976）的报刊政论活动始于 1919 年。这年 7 月他在长沙创办并主编《湘江评论》，成了我国又一位有影响的新文化与新思潮的传播者。《湘江评论》是以评论为主的报纸。毛泽东早年著名的《民众的大联合》一文，就是发表在《湘江评论》第二、三、四号上。在《西方大事述评》、《东方大事述评》、《世界杂评》、《放言》等专栏中，毛泽东还发表了许多从内容到形式都丰富多彩的评论。这些评论热情地歌颂了俄国“十月革命”的伟大胜利，对帝国主义和封建势力进行了有力的揭露和斗争。该刊被封后，毛泽东于 1919 年 11 月兼任长沙《大公报》馆外撰述员，继续写作新闻评论。他的报刊评论，摆脱了以往论文式政论的模式，主张“傍着活事件来讨论”。因此，他的报刊评论除政治性外，新闻性尤为明显，促进报刊评论更显示自身的特色。在担任撰述员期间，长沙市发生了一件社会新闻。一位姓赵的少女，为了反对包办婚姻，在花轿中自刎身亡。1919 年 11 月 15 日《大公报》披露了这一事件。次日，毛泽东在该报发表短评《对于赵女士自杀的评论》。指出："社会上发生一件事，不要把它看小了，一件事的背后，都有重叠相生的原因。""这件事的背后，是婚姻制度的腐败，社会制度的黑暗，意想的不能独立，恋爱不能自由。"由此提出了一个重要主张："吾们讨论各种学理，应该傍着活事件来讨论。"

毛泽东撰写言论之重视新闻性，始于他主编的《湘江评论》。该刊开辟了大量述评性专栏，常常直接输入新闻事实，进行简短的夹叙夹议的议论。

中国共产党成立以后，在每个革命历史时期，特别是国内革命战争时期、抗日战争时期和解放战争时期，毛泽东作为党的主要领导者，写过许多出色的政论。在抗日战争和解放战争极为紧张的时刻，他还亲自给延安《解放日报》、新华社和广播电台撰写了大量的新闻评论。这些评论涉及政治、军事、经济以及文化教育等各个领域，不仅内容博大精深，思想十分深刻，而且在表达形式上没有八股气，深入浅出，生动形象，具有中国作风和中国气派。

在这个历史阶段中，作为非党的进步政论家并起过重要作用的是邹韬奋和他的报刊言论。邹韬奋（1895—1944），我国现代报刊史上杰出的报刊评论家。1926 年 10 月，接办《生活》周刊任主编。1933 年 1 月，参加"中国民权保障同盟"，当选为执行委员。7 月，为躲避国民党迫害，出国流亡，先后考察了法、英、德、苏、美等国。1935 年 8 月回国，11 月创办《大众生活》周刊，积极投入抗日救亡宣传，发行量创 20 万份纪录。1936 年 2 月《大众生活》被封。6 月在香港创办《生活日报》和《生活日报星期增刊》。8 月返回上海，改出《生活星期刊》。同时参加

“救国会”活动，被选为执行委员。同年11月，与救国会其他领导人沈钧儒、李公朴、章乃器、史良、沙千里、王造时等6人被南京反动政府逮捕，监禁达8个月之久，此即轰动全国的“七君子”案。1937年8月出狱，遂即创办《抗战》三日刊，为全面抗日呼号。1938年7月，该刊在汉口与李公朴办的《全民周刊》合并为《全民抗战》，仍任主编，后迁重庆出版。总之，韬奋先后主编过七个报刊，撰写过千余篇报刊评论，尤以“小言论”和“答读者”最受读者欢迎。他的小言论善于抓住全国人民最关心的新闻事件和迫切需要解决的社会矛盾，经过认真思考，用最生动、最经济的笔法给予分析说理，文笔明显畅快，一气呵成。综观他的报刊评论，一贯注重反映舆论和引导舆论。他认为报刊言论要做“人民的喉舌”，“言人之欲言，言人之所不敢言”。由此他的言论在当时社会上，特别在抗日救亡运动中产生了极其广泛的影响。

在新民主主义革命时期，中国共产党的机关报也在不断发展和成长着。为了宣传革命道理，党曾办过不少报刊，诸如1922年出过《向导》，1927年出过《布尔塞维克》，1931年出过《红色中华》，1939年出过《新中华报》等，各报刊都重视运用评论反映党在各个时期的主导思想、政治倾向和政治主张，其中有成绩也有失误，有经验也有教训，很值得加以研究和总结。然而，影响最大且较为成熟的报刊当数延安的《解放日报》。它的新闻评论，特别是社论，不仅数量多，而且质量好，其中不少出自无产阶级革命家毛泽东、陆定一、胡乔木等人的手笔，在我国现代新闻评论史上掀开了光辉的一页。

《解放日报》于1941年5月16日在延安创刊，直至1947年3月27日停刊。它是在革命根据地出版的第一份大型的、每日出版的中共中央机关报。毛泽东作为党的主席，亲自指导该报工作，也为它撰写和修改过不少重要社论、新闻和文章。1942年延安整风，《解放日报》进行改版。之后，报纸的宣传和评论工作更上了一个台阶。报纸和评论紧密配合党的中心工作，结合实际，阐述党的方针政策和指导思想，发挥了引导舆论和指导工作的重要作用。表现在文风上反对了夸夸其谈、泛泛而论的党八股，提倡并初步呈现了生动活泼、鲜明有力为老百姓所喜闻乐见的革命文风。著名政论家陆定一、胡乔木等此时也参加了该报的领导工作，并撰写了不少引人瞩目的社论。如胡乔木撰写的社论《国民党缺少什么》（1941 年 6 月 17 日）、《教条和裤子》（1942 年 3 月 9 日）、《请重庆看罗马》（1943 年 8 月 21 日）等，选题重要，论述深刻，脍炙人口，在当时起过积极作用。

1943 年，为了打退国民党第三次反共高潮，《解放日报》在 7 月初到 10 月初的三个月里，发表了十几篇社论和时评，揭露了国民党的反动图谋，留下了不少警世名篇。其中若干篇是由毛泽东亲自执笔或修改的。文章议论精辟，分析深邃，逻辑严密，语言辛辣。尤其是毛泽东本人撰写的《质问国民党》一文，更是讽刺幽默，犀利形象，情理交融，将国民党不可告人的政治图谋批驳得入木三分，使对方毫无还手之力，随后蒋介石迫于舆论压力，不得不打消了进攻边区令仇者快、亲者痛的反动图谋。

在新民主主义革命的历史阶段里，在国民党统治区，具有代表性的著名评论家和报刊当数张季鸾与《大公报》。

张季鸾（1888—1941），现代著名资产阶级报刊评论家，爱国主义者。1888 年 3 月，出生于山东邹平。其父张翘轩为清代进士。在其父影响下，张季鸾从小刻苦好学，善做文章，打下厚实的国学功底和写作基础。1905 年考取官费留学日本，1908 年回国。1910 年应于右任之请，到上海参加《民立报》工作。后又任《民信日报》、《中华新报》总编辑，因抨击袁世凯、段祺瑞，曾两度入狱。1926 年，同留日同学吴鼎昌、胡政之合组新记公司，接办天津《大公报》，担任总编辑，主持笔政长达 15 年，直至病逝。他坚持“看完大样写社论”，先后写了数千篇社评和文章，其中不乏颇具影响的力作，是20年代末至40年代初中国资产阶级报刊最著名的政论家。

1926年至1927年间，他在《大公报》上发表过三篇胆识过人的斥骂权贵的著名社评。一篇骂吴佩孚（《跌霸》，1926年12月4日），一篇骂汪精卫（《呜呼领袖欲之罪恶》，1927年11月4日），一篇骂蒋介石（《蒋介石之人生观》，1927年12月2日）。《蒋介石之人生观》是讥讽蒋介石同宋美龄的婚姻的。张季鸾憎恶蒋介石给自己享乐主义人生观罩上“革命”的“光环”，文中极尽嘻笑怒骂之能事：“离妻再娶，弃妾新婚，皆社会中所偶见，独蒋介石事，诟者最多，以其地位故也。然蒋犹不谨前日特发表一文，一则谓深信人生若无美满姻缘，一切皆无意味，再则谓确信自今结婚后，革命工作必有进步，反翘其浅陋无识之言以眩社会。吾人至此，为国民道德计，诚不能不加以相当之批评，俾天下青年知蒋氏人生观之谬误。”“吾人所不能缄默者，则蒋谓有美满姻缘始能为革命工作。夫何谓革命？牺牲一己以救社会之谓也。命且不惜，何论妇人?”“累累河边之骨，凄凄梦里之人！兵士殉生，将帅谈爱，人生不平，至此极矣。”这后四句把蒋宋联姻放在兵士大批殉生的大背景之下，形成鲜明的对照，显示了强烈的讽刺效果。

但是，张季鸾后来却逐渐由反共、反蒋发展到帮蒋、反共。随着蒋介石统治地位的巩固，加之蒋氏又善于以“礼贤下士”的姿态出现，曾经公开发出电报特请张氏等人对国是“畅陈所见”。从此，张季鸾开始靠拢蒋，终于成为蒋介石的幕中谋士，其评论也从“骂蒋”走向了“帮蒋”。帮蒋的代表作乃是“西安事变”后写的《西安事变之善后》(1936年12月14日)、《再论西安事变》(16日)、《给西安军界的公开信》(18日)等四篇社评。文章以“血泪之辞”，呼吁和平解决事变，避免内战，力劝张学良去见蒋介石请罪。后篇曾被加印几十万份，派飞机在西安散发。当时舆论认为，社评对推动和平解决事变和蒋氏脱险起着不寻常的作用。

张季鸾帮蒋的策略是“小骂大帮忙”。所谓小骂，即骂一般军政人员，最多泛责高级官员，不骂蒋介石。他曾向他的助理王芸生说：“你写社评，只要不碰蒋先生，任何人都可以骂。”一语道出了天机。不过，在客观上，当时敢于“小骂”也有一定意义，不宜一概否定。毕竟给这封闭的令人窒息的黑窝，吹进了一丝新鲜空气。当然，历史车轮滚滚向前，无产阶级和革命人民一旦成了历史的主人，资产阶级报刊想要帮助官僚资产阶级维护其统治，已属“无可奈何花落去”也。

张季鸾的社论除了帮蒋，有相当部分是揭露社会黑暗，针砭社会锢弊，洞察日本军阀野心，揭露侵略者罪行，表示抗战到底的决心，在历史上起过积极作用。张季鸾一生坚持反共立场，不过，鉴于抗日时期国共第二次合作格局已经形成，在他活着的最后几年里，反共立场有所收敛，有时也说一些共产党的好话。

张季鸾写社评颇有些绝招值得我们借鉴：一是不管编辑工作多么繁杂，环境多么喧闹，他都能全神贯注写稿子；二是看完大样写社评，写稿能长能短，视位置多少而定，且让人看不出勉强缩短或拉长的痕迹；三是思路清晰，一挥而就，常常写一段付排一段，最后打出小样再作润色；四是知识丰富，触类旁通，记忆过人，妙笔生花，时有警句妙语。难怪伟人周恩来曾说：做总编辑，要像张季鸾那样，有优哉游哉的气概，如腾龙飞虎，游刃有余。1955 年接见香港爱国报刊评论家、大公报社社长费彝民时，周恩来也曾谈及张季鸾和《大公报》，指出：“《大公报》有三件事值得称赞”，“第一，《大公报》是爱国的；第二，是坚决抗日的；第三，为党和国家培养了不少记者”。[①] 这是对《大公报》所做出的中肯的实事求是的评价。

---

① 林宁：《费彝民与大公报》，载《光明日报》，1983-03-26。

五、新中国建立后，党和人民报刊宣传社会主义革命和建设的言论时期

在中国共产党的领导下，全国人民经过长期艰苦卓绝的斗争，终于推翻了帝国主义、封建主义、官僚资本主义这三座压在中国人民头上的大山，新中国于 1949 年 10 月 1 日终于宣告诞生了。从此，中国进入了社会主义革命和建设的伟大时期。至今已经历了 49 个年头了。

这个时期的新闻评论大致可以分为三个具体阶段：第一阶段，全面恢复和开始建设时间（1949—1957）；第二阶段，以阶级斗争为纲时期（1957—1978）；第三阶段，由以阶级斗争为纲转变为以经济建设为中心的历史发展新时期（1977 年至今）。

（一）全面恢复和开始建设时期

随着国民经济的恢复，特别是第一个五年计划的开始，经济建设成为全国全党面临的一个新课题。由于共产党已经成为执政党，领导全国政权以及政治、经济、文化各个领域的工作，需要根据形势的发展提出新的任务以及完成这些任务的方针、政策和措施。因此，作为党报的新闻评论需要配合形势和任务，及时地、准确地、理论联系实际地去宣传和阐述党所提出的各项任务、方针、政策，动员人民群众为完成社会主义建设的各项任务而奋发努力地工作。于是，这个时期中阐述型社论和评论开始兴起并日益引起社会重视。特别是一些中央领导同志亲自执笔写社论，如陈云为《人民日报》写的社论《为什么要统一国家财政经济工作》（1950 年 3 月 10 日）、薄一波为《人民日报》写的社论《税收在我们国家工作中的作用》（1950 年 3 月 22 日）、胡乔木为《人民日报》写的社论《读 1956 年国家预算报告》（1956 年 6 月 16 日），更是受到党中央的表扬和读者群众的广泛好评。

评介型评论日益增多并得到重视。随着国民经济的逐步恢

复和发展，国家重点建设工程纷纷开工或建成，于是报上论述重点建设工程的经济价值和政治价值的评介型新闻评论日益增多。诸如，康藏公路和青藏公路通车，《人民日报》就发表了社论《在“世界屋脊”上创造幸福生活》（1954年12月25日）；武汉长江大桥建成通车，《人民日报》也配合消息报道发表重要社论《伟大的理想实现了》（1957年10月15日）。社论是这样评介的：

> 长江自古称为“天堑”。江宽水深，风起浪作。“白浪如山那可渡，狂风愁杀峭帆人。”“乱石崩云，惊涛裂岸，卷起千堆雪。”这就是古代诗人们对于长江波涛的描绘。可是，今天就是在这滔滔的长江面上，飞驰着一列列的火车，自然界的险阻向人民的意志和力量屈服了。

这段对照式论述，何等精炼而又富于诗情画意，真可谓情理交融，感人肺腑！这种评介型言论，有助于激发人民群众建设社会主义的热情和革命英雄主义精神；这种新旧社会对比的论述艺术，渗透着爱国主义思想教育的引人魅力！

评介型评论，除评介建设成就外，更大量的是评介先进人物、先进典型，评介新闻事件，评介文艺作品。通过评介，表彰先进，激励后进，提高认识，鼓舞干劲，充分发挥了评论引导舆论的功能。

（二）以阶级斗争为纲时期

在1957年6月到1978年的20余年中，中国共产党的主要精力用于阶级斗争。前后经过了反右派斗争、反右倾斗争、农村的“四清”运动以及所谓“史无前例”的“文化大革命”即政治大灾难等具体阶段。总起来可分为前十年和后十年。

在前十年（1957—1966）这一阶段，鉴于党的主要领导人对形势对国情的极左的错误估量，致使报刊及其新闻评论特别是在政治问题上常常混淆了敌我两类矛盾，背离了实事求是的思想路线，造成了严重的负面效应乃至严重误导。诸如在1957年6月8日之后，由《人民日报》社论《这是为什么》一举揭开了反右派斗争的序幕。回顾反右派期间的评论大体可以分为两类：一是纵论政治形势、发动并阐明反右的方针和策略；一是专题批驳“右派言论”。在这两类评论中坚持实事求是原则的也有，但不在多数。多数则是混淆敌我矛盾的性质。尤其是批驳性评论更是时常陷入偷换概念、强词夺理、无限上纲的泥坑，以致助长了反右的扩大化。1959年末开始党内的所谓反右倾斗争。就某些公开发表的“反右倾评论”而言，在驳所谓“右倾机会主义分子”论调时，大半也属强词夺理。其实，受到无理批驳的所谓“右倾言论”，其中不少正是难能可贵的真知灼见。

这一阶段的经济评论和其他评论特别是国际评论中虽不乏成功之作，但确有相当数量的作品或打上阶级斗争的印记，或呈现浮夸不实之词。特别是1958年“大跃进”期间的经济评论更具有代表性。《人民日报》著名评论员范荣康回忆这一段经历时沉重地指出：“由于指导思想上的失误，1958年的‘大跃进’，从某种意义上讲，只是一个美好而荒唐的梦。这个时期新闻评论的显著特点，也可以说是充满了‘热烈的梦话’。”① 其突出表现在农业生产宣传中的浮夸风和工农业生产宣传中的瞎指挥。1958年初夏，先是争先恐后地报道小麦高产的消息：亩产量从几百斤一直胡吹到河南省西平县和平农业社试验田的亩产7320斤。至于报道水稻更是信口开河。《人民日报》7月25日报道江西省鄱阳县三庙前乡和平社早稻亩产7745斤。8月1日，报道湖北省孝感县长风农业社早稻亩产30722斤，以后又上升到36956斤。这些虚假报道连同评论明显违反生产常识，严重损害了新闻事业自身的形象。7月23日《人民日报》社论竟狂称：“一切认为农

---

① 范荣康：《新闻评论学》，138页，北京，人民日报出版社，1988。

业产量只能按百分之几速度而不能按百分之几十的速度增长的悲观论调已经完全破产了。……只要我们需要，要生产多少就可以生产多少粮食出来。”1958年8月，中共中央决定1958年生产钢1070万吨，比上年钢产量翻一番。8月8日《人民日报》在社论中强调：“1070万吨钢的任务必须完成，一吨也不能少。”为了实现这个高指标，更助长了新闻宣传的弄虚作假和瞎指挥。9月17日《人民日报》社论《祝河南大捷》指出：“河南的奇迹说明了土高炉和小高炉的威力远比人们所想象到的大得多。因为土，因为小，我们就可以放手发动群众来办，一个县就可以在几天之内建上几千个，加起来一天就能出几千吨铁。”社论为以后的大炼钢铁指出了一条反科学的道路。与此相反，大凡对“大跃进”持怀疑态度的，则常常被戴上“怀疑派”、“观潮派”、“秋后算账派”的帽子而引入文中加以批判，因而强化了阶级斗争的色彩，致使正确的言论受到了种种压制。

由于指导思想上的严重失误，加上客观上的种种原因，使国民经济迅速陷于困境。于是党中央于1960年开始对国民经济实行“调整、巩固、充实、提高”的正确方针，报刊新闻评论终于又回到实事求是的轨道上来，相继出现了一些冷热结合的好评论，诸如《人民日报》社论《向老农问计》（1960年3月19日）、《一切经过试验》（1960年4月3日）等名篇相继问世，理论联系实际地宣传了唯物论和辩证法，也体现了对历史的反思和对未来工作的期望。

至于后十年（即1967—1978）这一阶段，正是我国开展所谓“文化大革命”的非常历史时期，即给党和国家、给全国人民带来严重灾难的内乱时期。在这一场持续十年之久的浩劫中，党报及其新闻评论被推到了两个阶级、两条道路、两条路线斗争的第一线，扮演了极不光彩的可悲角色，在中国新闻评论史上开始了一次历史大倒退。多年从事《人民日报》评论工作的范荣康同志将“文革评论”称之为“四无评论”，即无中生有、无需论证、无限拔高、无限上纲，概括得恰如其分。下面分别作些简要说明和分析。

1. 无中生有

新闻评论理应以新闻事实为评论的对象和根据。“文革评论”则一反常规，没有事实根据就大放厥词。炮制者指桑骂槐，读者如坠五里雾中。从“黑帮分子”到“现在睡在我们身旁的赫鲁晓夫那样的人物”，到“党内最大的走资本主义道路的当权派”和“党内另一个最大的走资本主义道路的当权派”，到“中国的赫鲁晓夫”，到“刘少奇一类骗子”，到“投降派”、“那个不肯改悔的走资派”……真是含沙射影，胡乱扣帽，将读者的思想全都搞乱了。至于这些吓死人的一顶顶政治帽子，既无新闻的具体报道，评论本身也不作任何论证、交代和说明。反正“四人帮”一伙（即：江青、王洪文、张春桥、姚文元）将一顶顶政治帽子抛将出来，此人就名誉扫地，就被“搞臭”了。

2. 无需论证

就以“批林批孔”运动而言。1974 年初开始的“批林批孔”运动，对全党和全国人民来说，却是个哑谜。林彪自取灭亡已经两年多了，先是批修整风，后是批林整风，也搞了两年多了，为什么又突然发动这场全国性的政治运动？《人民日报》为此写的社论《把批林批孔的斗争进行到底》（1974 年 2 月 2 日）是这样说的：“批林批孔是我国当前的一场严重的阶级斗争，是意识形态领域里的一场彻底革命，是对封、资、修的宣战，是对帝、修、反的沉重打击，是全党、全军、全国人民的头等大事。”“我们要在无产阶级专政下继续革命，就要把批林批孔的斗争进行到底。斗则进，不斗则退，不斗则垮，不斗则修。”此后还陆续发了两篇社论《批“克己复礼”》（2 月 20 日）、《再批“克己复礼”》（3 月 15 日）。这些文章既没有任何论证，又不作具体解释，哗众取宠，包藏祸心，除了武断还是武断。

3. 无限拔高

凡是被当时以所谓“无产阶级司令部”自居的“四人帮”看中的事情或者过问的事情，全然可以放心大胆地去给它涂脂抹粉，无限拔高，甚至可以把豆腐渣说成一朵花。例如，《人民日报》有篇评论《文艺革命的光辉样板》（1967 年 5 月 31 日）就是将钢琴伴唱《红灯记》的出台进行无限吹捧。评论指出：“钢琴伴唱《红灯记》是我国工人阶级领导下斗、批、改的伟大成果；是上层建筑各个领域斗、批、改的光辉样版。它的诞生，再一次向世界显示了我国无产阶级文化大革命的伟大胜利，显示了毛主席革命文艺路线的伟大胜利!”文章口气简直吓死人，将芝麻大点事儿吹捧上了天。接着，评论转入刺刀见红：“长期以来，钢琴艺术阵地同其他文艺阵地一样，一直存在着无产阶级同资产阶级两个阶级、两条路线的斗争。”“围绕着钢琴艺术进行的斗争，实质上是一场资产阶级复辟与无产阶级反复辟的斗争!”而“钢琴伴唱《红灯记》的诞生，使我们看到在钢琴艺术阵地上，无产阶级对资产阶级实行了专政，大长了无产阶级的志气，大灭了帝、修、反的威风”。

请看，一个小小的艺术尝试，竟被如此肉麻地吹得天花乱坠，而且不惜借此乱打棍子，恶意中伤，简直地球都给翻了个个儿，帝、修、反统统吓趴下了。真是满篇的胡话!

4. 无限上纲

无限拔高是“捧”，而无限上纲则是“批”的方式方法。无限上纲的代表作，当属文痞姚文元“发迹”的“三评”：《评新编历史剧〈海瑞罢官〉》、《评“三家村”》、《评陶铸的两本书》。这些洋洋万言之作，俨然摆出一副“最最最革命”、“最最最权威”的架势，随意诬称历史学家吴晗的京剧剧本《海瑞罢官》为“反党反社会主义的大毒草”；把一介书生、著名报刊评论家邓拓写的知识性杂文集《燕山夜话》无中生有地诬蔑为精心策划的、有目的、有计划、有组织的一场反党反社会主义的大进攻。至于无产阶级革命家陶铸写的两本宣传革命修养的政论集《松树的风格》等，竟然也被姚文元运用无限上纲法妄加剖析，硬是用强词夺理、挥舞闷棍的伎俩，将作者陶铸打成了“一贯的反革命”。

总之，随意地挥舞大批判的棍子，无端地给人罗织罪名，无限上纲，这就是批判性的“文革评论”的主要特点。后来，大报小报的新闻评论也都照着葫芦画瓢，用这种反科学的“上纲法”写了很多荒谬绝伦的文章，造成了极坏的影响，给党和人民带来了无穷的灾难。

（三）以阶级斗争为纲转变为以经济建设为中心的历史发展新时期

“四人帮”垮台以后，报刊新闻评论逐步摆脱了极左的影响，开始恢复了实事求是的优良传统。然而，“十年内乱”刚刚结束，“文革”的理论和做法还没有被彻底否定。当时中央党政主要负责人华国锋同志的指导思想仍是坚持“两个凡是”：“凡是毛主席做出的决策，我们都坚决拥护，凡是毛主席的指示，我们都始终不渝地遵循”。[①] 如果照此办理，许多无产阶级革命家和一大批老干部的冤案难以昭雪改正，邓小平不能出来工作，揭批“四人帮”也无法深入下去，新闻评论工作也被设置了重重禁区。

在这种情况下，邓小平同志向党中央指出“两个凡是”不符合马克思主义，他重申了实践是检验真理的唯一标准，提出要准确地完整地理解毛泽东思想，才能将党和社会主义事业推向前进。1978 年 5 月 11 日，《光明日报》适时发表特约评论员文章《实践是检验真理的唯一标准》，次日，《人民日报》全文转载。文章阐述了“两个凡是”的思想不符合马克思主义和毛泽东思想

---

① 《学好文件抓住纲》，载《人民日报》，1977-02-07。

的认识论和方法论，惟有实践才是检验真理的标准。在理论上起了拨乱反正的舆论引导作用。1978年底，党中央召开了具有转折意义的十一届三中全会。全会明确了要以经济建设为中心以取代以阶级斗争为纲的指导思想，全面开创社会主义现代化建设。全会决定，由邓小平同志取代华国锋同志主持中央的主要领导工作。全会以后，各项工作开始步入正规。从此，中国新闻评论工作也进入了一个新时期，即由以阶级斗争为纲转变为以经济建设为中心的历史新时期，开创了历史的新局面。

经过十多年来的努力，业已形成的新局面主要表现在以下几个方面：

一是报刊评论的实事求是的传统开始得到了恢复。十多年来，新闻评论中假话、空话、大话少了，随意扣帽打棍的粗暴行径收敛了，那种居高临下、盛气凌人的“官腔”弱化了。评论的赞誉和针砭功能得到了重视和加强。评论开始注重摆事实、讲道理，以理服人，以情动人。

二是开始注重从人们的实际工作和社会生活中拓展评论的题材，选取评论的议题和立论角度。

三是报刊评论的品种不断增加，特别是个人署名的专栏评论竞相斗艳，满园春色。全国95%以上的报纸都辟设了群言型的名目繁多的小言论专栏。特别是《人民日报》的微型评论专栏《今日谈》，自1980年1月2日开办以来，深受读者喜爱。《人民日报》的《人民论坛》专栏（前身为《每周论坛》）也开办十多年了，1995年和1996年连续两年被中宣部评为中央级主要新闻媒介优秀专栏之一，深受广大干部和读者群众的喜爱。

四是经济评论开始普遍引起重视，数量大，品种多。尤其在当前由计划经济体制向社会主义市场经济体制转变的时期，经济评论的比重日益加大了，经济评论面临进一步加强和改善的趋势。

五是由群众直接参与的较为形象、通俗、可听可视的广播和电视评论纷纷出台，业已形成了印刷媒介评论和电子媒介评论相互并存协同，又互相竞争的兴旺发达的可喜局面。

第三节　新闻评论的发展现状和趋势

新闻评论实践表明，在我国于 70 年代后期由以阶级斗争为纲转而进入以经济建设为中心的新时期以来，经过十多年的新闻改革实践，新闻评论宣传有了一些新的突破和进展。

那么，究竟有了哪些突破和进展，它的发展趋势将会是怎样呢?

一、由大型为主向大与小结合，逐步向小型化方向发展的趋势

新闻评论以往长时间内均以大型为重，人们习惯于以篇幅大小来衡量评论本身的价值。回顾五六十年代，当时以编辑部评论居多，尤以社论为主，内容重要，每文 2500 字左右，多时则洋洋数千言。至于 60 年代后期到 70 年代中期的“十年动乱”时期，则以“两报一刊”社论和“四人帮”的“大批判”文章压倒一切、主宰一切。每文洋洋数千言，甚至上万言乃至数万言，真可谓“懒婆娘的裹脚——又长又臭”，奇臭难闻。

进入 80 年代以来，随着改革开放的深入，新闻评论开始逐步呈现一个明显的发展态势，那就是小型化趋势。这一趋势突出表现在专栏小言论的兴起并遍地开花。1980 年 1 月 2 日《人民日报》开办《今日谈》小言论专栏之后，全国各地新闻媒介纷纷仿效，出现了名目繁多的小言论专栏。因此，可以说在小型化趋势中，小言论一马当先，一扫以往几十年少则千言、多则数千言的中型或大型新闻评论充斥版面的沉闷空气。这种被人称之为

“豆腐干”言论，长则五六百字，短则二三百字，有的放矢、事理融合，要言不烦，深受读者的广泛重视和喜爱。除新闻性小言论而外，思想性或经济类的专栏小言论也日渐兴旺。诸如随感、漫笔、絮语、杂谈、琐谈、点评等等小型言论也都生机盎然地俏走各报报端，使评论园地增添层面，充溢活力，让广大读者赏心悦目，美不胜收。“小字号”言论之所以如此欣欣向荣，日益受到众多读者的青睐，其原因不外乎是在改革开放和经济转轨的当今时代，生活的节奏加快了；社会生活中各种新鲜的事理、隐显的矛盾此起彼伏层出不穷；尤其是数以千计的报刊、广播、电视等多种新闻传媒的并存及其相互争夺受众有限的业余时间的严峻现实，这就日益要求我们的新闻评论顺应大中小并举，以中小为主，并促使多种的小型化评论栏目的兴起以及各种新闻评论文体积极向小型化方向发展的趋势。

当然，鉴于客观的需要，我们没有理由也不应当排斥长而有内容的新闻评论特别是社论。然而，我们也确实有必要在思想上改变一下因袭的旧观念，即所谓凡是大型的才是重要的，才有震慑力，才有分量，或者说评论的重要性跟篇幅大小成正比，而代之以解放思想、实事求是的辩证思维。

这里，值得回忆并提及的有这样两件事。其一，1980 年的《人民日报》国庆评论《于细微处见精神——国庆纪念活动改革有感》，别开生面地以短取胜，文简意深，全文不到五百字，并以“短评”形式亮相，排在头版显要的版区上，令人耳目一新。据统计，从 1949 年到 1979 年的 30 年中，《人民日报》有 26 年的国庆节发了庆贺式社论，有 4 年发长篇纪念性评论，每文平均三四千字。而此篇以短评形式出现的国庆评论则是新中国成立以来破天荒头一回，真可谓用短小篇幅做出了一篇论题重大的文章。它之所以短小精悍 ，得力于作者的辩证思维，敢于突破传统的旧框框。正如香港《新晚报》评论所说的：“文章虽‘细微'，读了使人深有所得，颇有新见。"

其二，从1982年以来，原福建省委书记项南连续写过多篇短而精的社论，诸如《假如都像徐永山》、《不许诬告》等等，陆续发表在《农民日报》和《福建日报》上，不少报刊还加以转载，受到社会的重视和嘉许。尤其是以《有些案件为什么长期处理不下去》(1982年2月7日)为题的这篇《福建日报》社论，全文总共才163字，可谓开我国短社论之先河，写得有的放矢，鲜明泼辣，一针见血，被评为1982年全国好新闻一等奖。

全文是这样的：

> 今天本报又公布了两个重要案件，坏人受到揭露处理，这很好。
>
> 有些问题群众看得很清楚，干部也有很多议论，问题的性质已经非常明白，但是就是处理不下去，而且长期处理不下去。为什么？
>
> 一是自己屁股有屎；
>
> 二是派性作怪；
>
> 三是软弱无能。
>
> 还有什么？也许还有其他原因，但主要是这三条。
>
> 你这个单位的问题长期处理不下去，是什么原因，算哪一条，不妨想一想。

此社论之所以写得如此短而精，最重要的是论题的焦点集中，分析击中要害。在中央提出一定要严肃处理经济上的和其他领域里的重大犯罪案件后，当时人民群众普遍关心的最迫切的问题，是有些案件为什么长期处理不下去。这篇社论以社会舆论最为关注之点作为切入点，一下子抓住了问题的关键，切中了矛盾的症结所在，因而在社会上引起强烈的共鸣。

当然，我们也不能由此推导出一个片面性的结论，以为社论唯短为上，愈短愈好。其实上述社论之所以可贵，不仅仅是因为它短小精悍，更重要的是从一个侧面生动表明，在新闻评论实践中，我们唯有自觉改变种种形而上学的旧观念，打破旧框框，方能适应深化改革以及社会生活节奏日益加快的新形势，而这种敢于革新、大胆实践的精神正是难能可贵的，值得倡导和鼓励。

总之，由以往的以大“块头”言论为主，向大中小并举以中小型为主，逐步向小型化方向发展，这正是新闻评论改革和发展的一种客观必然趋势。

二、评论与新闻相互结合的趋势

新闻评论与新闻报道作为新闻媒介最基本的新闻手段，均有各自的写作特点、要求和任务，彼此缺一不可，也无法相互取代。不过，从新闻工作现状以及发展趋势来看，新闻评论和新闻报道（包括信息传播）正由彼此独立相互分离逐步走向互相结合的趋势。这种结合的关系和趋势已经和将会集中表现在两者的配合、融合乃至糅合等诸多方面。

配合关系，表现在有相当一部分新闻评论，是依托或依附新闻报道而发表的。尤以编者按语最为突出。由于评论是配合和依托新闻报道而写的，立论的由头和主要论据正是现成的新闻事实本身，因此，它不仅能为新闻报道“点睛”，也使评论本身增强了新闻性。一般地说来，一篇新闻报道传递给人们的只是具体的、零散的、微观的信息和事实，而新闻评论的任务和优势则是透过这些事实和信息进行由此及彼、由表及里、由点及面、由正及反的辩证思考、加工和升华，从理论与实践的结合上，从对立统一的规律高度，深入开掘其中带有普遍意义的内部联系、社会价值和引导效应，以达到深化报道、协调舆论以及弥补报道的不足的目的。

为此，拓展报道与言论的配合关系，有助于增强宣传的分量，有助于避免报道的负效应，正是体现了新闻宣传的客观需要，也促使了新闻评论自身增强了新闻性、指导性和说服力。

评论与报道的结合，不仅表现在两种基本新闻手段之间的配合关系方面，还突出表现在两种基本手段即评论与新闻之间的融合关系，具体表现为评论与新闻性事实或信息有机地融为一体。这一融合趋向目前正突出表现在要闻版的小言论专栏上发表的小言论作品方面。所谓融合，即于新闻评论中直接输入作者所见所闻的新闻事实和信息，以此作为立论的由头和依据；然后，缘此展开议论，有理有据，叙议融合，扭转了以往生硬地灌输道理的简单化作法，增强了新闻评论的新闻性和可信度。同时，还可以在一篇评论之中，让读者完整地经历了理论与实际的结合过程、材料与观点的统一过程、感性认识升华为理性认识的过程，因而增强了评论的可读性和说服力。可以想见，随着评论新闻化趋势的发展，势必也有必要自觉地将新闻性的事实或作由头或作论据或作铺垫而直接输入社论、本报评论员等重型评论之中，使评论在更广更深的范围内做到事理的融合。这样，不仅满足了受众获取更多信息的需求，而且也有助于增强重型评论的吸引力和说服力。

至于糅合关系，则突出表现在通过夹叙夹议的说理艺术，使并非单一的新闻事实和多层次的评论分析互相糅合起来，形成一个有机的整体。它是上述融合方法在实际操作中的延伸和多层次展现。换句话说，它不止在文章中完成一次性的融合使命就达到事理结合的目标，而是多层次地，即在提出问题、分析和解决问题的全过程都体现出事理融合的要求，从而在理论和实际的结合上充分揭示和论证中心论点。应该说，这种叙议糅合的艺术是一种难度较大颇见成效的论述方法。它在新闻述评（包括新闻分析）写作中尤为常用，它的优势正在于展现了新闻与评论的综合功能，在点与面的结合上开掘深度，因而也明显地增强了评论的新闻性和论证的力度。实践表明，在评论写作中，恰当地运用夹叙夹议的糅合艺术，将具体的事实和抽象的议论按文章逻辑的层次，通过叙议表达手段有机地联系和糅合起来，在叙事基础上生发议论，又在议论之中穿插叙事，有助于让读者明白结论是怎样引发出来的，又是怎样逐步深化的，有助于文章在阐明道理时有充足的依据，切实体现了材料与观点的结合，体现了感性与理性认识的统一。这样，易于为读者理解和接受，因而产生积极的引导效应。

综上所述，作为一名新闻工作者特别是一名跨世纪的新闻工作者，不仅应该具有新闻敏感，而且还应具有较强的评论意识，还应深入研究新闻与评论相互结合的艺术。唯其如此，才能适应现实和发展的需要。

三、由少数专业人员主持笔政开始向专群结合、注重吸引受众参与的开放搞活的方向转型

新闻评论历来由主笔、编辑部资深编辑和评论员执笔者居多。然而，这种情况十余年来特别是近几年来，随着改革开放的日益深化，社会主义民主和法制的逐步健全，社会主义精神文明建设的日趋加强，人民群众主人翁意识的不断强化和“读者本体论”的开始形成共识，特别是经济体制转轨的新情况的出现而已有所变化，开始呈现出由以往封闭式地以少数专业评论工作者冷冷清清地主持笔政逐步向专业评论工作者同受众相结合、注重吸引受众参与的开放搞活的方向转型的发展趋势。五花八门的专栏言论的兴起就是一个明显的标志。言论群众化的新气象开始冲击着以往较长时间内存在的指令性较强的单一的灌输模式，而开始呈现出向受众平等交谈、由受众直接参与的方式转型的迹象。各种名目繁多的小言论专栏、论坛专栏、随笔专栏在一些有声望的报刊上陆续面世，使得群众包括众多“小人物”的来稿纷纷登上

了大雅之堂。而对报刊等媒体本身来说，为了办好这些专栏自然也有必要广泛组织和征求报刊等媒体内部专业人员和外部广大读者的来稿，甚至纷纷为此而大搞有奖征文，将专栏的大门敞开。这样做的结果必将促进言论群众化的日趋发展，促进了群众性言论作品含苞吐芳，日见繁茂。

新闻评论日趋群众化的发展态势，也给众多编辑、记者造成一种无形的压力。编辑只管编稿，记者只管新闻报道的状况再也不能继续下去了。严峻的形势将会激发他们迈开双腿走路并进而去学习、研究和写作新闻评论的积极性。这种压力也势必将会逐渐影响专业的评论作者或评论写作的专家里手，促使他们为提高评论写作水平，为增强评论的质量而孜孜以求奋发进取。

言论群众化趋势的再一个标志是广播评论和电视评论等电子媒介新闻评论的兴起和发育，使得各行各业的广大干部和群众可以身临其境地登台亮相，直接间接地参与评论者的行列，诸如中央电视台新闻评论部《焦点访谈》专栏、中央人民广播电台《新闻纵横》、《午间半小时》专栏等等都已经这样做了并取得了广泛认同和成功，有的于最近两年还连续获得了中央级新闻单位名专栏称号。同时，它又使受众群大为扩大，使不同年龄、不同职业、不同文化程度的受众都能看能听、爱听爱看。这也必将反过来迫使报刊和通讯社的评论的语言文风务求平易、通俗、清新，迫使报刊和通讯社的评论在深度上和可读性方面、在引导舆论方面精益求精，为读者群众所称道。

四、在说理论述上由以往形象思维与逻辑思维互相割裂而向相互结合方向发展的趋势

新闻评论的改革和发展趋势，还突出表现在说理论述方式上由以往的严肃抽象型的说教式向生动形象型的谈心式方面转化，

也即由以往形象思维与逻辑思维互相割裂而向相互结合方向发展的趋势。

伟人毛泽东生前常常批评我们的报刊文章不生动，不形象，使人看了头痛。的确，在以往的一个长时间里，新闻评论给人的印象常常是枯燥乏味，不讲究生动形象，缺乏吸引力。一些人甚至误以为形象化是文艺作品的事，评论则是政治性较强的严肃体裁，大可不必去追求什么形象感和生动性。这显然是一种片面性的认识。从理论上说，逻辑思维和形象思维是难以分家的，作为一篇新闻评论的精品佳作，作者在说理过程中总是将逻辑思维和形象思维相互结合起来进行思考和运作的。著名马克思主义政论家胡乔木生前经常强调评论写作要擅长抽象思维和逻辑推理，但也不能没有形象思维。他在《要加强地方报纸的评论工作》一文中是这样说的："形象的思维是回忆、想象，逻辑的思维是判断、推理。艺术家靠形象的思维，科学家靠逻辑的思维。我们报纸工作人员不是艺术家，也不是科学家，不是写小说，也不是写科学论文，而是面对着广大的群众说话，写的是有关当前问题的评论，所以就要两样都有点——既要有形象的思维，又要有逻辑的思维；既要有抽象的说理，又要有具体的形象。"①

值得欣喜的是，进入以经济建设为中心的新时期以来，在我们的报刊上也逐渐出现了一些生动形象、平易近人的好评论，开始摆脱了居高临下呆板说教的模式。试举一例：新华社《经济参考报》有篇题为《鹊桥的造价》（1984 年 10 月 21 日）的评论员文章，写得别致生动。文章别具一格地以经济的角度论证了妥善解决职工夫妻两地分居的迫切意义："夫妻分居问题，不仅给双方带来诸多不便，而且从宏观的角度看，也给国家造成巨大的经济负担，成为一个社会性的难题。据估计，目前全国的厂矿企业

---

① 《胡乔木文集》，第 3 卷，19 页，北京，人民出版社，1994。

单位大约有六百万对分居两地的夫妻。那么，每年至少有六百万个‘牛郎’或‘织女’探亲一次。如果以每次平均报销旅差费120元，探亲期间少创造产值200元，但仍支付工资70元计算，国家每年将为此支出（或少收入）23亿元。可见，这条‘鹊桥’造价是何等昂贵!”文中奇趣地将两地分居的夫妻一年探亲一次比喻为牛郎织女的鹊桥相会。将探亲的一笔巨大花费比喻为鹊桥的造价，进而从宏观上减轻国家经济负担的新角度、新思路提出要尽快妥善解决职工的两地分居这一社会难题。一个严肃的论题竟然写得如此生动而又风趣!

形象化趋势的出现有多方面的原因。首先，这是跟新闻评论群众化的趋势相辅相成的。其次，这种情况的出现也是随着连年在全国范围内评选好新闻好言论的活动的开展而得到推动和扩展。再次，由于广播评论、电视评论的兴起，鉴于其可听可视，使得言论的论述在形象化和可感性方面占有明显的优势，这也是促使着报刊评论适应并迎接这一挑战，进而逐步强化自身的形象感和生动性。当然，逻辑思维与形象思维的辩证统一，从总体上说，还有个漫长的历程。应该说这方面目前尚处在起步之中。不过，这是大势所趋，众望所归，顺着这一趋向努力，将会促使新闻评论在宣传政策、引导舆论方面登上新的台阶。

五、声像评论的逐渐兴起因而呈现声像评论之间以及它与报刊文字评论之间相互争夺受众进而竞争共荣的发展趋势

80年代以来，随着我国广播电视业的迅速发展，出现了电子媒介的新闻评论与印刷媒介的新闻评论共处并存、各显其能的大好局面。前者以声音或声像合一的方式制作和传播新闻评论，它与长期以来独领风骚的印刷媒介以文字形式进行写作和传播的报刊新闻评论形成了互相竞争的严峻态势。

具体说来，广播媒介是由无线电波或导线传送的声音来表达内容，电视媒介则通过传送活动图像及其伴音以表达内容，属于视听结合的现代化传播媒介。因此，广播评论也可称之为有声评论，而电视评论，则由现场画面、同期声、屏幕文字、论述语言诸要素所构成，可称之为视听结合的形象化评论，两者可以统称为声像评论，它们的共同特点一是传播速度快，二是传播范围广，三是受众极为广泛，四是富有现场感和参与性。这是较之报刊通讯社的文字评论更为优越之处。

不过，广播电视评论纵然有这些优势，但也无法替代报刊评论。这是因为以文字传播的报刊评论在容量方面，在保存性、可选择性、便于携带以及便于深入展开说理论证从而在理论性、思辨性和深刻性方面占有明显的优势。因此，无论声像评论或是文字评论，作为新闻评论的两大类别谁也没法取代谁。而唯有相互竞争共同繁荣并逐步形成合力，方为上策，才符合发展趋势，也才能在社会主义精神文明建设中扬长避短，优势互补，“八仙过海，各显神通”，更好地发挥新闻评论引导舆论和宣传教育的综合功能。

综上所述，我们不难看到，当今新闻评论宣传正处在印刷媒介与多种电子媒介共处并存各显其能的历史新时期，处在我国改革开放经济体制转轨的历史新时期，这就使新闻评论宣传面临着深化改革、发展繁荣的机遇同各媒介之间严重挑战相互并存的新形势。在这种情况下，新闻评论这一宣传领域开始呈现出小型化、新闻化、群众化和形象化的喜人趋向，的确有它的客观必然性，这也正体现了五个结合的时代特色：大与小结合、新闻与评论结合、专家与群众结合、逻辑思维与形象思维结合、文字评论与声像评论的结合。及早认识并自觉顺应这一发展趋势，我国新闻媒介的评论宣传将会有助于克服评论的空泛、单调、训导和乏味的弊端，有助于把新闻评论宣传搞得更好，有助于将新闻评论园地办得更富有中国气派、中国特色，为亿万中国老百姓所喜闻乐见!

思考与练习

1. 简述马克思、恩格斯、列宁报刊评论的历史贡献和特色。
2. 中国历史上第一个报刊政论家是谁?
3. 评论毛泽东的报刊政论活动及其主要特色。
4. 评述韬奋言论活动及其重要贡献。
5. 简评新闻评论的改革及其发展趋势。

第三章　选题立论的根据与要求

对新闻评论来说，选题就是选择所要评价的事物或所要论述的问题，确定所要评论的对象和论述的范围。就一篇评论来说，选题主要是指它提出的是什么问题，是针对什么问题发言的。简而言之，选题就是选择和确定论题。论题选择得恰当，评论写作就有了明确的目标和头绪。

立论就是一篇评论所形成和提出的主要论断或结论，是作者对所提出的论题的主要见解，是选择论据和分析事物的指导思想，是整篇文章的“纲”，起统率全文所有观点和材料的作用。

选题和立论是新闻评论写作过程中构思酝酿阶段的两个主要环节，关系着评论的成败或优拙。在一般情况下，选题在先，立论在后，选题为立论提供基础，立论赋予选题鲜明的思想观点。当然，它们又是相互渗透的，不能截然分开。人们在确定选题时，往往就同时思考立论了。

总之，选题和立论在评论写作中具有举足轻重的地位，切不可等闲视之。为了切实提高评论质量，理应首先在选题和立论上多费心思，肯下功夫。

第一节　选择和确定论题的根据

新闻评论选题要求在于，它所评论的对象和范围应当是选择当前具有迫切意义的、有着普遍引导作用、又能配合整体的新闻宣传部署的问题。要体现此要求，关键在于必须明确选题的根据，在掌握根据上下功夫。其根据不外乎以下三个方面。

一是当前的客观形势、舆论动向和宣传任务，以及最近中央发布的重要决定、工作部署和最新的政策精神。这些不仅是选题的重要来源，而且有助于选题和立论体现坚定正确的政治方向，赢得人们的重视。

例如，近年来，随着结构调整、企业转换经营机制等项改革不断深化，失业和下岗待岗职工增加，给一部分职工生活和工作带来了困难。显然，这是经济转轨时期必然要碰到的阶段性问题。鉴于目前我国社会保障体系还不够健全和发达，绝大多数劳动者是通过就业获得收入来维持生活的，失去了职业就可能使家庭陷入困境。因此，党中央和国家劳动就业管理部门通过试点提出了实施再就业工程，以便解决困难职工的生活难题，使他们能够再就业，重新走上工作岗位。1997 年 1 月 29 日发表的《人民日报》评论员文章《高度重视认真实施再就业工程》，正是就此迫切的社会问题选题立论的。评论着重阐述了如何落实好再就业工程，指出要抓好三方面的工作。第一，各级领导要认识到，实施再就业工程已经成为各级政府的重要任务，认识到职工再就业与深化改革、促进发展、保持稳定的密切关系，认识到解决再就业问题不仅是劳动部门的工作，也是全社会的共同责任。第二，实施再就业工程的过程中，也要帮助和促进职工转变就业观念。使广大职工明确市场经济条件下，组织失业职工和富余职工找到新的工作岗位，不能由政府劳动部门统包统配，而要面向市场，充分发挥政府、企业、劳动者和社会各方面的积极作用，实行企业安置、个人自谋职业、社会帮助相结合。第三，广开就业门路，开发就业岗位。有了更多的就业岗位，分流安置才能落到实处。通过评论的积极引导，在提高广大干部和群众思想认识的基础上，将会推动再就业工程的认真实施，促进经济改革尤其是国企改革的进一步深化。

二是实际生活中层出不穷的新情况、新变革、新矛盾、新风险，以及来自广大群众和社会基层的呼声和要求。这是新闻评论选题取之不尽、用之不竭的源泉。

例如，苏州一位工人家庭的16岁中学生，原先很聪明，读书成绩一直领先。可是自从学会电脑以后，上课神情恍惚，考试成绩直线下降，甚至接连逃课，却偷偷地约些同学关在房里看由中外合资企业宝碟公司盗版生产的黄色VCD光盘。此事被他母亲发觉后，立即为此惊呆了，以致以泪洗面，夜不能寐。随即于1995年11月21日给江苏省副省长、苏州市委书记杨晓堂写了一封举报信。信中，她向全社会提出了一个严肃问题，在我们社会主义国家里，难道竟能坐视那些黄色出版物侵蚀毒害我们的青年一代吗？“我的儿子只有16岁呀！如果没有好的社会环境，他该怎样走完他的人生啊！”新华社于当年12月17日以电讯稿的方式向社会公布了这封以泪水写成的信。次日，各报在头版头条发表此信的同时，还纷纷配写了新闻评论。《人民日报》评论员文章的题目是《警惕“电脑犯罪”》，《光明日报》评论员文章的题目是《动员起来扫除电子黄毒》。尤以后篇写得更为准确和鲜明。评论指出：“电子黄毒有如‘精神上的海洛因’，其危害不能小视，必须坚决扫除干净。青少年是祖国的未来，肩负着建设社会主义现代化国家的重任。不扫除黄毒，不仅下一代的健康成长受到影响，而且将降低国民素质，动摇我们民族的根基，其后果不堪设想。”在揭示电子黄毒的危害性的同时，评论进而就此表明态度：“近年来，一些不法之徒和厂家见利忘义，公然违犯国家的法律，翻录制造贩卖黄色电子出版物，污染社会，腐蚀人们特别是青少年的心灵。电子黄毒在许多城乡蔓延，给社会造成了严重的危害。对于这股危害社会、危害人民的浊流，决不可以等闲视之，必须广泛动员起来，坚决予以扫除。对于电子黄毒的宽容，就是对人民的犯罪，对社会的犯罪。在我们社会主义国家里，岂能坐视那些黄色出版物肆意侵蚀毒害我们的人民、毒害青少年。”

这些评论的选题来自实际生活，反映了人民群众的含泪呼吁和强烈的要求。评论业经新闻媒介的传播又回到实际中去，来自实际、高于实际又指导实际，由此而使报道和评论产生了普遍的、积极的舆论引导功能，对动员有关方面制止电子黄毒的泛滥和肆虐起了积极有效的作用。据说，在舆论的压力下，在上级领导部门的直接干预下，江苏省广播电视厅已根据调查结果，对苏州吴江横扇镇宝碟激光电子有限公司做出停止复制业务的决定。苏州市有关部门对宝碟公司突击检查，当场发现一批盗版和淫秽CD、VCD、照相软片等重要物证。公安部门已经立案侦查并收审了宝碟公司有关涉案人员。与此同时，此事也已引起新闻出版署、国家教委、全国妇联和各地中小学师生和学生家长的积极关注、共鸣和警惕。

三是重要的新闻事实、新闻事件和新闻典型。这是社会舆论关注的热点，是结合实际引导舆论、发挥教育功能的好教材，也有助于评论选题富有针对性、新闻性和时代感。

在新闻评论中，这类选题是比较多的。编者按语、短评、评论员文章乃至部分社论常常是以新闻报道所提供的重要的新闻事实、新闻事件和新闻典型（包括正、反面的人和事）为其选题、立论的根据、契机、依托或由头的。

例如，根据我国钢铁产量破亿吨钢跃居世界首位这一重大新闻事实，《人民日报》撰写了论坛评论《亿吨钢铁壮国威》（1997年1月15日）；根据长江截流成功这一重大新闻事实，《人民日报》发表了社论《贺大江截流成功》（1997年11月9日）；根据香港回归祖国这一重大新闻事件，《人民日报》发表了社论《中华民族的百年盛事——热烈庆祝香港回归祖国》（1997年7月1日），并特地辟设《香江漫笔》专题式论坛专栏，于1997年6月

17日至7月15日即香港回归前后，发表了《明天会更好》（作者钟怀）、《“邓公伟大!”》（作者德民、博华）等21篇论坛评论；根据党的十五大的召开这一重大新闻事件，《人民日报》发表了社论《承前启后　继往开来——热烈祝贺党的十五大开幕》(1997年9月12日)；根据第八届全国运动会开幕这一重要新闻事实，《人民日报》也为此发表了社论《创造新的辉煌——热烈祝贺第八届全国运动会开幕》（1997年10月12日）等等。由上可知，1997年重要新闻事实、重大新闻事件接连不断，以《人民日报》为代表的新闻评论其选题也就风光十色，层出不穷。

再如，根据重要的新闻典型，诸如孔繁森、杨为民、徐虎、李素丽、邹延龄、王忠诚、王启民等等先进人物的典型事迹先后披露，各报纷纷就此选题立论，发表了各种形式的新闻评论予以赞誉、评析和示义抒怀，进而大大开掘和延伸了典型的价值和引导功能。就以评述空军特级试飞英雄邹延龄（冒着生命危险进行科学试飞，勇于拼搏，不怕牺牲，无私奉献，屡立奇功，做出重大贡献的英雄）的事迹为例，《人民日报》发表了评论员文章《壮哉，蓝天骄子!》（1997年7月22日)、论坛评论《鸟贵有翼，人贵有志——有感于试飞英雄邹延龄的事迹》(1997年7月23日）等，着重评析了邹延龄在社会主义市场经济条件下，正确对待义利、得失、荣辱、苦乐乃至生死的严峻考验，在这一道道关口面前过关斩将不失英雄本色，而其关键正在于树立了正确的人生观和价值观。

香港报纸如《香港商报》于7月24日也就邹延龄的事迹作了题为《解放军英雄谱又添新名》的报道，并给报道加了如下编者按：

> 解放军建军70年来，涌现了许许多多英雄模范人物。“八一”前夕，首都传媒又介绍了一名英雄邹延龄，在社会上引起强烈反响。

邹延龄的事迹极具传奇色彩，连外国同行都不得不服。“外国人敢飞的，我敢飞，外国人不敢飞的，我们也飞”，“站着是根柱，躺下是根梁”，邹延龄的事迹令人感受到中国人的志气。中华民族要自立于世界民族之林，最重要的就是发扬光大这种浩然之气。

鲁迅当年赞扬过“民族的脊梁”，说他们是“中国的希望”。在当代中国，邹延龄这样的人物就是“民族的脊梁”，社会若将其奉为楷模，蔚为风气，何愁现代化不能实现？何愁中国不能繁荣富强？

按语旨在“画龙点睛”，话虽不多，却写得颇有感情色彩，给报道增添了引导的思想力度。

第二节　立论的基本要求

选题和立论是新闻评论写作不可分割的两个方面。选题是立论的基础，立论则是选题的思想升华。如果说选题旨在提出问题，那么，立论正是经过思考酝酿而形成和提出的解决问题的论断和结论，它是决定文章成败的关键。

一篇成功的新闻评论作品，就其立论而言，理应具备这样的基本要求：针对性、新颖性、准确性和前瞻性。

一、针对性

立论有没有针对性，能不能有的放矢、言之有物是衡量一篇新闻评论作品能否产生社会效应，能否促使事物发展的一项首要标准。所谓针对性，指的是立论能够针砭时弊，针对不良社会风气和倾向性矛盾，针对偏颇乃至错误思想，运用正面引导或批评论辩的方式对症下药，以促使矛盾转化，帮助人们提高思想认识，产生积极的社会效应。反之，无的放矢，就事论事，无病呻吟，隔靴搔痒，这样的文字毋宁说是做文字游戏，只会浪费读者时间甚至引起读者反感，自然也就失去了自身的价值。那么，怎样才能体现和增强立论的针对性呢？

（一）针锋相对，拨正舆论导向

例如，如所周知，日本国内一直存在着一小股否定日本侵略历史的右翼势力。近年来，他们更加活跃，变本加厉地为军国主义歌功颂德，为日本侵略亚洲和中国的历史翻案，宣扬什么日本当年提出“二十一条要求”和发动“九一八”事变是“为了维护日本的正当权益”，胡说“七七卢沟桥事变”“不是日方挑起的，而是中国军队干的”，声称“南京大屠杀是捏造的”。这些极端荒谬的言论颠倒历史到了无以复加的程度，严重地伤害了中国人民的感情。为此，新华社发表评论员文章《警惕荒谬历史观作祟——纪念“七七卢沟桥事变”60周年》（1997年7月7日）予以针锋相对的批驳，以澄清事实真相，拨正舆论导向。此文选择在日本军国主义发动全面侵华战争而挑起的“七七卢沟桥事变”60周年之日面世，尤为显得言当其时。评论严正地指出：

> 翻一下尚未尘封的历史，就会发现日本军国主义妄图侵占中国的野心由来已久。臭名昭著的《田中奏折》标志着日本早在本世纪20年代就已经把鲸吞中国纳入其称霸世界的战略中了。正是在所谓“欲征服支那，必先征服满蒙；欲征服世界，必先征服支那”的战略思想指导下，日本军国主义者一手挑起了“九一八”事变，炮制了一个伪满洲国，后经精心策划，又于1937年7月7日发动“卢沟桥事变”，将战火燃遍大半个中国。日本侵略者在中国的土地上，疯狂地实行“烧光、杀光、抢光”的“三光”政策，还使用细菌、化学武器，犯下了人类历史上最野蛮、最残酷的罪行。侵华战争延续时间之长、规模之大、造成的损失之惨重都是空前的。据统计，在日本侵华战争中死伤的中国人达3500万之

众。按1937年的比值计算，日本给中国造成的直接经济损失达1000亿美元，间接经济损失达5000亿美元。

日本军国主义在中国犯下的滔天罪行，人证、物证俱在，且有许多重要的国际文献纪录在案，绝不是日本极少数人可以抵赖的。他们的丑行，只能欲盖弥彰，使本来就极不光彩的历史愈描愈黑。

评论针对来自日本的种种谎言谬说，针锋相对、旗帜鲜明地予以批驳，采用了以事实揭露真相，以事实澄清谎言的论辩手法，拨正了舆论导向，以正视听，使得文章立论富有针对性和战斗性。

（二）针砭时弊，对症下药

立论的针对性，还表现在敢于和善于切中实际生活中的迫切需要解决的各种社会弊端、陋习，并且对症下药予以积极治疗。

举例来说。目前，我们有些领导干部群众观点在淡漠，同工农基本群众的感情在疏远，对群众缺乏基本的了解，不懂得党的群众路线，不会做群众工作，有的甚至损害群众的利益。在一些地方和部门，群众对干部不是“拥护又喜欢”，而是干群关系紧张，干部和群众心隔心。当问及何以不深入实际、深入基层、深入群众、为老百姓办实事时，其借口就是“抽不开身”，事情太忙。针对这一严重的社会弊端和不良作风，《辽宁日报》于1996年10月18日发表了《当官要讲“知民度”》的署名评论。评论一针见血地指出：“领导干部确实责任重，时间紧，可是为什么有的宴会上扯闲嗑两个小时不嫌长，还要卡拉OK一番，唱过夜半声不绝，‘麻’到天亮不觉累；一些大尾巴会砍掉尾巴有何妨，多腾出些时间和老百姓唠唠知心话岂不更好。”“有些干部即使下到基层，也是车轮转、隔着玻璃看，住宾馆，听汇报，吃宴席，看材料，安不下心去查真情，虚不下心来听真话。也有的干部看近不看远，看富不看贫，看易不看难，听喜不听忧。那还像咱共产党的干部吗!”在揭露矛盾、针砭干部队伍中的种种不良作风的同时，评论对症下药地为干部改变作风开出药方，指明方向：当官要讲“知民度”。而“知民度”指的就是“对人民群众的工作、生活、交往和愿望了解和熟悉的广度、深度和速度。”关于当官何以要讲“知民度”，评论是这样分析论证的：一是不“知民”，谈什么党的为人民服务这一根本宗旨，谈什么安民、为民；二是“知民”与否，直接关系到社会主义的前途和命运。“我们的成绩有目共睹，可这已成过去，我们的目标十分宏伟，但那是将来，‘在过去和将来的中间，横着现在这个大实在’。现在，各级领导干部责任大，担子重，只有人民群众的主人翁地位和基本权利得到有力的保障，人民群众的历史创造精神得到充分的尊重，人民群众的实践经验得到积极的推广，才能激发他们建设有中国特色社会主义伟大事业的巨大热情”；三是唯有“知民”，增强“知民度”，才能有助于克服官僚主义、形式主义和主观主义。应该说，这付药方对当今在经济体制转轨时期的一些干部来说，确实是一付对症下药的良方，一付可贵的清醒剂。

（三）针对迫切需要解决的实际矛盾进行立论

例如，近年来，我国大商场建设中出现了“过滥、过大、过高（高档化）”的不良倾向。据资料显示，大商场几乎成了继房地产热之后的又一个新投资热点，许多地方网点规模成倍增长。苏州市，原来只有四家较具规模的商店，营业总面积三万多平方米，而近两年扩建或新开业万平方米以上的大商场有二十余家，在建的五千平方米以上的大商场还有二十家。长春市，各系统各部门兴办的大商场约六十三家。北京营业面积在1万平方米以上大商场已达五六十家，正在建设的还有三四十个。为此，《中国商报》于1996年3月26日发表经济述评《盲目兴建大商场之风可休矣》（作者王永年）予以评析、提醒和引导。

文章在揭矛盾、摆情况的基础上，着重分析了盲目兴建大商场造成的不良后果。一是“效益滑坡，有的甚至出现严重亏损，客观上造成了社会投资浪费”。如北京有的几万平方米的新建大商场，一开业就赔钱。苏州、南京等地均有新建大商场开业不久便关张的消息。二是大商场建设失控还诱发了不正当竞争。“去年年底开始，北京大商场大幅度、大面积让利，就极易演变成两败俱伤的价格战。大商场之间的让利竞销还同时危及到中小企业的生存。”

在分析上述实际矛盾所以形成的原因及其解决办法和出路时，评论援引著名商业经济学家万典武的见解和建议。其原因“主要是事先缺乏科学论证，市场定位不准，对流动人口购买力估计普遍过高，经营缺乏特色，布局过于集中。为此，万典武教授建议：一是参照国外的一些做法，把大商场建设列入城建及商业网点建设规划，须报经政府主管部门审批。二是国家在考核企业时，增加单位面积效益指标（每平方米销售额和利润）。三是制定鼓励性政策，引导企业把有限的资金投入到前景广阔的连锁店和超市上去”。

总之，此文针对性强，不仅触及了当前社会迫切需要解决的实际矛盾，而且，分析了形成矛盾的原因，提出了解决矛盾的办法，起到了正确引导舆论和指导实践的功能。据说，发表后立即引起了强烈社会反响，也引发了各报和电台就此问题的系列评论和广播谈话，造成全国性影响。

（四）针对人们的思想疙瘩进行说理引导

记得80年代初，党的十一届三中全会以后，为了充分调动全国农村农民的生产积极性，在清理“左”的错误指导思想的同时，党放宽了农业政策，推行了各种生产责任制。但是，由于长期极左思想的影响，当时农村不少基层干部和群众对这些做法顾虑重重。有的人怀疑或指责实行生产责任制包产到户是恢复单干，是搞资本主义。对于这样一个敏感的问题，《辽宁日报》较早地发表了有针对性的重要评论《单干辩》（作者范敬宜，1980年11月6日），帮助人民释疑解惑。评论首先从理论上指出："把这样的责任制斥为资本主义的单干，实际上是把生产资料的占有方式和劳动方式混为一谈，把责任制和所有制混为一谈了。概念上的混乱，造成了判断上的错误。"而且，"单干并不是资本主义的特征，资本主义的特征是在资本家占有生产资料的基础上使用雇佣劳动剥削剩余价值。就劳动方式来说，无论是体力劳动还是脑力劳动，都有集体劳动和单独劳动的不同方式"。接着，评论进一步巧妙地运用逻辑的归谬法进行推理分析："如果认为单干就是资本主义，那么是不是非得几个车工同时操纵一台机床，几个司机同时驾驶一辆汽车，几个拖拉机手同时开一台拖拉机，几个医生同时开一副药方，几个教师同时上一堂课，才算社会主义？这岂不是荒谬绝伦吗?"这样，就把劳动方式等同于占有方式所造成的荒谬后果揭示得一清二楚，自然也就把单干和资本主义划等号的错误观点驳倒了，长期以来人们纠缠不清的思想疙瘩终于解开了。

（五）寓针对性于正面引导之中，有助于强化立论的赞誉效应

以《北京日报·群言》专栏的署名评论《选择的尺度》（作者张聿温，1997年7月23日）为例。此文是赞颂空军试飞英雄邹延龄的，其立论特色主要表现在正面引导与立论针对性的贴切结合，进而在是非对照之中深化论题，给人以深刻的启迪。文章不长，全文如下：

> 在空军试飞英雄邹延龄身上，有许多闪光点。其中他对待人生选择的态度，令人钦敬。
>
> 由环境优越的中原大城市来到条件艰苦的秦巴山区，由安全系数大的运输机飞行员改当风险性大的试飞员，是邹延龄做出的第一次人生重大选择。他选择的根据是："人生在

世，总要为国为民干几件实事。”既然国产运八飞机需要他去当试飞员，他认为是义不容辞、责无旁贷的。

当八家航空公司先后找到他，动员他转业到他们那里去工作，甚至他送飞机到国外，对方也盛情留下他当教员时，面对优厚的物质待遇、令人称羡的职务安排，他毫不犹豫地一一谢绝了，仍然义无反顾地拼搏奉献在试飞岗位上。他一次次选择的根据是：“我从一个放牛娃成长为一名试飞员，这个硬翅膀是党给安的。翅膀硬了就想飞走，党性不允许，良心上也说不过去，我决不能见利忘义，个人和家庭利益固然需要考虑，但祖国的利益高于一切。”

如果把人生比作一本书，那么是否真正读懂的标志之一，就是善不善于进行正确的人生选择。人生的道路需要有人指引，需要有人热情而负责任地插路标，但每到十字路口，如何定向，怎样迈步，归根结底还是靠自己。别人既代替不了你下决心，也代替不了你走下去。有位著名作家说过：“人生的道路是漫长的，但要紧的也就那么几步。”这几步，选择对了，终身受益，选择错了，成恨千古。那么，怎样才能选择得正确？这就必须像邹延龄那样，把握好选择的尺度。把祖国的利益看得高于一切，把人民的需要作为第一需要，视事业重如山，看名利淡如水，才会做出正确的选择。相反，以自我为中心，以个人和小家庭的利益为半径画圆，就只能把自己困在个人主义的小圈子里，是断断不会做出正确的人生选择的。选择的尺度是个价值判断问题，只有树立正确的人生观、价值观，才会交出一份合格的人生答卷。

在改革开放的大潮中，人才流动如一股活水，人生选择也多了起来。这是好事。然而随之带来的问题是，手中须有一把准确的尺子。只有把握好选择的尺度，人生才能迈出坚实的步伐。否则，人生这篇大文章将败笔连连，不堪卒读。

由于人生观与价值观的不同，对人生选择的尺度就不一样。文章借助邹延龄这一光亮的典型，着力于正面引导：“把祖国的利益看得高于一切，把人民的需要作为第一需要，视事业重如山，看名利淡如水，才会做出正确的选择。”但此文作者的高明之处并未止于赞誉，而是深入一步寓针对性于赞扬之中。在赞扬邹延龄的正确的人生选择的同时，却蕴涵着针砭个人主义的人生选择的内容。正如文中所示：“相反，以自我为中心，以个人和小家庭的利益为半径画圆，就只能把自己困在个人主义的小圈子里，是断断不会做出正确的人生选择的。”在两种截然不同的人生观、价值观的褒贬对照中，不仅强化了立论的针对性，而且增强了正确的导向性。由此可知，正面引导的言论，也只有寓有了针砭性，才能显出正确的导向性，也才能强化正面引导的力度和社会效应。

由上所述，可以得出这个结论：评论是否有的放矢具有针对性，和评论的价值与功能成正比。只有做到了有的放矢，具有较强的立论针对性，才有可能使评论起到积极引导舆论的作用。至于怎样才能增强立论的针对性，那就要求评论作者增强评论意识和政治责任感；要求作者重视理论和政策学习，全面和深刻领会中央精神；要求作者注重体察民情，把握群众的思想脉搏；还要求作者热诚关注当前的社会思想动态、宣传动态和舆论导向，善于在政治与业务、理论与实践、宏观与微观的结合上进行联想和思考。

二、新颖性

从人们的认识规律和阅读心理而言，不仅立论要具有明确的针对性和导向性，而且要求立论具有新颖性，阅后能给予人们以新的养料、新的收获和思想启迪，而这也正是为文的难点所在。

因此，有必要探讨一下怎样才能使立论新颖引人。

(一) 论题新颖，且有独到见解

新的论题指的是评论提出的论题能触及新的矛盾，或能提出新的主张、见解。

例如，广东人民广播电台于1996年7月6日播出的广播评论《警惕另一形式的腐败》，就是一篇能触及新的矛盾的立论新颖的评论。此篇评论结合广东省解放以来罕见的厅、处级高级领导干部考场舞弊事件进行评述。原来，1996年6月8日，在广东省在职人员申报硕士学位英语考试时，有十多位报名考试的领导干部作弊，其中有副厅级、处级干部多人。事件于7月5日曝光，电台除了发新闻外，随即配写了这篇评论，着重分析这一严重事件的实质和危害。评论指出：

> 类似以权谋学位这样的事情，其恶劣的影响已经超出了一般意义上的以权谋私。那些敢于视圣洁的学位制度于掌上玩物的厅长、处长、总经理们，表面上似乎是看重硕士、博士之类的衔头，而实际上不过是想拾起一块敲门砖，最终的目的仍然是更大的权力，以谋取更多的个人利益。对于这些心术不正的人，仅仅以一般做学问的弄虚作假来认识他们，显然是难以让人服气的。因此我们说，这实际上是另外一种形式的腐败。如果我们不警惕，不果断地采取措施杜绝此类事情的发生，那么，对于那些在校园里规规矩矩做学问的莘莘学子，那些在清贫中守住一方“净土”的学术界人士，无疑是一种灾难性的打击。从更深一层意义上看，还会导致我们在培养、选拔干部时产生错觉，甚至陷入混乱，其严重性远远超出了可以用物质来衡量的程度。
>
> 以权谋学位的腐败现象，给我们敲响了警钟。我们必须从捍卫国家和民族利益的高度来认识问题，将滥用权力的“魔手”拒之学位殿堂的大门之外。对于教育界人士来说，

尤其要端正办学思想，严把学位授予质量关，使那些图谋不轨的人无机可乘、无空可钻。对那些因有权有势而斗胆冒天下之大不韪者，应群起而攻之，有关部门也不能只是取消分数和考试资格就罢休，还必须依据党纪、政纪从严处理，甚至运用相关的法律法规绳之以法，否则，不足以平民愤，更不能警示来者。

此文立论触及了在当前形势下出现的一个新的社会矛盾和弊端，即以权谋学位的一种权力的腐败，一种较贪污受贿更值得人们警惕的腐败的新的表现形式。文中还就此总结了教训，对教育界和有关领导部门提出了中肯的呼吁和建议，这对当前深化反腐败斗争起了一种警示和推动的效应。据社会反馈，评论播出后反响强烈，在学术界、高教界反响尤甚，有的干部群众说，经常见到一些原来根本没文凭的领导干部，转眼之间就变成了“大学”文化程度、“硕士”文化程度，也不知他们在什么地方读的书，这种现象愈演愈烈，其危害性尤甚于一般干部群众的弄虚作假，确实是一种较贪污受贿更值得人们注意的腐败的新的表现形式。

（二）与错谬或片面观点的交锋中闪现真理的亮点

例如，在发展社会主义市场经济情况下，有人误以为在激烈竞争情况下再强调学雷锋就不现实了。对此，新华社于1993年3月4日播发了评论员文章《在改革开放中弘扬雷锋精神》。评论正是在与上述错误思想的交锋中闪现出精辟之见的。评论认为“雷锋精神是共产主义精神与中华民族传统美德的最好结合，是建设社会主义精神文明的重要内容”。进而指出：“时代需要雷锋精神，发展社会主义市场经济需要雷锋精神。那种把按经济规律办事与学雷锋对立起来的看法，是一种狭隘的理解。我们倡导学雷锋，并不是要把共产主义政策拿到社会主义初级阶段来实行，而是要学习雷锋精神的实质，这种精神既不超前，也未滞后。”“在市场经济条件下，企业要在竞争中取胜，必须具有强大的凝聚力，必须提倡同舟共济的集体主义精神；发展市场经济，必须树立良好的职业道德和社会公德，切实保护消费者利益，这与全心全意为人民服务的思想是一致的；建设社会主义市场经济体制过程中必然会遇到一个利益调整的问题，这就需要顾全大局的精神；市场经济不可避免地会诱发一些消极的因素，如拜金主义、享乐思想和损人利己等，而雷锋精神正是启发和激励人们增强关心集体、为国分忧的主人翁责任感，振奋精神，艰苦奋斗，忘我奉献的力量源泉。所以说，建立和完善社会主义市场经济体制和学习雷锋精神是一致的，是互相促进的。”

通过具体分析论证和思想交锋，澄清了模糊认识，提高了人们的思想认识，闪现了一些精辟之见，为在新时期发扬雷锋精神注入了活力，增添了时代的光彩。

（三）有新的由头或论据

在评论实践中，有些论题实属于老生常谈，诸如，党的基本路线和党的建设、物质文明和精神文明建设、法制建设、工作作风、领导方法乃至计划生育、扶贫、体育、科技、文化、教育等等方面几乎需要经常做文章。这就带来一个问题，如何在写作评论时避免和克服一般化，而使之常写常新呢？办法之一是善于选取新鲜的事实材料作为立论的依托、由头或论据，以此引发议论。说到由头，就是特指能据此引发议论、印证论点的事实性材料。有了事实作为立论的由头，议论也就有了头绪。只要由头的事实构成新颖引人，事理融合得好，且能在融合上生发出独到之见，那么，即使老论题也不难引发出新意。

就以扶贫工作而言，有些地方年年喊扶贫，年年脱不了贫，就是因为只有一般号召，没有具体指导。高高在上，空喊扶贫，扶贫资金落实不到贫困户的头上。相反，龙岩地区近几年来扶贫工作则显得有成效。原来，该地区领导部门要求干部到村，扶贫到户，工作深入、扎实，在扶贫攻坚阶段，具有普遍意义。扶贫到户，是指扶贫资金到户，技术指导到户，产品销售到户，贫苦老百姓看得见、摸得着，可以真正得到实惠。龙岩地区扶贫到户，还对农民产前、产中、产后都有较具体措施。产前帮助落实项目，落实启动资金；产中进行技术指导，帮助解决生产中的困难；产后对产品实行包购包销，使贫苦农民无后顾之忧。《人民日报·今日谈》专栏于1996年9月23日发表的小言论《赞扶贫到户》（作者项南）就是将龙岩的扶贫到户的新鲜作法和经验作为立论的由头和论据输入文内，予以倡导，并由此而引发别具见解的议论。

议论的见解可以归结为三点：一是肯定扶贫到户的做法“进一步增强了农民自力更生发展生产和早日脱贫的信心”。二是在宏观和微观的结合上，强调扶贫攻坚阶段贵在把扶贫工作落到实处，落实到户：“我国现在还有六千多万贫困人口，分布在更分散更贫瘠的山村，扶贫的难度更大。如果没有全社会更广泛的动员，如果没有更切实、更灵活的举措，要消除人类历史遗留下来的最大祸害——贫穷，是十分困难的。”三是指出在强调倡导扶贫到户的同时，其他扶贫行动，也要紧紧跟上，使得长远利益和眼前利益有机结合起来，将扶贫工作建立在更加扎实有效的根基之上：“当然，我们也不能拿扶贫到户去代替其他扶贫行动。从根本上改变农村的落后面貌，还要进一步增加投入，发展乡镇企业，搞好计划生育，大力加强交通、能源、水利、教育等基础设施。搞好长远起作用的基础设施和解决当前温饱问题的扶贫到户是并行不悖的。”这些见解和分析既全面又独到，给人以深刻的启迪。这也正反映了作者作为全国扶贫协会负责人、作为革命老干部对扶贫工作、对祖国的早日脱贫致富的耿耿忠心和远见卓识。

（四）选取新的立论角度

评论立论要新颖，除了善于在社会生活和改革实践中寻找新的由头性事实而外，适当地变换立论的角度，善于选取新的立论角度也会给人新鲜的感觉，使论题从广度和深度上步步展开。举例如下。

1. 视角移向舆论的非热点

1995 年 5 月 1 日全国开始实行五天工作制以后，人们议论的热点以及报上言论的热点集中在两天休息日怎么过，怎么玩得痛快，怎么吃得舒服，怎么做到娱乐、学习两相宜。同时，针对在双休日中出现的问题，各报也纷纷发表言论进行议论，如《“双休日”莫成“应酬日”》、《“双休日”要方便群众办事》、《“双休日”别忘消防安全》等等。至于五天的工作日该怎么干，怎么提高工作效率，怎样保证用足 40 小时，却议论得很少，成了舆论的非热点。《人民日报》于同年 6 月 12 日发表的论坛评论《那五天怎么过》则正是就这一非热点作为立论角度，颇具新意。文章写道：“依我看，五天工作制，就是要把原先每周六天或五天半的工作在五天之内完成，不但要完成，而且要完成得更好。我国现今能实行五天工作制，是劳动生产率提高的结果。缩短工作时间，增加休息时间，又要达到进一步提高劳动生产率的目的。‘休好两天，干好五天’，才是对五天工作制的全面、正确理解。”至于那五天究竟应该怎么过呢？作者在文中提出三点建议：一要干足每周 40 小时，不能七折八扣，缺斤短两。二要在 40 小时内创造最佳效益。就每个职工来说，要聚精会神，心不旁骛，快节奏、高标准地进行工作。就单位的领导来说，更要具有时间的投入产出观念。三要依据变化了的情况，改进工作安排，变更某些制度，以更好地适应服务对象的要求。

这个并非热点的论题以及三条建议的适时提出，可说是有的放矢、对症下药，从一个新角度打开了大伙的思路，显然有着重要的导向功能。它促使大家冷静想一想，如何有效地用足 40 小时，并在工作中出现新面貌。

2. 从容易被人们忽视或被掩盖的矛盾侧面选取角度

例如，每当高考录取工作结束之后，人们关注的热点往往集中在中榜者身上，落榜者却常常被冷落，甚至受到歧视。在这样一种氛围下，落榜者有的心情忧郁，有的自暴自弃，个别意志薄弱者甚至走上绝路，酿成不应发生的悲剧。因此，作为新闻评论，在热情鼓励中榜者的同时，也应选择容易被人们忽视的矛盾的侧面选取立论角度，热切关心落榜者。毕竟落榜者比中榜者更需要理解、温暖和鼓励。《人民日报·人民论坛》专栏于 1996 年 8 月 21 日发表的论坛评论《关心一下高考落榜者》（作者侯凤宣、侯大庆）正是从这一矛盾侧面选取角度的。评论从三个层次展开论述，一是论及要帮助他们正确对待落榜的问题；二是关心落榜者，还要为他们创造继续学习的良好条件；三是有关部门应当大力拓宽中学毕业生就业的门路，争取为高考落榜者创造更加广阔的用武之地。文章发表后有助于缓解落榜生的苦闷，起着正确引导社会舆论的功能。

再如，在体育比赛中，冠军总是闪烁着荣誉的亮点，也总是成为新闻传媒竞相赞誉的对象，这是理所应当的。然而，对那些身居幕后默默无闻而又举足轻重的陪练员，即作为矛盾侧面这一方，倒往往容易被忽略或掩盖起来了，这就容易引发人们的错觉。倘若我们写评论时将立论的视角也恰当瞄准这些不登场的无名英雄，那么，当作为配角的陪练员、教练员的无私奉献精神得到了发扬光大，反过来，才有可能使各个体育项目的冠军脱颖而出，一代胜过一代，使祖国的体育竞技事业兴盛不衰。而且，陪练员作为配角的默默奉献、奋发有为的精神对于其他行业的人们也都具有启迪作用，值得予以发扬光大。

再如，孔繁森作为领导干部的楷模，已在神州大地广为传颂，深入人心。的确，这一光辉典型颇具针对性和导向性，值得加以发扬光大。然而，有一句名言说得好：在一位成功的男人背后必有一位伟大的女性。在孔繁森的背后确有一位令人敬佩的女性他的妻子王庆芝。孔繁森生前经常对王庆芝说：“我欠你的太多太多了。”这句话反映了他们之间情深意重，也反映了王庆芝品格高尚。如果把孔繁森比作“一本读不完的书”，那么王庆芝就是这本书中一个光彩夺目、感人至深的角色，她堪称“领导干部夫人的楷模”。顺举三例。第一例：孔繁森第一次进藏时，留给王庆芝的是，上有年逾古稀、身体多病的老母亲，下有三个最大不过八岁的孩子。一位女性将独立操持这样一个家，会有多艰难！可她给予了超乎寻常的理解：“既然组织让你去，你就去吧，家里有我，你也别挂念着，好好干！”第二例：孔繁森牺牲后，当领导问她有什么困难和要求时，她惦记的首先是孔繁森收养的藏族孤儿，她哭着把为藏族孤儿准备的衣服交给领导，说：“繁森不在了，他没做完的事，我应该做下去。”第三例：孔繁森死后，青岛市城阳区物资集团总公司的女职工们为孔繁森母亲捐款，并致信孔繁森的家人。王庆芝收信后立即回信倾诉了自己的心情：“人死不能复生，我们只有继承遗志的义务，没有分享荣誉的权利。”对于这样一位崇高无私、一心为公的女性理应另开渠道加以报道和评论。然而，在一定程度上，孔繁森典型闪亮的光点却将她掩盖而被一些媒体所忽略了。令人欣慰的是《人民日报·人民论坛》专栏于 1995 年 5 月 17 日发表的评论《学孔繁森，也要学王庆芝》，正是就这一被掩盖的角度选题立论的。读后，感人至深。文章在叙述王庆芝的可贵事迹和崇高精神的同时，作了有针对性的评析：“王庆芝没有给繁森丢脸，她为繁森光辉夺目的形象添了光彩。……在孔繁森的背后，有王庆芝这样一位女性，他是幸福的、踏实的、放心的。王庆芝实践了她的一个人生信条，‘繁森的权，我不能用！’我们的领导干部夫人都能学习王庆芝做贤内助，就能够使丈夫少几分困扰，多几分执著；少几分人为的障碍，多几分成功的保证。”

的确，一旦被掩盖着的角度亮了起来，随着立论角度的变换，顿使论题有了新的延伸和拓展，使得立论具有了新意和冲击力。

3. 注重对解决矛盾有关键作用的角度

例如，严厉打击那些从事非法经营牟取暴利的“倒爷”们，人们无不为之称快。然而，孤立地打击非法经营牟取暴利者实属治表，并非治本，还不足以解决根本问题。1987 年 8 月 28 日《新华日报·细流集》专栏发表的《既折“莲蓬”又挖“藕”》一文却别具新意。评论一针见血地触及本质：“‘倒爷’们自己并不生产紧俏商品，也无分配紧俏商品的权利。他们据以在市面上兴风作浪的紧俏商品是从哪里来的？还不是因为有一些国家干部和国营企业职工在里应外合，做供应他们货源的后台！市面上的‘倒爷’们好比浮在水面的‘莲蓬’，这‘莲蓬’无不连着水下的‘藕’。”“可见，打击‘倒爷’，不能‘只折莲蓬不挖藕’。要给那些与市面上‘倒爷’狼狈为奸、坐地分赃、利用掌管物质分配的权力为‘倒爷’大开方便之门的人以严惩，这样才能真正把市场整顿好。”文章通过比喻，幽默地表述了表本兼治的主张。这一见解显得新鲜机智，切中要害。原因正在于文章选取了能真正推动解决矛盾起关键作用的立论角度。

由上所述，角度就好像拍摄景物时镜头所取的位置和方向。随着位置的变化，产生多种不同的角度，或仰或俯或正或侧。评论写作的角度就是着眼点，也就是针对性。我们写评论要善于选择新的角度立论，围绕有关论题的上下左右前后正反各个角度，根据矛盾的发展变化，适当变换立论的角度，能使评论常写常新，步步深化。这样既可以避免雷同，又给人以新的启发，而且还有助于克服片面性。

三、准确性

立论的新颖应当以准确为前提，这是立论的又一基本要求。

立论违背了准确性，就会失去人们的信赖，甚至直接导致人们思想上和行动上的混乱，即酿成错误的舆论导向。

江泽民同志1996年9月26日在视察人民日报社时所作的讲话中明确指出：历史经验反复证明，舆论导向正确与否，对于我们党的成长、壮大，对于人民政权的建立、巩固，对于人民的团结和国家的繁荣富强，具有重要作用。舆论导向正确，是党和人民之福；舆论导向错误，是党和人民之祸。新闻评论作为传媒引导舆论的重要新闻手段，其导向是否正确则直接取决于立论是否准确无误。立论准确，舆论导向方能正确，方能为党和人民造福；否则，就会给党和人民带来祸害。

立论的准确性，包括下列几个方面：论点的准确，包括概念、论断、提法和分寸的准确；论据、引语的准确；语法、逻辑的准确；完整、准确地阐明党和政府的方针政策和法规；坚持一切从实际出发，实事求是，力戒浮夸和武断，等等。

在写作实践中，违背准确性的表现是多方面的。现就其要者列举如下。

（一）概念、论断不准确

例如，时下，“老板”一词相当流行，在一些报道和影视中也时有所见。不光非公有制企业的经营者被人称为“老板”，国有企业的厂长、经理，甚至一些党政干部，也被恭维成“老板”。其实，“老板”这一概念有其特定的含义。在旧社会，雇工称工厂、商店的所有者才叫“老板”。“老板”虽有大小之分，但他们都代表着私有制社会中人剥削人、人雇佣人、人压迫人的资本家形象。在企业，老板又是一手遮天者，自己可以挥金如土，动辄可以“炒”人“鱿鱼”，惟我独尊，一言九鼎，劳动人民却毫无地位可言。如今，将这一早已被社会进步所唾弃的概念重新捧了出来，不能不让人感到是非不分的粗俗。以此作为国有企业厂长、经理乃至党政干部的称谓，将会日益淡化社会主义企业的性质，淡化职工的主人翁地位，淡化和混淆管理者与生产者之间的公仆与主人的关系。

再如，某报曾载文提出“怎么赚钱就怎么干”和“大利大干、小利小干、无利不干”等论断。这些都是似是而非、十分有害的观点。其实，赚钱应有个标尺。凡是符合“三个有利于”即有利于发展生产力，有利于增强国家的综合国力，有利于提高人民生活水平的钱就可以大胆去赚；反之，则不能赚。比如，那些有损于国格、人格，违反党纪国法，不讲职业道德，不顾社会效果的钱，你说能赚吗？生产针、线、纽扣的企业是赚不了什么大钱的，可是人们日常生活中却十分需要，你说能不干吗？再如我们党的宣传、文化、教育事业不赚钱，是不是可以不搞呢？开展学雷锋做好事，扶贫救灾，这些事不但不赚钱，甚至还贴钱，难道就不干了？假设人人只讲钱，一切围着金钱转，都成了拜金主义的信徒，而不再讲理想、道德和奉献，那社会将会变成什么样子？

（二）提法、分寸的片面和绝对

以往在一个长时间内，在宣传“以粮为纲，全面发展”方针时，不少评论总是孤立地强调粮食生产的重要性，不讲或者很少讲因地制宜、多种经营，以致出现了毁林开荒、围湖造田的愚蠢做法，不仅影响了多种经营的发展，而且破坏了生态平衡。后来，在扭转这种偏向过程中，有些评论也一度出现了偏重强调多种经营和因地制宜，不讲或少讲积极完成国家粮食生产计划这一面。结果部分地区一度出现了放松粮食生产，粮食产量下滑的严重情况。为此，后来中央明确提出了“决不放松粮食生产，积极发展多种经营”，以及兼顾国家、集体、个人三者利益的正确方针，使宣传避免了片面性。

这一事例说明，孤立地强调一对矛盾对立统一的两个侧面中的某一方面，而超出了量的规定性，就会导致片面性。

又如，有的文章在批评社会上的“文凭热”时写道：“文凭乃一纸空文，没有什么价值，只有实际能力才是真正有用的。”这样就把真文凭、假文凭、混来的文凭、靠艰苦奋斗得来的文凭通通说得一无是处了。对具体矛盾不作具体分析，又缺乏分寸感，因而陷入了绝对和片面。

再如，某篇社论《地方也能大办科学事业》的原稿中有这样一句话：“从来科学研究都是为生产服务的”，这一论断太绝对。事实上有些科学研究，并不是为生产服务的，或者不是直接为生产服务的。比如，历史分期问题的研究，周朝到底是什么性质的社会；“北京人”的发现，对某一星球的研究，这怎么为生产服务呢？应当改成“科学研究基本上都是直接或间接为生产服务的”，这样就全面、准确了。

（三）不合法规

例一：“执法犯法，罪加一等”

这一说法不合法规。我国宪法规定，中国公民在法律面前一律平等。这表明，任何人无论其政治、经济、社会地位等有何差异，只要违法事实和情节相同，在定性处罚上都应一视同仁。

例二：“法不责众”

这句俗语反映了小生产者特有的无政府主义心态。在中国有比较广泛的社会基础。

法是国家强制力保证执行的具有普遍约束力的行为规范。法的这种属性要求一切政党、机关、团体、企业事业组织和全体公民，都必须遵守宪法和法律，违法者都必须受到追究。因此，“法不责众”的观念与法制的观念背道而驰。

（四）虚夸

虚夸之风在1958年“大跃进”期间尤为突出，在当时一些报刊评论中诸如“不怕做不到，就怕想不到”、“人有多大胆，地有多大产”、“奋斗20年超英赶美建成共产主义”等所谓“闪光”

的论断时有所见。由于这些论断背离了实事求是的原则，陷入了浮夸不实、主观唯心的泥淖，给建设事业造成极大危害。

“中国电影几乎遍及全世界，到处受到热烈欢迎和赞赏，很多影片创下了当地的卖座记录。”有的报刊文章中竟如此吹牛，令人哭笑不得。其实，中国电影在资本主义国家是受到排斥的，就是在社会主义国家或友好国家也不是这样的情况。只能说有一些影片受到欢迎。

“进入山西××县境，走进任何一个村子，都会看到牛马成群，圈肥高堆，一派兴旺景象。”这样的表述也是言过其实。“任何一个村子”，意思就是说每一个村子，这话说得过死了。因为任何事物的发展都不是平衡的。再说，作者也没有把每一个村子都走遍，怎么能断定说“任何一个村子”都是牛马成群、圈肥高堆呢？

（五）不合语法逻辑

“共产主义理想是中华民族的精神支柱”。这是某报评论员文章的标题，这一判断是不合逻辑的。共产主义是近百年来才出现的无产阶级的革命学说、理论体系和实际运动，而中华民族的存在则已有数千年之久。难道说在二千多年以前，共产主义就成了中华民族的理论体系？这显然是不合逻辑的，也是不符合事实的。倘若将“中华民族”改换为“我国无产阶级先进分子”，就恰当了。

“最好水平”，这是个文理不通的说法。顾名思义，水平只有高低，无所谓好坏，好坏只是表明人们对于这种水平高低的喜欢或不喜欢。我们可以说某项纪录、某项成绩最好，但不能说某项水平最好。

“基本属实”，这也是个不合语法的说法。总要有个数量问题，或者说是程度问题，才用得上“基本”二字。基本如何如何，意思是十之八九如何如何。比如说：基本可行，基本有效，基本同意，基本够用……这些都是有意义的。反之，像基本必要，基本严重，基本发烧之类，著名语言学家吕叔湘认为就不大好理解。他还打趣地说：要说二加二基本等于四，或者说某某和某某基本不结婚，基本不生孩子，那就近于说笑话了。

四、前瞻性

前瞻性是立论的又一基本要求。指的是能够及时洞察矛盾和预察将会出现的矛盾，尽早地去探寻事物的内在规律及其发展趋势，进而设想出解决矛盾的办法和途径，以便站在时代潮流的前头引导舆论，推动事物的发展。具体说来，前瞻性的内涵包括这样一些方面：有一定的敏锐感、洞察力和预见性。

（一）敏锐感

敏锐感是新闻敏感和辩证意识的集中体现。请看《人民日报》评论员文章《丝毫不能放松农业》（1996 年 12 月 20 日）中的一段：

> 农业丰收，尤其是连续两年丰收，值得庆贺。但是，面对丰收，我们必须保持清醒的头脑。历史上，这样的情况已经经历过多次。丰收带来了喜悦，带来了社会的繁荣稳定，但往往也容易给人们带来盲目乐观情绪，使我们自觉不自觉地产生忽视、放松农业的思想。一些地方，因为丰收，本该加强的措施减弱了，本该集中的领导精力分散了，本该抓紧做的工作放松了，结果，又导致农业生产出现新的徘徊甚至滑坡，这方面的教训是值得深刻记取的。从这个意义上说，农业丰收也是对我们，尤其是对各级领导同志的一次考验。……我们绝不能让丰收遮住我们的视线，更不能日子一好过了就出现认识上的反复。对我国农业的基本生产条件、抗御自然灾害的能力一定要有清醒的认识和正确的评价。

1996 年是我国的农业丰收年。在胜利面前，作者并未被暂时的胜利冲昏了头脑，而是冷静地、敏锐地用丰与歉、胜利与失误这一矛盾统一体的相互依存又相互转化的客观规律来分析事物，从而提出了丰不忘歉、丝毫不能放松农业这一富有前瞻性的科学论断，及时给农村各级领导干部和广大群众作了正确地思想引导和警示。

（二）洞察力

这指的是能在政治与经济的结合上有着锐利地洞察社会矛盾及其趋势的观察能力和分析水平。

《光明日报》的署名评论《给商场豪华热降降温》（作者果洪达），可说是一篇具有洞察力的言论。此文发表于 1994 年 8 月 29 日，正值全国包括北京商场豪华热急剧升温之初，一时间各大报纸纷纷宣传这一“零售商业发展新动向”。闹市区的众多商场，也竞相攀比高档、豪华，而忽视了广大工薪消费者的大众化需求，群众反映强烈，纷纷表示担心。这篇评论结合当时经济形势中出现的矛盾和不良倾向，冷静思考，及时洞察矛盾的实质、趋势及其后果，并富有前瞻性地分析矛盾的实质，旗帜鲜明地指出：“似乎商场规模越大，经营档次越高，经济效益就会越好，商业的现代化程度也越高，然而，这恰恰是一种误区。”这就难能可贵地起到了调节舆论温度，从而正确引导舆论的功能。

再以河北小镇白沟箱包市场为例。这一市场多年来以仿冒他人品牌起家，曾经赚了些便宜，却也吃着大亏。上演着假冒——→短暂繁荣——→衰落的悲剧。诸如以不足百元从白沟买走的假名牌皮包，在北京豪华商厦里却能以几百元的高价售出，证明白沟的手艺并不差。然而，作为假冒者却屡屡被当做“打假”重点，在全国消费者中口碑渐差，最终整个市场出现衰败迹象。阵痛中，没有选择余地，白沟人终于决心摘掉“假冒者”这顶不光彩的帽子，走上创自己的品牌的唯一可行的但也是艰巨的阳关大道。对此，《中国质量报》于 1996 年 5 月 3 日发表了署名评论《勇敢地打出自己的旗帜》(作者余方)，肯定了白沟决心走创自己品牌之路的新举措，认为此举无论从哪种角度看，都是一件好事。继而，评论就此作了颇具洞察力的分析，并得出了富有理论色彩的结论：

> 在市场经济日益发展的现代社会，在全球普遍注重知识产权和经济一体化的今天，靠假冒他人品牌求发展，只能是死路一条。亮出自己的旗帜，才能真正有前途。前有温州、后有白沟，向我们昭示着某种规律性的东西。……
>
> 从短期看，假冒名牌产品的退出可能使白沟市场损失一部分利益，而且新品牌的树立须假以时日，白沟市场可能要经历一段相对困难的时期。但以长远眼光看，从勇敢地亮出自己的旗帜那天起，白沟人已站在更高的境界上规划自己的未来，超越自我，便是成功的开始。

这些富有洞察力的立论，显示了评论在展示未来、引导舆论方面的重要价值。

（三）预见性

立论的前瞻性还表现在对错综复杂的矛盾及其未来结局通过缜密分析论证进而做出具有预见性的科学论断。

展读毛泽东政论，我们会产生一种强烈的印象，那就是毛泽东常常能够从一个关键性的局部现象，从矛盾发展的某个转折关头，迅速地揭示它的意义，推断它的发展趋势，做出前瞻性的论断，给人以开阔视野、知所趋避的教益。

例如，1945 年，当抗日战争已经接近最后阶段的时候，美国驻华大使赫尔利露骨地宣称要继续支持国民党政府的反动政策，造成了中国内战的危机。毛泽东在同年 4 月 2 日为新华社写的述评《评赫尔利政策的危险》中鲜明地指出："假如赫尔利政策继续下去，美国政府便将陷在中国反动派的又臭又深的粪坑里拔不出脚来，把它自己放在已经觉醒和正在继续觉醒的几万万中国人民的敌对方面，在目前，妨碍抗日战争，在将来，妨碍世界和平。”“赞助中国反人民势力和以如此广大的中国人民为敌的这个赫尔利式的政策，如果继续不变的话，那就将给美国政府和美国人民以千钧重负和无穷祸害。”这个结论表现了毛泽东作为无产阶级革命家的气魄和远见。1949 年 8 月，即事隔 4 年之后，当中国人民已经取得解放战争的伟大胜利，而美国政府的侵华政策已经彻底失败，并陷入重重矛盾之中的时候，艾奇逊们终于抛出了白皮书这个“无可奈何的供状”。帝国主义为侵华政策失败的辩解，从反面教育了中国人民，也充分证实了毛泽东当年所作的英明的预见。

综上所述，针对性、新颖性、准确性和前瞻性，这是新闻评论立论的基本要求。这些要求不是孤立的，而是互相联系不可分割的。优秀的新闻评论，总是将这些要求有机地统一起来。

第三节　调查研究——选题立论的前提

要过好选题立论这一关，其关键和前提在于从实际出发，扎扎实实搞好调查研究。

一、调查研究的重要意义

为什么说调查研究是选题立论的前提和成功的关键呢？

首先，是因为只有脚踏实地的调查研究，才能产生实事求是的论断和结论。辩证唯物主义的认识论告诉我们，正确的结论只能产生于调查研究的末尾。不熟悉生活，又不重视调查研究，往往是导致立论武断、片面的一个重要原因。反过来说，注重实际的调查研究则是医治和防止片面性、产生实事求是科学论断的有效良方。1942 年延安整风时，毛泽东讲过一个关于主观主义的典型事例。据说有一位干部，刚调到陕北洛川县工作，第二天就下令取消一切苛捐杂税。有一次毛泽东见了他就问，一切苛捐杂税你都取消了，那么你那儿究竟有哪几种苛捐、哪几项杂税？这位干部被问得张口结舌，怎么也答不上来。可见，毛泽东所以坚决反对下车伊始哇里哇啦，并且三令五申没有调查研究就没有发言权，的确不是没有道理的。

其次，搞好调查还是提高新闻评论质量的关键。何以这样说呢?

这是因为，写评论总要了解客观事物的矛盾，以及矛盾的发展过程和解决办法；写评论又总是要了解读者对象，了解对方心里在想些什么，有些什么思想疙瘩。而要掌握这一切，事先不作一番周密的调查研究，显然是不行的。

这是因为，论题、事实材料、由头、见解（包括精辟的见解或错误的见解），乃至闪光的语言，都不是天上掉下来的。它们存在于实际生活之中，存在于群众的思想深处。你不去寻觅，不去挖掘，不去探索，它们是不会自动登上门来的。只有深入实际，深入群众，遇事同群众商量，甘当群众的学生，切实搞好调查研究，才有可能写出符合立论基本要求、具有正确的导向功能、为广大干部和群众所喜闻乐见的新闻评论来。

总之，调查研究的过程正是发现问题、分析问题和解决问题的过程。所以说，没有调查研究，不掌握正确的调查研究方法就没有评论权。也许有人以为，新闻报道要采访，写评论则未必。这是出于误解。肯定地说，无论是新闻报道还是评论写作都需要进行调查研究。只是两者在目的和方法上有些不同罢了。就其目的来说，新闻采访旨在摸清五个“W”，即何人、何事、何地、何时、何因等有关事实的基本要素，进而掌握必要的背景、情节、过程、数据等事实材料，取得必要的感性认识，以及核实和印证第一手或第二手材料等等。而评论的调查研究工作则侧重于了解事物的具体矛盾、人们的思想疙瘩和解决这些矛盾的途径，搜集由头和其他论据性材料，集中群众中的是非之见和聪明智慧，酝酿论点寻找理论依据等等。可见，评论工作的调查研究并非像有些人所想象的那么简单，不仅要重视调查研究，要掌握调查研究的方法，而且还应在分析综合上下功夫。

二、调查研究的要求和途径

（一）调查研究的要求

首先，要坚持实事求是的原则和要求。革命前辈陈云生前于1990年1月24日，在同浙江省领导交谈工作方法时结合他自己的体会，概括为十五个字：不唯上、不唯书、只唯实，交换、比较、反复。并对此作了详细的分析。他说：不唯上，并不是上面的话不要听。不唯书，也不是说文件、书不要读。只唯实，就是只有从实际出发，实事求是地研究处理问题，这是最靠得住的。交换，就是互相交换意见。比方说看这个茶杯，你看这边有把没有花，他看那边有花没有把，两人各看到一面，都是片面的，如果互相交换一下意见，那么，对茶杯这个事物我们就会得到一个全面的符合实际的了解。过去我们犯过不少错误，究其原因，最重要的一点，就是看问题有片面性，把片面的实际当成了全面的实际。作为一个领导干部，经常注意同别人交换意见，尤其是多倾听反面的意见，只有好处，没有坏处。比较，就是上下、左右进行比较。抗日战争时期，毛主席《论持久战》就是采用这种方法。他把敌我之间互相矛盾着的强弱、大小、进步退步、多助寡助等几个基本特点，作了比较研究，批驳了“抗战必亡”的亡国论和台儿庄一战胜利后滋长起来的速胜论。毛主席说，亡国论和速胜论看问题的方法都是主观的和片面的，抗日战争只能是持久战。历史的发展证明了这个结论是完全正确的。由此可见，所有正确的结论，都是经过比较的。反复，就是决定问题不要太匆忙，要留一个反复考虑的时间，听一听不同的意见，使自己的意见更加完整。概而言之，这15个字，前9个字是唯物论，后6个字是辩证法，总起来就是唯物辩证法。

应该说，陈云这位革命前辈所概括总结的十五字经，正是一条领导方法和调查研究的重要原则和方法。它不仅适用于领导工作，也完全适用于新闻评论的写作实践。

其次，要敢于正视矛盾，倾听不同意见。

调查研究要抱定积极而客观的态度，不能背着框框找材料，遇着矛盾绕着走。现实生活中存在的问题可能比我们预想的要复杂得多，解决起来也困难得多。回避矛盾固然能免去许多麻烦，但若是那样，还要我们调查研究做什么呢？还要我们写作评论做什么呢？正确的做法应当是积极地去发现矛盾，并在调查研究过程中分析矛盾得出解决矛盾的办法。为此，重要的是要倾听各种意见，包括言之有物的不同意见。对不懂的或知之不多的事情尤其要虚怀若谷地向有实践经验和有理论素养的群众和专家请教。

再次，务求收集材料与分析研究相结合。

收集材料是整个调查研究的基础。因此，调查时要多占有材料，力求全面、具体、扎实地掌握情况，诸如历史和现状、成绩和缺点、优势和弱势、好的和差的等等。有了比较充足的材料，也就可以进行整理和分析了。通过对材料的分析研究，使感性认识上升到理性认识，是个认识深化的过程，从而由现象触及本质，发现事物的规律性，找到解决矛盾的具体办法。

（二）调查研究的途径

博闻善学，注意知识、材料、情况的积累，把广泛的积累同根据自己工作范围、明确主攻方向的重点积累结合起来。

经常钻研党和政府的政策、决议、文件，以便了解形势，掌握政策，明确解决某些问题的指导思想，有助于立论的准确，避免主观性和片面性。

注重阅读记者、通讯员和广大读者、作者的来稿来信，从中获取各种信息，了解各方面的情况以及实际生活中迫切需要解决的问题。在某种意义上说，各种来信正是社会的晴雨表，是送上门来的社会调查报告，这些源源不断的报告反映了群众的呼声，提供了各种情况和最近信息，是评论选题和立论取之不尽的源泉和依据。

在这一方面，现代著名政论家邹韬奋就是一位杰出的榜样。他早在20世纪20年代后期到30年代主持办报刊、写政论、搞调查研究工作，主要正是通过阅读和处理源源而来的大量的读者来信，广泛了解社会各方面的情况，了解人民群众的呼声和要求，并从中汲取思想营养。他在20年代后期到30年代初期主编《生活》周刊的七年中，平均每年收到来信多达两三万封，最多时每周收到千封左右。他差不多每天要用半天的时间看信。他这样说道："我每天差不多要用整个半天来看信"，"这是一件极有兴味的工作"，"每天工作到深夜还舍不得走"。[①] 韬奋复信全部留有底稿。来信的姓名、地址，全部编入卡片，以便保持联系。这个卡片箱好像一个资料库，蕴藏着广大群众的情绪、要求以及数不清的由头、问题、材料、新闻线索……作为主编，韬奋通过阅读和处理源源不断的来信，找到了洞察社会的窗口，触及了正在跳动着的时代的脉搏，了解了大量的社会情况、政治情况、群众情绪、群众疾苦、呼声，以及群众的批评和建议，真正做到了同群众休戚与共，呼吸相通。这些来自底层来自民众的情况和材料，一方面给韬奋以启发、力量和思想营养；另一方面则成为韬奋新闻评论包括题目、观点、材料乃至语言取之不尽用之不竭的源泉。他之所以在十多年间写下了千余篇有血有肉、有声有色的各种报刊评论，"竖旗文坛，横扫千军"，对革命事业做出了不可估量的贡献，其根本原因正在于此。

---

① 《韬奋文集》，第3卷，75页，北京，生活·读书·新知三联书店，1956。

博采众议，多谋善断。经常到实际生活中了解情况，向干部和群众请教，同他们一起讨论研究对某些问题的看法和解决的办法，以便集思广益，多谋善断。

开调查会则是了解情况、集思广益、多谋善断的好形式。“实践出真知”。一些真知灼见往往存在于有丰富实践经验和实际知识的群众之中。到基层去开调查会，正是向干部和群众请教的良好机会，通过相互议论，集思广益，开发思路，有助于写出言之有物的好评论来。广州《羊城晚报·街谈巷议》原专栏作家、总编辑微音（原名许实）的写作灵感有不少来自坐茶馆。据说，他的不少小言论正是孕育构思于该市大三元茶楼。每天早晨6点15分准时走出家门，到了茶楼，就跟熟识的茶客边品茶边聊天。茶客中有退休工人、离退休干部、职员、教师、个体户。茶楼实际上就是一个小社会、一个信息交流中心、一个社会舆论的传播场所。大到国家政局、内外形势，小到邻里纠纷、民情民意的体察，就在这宽松自如的谈天说地之中。所以，坐茶馆有如召开无形的调查会，言者无心，听者有意，喝完茶回到报社，信手写上一篇，这正是这位评论家的高明之处。

专题调查研究。选题确定以后，必要时还得进行专题的调查研究，包括研究有关的资料和深入实际直接调查，从而充分地掌握第一手材料和第二手材料，使立论建立在实事求是的科学的基础之上。

马克思研究了资本主义社会大量的经济事实材料，写出了巨著《资本论》，从分析资本主义社会存在的最普遍的、最大量的商品出发，揭示了资本主义社会经济运动的规律。他为了替美国资产阶级进步报纸《纽约每日论坛报》写作评述太平天国革命的社论《中国革命和欧洲革命》，曾经对中国国情、对太平军革命的起因和经过、对英国的侵华史，以及英国和欧洲各国列强有关经济和政治的近况都作过周密的调查研究。文中作为论据引用的若干材料中，有英国历年向我国输出的总值的统计数据，有英国历年由我国输入茶叶的总量的统计数据，有英国大工业资产阶级的喉舌《经济学家》所提供的农产品生产情况和价格上涨情况，有伦敦某茶叶公司的“通信”材料，有上海连年出口茶叶的数字统计表，甚至还从《大清文宗显皇帝圣训》中引用了咸丰皇帝于1857年1月5日颁发的“上谕”。至于未被引用但事先作过分析研究的资料，可以推断是不会少的。

恩格斯曾经亲自深入英国工人住宅区，调查工人的贫困生活，同时研究了以往一切论述英国工人阶级状况的著作，写成了《英国工人阶级状况》。这一政论著作被列宁称为对资本主义与资产阶级的最严厉的控诉书。

当今，我国已经进入了以经济建设为中心、改革开放、进行社会主义现代化建设的历史新时期。新闻评论的实践表明，凡是一些具有方针政策性的重要评论，一些经得住实践检验的重要评论，一些被评上全国新闻奖的新闻评论精品，都是建立在周密的调查研究、集思广益和精心写作的基础之上的。

思考与练习

1. 选择和确定新闻评论论题的根据是什么？
2. 新闻评论立论的基本要求是什么？
3. 怎样增强立论的针对性？
4. 为什么说调查研究是选题立论的前提？
5. 选出一篇报上的评论作品，着重分析它的立论特点。

第四章　新闻评论的标题与结构

在确定新闻评论选题的基本范围和立论的基本见解以后，就进入写作（或制作）评论的具体阶段。在这个阶段遇到的第一个问题就是如何为评论拟制标题和如何确定评论的结构布局。好的标题，可以使评论“先声夺人”，引起受众阅读（或收听、收看）评论的兴趣；好的结构，则可以使评论布局合理，层次明晰。

第一节　新闻评论的标题

标题，是以醒目的形式刊出（或播出）的、用以提示文章（或节目）内容的简短文字。新闻评论的标题以简短的文字标明议论范围、主要见解、作者意向和情感诉求。它如同评论的“眼睛”，传达其基本思想，体现其个性特征。好的评论标题，既能以“目”传神，也能以“目”传情，在让受众对评论的内容或见解一目了然的同时，一下子吸引和打动受众，使他们产生看完（或听完）整个评论的欲望；在阅读（或收听、收看）评论之后，反观评论的标题，仍感到贴切、精当，回味悠长。

一、评论标题的特点与功能

新闻评论的绝大多数体裁都有标题。不同题材、不同类型的新闻评论标题在拟题方式上有所不同，但就评论标题的基本特点和主要功能而言，不同媒介、不同体裁的评论标题却基本相同。

（一）评论标题的特点

与新闻报道的标题相比，评论标题有着自己显著的特征。虽然二者的标题都是文章（或节目）的有机组成部分，是其内容的高度概括和集中体现，但由于新闻报道以客观地记录事实为主，而新闻评论以对客观事实进行分析、议论为主，因而二者在标题的内容、形式、结构及写作（或制作）的基本要求上存在着较为明显的区别。试举一例：

《人民日报》曾在 1990 年 7 月 13 日刊登一则消息，报道了在评优活动盛行的情况下，哈尔滨市独出心裁，由该市工商局、技术监督局、消费者协会和《新晚报》联合发起组织了由消费者投票评选最差商品、最差企业和最差商店的活动，引起广泛的社会反响和社会关注。这个消息的标题是：

哪样商品最差？最差工厂、商店是谁？（引题）

哈尔滨消费者投票评差（主题）

这则标题的主题概括了新闻事实的发生地点和主要内容，引题补充介绍了“投票评差”的对象和范围，看过标题，读者即使无暇阅读报道正文，也能对新闻事实有一个基本的了解。而与这一消息同时刊登的一篇短评，标题只有四个字：击一猛掌。评论侧重于对“投票评差”活动的意义和应注意的问题进行议论，着重指出：评差不是为了把企业整垮，而是要击一猛掌，使其出一身冷汗，翻然醒悟；监督也不只评差一种，应把行政监督、舆论监督、群众监督结合起来，把表扬与批评结合起来。评论的标题只有四个字，略去了对谁“猛击一掌”，为何“猛击一掌”和“猛击一掌”之后怎么办等问题的概括和介绍，在简捷、醒目的同时评价了新闻，表明了见解。将这两则标题加以对照，它们之间存在着实与虚、详与略、含蓄与鲜明、客观叙述与理性思考等显著的不同，由此可以得出，新闻标题与评论标题存在着以下四点区别：

（1）标题的任务不同。由于新闻与评论这两大类体裁肩负的任务不同，其标题承担的任务也有所不同：新闻标题以具体的新闻事实为根据，目的在于提示新闻中最主要和最值得注意的事实；评论标题以标明论题范围和传达作者的态度、见解为目的，即使以评论中由头或论据的主要事实为内容做题，也是为引发议论服务。

（2）拟题的手法不同。新闻标题往往采用客观叙述或描写的方式，作者的态度和倾向蕴含于事实的概括与叙述之中，即使对新闻事实做出评价，一般也较为含蓄，旨在帮助受众理解新闻；在评论标题中，作者的立场、观点、态度、意向往往直接表现出来，除叙述、描写等手法外，还经常采用提问、感叹、反诘、商榷等方式做题，具有较为强烈的感情色彩。

（3）标题的结构不同。新闻（特别是消息）的标题结构较为复杂，一般由主题和辅题组成，辅题又包括引题和副题，主题与辅题间的配合与补充，使新闻要素在标题中得以充分传达；评论标题的结构比较简单，通常只有一行主题，极个别情况下才有辅题（多为副题）出现，显得一目了然。

（4）写作的要求不同。作为事实的高度概括和集中体现，新闻标题在简练的前提下一般较为具体，句式上也较为完整；评论标题则相对显得抽象，虚题较多，句式上也较为灵活，可以是一个完整的句子，也可以是一个词组、一个词语，甚至是一两个字，显得简捷、精炼。

（二）评论标题的功能

评论标题的功能有多种，除提示文意外，还可以起到评价、吸引、感染、强调等作用，具体表现为：

1．提示论题

在新闻评论的标题中，有相当一部分以提示论题范围为主要任务，在标题中明确告诉受众评论所要分析的事物或所要议论的问题。以论题的时效性、重要性、接近性吸引受众的评论，经常采用这种拟题方式。

例如，《人民日报》1982年10月18日发表的社论，题为：

回答一个问题 **（主题）**

——翻两番为什么是能够实现的 （副题）

评论针对当时一部分干部、群众对十二大提出的"到本世纪末工农业总产值实现翻两番"的战略目标将信将疑、怕是新的"冒进"的思想疑虑，进行了深入的分析和论述。文章采用复合式标题：主题制造了一个悬念，避免了生硬与直露；副题点出论题范围，以牵动人心的问题做题，吸引人们阅读全文，从评论中寻找答案。

又如在党的十三大召开前夕，《人民日报》以沈阳铁路局小东车站连续38年无事故、坚持"从严治路"的典型报道为依托，就一个时期以来群众议论最多的党风问题发表评论，标题是：《论"从严治党"》（1987年9月13日），短短五个字的标题，抓住了众所关心的话题，也为十三大文件中提出"从严治党"做了很好的舆论准备。

2. 体现论点

以传递意见性信息为主要任务的新闻评论，在标题中直接体现中心论点是常有的做法。这种做法以鲜明的观点和独到的见解吸引受众、启迪思考，容易给人留下较为深刻的印象。

例如《少讲空话，多干实事》是《人民日报》在1985年5月全国教育工作会议期间刊登的一篇评论员文章（1985年5月22日），评论以邓小平同志在这次会议上发表的讲话中一句最有代表性的话为标题，体现了评论的中心论点，也抓住了搞好教育工作和一切工作的关键所在。《改革的胆子再大一点》（1992 年 2 月 24 日）则是《人民日报》在邓小平同志南巡讲话期间发表的一篇社论，通过标题，旗帜鲜明地提出深化改革、扩大开放指导思想。刊登于 1991 年 8 月 15 日《经济日报》的《少数企业“死”不了，多数企业“活”不好》，这则标题，以生动、泼辣的拟题方式表明中心论点，对长期以来国有企业只能“活”不能“死”的传统观念是一个极大的冲击。这些标题把评论中新鲜而富有个性的见解直接标示于题目之中，显得独树一帜。

3. 表明态度

利用新闻评论的标题，直接表明作者对新闻事件或社会问题的态度、意愿和价值取向，是评论标题的一个重要的功能。在这类标题中，不是以见解的新鲜取胜，而是态度的鲜明见长。特别是对一些是非界限、政策界限不够分明的现象，或一些特别值得强调的问题，借助于这类标题，可以起到明辨是非、扶正祛邪的作用。

例如，对挪用、克扣、侵吞扶贫资金的现象，《人民日报》评论员文章的标题是《岂容“吃贫”》（1988 年 2 月 29 日）；对一些地方只顾引进外来人才、忽视本地人才的做法，《人民日报·今日谈》专栏的小言论题为《切莫“赶走儿子招女婿”》（1984 年 7 月 8 日）；对一些香港歌星借“义演”为名收取高额出场费的现象，《中国青年报》署名评论的标题是《岂可一走了之》（1994 年 2 月 12 日）；对于社会上拜金主义、奢侈挥霍之风日益蔓延的问题，中央人民广播电台的广播述评题为《拜金主义要不得》（1993 年 4 月 8 日）；而配合有关好军嫂韩素云的报道，《人民日报》评论员文章的标题是《向好军嫂韩素云学习》（1995 年 1 月 5 日）……这些标题，意在表明作者的态度和意向，提倡什么、反对什么、肯定什么、斥责什么，通过标题明确地予以昭示，以此体现评论的鲜明导向性。

4. 引发兴趣

评论的标题除以上三种职能外，借助于新鲜的事例、新颖的手法、新巧的角度、鲜活的语言引发受众阅读（或收听、收看）评论的兴趣，也是它的一种重要的职能。相对于新闻报道的标题，评论的标题更简捷、更概括、更抽象，这就要求其标题在制作上更加精心。

《走，玩赏冰雪去!》是《黑龙江日报》1985 年 1 月 6 日的社论，这篇专为首届哈尔滨冰雪节而发的评论，标题好似亲人间亲切的呼唤，又像朋友间热情的邀请，其平易、真挚的语气和独特的拟题方式，拉近了与读者心理上和感情上的距离，自然而然地引起人们的阅读兴趣。

《生猪岂能如此“保养”》是中央电视台《焦点访谈》1996 年11 月 8 日播出的一期节目。以前，人们只听说过“设备保养”、“汽车保养”等，不知道生猪也能“保养”。节目把这种荒诞的做法在标题中凸现出来，容易让观众感到好奇，吸引他们收看节目的内容，又颇具讽刺意味，编导者的态度和倾向也在标题中得以体现。

此外，《人民日报·今日谈》的《“公家的东西最好偷”》(1984 年 4 月 7 日)把一个小偷的供词引入标题，显得辛辣而意味深长。《工人日报》的《和尚就是和尚》(1986 年 11 月 21 日)和《湖北日报》的《开会就是开会》(1981 年 9 月 23 日)把两个似乎不成其为问题的问题加以突出强调，既引人注目，又发人深思。湖南益阳县广播站《莫把“衙门”抬下乡》(1986 年 5 月 21 日)、《人民日报·两会漫议》的《书包在愤怒》（1994 年 3 月 19 日)、北京电视台《今日话题》的《刀下放生，嘴下留情》（1996 年 7 月 4 日)、《北京日报》的《“房虫儿”还能活多久》（1996 年 7 月 30 日）等，也都属于这一类能够引起兴趣、进而引发思考的评论标题。

二、新闻评论标题的基本要求

实践表明，凡属成功的评论标题，基本上体现以下五方面的要求：

（一）贴切

评论标题的贴切有多层含义，第一层含义也是最基本的含义是题文一致，即评论的标题对论题范围的概括、对中心论点的提炼、对态度倾向的表述应与评论的内容或思想相符。

某报曾刊登一篇评论，题为《韩国看不上爱国者》，乍看题目，读者很容易理解为韩国对爱国者不屑一顾，那么韩国今后还会有人愿意爱国吗？细读评论才会发现：文章议论的是韩国不愿在领土上部署美国“爱国者”导弹，导致韩美两国在这一问题上产生严重对立。由于文章的标题在“爱国者”三个字上没有加引号，导致题文不符，使读者产生了误解。

无独有偶，某报就贯彻执行《未成年人保护法》问题发表了一篇评论，标题为《为九龄童“盗马”辩》，其由头部分如下：

> 近日读到一则新闻：某日晚 11 时左右，几位巡逻民警行至某地立交桥，发现一小男孩牵着一匹小白马悠然独行。上前询问，男孩答道：“爸爸给我买的。”民警把他带到派出所，问了两个小时，男孩才讲出原委。原来这位小朋友看到公园的小白马长得漂亮，晚上便偷偷地从公园牵出。文章继而又写道：“后据了解，小男孩名叫×××，因从小顽劣，小学一年级即被学校除名。”从爱护这位小朋友的角度出发，我在摘录原文时，将他的姓名隐去。这里需要指出的是，民警深夜巡逻发现小孩牵马引起怀疑上前询问是对的，正确的做法是应及时将他送回家或通知小孩的父母，不应在小孩的监护人不在场的情况下，深夜询问达两小时之久，更不能在报刊上将他的“历史材料”通过新闻媒介传播。

接着，评论重申了《中华人民共和国未成年人保护法》中的有关条款，对包括民警和媒介在内的有关单位和人士在处理这类问题时不可随意、要三思而行提出了诚恳的建议。这篇评论由头较为典型，议论也言之成理，但标题《为九龄童“盗马”辩》，显然与文意不够一致。首先，9岁儿童偷偷牵走公园的马，其行为已触犯法律，“盗马”二字不必加上引号。其次，作者在文中是对有关人员处理这一事件的做法提出异议、进行辩析，而并非是为孩子的盗马行为辩解或辩护，但仅看标题，很容易理解为这层意思。若将标题改为《“顽童盗马”引出的法律思考》或《执法者应懂法》，似与文意较为契合。

贴切的第二层含义，是词语的运用准确恰当，即标题制作遣词用字时，不可望文生义，也不可滥用词藻。

某报曾刊登一篇评论《法人岂能是法盲》，意思是企业的领导应首先学法、懂法，不可成为法盲。但由于对“法人”和“法人代表”这两个法律术语的混淆，造成了标题的失当。其实，“法人”是指具有民事权利能力和民事行为能力、依法独立享有民事权利和承担民事义务的组织，而非具体的个人。

还有一篇评论，标题是《要春风化语，不要耳提面命》，由于作者望文生义，把“耳提面命”理解为“提着耳朵当面训斥”之意，所以把两个同义词（均含“教诲殷勤恳切”之意）对立起来。难怪时隔不久，在同一栏目又刊登一篇评论，题为《也谈“耳提面命”》，对前文标题的“误植”予以更正。

贴切的第三层含义，是题意确切妥帖，不会产生歧解或误解。

曾经有一篇专栏小言论，题为《“一错千金”》，说的是某地几家报刊为提高质量、减少差错，决定在编校质量竞查日这一天欢迎读者帮助找错，发现一处，即罚责任者1000元以奖励读者，文章认为此法可取，并对此进行了分析。但仅看标题，难免产生歧义：是出错得奖？还是出错受罚？因“一错千金”是从“一诺千金”变化而来，本意为“价值千金”。“一错”如此值钱，标题是鼓励差错还是惩戒差错，让人有些捉摸不定。

1997年初，香港发现“禽流感”，一时成为市民关注的焦点。香港某报的一篇评论担心一些商场的租户不遵守事先签订的合同要求减少租金的做法，也会像患“禽流感”一样有传染性，对香港经济和香港是否遵守商业信誉的形象造成不利影响。此文的标题是《“商场感”》，如不看正文，该标题很容易理解为“商场的感觉”，而绝想不到与“流感”的关系。这种不应有的歧解或误解，是制作评论标题时应尽量予以避免的。

（二）具体

虽然新闻评论中的一些体裁经常就重大事件、重大典型或重大问题发言，但评论的标题并不是越大越好。即使选题重大的评论，标题也应该尽量具体，避免空泛乏味，大而无当。

某报在植树节那天发表了一篇评论《以科学求质量，以质量求发展》，仅看标题，很难把它与植树造林直接挂钩。《陕西日报》为此而发的社论，题为《你栽的树活了吗》（1983年3月8日），把论题集中于“重视植树造林的成活率”，显得相当具体。而《健康报》为此而发的评论，题目是《“栽植”健康》（1992年3月3日），集中议论植树造林与人类健康的关系，不仅生动贴切，也与该报的主旨相吻合。与第一题相比，后两题不仅拟题方式各有特色，而且都注意将标题具体化，使评论的针对性在标题中体现出来，比第一题的泛泛而论更能引起读者的兴趣。

（三）鲜明

作为一种直接发言的形式，评论类体裁的标题应当鲜明，提倡什么、反对什么、褒扬什么、针砭什么，都应在题目中有所反映，也就是说，评论的标题应该有立场、有观点、有态度、有倾向，切忌钝刀子割肉，不痛不痒。

例如，某报曾刊登一篇评论，题为《徐洪刚的十四处刀伤》，停留于把新闻报道中的事实在评论标题中加以概括，但其用意何在，让人很难看出。《中国青年报》的一篇同样以徐洪刚事迹为由头的评论，标题则为《“成仁”未必“舍身”》（1994年3月10日），文章有感于“我们终于有了自己活的英雄”，议论“英雄离我们并不遥远，每个人都有可能成为英雄，只有如此，幸福的时代才会延续得更久”。与前题相比，这则标题态度鲜明，见解新鲜，更能传达评论的主旨。

在各种体裁的评论标题中，鲜明泼辣的标题不乏其例，如：《广西日报》的《有理也不能取闹》（1984年10月16日）、中央人民广播电台的《绝不允许有“特殊公民”》（1980年10月17日）、《人民日报》的《把“吃科技的”请走》（1983年9月11日）、《中国青年报》的《以车取人者戒》（1994年1月7日）、中央电视台的《先教孩子做人》（1995年6月6日）等。这些标题态度鲜明、见解明了，读来铿锵有力，琅琅上口。

1998年年初，由于联合国武器核查小组在伊拉克工作受挫，海湾局势骤然紧张，美国集结大量兵力，准备对伊拉克动武。香港《大公报》在1998年2月18日发表署名评论《应让安南到巴格达去》，标题具体而鲜明，即应由联合国出面和平解决伊拉克危机，反对美国使用武力。同一天在香港《文汇报》上发表了评刚刚公布的特区首份财政预算案的署名评论，题为《赤字预算不可取》，对某些人提出的应搞“赤字预算”以“还富于民”表示异议，态度十分明朗。

与鲜明相悖的还有“费解”。某报曾发表一篇呼吁开短会、说短话的小言论，标题是《多点“〃”吧!》。题中“〃”是什么意思，让人很难理解。其实，“〃”是表示“同上”的常用符号，作者是想通过这个符号提醒那些谈话内容已与先发言者大同小异的人“免开尊口”，以免浪费大家的时间，用意虽好，但让人费解。

倒不如像《北京晚报》一篇议论同一问题的评论那样，以《有话则短，无话则免》（1981 年 6 月 8 日）为题，显得更加直截了当、一目了然。

(四) 精炼

评论标题的一个显著特征是精炼，要做到这一点，一是要结构简单，多用单行题；二是要文字简约，要言不烦。

在近现代评论作品中，不乏标题精当的佳作，如王韬的《变法》、梁启超的《少年中国说》、李大钊的《“中日亲善”》、张季鸾的《蒋介石之人生观》、邹韬奋的《肉麻的模仿》、鲁迅的《战士和苍蝇》、毛泽东的《“友谊”，还是侵略?》等。这些评论的标题以简短的句式、简洁的文字廓清了论题的范围，表现了中心论点，其中一些还不乏幽默、犀利，值得后人学习借鉴。

在当代新闻评论的标题中，也不乏精炼之作。如：《人民日报·经济漫笔》的《质量无“小节”》（1991 年 1 月 28 日）、山西平遥广播站评论《好戏就要真唱》（1987 年 12 月 23 日）、中央电视台《焦点访谈》的《危乎国矿》（1996 年 1 月 13 日）等。再如 1989 年国庆 40 周年时，《经济日报》发表的社论标题只有五个字：四十而不惑。回顾共和国 40 年来走过的风风雨雨，将这句古语引入题中，既贴切又精炼。而在 1991 年国庆 42 周年之际，《人民日报》社论题目只有四个字：实干兴邦，略去“清谈误国”，句式更为简短，文字也不失鲜明、凝练。

与精炼相对的是冗长。有些评论的标题，句式繁复、语言啰嗦，让人难以产生阅读的兴趣。某报一篇评论的标题是《“一矿长因欠税被免职”之三思》，不仅把事实全部写入标题，缺乏精心的概括和提炼，文字也半文半白，读来十分生涩。另一篇有关“三八”节的评论标题更为啰嗦，长达 24 个字：《做好妇女工作，充分发挥妇女在税收工作中的“半边天”作用》，冗长的标题和篇幅不长的评论放在一起，显得很不协调。当然，标题并不是一味求短、越短越好，能用最简捷的表述方式和最简约的文字标明文意即可。

（五）生动

评论标题要想“先声夺人”，形象生动非常重要。生动的标题能够赋予文章以新意和活力，既能抓住受众，又让人过目难忘。

使标题生动的方法有多种。

1. 变换标题句式

在评论标题中，可以把陈述句变为假设句、疑问句或感叹句等，使其具有浓郁的感情色彩。

一是变陈述句为假设句。如《中国农民报》社论《假如都像徐永山》（1980 年 4 月 20 日）、《人民日报》“编余”《假如给华佗评职称》（1983 年 4 月 6 日）、北京电视台《18 分钟经济·社会》的《假如今天我失明》（1992 年 9 月 18 日）、北京电视台《今日话题》的《假如多一些王海》（1996 年 1 月 3 日）等。新鲜或奇特的假设让人产生兴趣或联想，显得别具一格。

二是变陈述句为疑问句、反问句或质问句。如《经济参考》述评《金币满街谁来捡?》（1984 年 10 月 21 日）、《人民日报·今日谈》的《罚“态度”?》（1991 年 11 月 12 日）、《人民日报》短评《奥野究竟想干什么?》（1988 年 5 月 11 日）、中央电视台《焦点访谈》的《拍卖救得了〈鱼美人〉吗 ?》（1994 年 5 月 11 日）、河南人民广播电台的《“香花风波”说明了什么?》（1992 年 12 月 14 日）等。这些标题提出问题，以吸引受众到评论中寻找答案。

三是变陈述句为感叹句。如：《河南日报》社论《旱情严重!》（1966 年 1 月 5 日）、《人民日报·今日谈》的《我们时时在考试!》（1982 年 5 月 11 日）、《人民日报》“编余”《多几个“红娘”好!》（1983 年 12 月 7 日）、中央电视台《焦点访谈》的

《造伪劣工程：罚!》（1996 年 11 月 1 日）等。改变标题的语气后，能够激起受众感情上的波澜，使标题更具吸引力和感染力。

2．活用成语、谚语、俗语

把成语、谚语、俗语等引入标题，直接引用或变化引用，既可以使标题言简意赅，还可以使标题别有新意。

一是直接引用。即把成语、谚语、俗语等直接引入标题，借助于受众对这些词语的理解，认识评论所要分析的事物或问题。如：《人民日报·今日谈》的《一笑置之》（1980 年 11 月 7 日）引自成语，《人民日报·人民论坛》的《以人为镜》（1995 年 5 月 2 日）引自古语，《法制日报·随感录》的《打铁贵在自身硬》（1990 年 4 月 3 日）、《人民日报·人民论坛》的《“办法总比困难多”》（1990 年 12 月 19 日）、中央电视台《焦点访谈》的《远亲不如近邻》（1994 年 6 月 3 日）引自俗语等。

二是变化引用。即在引用成语、谚语、俗语时，对文字进行一些细微的改动，使词义发生一定的变化，赋予词语以新的内涵。做法包括：

易字法。《人民日报·今日谈》发表的小言论，标题中经常采用这种做法。如变“杞人忧天”为《“杞人”忧“地”》（1981 年 8 月 28 日）、变“醉生梦死”为《梦生醉死》（1986 年 4 月 28 日）、变“后生可畏”为《后生可爱》（1990 年 7 月 20 日）以及变“不做亏心事，不怕鬼敲门”为《不做亏心事，也怕鬼敲门》（1986 年 12 月 2 日）等。

谐音法。是易字法的另一种形式，既易字，又注意谐音，使词义多解，凸现新意。如《人民日报》1982 年的春节评论，将旧时过年见面的吉祥话“恭喜发财”易字谐字，以《恭喜发“才”》为题，体现出鲜明的时代特征。《人民日报·今日谈》的《以“职”论价》（1981 年 6 月 25 日）、《岂有此“礼”》（1995 年 7 月 8 日），《人民日报·经济漫笔》的《谨访“明码标假”》

（1990 年 10 月 26 日）等都采用了这种方法。

3. 巧用修辞手法

现代汉语的修辞手法有多种，常用的有比喻、比拟、借代、双关、对照、连珠等等，这些手法都可以用于评论标题的制作。

一是比喻。即利用事物间的相似点，以此物来描绘或表现彼物。如《人民日报·每周论坛》的《给“门卫”以“守门权”》（1986 年 5 月 5 日），以比喻的方式提出给财会人员以“把关权”。《人民日报》评论员文章《改革没有“观众席”》（1986 年 7 月 10 日）以形象的手法比喻不能做改革的旁观者。《新华日报·细流集》的《既折“莲蓬”又挖“藕”》（1987 年 8 月 28 日）则用莲与藕的关系比喻“倒爷”与后台的关系，“折”与“挖”并举的提法使比喻更加富于动感和深意。

二是比拟。即借助于想象力把人当做物或把此物当做彼物来描述。如《人民日报·国际札记》的《奥斯维辛醒着》（1996 年 3 月 20 日），采用拟人的手法，使奥斯维辛集中营有了生命和知觉，以其“醒着”来提醒 世人不要忘记血的历史。中央电视台《焦点访谈》的《给孩子书包减“肥”》（1994 年 10 月 13 日），形象地把减轻中小学生课业负担比作给书包减“肥”，显得既新颖又贴切。

三是借代。即借用事物内部或外部不可分离的相关关系，以与事物相关的部分名称替代事物的本体。如《人民日报·今日谈》的《多交“毡帽朋友”》（1991 年 12 月 27 日）说的是领导干部应多和农民交朋友的问题。因评论的由头是浙江绍兴发生的事，而当地农民历史上有戴毡帽的习惯，以“毡帽”代表农民，使标题不落俗套。中央电视台《焦点访谈》的《绿茵场呼唤文明风》（1996 年 11 月 11 日）则以绿茵场借代体育场馆及体育比赛，以此来呼唤做一个文明的运动员、教练员和做一个文明的观众，显得合情合理。

四是双关。即在遣词用字时表面是一个意思，而暗中又隐含着另一个意思，一语双关。如江苏某县一粮库连年被评为“四无”粮库，实际上霉烂、虫蛀等情况全有，只不过他们把霉烂的稻谷统统挖坑埋掉了。《人民日报·今日谈》以此为由头的评论题为《当心有“坑”》，（1985 年 12 月 13 日）提醒领导机关把检查工作做细，一要当心有这类的大坑，二是当心挨“坑”，小心上当。类似的标题还有中央电视台《焦点访谈》播出的《巨额粮款化为水》(1996 年 12 月 7 日)，其标题也有两层含义：一为农民的粮款都用作修矿泉水厂，变成了矿泉水；二为农民的血汗钱换回一纸白条，犹如东流之水，有去无回。

五是对照。即把两种相互矛盾或悬殊巨大的事物、现象、思想、做法等放在一起加以对比，形成强烈的反差。如《人民日报·今日谈》的《“穷根”与“富路”》(1990 年 1 月 30 日)、《中国物资报·新视角》的《慷慨与吝啬》（1993 年 11 月 22 日)、《人民日报·人民论坛》的《“良言”与“忌语”》(1995 年 8 月 18 日)、《人民日报》编后小议《近忧与远虑》)(1990 年 9 月 19 日)等，都是把正与反、大与小、新与旧、美与丑、善与恶等作为对照的“两极”，在比较与反差中体现评论开阔的视野和辩证的态度。

六是连珠。即把词语或句子在组合过程中加以颠倒重复，使其首尾呼应，形成回环。如《人民 日报》“漫话”的《“官钓”与“钓官”》(1989 年 1 月 7 日)、《人民日报·今日谈》的《“用谁谁行”还是“谁行用谁”》（1988 年 4 月 25 日)、《健康报》署名评论《专家鉴定与鉴定专家》(1991 年 1 月 6 日)、《经济日报·每周经济观察》的《咨询业需要咨询》（1995 年 12 月 6 日）等。其中，《专家鉴定与鉴定专家》一题，“专家”与“鉴定”二词都分别出现了两次，两词组合的顺序正好颠倒，“专家鉴定”指的是事，“鉴定专家”指的是人。标题通过词语的连珠与回环，把“正是因为有了数不清的专家鉴定会，才造就了一批鉴定专家”之意委婉地表达出来，其中还隐含着某种讽刺的意味。

三、不同媒介评论标题的区别

新闻评论的标题在特点、功能和基本要求上大致相同，但不同媒介又因自身传播特点和方式的差异，其评论标题也有着自己的表现形式和特殊要求。在了解评论标题共性的基础上，认识不同媒介评论标题的个性，有助于在实践中扬长避短，更好地发挥不同媒介评论标题的作用。

大众传播媒介是指那些用以向广大受众传递各种信息的载体，它是大众传播者与受众发生联系和交流的中介和纽带。广义的大众传播媒介包括报纸、杂志、广播、电视、电影、图书等；狭义的大众传播媒介主要是指与新闻业有密切关系的前四种媒介。这四种媒介又因传播介质不同可分为印刷媒介和电子媒介。其中印刷媒介是指通过印刷手段大量复制各种信息的传播媒介，包括报纸与杂志；电子媒介是指通过无线电波或导线大量复制和传输各种信息的传播媒介，包括广播和电视。由于传播媒介不同，报刊、广播、电视评论的标题有以下几点区别：

（一）使用的传播符号有所不同

报刊评论以文字符号作为传播手段，符号种类的单一和文字所特有的内涵丰富、抽象性、逻辑性强的特点，以及易于反复阅读、长久保存的优势，使报刊评论的标题在拟题的方式、词语的运用和题意的开掘上有了较大的空间。

广播评论以声音符号作为传播手段，其标题以口播形式诉诸人们的听觉器官，有声语言的感染力和易受性强的特点，使广播评论的标题能够迅速吸引听众的注意力。但由于线性传播，广播评论的标题稍纵即逝、不易留存，因此在评论播出后重新播报评论的标题以加深受众的印象是可取的做法。

电视评论是传播符号最为丰富的评论形式，一般情况下，标题以文字符号的形式播出，有时为了增强标题的传播效果，还配以声音符号和图像符号制成片头，在评论中重复播放。传播符号的多样性和手法的多样性，使电视评论的标题具有较强的形象性和感染力。

（二）所起的作用有所不同

一般来说，作为标题，其位置应置于文章（或节目）之前，起提示、评价、吸引、感染等作用。

在报刊评论中，评论的标题在版面编排时一般位于正文前面或最为显要的位置，以引人注目。在广播评论中，标题通常在播送正文之前播报，为了受众收听需要及增强播出效果，有时在节目结束后重播评论的标题。电视评论的标题可以在节目中出现一次或多次，除起到上述四种作用外，还可以起到调整评论节奏、划分节目层次、强调评论重点、调节受众情绪等作用。此外，标题出现的时机，停留时间的长短，所用的字体、颜色、出屏方式及特技手法的运用等，都是一种发言的方式，成为电视评论表情达意、启承转合的有机组成部分。

例如：中央电视台《焦点访谈》栏目 1996 年 1 月 24 日播出了一期节目，对山东一些农村地区的有关部门在结婚登记手续的办理过程中“搭车”收费、令农民苦不堪言的现象进行了报道和评析。该片的标题是《喜中别添忧》。如果这是一篇报纸评论或广播评论的标题，除简练、鲜明外，似没有其他特别之处。但在这个节目中，标题字幕特意制成了《囍中别添忧》，其中囍字为红色，采用综艺字体，其他字为白色的隶书。红色的双喜字在中国的传统习俗中专用于结婚之喜，放在标题中，用意更为显明，对比也更为强烈。该题在片中先后出现了七次，在展示乱收费的现象时，有关人士发表议论时和记者现场及演播室评点时适时播出，既表明了态度，又渲染了气氛，起到了其他媒介评论标题起不到的作用。

（三）写作的要求有所不同

作为评论标题，在写作上有共同的要求，如前文提到的贴切、具体、鲜明、精炼、生动等，但在运用这些要求时，不同媒介评论的标题又有一些特殊的要求。

由于报刊评论的标题可以反复阅读、仔细品味，因而其标题可以较为深刻、隽永、语义丰富、富有哲理。如：《中国青年报》署名评论员文章《不要讳言困难和危机》（1986年11月14日）、《人民日报》短评《于细微处见精神》（1980年10月1日）、《新民晚报·未晚谈》的《昂纳克搭错了船》（1991年12月19日）等。

广播评论受众面广、受众的平均文化程度低且传播上稍纵即逝，其评论标题应该浅显、平易、语义明确、形象生动。如：四川新都县广播站广播谈话《致富不能“鸡啄米”》（1983年11月27日）、辽宁人民广播电台录音述评《请您说声“对不起”》（1986年12月26日）、甘肃人民广播电台评论《不能鼓了腰包，秃了山包》（1987年12月28日）、山东菏泽市人民广播电台评论《“甩手掌柜”当不得》（1988年11月2日）、天津人民广播电台述评《市场不相信“出身”》（1996年11月17日）等。

电视评论传播手法立体多样，文字符号为主的标题辅之以必要的声像符号，容易补充和突出标题的内涵，但因同样以线性传播的方式播放，标题在讲究一定的文采和寓意的同时应不失简捷、明了。如：中央电视台《焦点访谈》的《惜哉文化》（1994年11月19日）、中央电视台《焦点访谈》的《难圆绿色梦》（1995年8月1日）、北京电视台《BTV夜话》的《影坛风烟又起》（1995年6月5日）、黑龙江电视台《今日话题》的《“三国四方”何时拆除篱笆墙》（1994年12月23日）、江西电视台《社会传真》的《养儿不孝，何以防老?》（1997年7月7日）等。

在大多数情况下，报刊、广播、电视评论的标题用在其他媒介未尝不可，但有时就显得不妥。上海的“荣华鸡”曾与美国的“肯德基”进行了一场持续几年的“快餐战”，为此不少媒介发表过评论。《中国物资报》1992 年 11 月 23 日的一篇有关这一问题的评论，题为《“斗鸡”之我见》，用于报刊评论，显得较为恰当，若用于广播、电视评论，就显得有些半文半白，不太合适。而北京电视台《今日话题》栏目的《“鸡战”之后》（1995 年 10 月 26 日），用于报刊评论尚可，若用于广播评论，则容易产生歧义：究竟是“鸡战”还是“激战”，必须在播报标题时做出一定的解释，以免听众误解。

第二节　新闻评论的结构

古人做文章讲究“言之有物”、“言之有理”、“言之有序”，其中“序”，就是指文章的谋篇布局。写文章如同盖房子，正像只有结构合理的房子才稳固牢靠一样，只有结构严密的文章才思路清晰、逻辑顺畅。古人刘勰在《文心雕龙》中所说的“振本而末从，知一而万毕矣”，其中的“本”，就是指篇章结构。

评论的结构，即谋篇布局，是对评论的总体构思和谋划，包括其逻辑思路与层次安排。按评论文章（包括节目）的结构顺序，可将其分为开头、中间和结尾三部分；在具体的结构布局中，则分别称之为引论、本论和结论。

一、新闻评论的结构要求

与一般的新闻报道相比，新闻评论的结构有自己的要求。由于评论以分析、议论、评价、说理为主要任务，因而其结构布局应注意以下几个基本原则：

一是评论的结构布局应考虑文章（或节目）的具体内容，根据评论所要分析的事物或所要论述问题的实际情况、内在逻辑联系和发展变化规律，围绕论题和中心论点组织安排评论的观点、材料和先后顺序。

二是评论的结构布局应考虑受众的实际状况，根据他们的文化水平、接受能力、认识规律和心理需求安排评论的逻辑思路和前后布局。

三是评论的结构布局应反映自己的特色和风格，在遵循评论结构总体框架和基本规律的同时，在开头、结尾和层次安排上应体现自身的个性特征。

具体地说，新闻评论的结构应符合以下三点要求：

（一）布局合理

评论一般由开头（引论）、中间（本论）和结尾（结论）三部分组成，先说什么后说什么、详说什么略议什么、如何安排观点和材料、如何安排各部分所占的比重、三部分之间如何衔接和过渡等等，都应注意其协调性和合理性。

《人民日报》1989 年 3 月 5 日曾发表一篇专栏评论，题为《“杀鸡给猴看”质疑》，对流传已久的这种“警世之策”提出了不同的看法。全文如下：

> “杀鸡给猴看”常被作为警世的手段，被某些人反复运用。然而我却有几分疑惑。
>
> 疑惑之一：会不会错杀了“鸡”！若“鸡”犯了死罪，该杀毫无疑问，“立即执行”。但是，不该杀则坚决不能“开刀问斩”。如果仅仅为了“儆猴”就杀了不该杀的“鸡”，岂不是错杀“无辜”吗？
>
> 疑惑之二：杀“鸡”为什么定要给“猴”看？既然是该杀的“鸡”，那你“动刀”就是了，为什么非要让“猴”来看不可呢？那“猴”第一次看杀“鸡”，也许还能生出几分畏惧，“不法行为”也许还会有几分收敛。如果一而再，再

而三，让“猴”看惯了，它非但不怕，反而会觉得挺有意思。这样，杀“鸡”与其说“儆猴”，倒不如说是给“猴们”增加了几分乐趣。

疑惑之三：为什么不可以“杀猴给猴看”？如果想“警告”那些尚在作恶，但又不够杀 的“猴”，为什么不可以杀一个该杀的“猴”给它们看看呢？同类被杀，对它们也许更有威慑力。

谁都知道，那“猴们”若是作起孽来，其危害远在“鸡辈”之上。然而，如今人们觉得杀“鸡”尚可，杀“猴”却颇难。何以如此？其他原因之外，迷信“杀鸡”示警，恐怕也是一个原因。所以，“杀鸡给猴看”既不合情理，不合法规，也未必有效。比较有效的，恐怕是“猴们”犯法与“鸡们”犯法同罪，谁的罪就是谁的罪，不论鸡猴。依法该杀的，一个不留；依法不该杀的，一个不杀。为了猴杀鸡，为了鸡杀猴，皆不可取。

全文分为五个自然段，第一段是开头，开宗明义，表明自己态度，对“杀鸡给猴看”提出质疑。第二、三、四段是评论的主体，集中议论自己的疑惑何在，按“杀鸡给猴看”字面上的先后顺序，首先提出“会不会杀错了‘鸡’”？继而提出“杀‘鸡’为什么定要给‘猴’看”？最后提出“为什么不可以‘杀猴给猴看’”？三个问题彼此衔接，层层递进，使意思相当完整。最后一段是结尾部分，集中分析造成这种认识上误区的原因和提出自己对解决这一问题的看法。从总体上看，全文布局合理，主次分明，中间丰满，首尾呼应，显得较为充实和完整。

（二）层次明晰

评论的结构从总体来看可分为三部分，但从各部分（特别是中间的本论部分）来看，又可以分为不同的层次。每层运用什么材料、提出什么见解，都应有一个先后的顺序，也都应有或不同方面或不同深度上的差别，使评论的议论借此由点及面、由此及彼或由表及里地层层展开。

在香港回归、举国欢腾之际，《人民日报·今日谈》专栏发表了一篇小言论《“国耻馆”断想》（1997年7月9日），文章内容如下：

> 香港回归，洗雪国耻，这是中华民族的盛事，也是人类文明的丰碑。
>
> 但是，国耻洗雪了，却不能忘记国耻，不能从此把国耻抛到九霄云外。事实上，洗雪国耻的庆典之所以辉煌盛大，一个重要前提就是“国耻”本身的深重悲壮，以及近百年来共雪国耻所激发的力量。
>
> 由此想到，国耻之“价值”，想到建立国耻馆之必要。我们的国家是为人类文明做出重大贡献的国家。到了近代，却又饱受凌辱，一百多年中，一千多条丧权辱国的条约，这种耻辱和遭遇，世界少有，人类历史所罕见。有些地方，在历史纪念馆中单列“国耻陈列室”、“不平等条约陈列室”等，是有眼界，有气魄，有骨气，有志气的。
>
> “耻辱”也是一种财富，当然，重要的是要知耻。知耻近乎勇，只有图强奋发，有信心、有力量的国家和民族，才可能有勇气正视过去的耻辱。国不知耻难立国，人不知耻难成人。以耻辱入馆，以耻辱铸碑，有利于激发人们的报国之心和振兴之志，有利于提升人们的国格和人格。
>
> 建立国耻馆也不只是让国人知耻，对于当年西方列强的野蛮和强暴也是一种“定格”和挞伐，将其永远钉在历史的耻辱柱上，提醒那些易患健忘症，热衷于霸权行径的人，休得放肆和张狂；同时，对于无数仁人志士和革命先驱为雪国耻，前赴后继的英勇斗争也是一种刻骨铭心的纪念和学习。
>
> 国耻如山，以及国耻终得洗雪，关键都在政府，在制

度，在于国家是否强大。“落后就要挨打”，这也是国耻馆所揭示的最重要的结论。

我们有成千上万座纪念场所，展示我们的成就和荣誉，如果有一座国耻馆拔地而起，集中展示我们所遭受的凌辱，于一片辉煌中，也能看到历史的阴影，知道我们曾经挨打，曾经有过坎坷和曲折，以激励后人的崛起之志，岂不更加气壮山河！

此文在层次上循着这样一条思路：香港回归，洗雪国耻⟶不忘国耻⟶国耻的“价值”⟶国人要知耻⟶给侵略“定格并警示来者”⟶落后就要挨打⟶再次呼吁建“国耻馆”。全文以纵向展开的结构方式，根据事物的前后变化和认识的逐层深化来划分层次和段落，使议论从眼前延伸到长远，从国内拓展到国际，从被侵略者过渡到侵略者，每层有特定的内容和含义，各层之间又环环相扣、首尾衔接。由于层次的明晰，使这篇文章在不太长的篇幅内将建“国耻馆”的必要性、重要性和可行性分析得头头是道。

（三）逻辑顺畅

写任何文章都要讲求逻辑，以逻辑思维见长、以逻辑推理为主要手段的新闻评论，更要注重结构的逻辑性，即谋篇布局要符合事物发展的内在逻辑和人们认识事物的思维逻辑。一般来说，任何事物的变化都经历了一个由产生、发展到出现结果的过程；人们认识事物的思维逻辑大都是从具体到抽象、从现象到本质、从个别到一般；评论的结构也大都是从提出问题到分析问题最后提供解决问题的意见和办法。在评论中，应将这几种逻辑顺序协调一致，借助于顺畅的逻辑结构，使受众更易了解和理解评论的内容。

《人民日报·今日谈》专栏曾发表一篇评论题为《城墙与弹痕》（1985 年 6 月 19 日），在抗日战争爆发 50 周年前夕，从抗日战争的爆发地——宛平县城的城墙“整旧如新”说到如何正确对待历史，如何正确保护文物的问题。

城墙与弹痕

今闻宛平城墙上的炮轰弹痕已大部修复。这些弹痕是四十多年前日本侵略者挑起全面侵华战争时炮轰宛平县城留下的。

我国政府和人民重视对古文物的保护，每年都拨巨款用以维护古文物、古建筑。但是怎样保护古文物，有的人并不真懂。

古文物、古建筑不仅表现建造时期的文明，也往往记载了历史的变迁。“七七事变”，日军炮轰宛平县城，这是历史，宛平四围城墙上的弹痕就是中国人民蒙受苦难的见证。这场侵华战争也给日本人民带来了巨大的灾难。如今，这历史的一页早翻过去了。中日两国人民世世代代友好下去，是两国人民的共同心愿。宛平城墙上的弹痕将永远教育两国的子孙后代铭记历史的教训。数年前笔者曾专程前往，在那里遇到一些中外人士，也是去看城墙上的弹痕的。

历史就是历史，不能切断，也不能修补。古建筑如有塌陷，自应采取妥当的方法维修，但带有弹痕的宛平城墙，窃以为不应“整旧如新”，而宜“整旧如故”。没有弹痕的宛平城墙就不是真正的宛平城墙了。

评论从宛平城墙上的炮轰弹痕被修复的事实，引出如何保护文物的话题，然后又回到宛平城墙上弹痕的文物价值和历史价值，进而深入议论不能切断或修补历史的正确的历史观，以及只应整旧如故、不应整旧如新的正确的文物保护观念，最后又回到对修复宛平城墙的看法，强化了文章开头部分的观点。评论的结构遵循受众认识事物、分析问题的思维逻辑，从具体事实到一般现象、从一般现象到正确的历史观和文物保护观念，最后又回到具体的事实。在这一看似循环往复的过程中，将感性上升为理性，又反过来用理性指导实践，使文章逐层推进，让读者经历了一个转为完整的思维过程，自然而然地理解了作者的观点。

早在1955年，毛泽东同志就提出：写文章要讲逻辑。就是要注意整篇文章、整篇说话的结构，开头、中间、尾巴要有一种关系，要有一种内部的联系，不要互相冲突。这就是说，作为包括评论在内的所有文章，都要讲求其内在的逻辑性，在评论中，其内在逻辑性集中体现在文章三个组成部分的有机联系上。

二、新闻评论的结构方式

新闻评论将引论（开头）、本论（中间、主体）与结论组合起来的结构方式有多种，大体包括以下几类：

（一）归纳式

这是一种从材料到观点，先分论后结论的结构方式，即在开门见山、挑开话题后，围绕论题，逐层运用材料证明论点，最后归纳出总论点。以这种方式写作（或制作）的评论，比较符合人们认识事物的规律（即思维活动的逻辑顺序）。

《北京日报》1989年3月6日曾配合北京市液化气公司呼家楼供应站的先进事迹，发表了一篇评论员文章《重振“我为人人，人人为我”之风》，文章开头先列举了人们日常生活中经常可以听到的议论和抱怨：

> “公共汽车真没法坐！谁都不排队，上车跟打仗一样，动不动还不停”；
>
> “买点东西气死人！售货员那模样，就像欠他三百吊”；
>
> “这些个体真坑人！您瞧，买三斤桔子，不是缺一星半点，整整差半斤啦”；

“我一个月挣的，抵不上人家演员唱一首歌挣的”；

……

在列举现象的基础上，文章将这些看似缘于对方方面面的不满，归结为一个不满，“即对人与人关系的扭曲——自私、冷漠的不满”，进而指出了人民群众一个强烈而真诚的企盼：企盼我国成为人际关系的一块绿洲，企盼“我为人人，人人为我”之风重振。以此为基础，文章进一步分析和谐的人际关系对人们精神生活的影响：

> 人是有感情的。对人来说，精神的充实欢悦往往比物质的丰足富有更重要，起码对已经解决了温饱的人们是如此。而最直接、大量地影响人的心情的是人，是社会的人际关系。如果人走到哪里，感到的都是友爱、温暖，哪怕生活清苦点，也会感到幸福；反之，这儿遭个“白眼”，那儿挨几句“撅”，这个“坑”你一下，那个“宰”你一刀，“眼睛一睁，气到熄灯”，尽管生活步步高，怕是心里也不会愉快。

在分析和谐的人际关系对人们精神生活重要性的基础上，评论从“心气”谈到“民气”，议论健康的人际关系对有效地打击不正之风、加强精神文明建设、搞好廉政建设和国家振兴的重要性，以更高的立足点和更开阔的视角审视这一问题。评论的结尾，又从国家回到个人，把良好人际关系的形成和每一个社会成员的努力挂起钩来：

> 当然，人际关系的绿洲，最终要靠社会上的每一个人来共同浇灌，包括你、我、他。希望我们每个人，为了国家、为了别人也为了自己，共同动手，来把我们的国家，浇灌成人际关系的一片绿洲。

这篇文章以群众的议论引出论题，对群众的不满做出分析和归纳，又从个人生活和社会生活两个不同的层面议论解决这一问题的必要性，以此为基础得出最后的结论。这种结构方式思路贯通，逻辑清晰，结论水到渠成，比较容易为受众所接受。

（二）演绎式

这是一种从观点到材料，先结论后分析的结构方式，即先以鲜明的观点开宗明义，然后以相应的材料为论据证明论点。这种结构方式与人们日常的说理习惯相适应，对于强调评论的主旨、突出评论的中心思想有所帮助。

曾荣获第二届中国新闻奖二等奖的《经济日报》述评《少数企业死不了，多数企业活不好》采用的就是这种结构方式。评论以类似电视全景画面穿插特写镜头的方式开篇，借助于形象化的手法亮明观点：

> 绿野，苗圃。
>
> 成千上万株小苗，头碰头，肩并肩，密密麻麻挤在一起。空气，严重不足，养料，极度匮乏，眼见得小苗蔫蔫然日渐萎黄。
>
> 怎么办？送气排风，施肥浇水。效果不佳，未见起色。
>
> 果断间苗！把那些枝叶已经萎黄，根须已经溃烂，无法成材的病苗，毅然拔除，腾出空间。空气，清新了，养料，充足了。一株株地伸枝展叶，充满勃勃生机！
>
> 大自然生生不息的景观，给予我们耐人寻味的启示：小苗生长发育如此，企业生存发展，不亦如此吗？

此后，全文分为三个部分展开，每一个部分的开头，都旗帜鲜明地提出自己的见解。如第一部分的开头是："不是我们不想让一些企业活，而是客观环境不允许这些企业活。"随后，作者列举了三组数字：一组是棉纺业，3000 万锭的原料和需求与 4000 万锭的生产能力造成的结果，只能是"没有 25%的企业关停，只能是全行业 25%能力的闲置和效益的损失。"一组是彩电业，2000 万台的产量和 1000 万台的市场容纳量同样说明了这一道理。第三组是汽车业，2400 家装配厂，有的厂家仅有数百以至几十辆的年产量，与汽车厂应有的年产30万辆经济规模的差距不言而喻。以这组数据印证开头的论点，事实相当有说服力。

文章第二部分的开头采取同样的手法，直截了当地提出：

> 少数企业“死”不了，结构调整无从谈起！
>
> 少数企业“死”不了，产成品积压愈来愈多，达1300亿元！
>
> 少数企业“死”不了，“三角债”的链条，碰到一个又一个“只吞不吐”的“黑洞”前清后欠，愈欠愈多！
>
> 这还只是从企业外部看。从内部看，少数企业“死”不了，多数企业也没有生存危机，内部必然缺乏压力。而没有压力机制的企业，决不可能创造出高效益。

接着，作者运用了两组数字进行对比或提供参照，前一组是1990年我国乡镇企业与国营企业在经济效益上的对比，包括实现利润、增长速度和销售利润率的对比；后一组是我国乡镇企业1990年破产数字与加拿大、美国和英国破产企业数字的比较和参照。以此为论据，“国营企业的只能‘生’不能‘死’，已经使得我国经济发展的步履越来越沉重艰难”的结论便水到渠成。

“不是不想‘死’，而是不敢‘死’啊！”文章以某市一位主管工业领导的一句话为第三部分的开头，相当引人注目。随后，文章就国营企业职工安置的两大障碍——思想障碍和生活困难逐一进行了分析，并以有关人士的见解为理论性论据，使议论有了较为可靠的支撑点。全文引用莎士比亚名剧中哈姆雷特的一句著名的台词结尾：“活着，还是死去？这可是个重大问题。”既关照题旨，又意味深长，也显得独具特色。

（三）并列式

这是一种将总论点分解为两个以上并列的分论点，然后分别进行论证的结构方式。如果说前两种是纵向展开的结构方式的话，那么这种结构方式以横向展开为主。一般来说，对内涵较为丰富的事件或问题，采用这种结构方式，有助于议论的全面与周密。

《人民日报·人民论坛》专栏曾发表艾丰的评论《名牌是民牌》（1995 年 10 月 9 日），对“名牌热”现象提出了自己的看法。文章一开头，作者用三言两语，就表明了自己的态度：

> “名牌热”起来了。叫人高兴，也叫人有几分担心。

紧接着，作者摆出自己的高兴与担心之处，并借用一位企业家的话简明地点出问题的实质——“名牌是民牌”。在随后的四个自然段中，作者把这一观点分解为四个分论点，即名牌是“民定”、“民创”、“民护”和“民享”的，使读者对评论的中心论点有了更加丰富而深入的理解，全文也按照这一顺序横向展开：

> 名牌是“民定”的。谁个是名牌，谁个不是名牌，谁说了算？没有别人，只有民众——广大消费者说了算。一句话，名牌是在长期的市场竞争中，由消费者的“金钱选票”选出来的。主管机关、社会机构，也会做某种“认定”的工作，但这只是在科学地、准确地反映了“民意”并符合国际惯例和市场经济规律的情况下，才是有用的和有益的，否则不仅无用，还会起反作用。……
>
> 名牌是“民创”的。从根本来说，名牌不是评出来的，甚至也不只是靠宣传“吹”出来的，名牌是创出来的。谁创出来的？企业的广大职工。凡是立得住的名牌，都是经营管理过硬、职工素质过硬的企业创出来的。企图靠表面文章、短期行为创名牌，是不能成功的，即使“名噪一时”，也会轰然倒塌。……
>
> 名牌是“民护”的。“民护”是两个方面，一个是保护，一个是爱护。名牌的生命之根必须扎在无限广阔的市场之中。而名牌效益又引得一些不法之徒变着法地搞假冒。所以，保护名牌成为一个十分艰巨复杂的工作，在目前我国市

场规范还不很健全的情况下，尤其是如此。……

名牌是“民享”的。“名牌是国宝”。名牌给企业带来效益。名牌也会带动整个国民经济向高水平发展。名牌将会丰富我们中国的文化。中国名牌是中华民族的骄傲。名牌是企业的，也是社会的、国家的、民族的。每一个名牌都是为民享用、为民争光的，中国的名牌群体更是为全民享用、为全民争光的。

以上四个分论点既分别存在，相互间又有一定联系，只有对这四个方面都保持清醒的认识，对“名牌是民牌”的理解才称得上全面和深入，也才能在当时刚刚兴起的“名牌热”中保持清醒的头脑。这篇带有很强的专业特色和理论色彩的文章，由于采用了并列式结构，把一个较大的论题“拆”开来做，使得每一个分论点都能议论透彻，在条分缕析的基础上形成“合力”，使总论点更具说服力。

（四）递进式

这是一种对论题进行逐层分析，使议论由此及彼、由表及里、由浅入深的结构方式。它把每一层分析都建立在上一层分析的基础之上，既是上一层意思的补充，又是上一层意思的深化。通过逐层分析，帮助受众对事物或问题的实质有更为深入的认识。

《中国青年报·畅言集》专栏刊登了一篇署名江汉的评论，题为《买路钱种种》（1988 年 11 月 30 日），针砭一些手中握有某种权力的部门和个人以权谋私、雁过拔毛的不正之风，将这类人喻为“新李鬼”。对于“李鬼”这个人物，读过《水浒》的人都知道，他假借李逵之名拦路抢劫，终于被真李逵撞见并赔上了“吃饭的家伙”。该文采用层层递进的方式，一开始并未点破题旨，而是从儿时在农村看人出殡撒纸钱引出话题，从而得知要“买路钱”的事阴间有。接着作者又从长大后读《水浒》说起，才知要“买路钱”之事阳间也有。写到此处，作者话题一转，从古代联想到现实，把当代“新李鬼”的做法用三段排比句精炼地概括出来，并一语道破实质：

“意思”也好，“好处”也好，“明白”也好，名称虽异，但你千万不要领会错了，实际上都是一个东西——买路钱。

在从阴间恶鬼说到阳间李鬼，从古代老李鬼说到现代新李鬼之后，文章找出后者与前者的不同之处：

和老李鬼不同的是，这些新李鬼们已不再是鹑衣芒鞋出没于山林之间，而是西服革履坐在窗明几净的办公室里，他们的“板斧”也变成了桌上的纸、手中的笔、屉中的印。他们索要买路钱的方法，自然也不再是那种“此山是爷开”的电闪雷鸣般的吼声，而是“讨论讨论”、“研究研究”之类的让你不失希望而又无可奈何的“活话”。

从特征、表现的变化说起，文章又继续分析新李鬼比老李鬼更大的危险性和危害性。在文章结尾处提出解决问题的办法时，作者再次提到《水浒》，借鉴当初李逵惩治老李鬼的办法，为今天依法惩治新李鬼提出颇具参考价值的建议：

若要惩治这帮“李鬼”，我以为不妨也学一学李逵。一是揭露其真面，把他们的丑行公之于光天化日之下，使其臭不可闻；二是要缴获他们手中的“板斧”，使其不再具有为非作歹的资本；三是千万不要听信他们“上有八十岁老母”之类的骗人鬼话，绝不能纵容姑息。一定要依据罪恶轻重绳之以法。

这篇评论思路清晰，议论透彻，在从阴间到阳间、从古代到现代、从表现到危害、从分析到建议的过渡中，使评论层层递进，步步深入。这种递进式结构不仅为环环相扣的逻辑推理提供了可能，也顺应了受众的认识规律和思维过程，更切合人们的接受心理。

古人说："文无定法"。评论的结构方式也不止以上四种。应根据评论内容的需要，以便于分析议论、利于增强传播效果为基本出发点，灵活运用评论的结构方式及手法。

除了解和掌握评论的结构方式外，了解和把握评论开头与结尾的手法也相当重要。评论的开头方式有多种，包括开门见山、提出论题；开宗明义、亮出论点；摆出由头、引申生发；凸现矛盾、展开交锋等等。总之，评论的开头应简明扼要、落笔切题、新鲜活泼，以引人入胜。评论的结尾也有多种方式，如提炼归纳、关照呼应、启迪思考、引发联想等等。总之，评论的结尾应要言不烦，简捷凝练，给人留下回味与思考的余地。

思考与练习

1. 联系实际，举例说明新闻评论标题的特点与功能。

2. 依据新闻评论标题的基本要求，选择近期报上一篇标题有缺点的评论，指出其不足，并为之重拟标题。

3. 新闻评论的结构方式常见的有哪几种？结合实际，分析不同结构方式的特点。

第五章　说理论述的原则与艺术

就新闻评论的写作程序来说，选题、立论是第一道操作程序，说理论述则属于第二道程序。以这两道程序的关系而言，立论是说理论述的前提。然而，立论却唯有经过缜密的说理才有可能被读者所理解和接受，才算完成立论的使命，才能实现正确地引导社会舆论的目的。因此，从一定意义上说，说理论述或论证正是新闻评论的基本特征，离开了说理论述也就失却了新闻评论的自身价值，而说理论述或论证是否合理有效则直接决定作品的吸引力和生命力。

第一节　说理论述的原则和要求

新闻评论说理论述的基本原则和要求，概括起来就是论据与论点统一，虚与实统一，破与立统一，严肃与生动统一。

一、论据与论点统一

论据和论点的统一，是新闻评论说理论述的一项重要原则和要求。

革命导师、杰出的政论家毛泽东在《改造我们的学习》一文中，精辟揭示了材料与观点即论据与论点的辩证统一关系：不凭主观想象，不凭一时的热情，不凭死的书本，而凭客观存在的事实，详细地占有材料，在马克思列宁主义一般原理指导下，从这些材料中引出正确的结论。这种结论，不是甲乙丙丁的现象罗列，也不是夸夸其谈的滥调文章，而是科学的结论。他一贯反对材料与观点相互割裂的作法。他认为将材料和观点割断，讲材料的时候没有观点，讲观点的时候没有材料，材料与观点互不联系，这是很坏的方法。

论据、论点以及说理论述或论证，是构成新闻评论的要素。在一篇评论中，论点是观点，是立场和态度，是见解和主张，是文章的灵魂；论据是材料、是证据、是基础。论点支配论据又依赖于论据，而论据则从属于论点又支撑着论点。说理、论述或论证正是揭示论据与论点之间的逻辑联系，使论点得以确立并得到阐明的过程和方法。一篇成功之作，首先要做到论点准确、新颖、鲜明，论据真实、新鲜、典型；同时，还要善于运用恰当的说理论述或论证方法，使论据与论点水乳交融地统一起来。

（一）评论的论点

论点，就是指评论要告诉读者的见解、观点、论断、意向、结论。一篇评论如果没有论点，那么也就取消了评论本身。

好的评论，应当能提出人人意中之所有，人人笔下之所无的见解。这样的文章才能使人感到有兴味。宋朝理学家周敦颐的《爱莲说》，文章很短，总共119字，但观点比较新鲜，也引人深思：

> 水陆草木之花，可爱者甚蕃。晋陶渊明独爱菊；自李唐来，世人甚爱牡丹；予独爱莲之出淤泥而不染，濯清涟而不妖，中通外直，不蔓不枝，香远益清，亭亭净植，可远观而不可亵玩焉。
>
> 予谓菊，花之隐逸者也；牡丹，花之富贵者也；莲，花之君子者也。噫！菊之爱，陶后鲜有闻；莲之爱，同予者何人？牡丹之爱，宜乎众矣！

文意是说，陆地和水上开的花，可爱的很多。晋朝的陶渊明喜欢菊花，唐朝以来人们爱好牡丹，唯我更喜爱莲花。我独爱莲之出淤泥而不染，濯清涟而不妖，中通外直，不蔓不枝，香远益清，亭亭净植。文章主要点明了这个观点：出淤泥而不染，濯清涟而不妖。作者讲这番话显然是有所指的。有的人喜欢菊花，逃避现实；有的喜欢牡丹，追求富贵荣华；他却喜欢莲花，因为莲花虽然长在不干净的河水里，可是本身很干净，很清高。这反映了作者的独特的价值观。

于 1997 年 10 月获得第七届中国新闻奖一等奖的新闻评论《为经济建设和社会发展提供强有力的政治保证——学习江泽民同志“领导干部一定要讲政治”的讲话》，发表于 1996 年 4 月 1 日《人民日报》。这是一篇为阐发和贯彻江泽民同志关于“领导干部一定要讲政治”的重要讲话而撰写的重头评论。文章以马克思主义基本理论为指针，对新时期作为领导干部要讲政治的重要意义作了准确、深切、有力的分析和概括，得出了不少新鲜独到的见解，给人以新的启迪。

评论着重地提出并论述了“经济建设需要政治保证”这一重要论点，指出“一方面，经济是基础，解决中国的所有问题，归根到底要靠经济的发展”，“另一方面，如果只是就经济抓经济，而不从政治的高度和角度处理经济问题，就可能使经济工作走上邪路”。接着，在阐述怎样实施政治对经济的保证作用时又进一步提出“主要是通过各级党政领导干部，特别是高级干部的工作实现的”这个重要论点。紧接着，评论又进而对领导干部如何讲政治提出四个方面的要求即：一定要坚持政治方向、群众观点、学习理论、大局意识。继而，文章分别就此作了详尽的论述。在论述政治方向时，引用了邓小平理论的有关论点：“社会主义原则，第一是发展生产，第二是共同致富。”并作了重要阐发，引出精警的见解：“发展生产”，是社会主义物质财富和精神财富的生长点；“共同富裕”是社会主义的价值目标，是人民群众的根本利益所在，两者是一个有机的整体，互相制约，互相促进。在论述群众观点时，也生发出不少闪光的见地：在一定意义上说，“政治不只是集中了的经济，也是集中了的人民群众的根本利益，集中了的人民群众的力量和智慧”。“政治的根本在人民，政治的血脉在人民，一切要看群众拥护不拥护，群众赞成不赞成，群众高兴不高兴，群众答应不答应。把是否得民心，作为检验我们政治的根本标准”。在论述学习理论的重要性时，有的见解也颇有独到之处：政治不只是“集中了的经济”，“集中了的利益”，也是“对于各种现实的矛盾冲突的协调和驾驭”，因此，“要做政治上的强者，就要善于抓本质、抓规律；就要善分层次，善分轻重缓急，善找关节点、着力点；就要识大体，知大局，懂大势。这就需要理论”。最后，在论述增强大局意识时，仍有相当深刻的论断：作为高级干部，更应该具有“纵观大局的眼界、把握大局的能力、服从大局的觉悟”。“党的基本理论是总揽全局的理论。从历史的纵向和现实的横向上，确定了有中国特色社会主义的‘坐标’。党的基本路线是总揽全局的路线。在党的基本理论所揭示的区位中，四项基本原则和改革开放两个基本点形成一个焦点，就是经济建设为中心。党的基本方针是总揽全局的方针”，这个方针就是抓住机遇，抓住改革、发展、稳定这个大局。“正确处理几者的关系，把握几个方面的结合度，更是大局”。

以上转述的若干论点，都闪耀着思想和智慧的光芒，全面、准确、精辟地结合当前的我国实际发挥了毛泽东思想和邓小平理论，讲出了人人意中之所有，人人笔下之所无的话，给广大干部和读者以深刻的启迪。

论点从何而来？评论的论点决不是什么个人灵机一动凭空得来的。恰恰相反，准确、鲜明的重要论点，总是客观存在的反映，是作者围绕某一个论题，经过详细的调查研究，集中集体智慧，在占有大量材料的基础上，运用马克思主义的立场、观点和方法，经过反复的分析、综合、推理这样一个思维过程，抽象和引申出来的。唯有这样产生出来的论点，才无可辩驳，具有较强的针对性、鲜明性和理论色彩。

（二）评论的论据

论据指的是用来阐明论点的材料，是评论论点的依据，是判断和推理的基础。它的功用在于形成论点、引发议论和说明论点。对新闻评论来说，思想、观点、论断的提出，只有当它被有力而充分的论据证明了的时候，方能使人信服。

什么可以做论据呢？

一是事实论据。即能够直接或间接证明论点的具有典型性的人和事。

二是理论论据。具体指经典作家所揭示的业经实践证实为人们所公认的有关结论、论断、原理、言论；已被证明的科学原理、定律以及为人们公认的格言、谚语等。

三是数字论据。作为统计数字，它不是具体的而是概括的事实，它不是单个的事例而是事实的总和。以此为论据，既简明扼要，又有说服力。

四是故事、典故论据。形象说理时时常需要引用故事、典故作为特殊意义的论据，有助于触发人们的联想，积极地去探寻内含的寓意和见解。

在运用论据时，有两点要注意：

其一，论据要正确、真实、可靠，要具有典型性和科学性。论据缺乏顶多使论点空泛或缺乏可信性，而论据不正确便会导致错误的结论。因此，无论是事实论据、理论论据、数字论据都要求真实无误。否则，事实有出入，引文有误，数字不准确，都会直接影响论点的确立及其可信性和科学性。

其二，写作的背景和读者对象是选择和运用论据时应当考虑的条件。好的评论要求作者挑选最有说服力的论据，用在最需要的地方，以发挥最大的功能。以恩格斯《论权威》这篇著名政论为例。此文旨在批驳工人运动中的无政府主义思潮。文中为了论证无论在有组织的社会生产活动中，还是在革命斗争的过程中，都要有一定的权威这一中心论点，作者针对工人读者这一对象反复列举了他们所熟悉的三个论据：一是以棉纱厂为例，说明每道工序都要服从蒸汽机的指挥，蒸汽机就是权威；二是以铁路为例，要服从时间这个权威；三是航船，服从船长的权威。然后再引申到革命斗争，进而提出革命乃是天下最有权威的东西这一论点。论据和论点紧紧结合一起。由于论据具体形象，而且为工人们所切身感受，所以得出的论点不能不使人信服。

（三）论据和论点怎样统一

首先，要坚持实事求是的原则。“实事”就是全面掌握材料，“求是”就是从占有的大量材料中研究事物的内部联系，掌握其规律。坚持了这条原则才能使理论和实践结合起来，也才能使论据和论点的统一建立在科学的基础之上。

其次，正确处理好论据和论点的辩证关系。评论写作的过程可分为两个阶段：一是构思阶段，二是论述阶段。这两个阶段，在处理论据和论点的关系上是不相同的。写作前的构思阶段，这时对待材料和论点的正确态度是材料在先，论点在后，从充分的材料中引申出论点。这个阶段，材料越多越好。这样，形成论点的把握才越充分，也便于从众多的材料中筛选出最能说明论点的典型论据。因为，凡是正确的论点并非简单地来自论据，而是萌发于比论据更为广泛更为全面的第一性和第二性材料的综合分析和艰苦思考的基础之上的。因此，材料越充分越全面，所形成的论点才能更加准确、鲜明。然而，由构思阶段进入了论述阶段，作者要把论点告诉读者、说服读者，自然要举出相应的材料作为论据。这时，在处理论据和论点关系上已经不同于构思阶段。表现为论点已经处在统率地位，论点要统率论据，论据要为论点服务。因此，论据不在多而贵在精。作者所选用的论据应当是从已经占有的大量原始材料中精选出来的最能够说明论点的最典型最有说服力的材料；并且，力求置论据于论点的统率之下，寓论点于论据的分析之中，使论据和论点恰当地融合起来。

在写作过程中，一般容易犯这样的毛病：构思阶段，材料掌握不多，勉强凑成几个论据，就动手写评论；写作的时候，又把材料如数堆上。这样的评论，自然是论点不鲜明，论据不典型不充分，自己写着没劲，人家读了也提不起兴趣。正确的做法应当是，构思阶段，材料多多益善，以十当一；表述阶段，论据力求少而精，以一当十。如俗话所说："花香不在多"，"烂杏一斗，不如鲜桃一口"。实践表明，只要正确处理论据和论点在不同阶段的不同关系，评论的论据和论点就能够恰当地统一起来，使评论具有逻辑力和说服力。

二、虚与实统一

虚与实统一是评论论述的又一个原则和方法。在评论写作中，虚与实是对立的统一。虚，指理论、观点、政策、思想；实，指事实、实践、业务、材料。写评论，要和当前实际问题结合起来，力求虚实并举，善于务虚。

为什么说虚与实的统一是评论写作一个重要原则和要求呢？

新闻评论从宏观上看，可以归结为两大类。一类是务虚的，另一类是务实的。但是，实际上虚和实是对立的统一，两类评论尽管侧重点不同却都需要虚实结合。从本质上讲，虚与实统一就是现象和本质的结合，就是感性和理性的结合，就是政治与业务的结合，就是理论和实践的结合。虚与实的统一通常表现为两种形态：在论述具体的工作问题和业务问题时，不能就事论事，而要透过具体的业务问题，从党的方针政策和思想方法、工作作风的高度做出分析。而在论述理论政策性的问题时，则不能空泛议论，而要联系当前的工作实际和读者的思想实际，进行具体的分析和说明。

说理论述之所以要虚实统一，这是因为写评论既要反映事物具体的方面，更要揭示抽象的本质方面。离开了抽象的方面，光讲具体的方面，容易陷于就事论事的事务主义的泥坑；同时，离开了具体的方面，光讲抽象的方面，也会让人感到腾云驾雾，高深莫测。唯有将两方面有机地结合起来，见虚见实，虚实相融，文章才会有血有肉，才会产生思想性、指导性和可读性。

三、破与立统一

在新闻评论写作中，破与立总是辩证统一的。立，就是正面提出和论证自己的观点；破，就是反驳和纠正错误的观点。在一篇评论中，这两者常常是结合使用的。一方面，要说理总得破除一种观点，树立一种观点，而为了树立正确的观点，在其分析论证过程中，就得澄清与之有关的模糊观点，纠正与之有关的片面认识，反对与之相对立的错误思想；另方面，为了批驳和纠正错误观点，也需要阐述正确的见解和主张。我国著名政论家胡乔木在谈到写作评论的经验体会时，曾经语重心长地指出："写文章无非是要表明支持一些什么，反对一些什么，把矛盾展开在文章里，用正面的意见去批驳反面的意见。只有提出疑问，才能批驳。一篇文章，就是辩论，就应当设想是在同人辩论。这种辩论应当在逻辑上表现出来。文章平淡，就是没有反映出事物的全面——没有把事物的矛盾反映出来"①。这些经验之谈，正具体揭示了评论写作这条破立统一的重要原则和要求。

进而言之，就评论写作本身的规律来看，也需要破立结合。文章有了对立面，自然就要思想交锋，就要面对面地展开论辩和商榷，就要从正面提出充分的理由和论据，论述也能从事物的矛

---

① 《胡乔木文集》，第三卷，17页，北京，人民出版社，1994。

盾中层层展开，步步深入，从而增强评论的思想性和鲜明性，克服评论平铺直叙、使人乏味的不良状况。

至于破立统一的具体论述方式，不外乎这么两种：一是以正面立论的评论，则需立中寓破，即在阐述正面观点的同时指明与之对立的观点是什么，它错在哪里。二是以批驳和证伪为主的评论，则需破中有立，也就是在对不正确的言行进行批评、论辩、揭露的同时，还需指明正确的应当是什么，应当提倡什么，应当怎样去做。唯有掌握破与立统一的原则和方法，善于进行论辩，对于增强新闻评论的说服力和战斗性，是十分重要的。这里需要指出的是，当进行批驳和论辩时，为了获得预期效果，要遵循这些原则和要求：一是弄清矛盾的性质，是敌我性质的矛盾，还是人民内部矛盾，然后加以区别对待；二是划清是非界限，包括敌我界限、政治和学术的界限、现行政策和长远目标的界限，以防止产生或“左”或右的不良倾向；三是坚持摆事实、讲道理、以理服人的原则，切忌扣帽打棍和吓人战术。

四、严肃与生动统一

新闻评论作为一种论说性文体，它论述的对象多半涉及时事、政治、政策、路线，它的任务主要在于阐述政策、解惑示趋、引导舆论，它论述的道理思想性、理论性和政策性都比较强，它的思维方式和表述方式又常常偏重于逻辑思维，因此，它属于相对严肃的报章文体。作为严肃的文字很容易导致枯燥乏味，以至提不起读者的兴味。从这个意义上说，它在说理时特别要讲究生动形象，务求体现严肃的论题与生动风趣的表述的结合，体现逻辑思维与形象思维的结合，体现抽象的论述与具体形象的文字表现的结合。也就是说，严肃与生动统一，正是评论说理一项不容忽视的原则和要求。

那么，怎样才能使严肃与生动统一，使严肃的说理显得生动引人？

一是善于由事入理，使之事理相融。有个新闻性强的实体（指内含评价值较高的新鲜事实、典型论据、偏颇的见地）作为依托、由头、论据、铺垫、对比物，并在揭示事物的实际矛盾中提出和分析问题，符合读者的认识和思维规律，有助于引人入胜。

二是平易近人、情理并茂。平易近人、设身处地、言行一致，才能写出真切朴实生动感人之作。文品、文风是人品的集中体现。评论要写得平易近人、生动感人，首先要靠作者的艰辛劳动和真知灼见，要求作者具有科学的世界观和正确的价值观，虚心地深入实践，向实践学习，从人民群众的智慧和创造力中汲取营养。

三是逻辑思维和形象思维相互渗透，使思维的缜密性和形象性结合起来。

著名政论家胡乔木写评论十分注重逻辑思维和形象思维的结合。他曾经语重心长地谈及自己的心得体会："人的思维活动如果从根本上来分类，就有形象的思维和逻辑的思维。形象的思维是回忆、想象，逻辑的思维是判断、推理。艺术家靠形象的思维；科学家靠逻辑的思维。我们报纸工作人员不是艺术家，也不是科学家，不是写小说，也不是写科学论文，而是面对着广大的群众说话，写的是有关当前问题的评论，所以就要两样都有点——既要有形象的思维，又要有逻辑的思维；既要有抽象的说理，又要有具体的形象。"① 这话表明了这么一个观点，严肃的评论文体是可以写得生动的，办法之一即是要将抽象和具体、逻辑性和形象性结合起来，这可以说是增强新闻评论说服力和感染力的一条带有规律性的重要经验。相反，多年以来，报刊上不少

---

① 《胡乔木文集》，第三卷，19页，北京，人民出版社，1994。

评论所以严肃有余生动不足，原因之一就是将形象思维和逻辑思维人为地对立起来割裂开来，而有些论题严肃的评论之所以写得生动有味，其中一个重要原因也正是注重逻辑思维和形象思维的结合。试举一例。请看发表在1990年6月2日《解放军报》上的一篇题为《不要逼雏鸡下蛋》小言论的摘要：

谁都知道雏鸡不会下蛋，但在实际工作中却常有逼"雏鸡"下"蛋"的怪事。例如，一份文件刚刚下发，很快就催促下面汇报有关经验和体会；某个会议开过没几天，就忙着要下面上报贯彻的情况与成效等等。

贯彻落实上级指示，行动要快，这无疑是正确的。但任何事物的发展都有一个过程，人为地任意缩短进程是违背客观规律的。有些事还没有做或刚刚做，哪来那么多经验和成效？硬逼"雏鸡"下蛋的结果，便只有造假。

杜绝这类现象要从两方面努力：首先是上面不强逼，切实转变作风，深入下去，把主要功夫用在养"鸡"上，"鸡"养大了，"蛋"自然就会生出来；二是下面的同志遇到逼"雏鸡"下蛋的事儿，要实事求是，坚持原则，不弄虚作假。

在实际工作中，在领导机关中，乃至在新闻媒介的一些宣传报道中，的确存在着诸如上述的主观主义、形而上学的思想方法和工作作风，有些部门和单位类似问题还相当严重。殊不知，精神变物质需要有个转化的过程，没有过程哪来成果？大凡被逼出来的串串"成果"，只要认真查一查，难免多半是弄虚作假、自欺欺人的证据。然而这类蠢事却在生活中屡屡出现。报上也曾有过一些文章予以评点和申讨。可给人们留下深刻印象的却不多。上述短文，虽然不过三百字，读来却生动幽默，耐人寻味。作者运用形象思维与逻辑思维相结合的手法，通过联想，构思了一个形象幽默的比喻"逼雏鸡下蛋"，并进行了比喻论证，生动地表现了上述种种主观主义、形而上学思想方法和领导作风的反常和可笑，既强化了评析的褒贬效应，也有助于启动读者的联想力。

第二节　据事议理

道理、结论总是从客观事实当中、从实践经验当中引申和概括出来的。因此，要把道理说明白，容易让人接受，就得依靠具体的事实材料。

事实材料包括综合性新闻性事实、具有新闻性的典型事例、史实性材料以及知识性材料等。它们的共同要求，一是应当是客观存在的人和事，且具有一定的新闻价值；二是具有准确性和典型性；三是能够启发人们思考或引发人们兴趣。

据事议理，也就是人们常说的摆事实讲道理。这是新闻评论常用的一种说理方法。从事与理的关系而言，事实正是说理的依托、由头或论据，议理则是由事实的现象、感觉到本质、理性的开掘、分析、推理、引申和发挥。这种说理方法的好处在于理从事出，虚实结合，使评论文章增添理论色彩，避免空泛议论或就事论事。实践表明，事实和道理的有机结合，正是写作新闻评论也是评论说服力的一项基本原则、要求和方法。大凡两者结合得好，就有说服力；反之，两者结合不好甚至割裂开来，那就势必削弱以至丧失说服力。

据事议理的有效操作方法不外乎这样三种：依托式、输入式和夹糅式。

一、配合报道的依托式议理

配合新闻报道依托新闻事实进行说理论述，这是新闻评论常用的方法。这种方法就是依据新闻报道所提供的新闻事实作为现成的立论和说理的由头和论据，据此进行说理分析，讲清道理，从而深化报道思想，增强思想性和引导功能。

举例说吧。1994年8月18日《人民日报》发表了一篇小通讯，报道河南开封市西瓜市场产销两旺的良好势头。原来，该市、县的领导吸取了头年由于政府未重视市场管理而导致农民卖瓜难的沉痛教训，从中悟出了真谛。于是，他们当年对西瓜市场重新强化了“管”的手段，把帮助瓜农疏通购销渠道的工作做在西瓜上市之前，还加强了西瓜市场的建设和管理，有效解决了当年西瓜的销路问题。编者就此报道配写了言论《管与不管不一样》。结合开封市两年来在西瓜销售问题上的经验和教训，上升到理论的高度，有的放矢地进行点拨：

> 农民走向市场后，政府依然有许多该管、必须管的事情。发展起一片产业，并不等于有了市场；建起了市场，并不等于有了畅通的购销渠道；有了销路，并不等于就有好的市场秩序。所有这些环节，都需要我们政府部门运用各种手段，制定多种措施，建立起公正、公平、畅通的市场体系。开封西瓜市场的变化说明了政府管与不管大不一样。

通过以上就实论虚的启迪和引导，较为有成效地起到了深化报道的作用，起到了依托个别、引导一般的以点带面的社会效应。

二、输入新闻事例使之事理融合

这一操作方法的特点在于直接输入作者自己所见所闻的新闻性事实材料于新闻评论之中，并以此为由头和论据，从中引发议论，进而印证和说明论点。这种输入新闻性事例以达到事理结合的融合方法，在新闻小言论写作中尤为常见。以1991年1月4日《人民日报·今日谈》专栏小言论《精神上也要脱贫》为例。此文论题是强调农村社会主义精神文明建设的迫切性。文章起头就输入一则令人震惊的事实：

> 我们这里农村有个农家女身患重病，其母不去请医求药，而是请巫婆“问阴”。巫婆胡言是魔鬼附身，要用火将

魔鬼烧死。于是，由这位母亲动手，父亲帮忙，将高烧昏迷的亲生女儿，捆绑起来，放在火上烘烤，少女被活活烧死。

以这则骇人听闻的悲剧性事实为由头，就此水到渠成引发了如下议论：

> 一些农民在经济上脱贫致富后，精神上却没有相应地丰富和充实起来，甚至倒退了。像现在许多农村出现的建庙、修祠、算命卜卦、请神求医、重男轻女、买卖婚姻等等就是佐证。
>
> 这是一个严重的问题。我们决不能满足于“白米饭，木炭火，神仙不如我”的生活，陶醉于经济上脱贫致富，而忽视精神文明建设。
>
> 对广大农民群众进行社会主义教育，是现在农村迫在眉睫的重大课题。要大力弘扬社会主义的新思想、新道德、新风尚，采用多种方式组织农民群众学文化、学科学、学技术，用社会主义文化占领农村思想阵地，丰富农民的“精神仓库”。

全文缘事议理，理从事出，从而体现了事理融合，有理有力地提出了“精神上也需要脱贫”这一当今广大农村需要解决的迫切问题。

其实，这种方法也全然适用于其他形式的新闻评论。而且，实际上在中型甚至重型评论中，由于篇幅比小言论大，直接输入的新闻性事例和信息量也就可以依据说理的需要，比之小言论更多一些更广一些，论述的深度也自然易于得以加强了。也许，这正是增强重型评论可读性和说服力的有效途径之一。

三、夹叙夹议的事理糅合艺术

夹叙夹议是一种事理糅合的说理艺术。它是上述融合方法在实际操作中的延伸和多层次展现。换句话说，它不止在文章中完成一次性的融合使命就达到事理结合的目标，而是多层次地即在提出问题、分析和解决问题的全过程中体现出事理融合的要求。应该说，这种叙议糅合的艺术是一种难度较大颇有成效的说理论述方法。这种方法在新闻述评写作中尤为经常运用。

中央人民广播电台1996年5月28日播出的新闻述评《还是要讲人生观》是一篇获得普遍好评、引起广泛共鸣的广播评论。全文如下：

党的好干部孔繁森这样说：如果把自己当做珍珠，就会总是担心被埋没；如果把自己当做铺路的石子，心里就会永远踏实。这表现了孔繁森的人生态度，表明了他甘为人民事业做铺路石的人生观。人生观，是任何一个具有独立思维的人所无法回避的问题。面对生与死、公与私、苦与乐、荣与辱、得与失、美与丑、名与利、顺与逆种种人世间的矛盾，不同的人生观决定着不同的行为。重提人生观，是因为当今社会中一些贬低理想追求、妨碍社会进步的人生哲学在腐蚀着人们的灵魂，什么"今朝有酒今朝醉"、"人生如梦别认真"，什么人生苦短、"潇洒走一回"、"过把瘾就死"，什么"游戏人生"、"享受生命"、"管它虚度多少岁月"等等，在一些人群中广泛流行，而一个生机勃勃的社会每一刻离不了的是那些推动文明进步、推动社会前进的无私奉献者以及他们那种高尚的人生信条。

近来，徐虎这位水电工给我们每个人的心里送来了一份春天般的温暖，他从没有因为自己职位低、收入少抱怨社会，在他日复一日的服务中，他把自己的责任和贡献发挥到了极致，他的先进不仅在于周到服务，更在于一种提示，提示人们怎样度过人生才叫有价值。应该说，人的价值体现于个人对社会的责任、贡献和社会对个人的尊重。只有每个成员都为社会出一把力，社会才有足够的财富满足个人的需要。如果都来伸手要而不想尽义务，社会就将失去生存、延续的条件。在贡献和索取这对矛盾中，人生观起着主导作用。“上不愧党、下不愧民”，一心一意为人民寻找甘泉，是李国安选择的人生观，大漠热风，戈壁冷月传颂着他的业绩。“退休前捞一把”则是原无锡县政协副主席倪品良选择的人生观，他捞到了三十多万，也捞到了无期徒刑，他在最后陈述中说：“对金钱的追求，使我在思想上失去了控制，不开枪，不开炮，我的头脑换了旗号。”这就告诉人们，私欲一旦怀胎，生出的就是罪恶，名字只能钉在历史的耻辱柱上。“参加革命为什么，手中有权干什么，人生哲学是什么”，这些战争年代革命队伍中经常谈论的严肃话题，在今天似乎更有着紧迫的、振聋发聩的意义。江泽民同志由此再三告诫：“树立正确的世界观和人生观，无论过去、现在和将来，对于每一个干部和党员来说，都是首要问题。”

从根本上说，人生的价值不体现在个人拥有多少财富上。雷锋没有钱，它的名字却直接改变着多少人的人生态度。徐虎没有钱，但他送来的是金钱难买的人间真情，他说金钱买得了房屋，买不来家庭；金钱买得了药物，买不来健康；金钱买得了小人之心，买不来君子之志。

由于人生观不仅决定一个人怎么走，往哪儿走，而且会直接、间接地决定着社会的发展前景。因此，无论任何时候，都要讲人生观。愿我们每个人都堂堂正正地做一个大写的人！

显然，这篇述评的论题可谓迫切重要。精神文明建设的根本环节就是树立正确的人生观。在今天，重提要讲人生观，具有极强的现实意义和鲜明的针对性。就其说理特点而言，则突出表现在善于运用夹叙夹议的手法，并结合正反两方面的数则典型事例展开论述，体现了多方面多层次的事理糅合，使之在千字的文章里，论点鲜明，论据充分，层层递进，语言生动、通俗、平易，发人深思，令人信服。

由此可知，夹叙夹议，这个“叙”，指叙述和介绍新闻事实或新闻性素材；这个“议”，指对新闻事实发表评析、说理、议论。在写作时，恰当地运用夹糅的方式方法，将具体的事实和抽象的议论按文章逻辑的层次，通过叙议表达手段有机地联系和糅合起来，不仅让读者获知结论、了解众多的信息，还便于让读者明白结论是怎样引发出来的，又是怎样逐步深化的。看来，在叙事基础上生发议论，又在议论之中穿插叙事，有助于文章在阐明道理时有充足的依据，切实体现了材料与观点的结合，体现了感性与理性认识的统一。这样，易于为读者理解和接受，由此而产生积极的引导效应。

第三节 比较说理

比较是认识和说明事物的有效方法。比较说理，就是通过两种或两种以上事物的比较分析来论证论点，就是运用马克思列宁主义的辩证分析方法从事物的普遍联系、发展变化和对立统一中去正确理解和揭示事物本质的一种说理论述方法。

比较说理的具体方法有：纵横比较、对照比较和类比等。

一、纵横比较法

纵横比较法就是纵横联系和比较的分析方法，也就是从时间和空间上历史地全面地来认识客观现实，发现客观事物的内部联系的科学的分析方法。这种具体分析的科学方法，也就是革命伟人毛泽东于 1942 年在延安整风运动中提出的“古今中外”法，他还将这一方法具体运用于他的政论写作的实践中。为了提出和论述一个见解、一个论断，他常常从事物的历史发展过程、事物之间的相互关系、事物的内在基本特征和事物的当前具体情况来论证，从而指明问题的性质，给予解决的办法。

（一）纵向比较

即以事物发展的不同历史阶段的联系和比较，从而揭示事物所处的历史地位以及它的本质意义和发展趋势。

例如，毛泽东于1942年10月12日发表的为延安《解放日报》写的时评性社论《第二次世界大战的转折点》，成功地运用纵向比较的方法进行说理，不仅揭示了斯大林格勒之役的历史地位，而且指明了二次大战的发展趋势，见解精辟，高屋建瓴，给人以深刻的启迪。社论的结尾写道：

> 拿破仑的政治生命，终结于滑铁卢，而其决定点，则是在莫斯科的失败。希特勒今天正是走的拿破仑道路，斯大林格勒一役，是他的灭亡的决定点。
>
> 这一形势，将直接影响到远东。明年也将不是日本法西斯的吉利年头。它将一天一天感到头痛，直至向它的墓门跨进。

文章由昔日（1815年）拿破仑溃败于比利时的滑铁卢之役巧妙地联系到今日（1942年）希特勒败北于苏联斯大林格勒一役，在历史事件和历史人物同现实事件和现实人物的历史的比较和推理之中，不但深刻地显示了斯大林格勒战役的历史意义，而且还揭示了法西斯罪魁希特勒尽管猖獗于一时，终究难逃自取灭亡的必然下场。行文至此，作者的思绪立刻又由纵的比较推想到横的联系，由欧洲联想到亚洲，由德国希特勒联想到日本法西斯的前途，由苏联抗德的初捷联想到我国抗日的必胜前景。总之，读了这篇社论有助于消除人们的悲观情绪，增强在党的正确领导下抗日战争必胜的信念。

（二）横向比较

即以此事物与彼事物、个别事物与一般事物之间的比较。它是识别是非优劣、论证论点和揭露或分析现实事物之间的矛盾的一种有效的说理方法。

例如，《人民日报》社论《回答一个问题——翻两番为什么是能够实现的》（1982 年 10 月 18 日），在运用比较说理方法方面可谓颇具特色。为了论证党的十二大提出的奋斗目标：1981 年到 2000 年的 20 年间，以平均每年增产 7.2%的速度争取工农业总产值实现翻两番是有可能实现的，以鼓起人们的信心，消除人们的怀疑。社论不仅运用纵比的方法进行论证，同时还恰当地运用横向比较的方法进行具体分析论证。文中有这样一段：

> 再从国外的资料看，苏联社会产品总产值从 1956 年到 1975 年的 20 年间翻了两番，每年增长速度为 7.5%，苏联的经济发展速度被认为不是很快的。我们设想的速度低于苏联达到的速度。日本的经济发展速度被认为是比较快的，从 1957 年到 1970 年，只用了十多年的时间翻了两番，每年增长速度为 10.4%。后来由于受到世界资本主义经济危机的影响，速度下降。我们设想的速度也低于日本达到的速度。可见，我们的计划是以我国的实际情况出发的，不是什么"高指标"。

通过中外之间客观事实的这种横向比较论证，无疑有利于消除人们的思想疑虑，增强人们为实现这一光辉的奋斗目标而开拓奋进的信心和勇气。

在实践中，横向的比较经常和纵向比较相互结合起来运用，从而达到相辅而行、相得益彰的效果。

二、对照比较法

对照比较法是新闻评论写作中常用的行之有效的说理方法。恰当地运用它，有助于揭露矛盾，褒贬事物，明辨是非，开掘事理。

具体操作时，可将相反、相对的两种事物、两种人物、两种见解、两种做法或同一客观事物的相反、相对的两个方面放在一起进行论述，以形成是非得失的对照和高低优劣的反衬，进而在相互联系和比较中展开由表及里、有破有立的分析说理。它的优势和效能突出表现在显示赞誉价值，强化针砭效应，明辨是非利弊，增强说理论述的鲜明效应。

《人民日报》评论员文章《论言行一致》（1995年6月8日）正是从正反对照中展开说理论述的。现将此文摘要如下：

> 孔繁森同志最可贵的精神之一，就是言行一致。
>
> 他说："我是党的干部，服从组织安排。"他不仅这样说，而且全心全意、切切实实地这样做。1992年末，他第二次进藏即将结束，家中母亲年老，妻子生病，孩子在读书，回到家乡去，谁也不会说什么。可是当党组织希望他到环境更加艰苦的阿里地区任职时，他立刻毫不犹豫地到了阿里，而且尽最大努力带领群众开发建设阿里，直到牺牲在工作岗位上。他还说："每一个党员干部，都应当与群众同甘苦、共命运。"1994年初，阿里遭受罕见的暴风雪灾害。在零下二十多摄氏度的风雪中，孔繁森冒着自己要倒在雪原上的危险，把身上的毛衣毛裤脱下来，送给一位藏族老阿妈穿。
>
> 我们党之所以在群众中享有崇高威望，之所以能够领导全国各族人民取得革命和建设事业的伟大胜利，重要原因之一，就是言必信，行必果，言行一致，说到做到。群众对党的态度，评价党的干部，不是光听你怎么说，主要的还是看你怎么做。
>
> 然而，现在，就有少数领导干部言行不一。听他们讲话，看他们的文章，都是正确的，可是看看他们的行动，就不是那么回事了。有的人口头上说要与中央保持一致，而实

际上却采取实用主义态度，搞上有政策、下有对策那一套；有的人嘴上讲实事求是，实际上热衷于表面文章，虚报浮夸，弄虚作假，欺上瞒下；有的人口口声声全心全意为人民服务，当人民公仆，实际上却以权谋私，追逐个人名利地位，对群众疾苦漠不关心；有的人在台上讲反腐败，台下却挥霍公款，贪污受贿；有的人表面上赞成使用干部要任人唯贤，实际上却封官许愿，大搞任人唯亲，等等。有这些行为的人，虽然在干部中是少数，但在广大群众中造成了很坏的影响。他们败坏了党的优良作风，妨害了党的路线、方针、政策的贯彻落实，削弱了党的凝聚力。

言行不一，是党性不纯的表现，是尚未树立起正确的人生观、世界观。也正说明他们忘记了全心全意为人民服务的宗旨，或者只不过打着“为人民服务”的旗号，骗取信任、荣誉和地位，实际上经营私人的或小集团的利益。试问，这种说的是一套、做的是另一套，怎能带领广大干部群众实践党的基本理论和基本路线，担负起建设有中国特色社会主义的重担呢？但愿每一个领导干部，都以孔繁森同志为榜样，从世界观、人生观入手，寻根溯源，首先解决好在贯彻党的宗旨方面存在的问题，做一个“表里俱澄澈，心迹喜双清”的人，做一个永远忠诚于党和人民事业的人。

显然，此文贵在从正反对照中展开说理论述，在赞誉与针砭的结合上深化了论题。作为对比说理的方法，在一定意义上说，正是显示是非曲直的“鉴别剂”。高尚与卑鄙，勇敢与怯懦，正义与邪恶，为公与自私，孰美孰丑，在对照之中泾渭分明。为此，在赞誉先进或者针砭时弊时，倘若有意识地运用对比说理方法，就会有助于显示赞誉价值或者强化针砭效能，就会有助于明辨是非利弊，增强说理论述的鲜明效应，就会有助于促使人们的认识由事物的表层深入到本质，由感性认识升华到理性认识的更高境界。

三、类比的方法

类比和对比同属行之有效的说理论述的方法。不过，两者所要达到的目标和效能却有所不同。

类比，就是将有相似特点的事物放在一起比较，从而将它们的共同的实质突出而又机智地显示出来。如果说对比旨在将性质各异的客体放在一起对照，以形成是非得失的鲜明反差，侧重于求异，那么，类比则是重在对形式各异、性质类似的事物间的有机联系和分析比较，以显示其相似之处，侧重于求同。

列宁写过一篇短评《社会民主主义的宝贝儿》，就是用的类比分析方法。全文如下：

> 受到《解放》杂志欢迎的斯塔罗韦尔同志继续在新《火星报》上忏悔自己（因不理智）参加旧《火星报》的罪过。斯塔罗韦尔同志很像契诃夫的短篇小说《宝贝儿》中的女主人公。起初宝贝儿和一个戏院老板同居，她说：我和万尼其卡要上演严肃的戏剧。后来她和一个木材商人同居，她说：我和华西其卡对木材税这样高感到气愤。最后她和一个兽医同居，她说：我和科利其卡要给马匹治病。斯塔罗韦尔同志也是这样。“我和列宁”责骂过马尔丁诺夫。“我和马尔丁诺夫”在责骂列宁。可爱的社会民主主义的宝贝儿呀！明天你又将投入谁人的怀抱呢？①

列宁于文中所揭露的斯塔罗韦尔（原名波特列索夫）曾任《火星报》负责人之一。他原是合法马克思主义者，后来和革命的马克思主义者有了联系，参加了《火星报》工作。可是后来又倒向了反对列宁的孟什维克一派（即新《火星报》这一派），并

---

① 《列宁全集》中文2版，第11卷，283页，北京，人民出版社，1985。

且为自己支持过列宁而表示遗憾。列宁在文中用类比的方法幽默地嘲讽了他在政治上出尔反尔的动摇性和投机性。而与之类比的人物恰恰是俄国人民所熟悉的文学作品中的典型形象，即契诃夫著名短篇小说《宝贝儿》中的女主人公奥莲卡。列宁以奥莲卡类比斯塔罗韦尔，以文学形象类比现实生活中的机会主义者，不仅形象地显示了斯塔罗韦尔的出尔反尔丧失原则的可卑行径，而且暗示其最终必然逃脱不了奥莲卡式的命运：举目无亲，被生活所遗弃，以此促其猛醒。

由此可知，类比是一种启发人们进行积极思维和逻辑推理迅速做出判断的说理方法。用于论辩中则是一种有效的揭露方法。它把两个形式不同但本质有相似之点的对象恰当地加以联系比较和分析推理，便于引起人们的联想和推断，从而认识其本质。

当然，类比评析的效应，不仅突出表现在揭示事物的实质，而且，还表现于发挥激励与鼓动效能。人们读毛泽东的政论名篇《愚公移山》，为什么会从中获取无穷的激励和感染的力量呢？其原因之一，也正是因为文中充分启动了类比的激励机制和鼓动效能。文章首先叙述了古代的寓言故事“愚公移山”。随即以愚公决心移山的艰巨目标、坚强毅力和决心作为类比实体，面对当时中国人民正面临的艰巨而又光荣的革命任务作了出奇制胜的类比联想和发挥。

文章在类比之中展开了驰骋自如的联想和发挥，形象而又深刻地指出了中国革命的伟大目标，坚定不移地表达了中国革命的必胜信念。

第四节　论辩明理

论辩明理就是通过论辩和批驳，在辨明是非的基础上讲述道理的一种说理方法。写批驳性的评论文章，自然要展开论辩。即使写正面立论性的评论也往往离不开论辩。正如毛泽东所说："既有问题，你总得赞成一方面，反对另一方面，你就得把问题提出来。"① 这就是说，为了树立正确的观点，在其分析论证的过程中，就得澄清与之有关的模糊观点，纠正与之有关的片面认识，批驳与之有关的错误见解。再说，就评论写作本身的规律来看，也需要论辩。文章有了对立面，自然就要思想交锋，就要面对面地展开论辩和商榷，就要从正面提出充分的理由和论据，论述也就能从事物的矛盾中层层展开，步步深入，有起有伏，善破善立，从而增强评论的思想性和鲜明性。

一、怎样进行论辩明理

（一）敢于和善于进行思想交锋

仅以《光明日报》一篇曾经产生重大政治影响的特约评论员文章《实践是检验真理的唯一标准》（1978 年 7 月 11 日）为例，作些具体分析。

此文论证了一个马克思主义的重要论断：实践是检验真理的唯一标准。这本来是马克思主义的普通常识，为什么还要对此大做文章，并且能够产生重大的影响呢？主要原因在于它的立论直接针对"两个凡是"的形而上学的指导思想。具有这种思想的"大人物"认为检验真理的唯一标准是上了经典著作或中央文件的理论和条条。凡是本本上说的就得照办，即使已被实践证明是错了的，也要坚决执行。这种似是而非的形而上学观点，由于见诸党报社论，一时间迷惑了不少人。这篇评论的可贵之处正在于敏锐而又坚定地面对这一错误的指导思想，敢于和善于交锋，进行分析说理，坚持了辩证唯物主义的基本原则。

评论明确指出，思想、理论是存在的反映。作为检验真理的

① 《毛泽东选集》，2 版，第 3 卷，839 页，北京，人民出版社，1991。

标准，不能到理论领域去寻找，思想、理论本身不能成为检验自身是否符合客观实际的标准。

评论的另一个特点，表现在论证过程中，能够运用典型事例来说明问题，特别是以革命导师自身坚持以实践检验自己理论是否正确的事例进行具体说明，更使立论具有无可辩驳的说服力。

例证之一：马克思恩格斯在1848年写的《共产党宣言》一书中第一章的第一句是“到目前为止的一切社会的历史都是阶级斗争的历史”。但在“宣言”发表以后，人们对社会的史前史的研究有了新的认识、新的结果，特别是摩尔根的调查研究证明：在阶级社会以前，有一个很长的无阶级社会，即原始共产主义社会。阶级只是社会发展到一定历史阶段的产物，并非从来就有的。为此，恩格斯后来对“宣言”的第一段话作了必要的修改。他在1888年写的“宣言”英文版上加了一条注释：“确切地说，这是指有文字记载的历史。”

例证之二：再以毛泽东著作为例。毛泽东总是要求用革命实践来检验自己提出的理论和观点。例如，他在1955年编了一本《中国农村的社会主义高潮》一书，当时，写了104篇按语，其中包含着这么一个观点，认为1955年是社会主义与资本主义决战取得基本胜利的一年。1958年在重印一部分按语时特地写了一个说明，指出上述说法不妥，应当说1955年是在生产关系所有制方面取得基本胜利的一年，在生产关系的其他方面以及上层建筑的某些方面即思想路线方面和政治战线方面，则或者还没有基本胜利，或者还没有完全胜利，还有待于尔后的努力。

这些例证比较有说服力地说明了实践的观点是认识论的首要的基本的观点。马克思主义的基本原理必须坚持，不能动摇。但是，马克思主义的某些结论、某些论断，却是要在实践中不断加以补充、修改和发展的。在事实面前，认为马克思主义本身是检验真理的标准的说法，凡是上了书的都不能修改的说法，不得不陷入自相矛盾的境地。可见，破立结合、有理有据地针对偏颇或错误的思想和论点展开思想交锋，就能给予人们以新的思想启发。

进行思想交锋，在具体操作时，不外乎这样三种方法：

一是通篇围绕一个思想靶子进行全面的说理交锋，诚如上例所示。

二是在文章的必要处，为了强调某一论点，有意识地用泛指和设问的方式亮出一个思想靶子，由正面论述转入思想交锋，通过说理交锋得出正确结论。

三是全文连续陈疑设靶，又连连交锋进而体现释疑解惑、澄清是非的效果，这种边破边立、又破又立多回合进行思想交锋，犹如波澜起伏，一波刚平，一波又起，在起伏破立之间澄清了种种片面认识，正确的思想和态度也就在交锋中树立起来了。

（二）辨正的方法

对片面的或偏颇的观点进行质疑、商榷并提出不同的观点与之论辩交锋，旨在辨别是非曲直，纠正谬误之见，这种论辩方法称为辨正。在人民内部，对待偏颇或错误的见解采取辨正的方法，心平气和地开展论辩，往往容易被人们所接受。

近几年来，在影视的误导下，社会上广泛流传着诸如“爱你没商量”、“过把瘾就死”、“何不游戏人生”一类似是而非的谬误之语，搞乱了人们特别是青少年的思想。《羊城晚报》于1994年11月17日发表的评论《新流行语反弹曲》，对此提出了质疑、商榷。文章对“爱你没商量”一语是这样质疑的：

> 人都有爱别人的权利，这似乎确是“没商量”的事儿；但别人也有拒绝接受你求爱和示爱的权利，这也是天经地义、“没商量”的事儿。“捆绑不成夫妻”，捆绑何成恩爱？强扭的瓜儿哪会甜？因此在示爱、求爱之前，决不能不同别人作些“商量”，看看人家是否愿意接受。这其实也是现代

文明社会的一个产物，一种现代人的标准。须知：一厢情愿不是爱。强迫别人接受也不是爱。爱，是需要“商量”的！

文中继而对“过把瘾就死”一语作了这样的质疑辨正：

关键在于，是过把什么“瘾”就死?！正派、正当的欲望一般不叫着“瘾”，它们也不具备“瘾”的成分。你更犯不着为此去“死”。“瘾”字从“病”旁，表明这是指一种病态，非良性的中枢神经刺激而形成的一种不良习惯和爱好，譬如赌瘾、毒瘾、烟瘾，还有贪瘾、色瘾、官瘾，甚至杀人狂、虐待狂以及受虐狂的“瘾”等等——只有这些“瘾”才会引人致“死”的，你究竟要过把上述诸“瘾”中的什么“瘾”就死呢?！岂不令人深深为之担忧么！

通过质疑论辩，辨正说理指明了错谬之所在，拨开了人们思想的阴霾，澄清了模糊观念，拨正了舆论的导向，使人是非明辨，顿开茅塞。

（三）批驳的方法

批驳，指的是通过正面提出理由或根据进行辩论和批驳进而否定对方的错误见解。行之有效的批驳，总是不止于简单地否定对方的荒谬之见，更不是靠强词夺理、扣帽打棍来压倒对方，而是力求破立结合，以理服人，做到在巧驳谬论中机智说理。批驳的方法多种多样，不拘一格。下面列举几种。

1. 以客观事实批驳对方论点，以正视听

近几年来，日本不时出现种种企图抹煞日本侵略事实、替军国主义辩护的言论。自民党内甚至有人把桥本龙太郎参拜靖国神社看成是“理所当然之举”，是所谓将此事“纳入正常轨道”的第一步。1996 年 7 月 29 日桥本公然以“内阁总理大臣”的身份参拜了靖国神社，极大地伤害了曾经遭受日本军国主义铁蹄蹂躏的亚洲国家人民的感情，随之也遭到了亚洲各国舆论的强烈谴责。面对这种情况，桥本不仅没有反省之意，反而说什么亚洲国家没有考虑他的“个人感情”，并辩解说他的参拜是出自对战争期间死者包括他的堂兄弟的悼念，企图为自己开脱。对此，新华社记者达君于8月1日发表了一篇题为《驳日本首相的“个人感情”论》的新闻评论，予以批驳：

作为一个日本人，桥本不会不知道，靖国神社除供奉着他的堂兄弟等人的牌位外，同时还供奉着欠有亚洲各国人民累累血债的东条英机等14名甲级战犯的牌位，陈列着为侵略战争而死去的所谓“英灵”们的“辉煌战绩”；那里每年的8月15日都上演否认日本侵略历史、为东条英机等战犯喊冤叫屈的丑剧。80年代中期，中曾根康弘因公开以首相身份参拜而遭到亚洲各国人民的严厉谴责。靖国神社问题已成为日本与亚洲各国关系中的一个非常敏感的政治问题。

作为一位日本首相，桥本不会不知道国家关系与他的狭隘的“个人感情”两者的分量……

以桥本在靖国神社参拜后签上其身份“内阁总理大臣”来看，他是深知此举“意义”的，是经过深思熟虑的。这一行动及其事后的种种辩解很容易使人感到：今天的日本自恃经济大国地位，而愈来愈无视自己的侵略历史和别国人民的感情。

俗话说，事实胜于雄辩。这篇评论立足政治，开掘本质，用对方否定不了的事实揭露和批驳其为自己开脱的虚伪之词，显得格外有说服力。

2. 釜底抽薪，揭露对方论据的虚伪性

论据是论点的依据即印证论点的材料。虚假的论据必然得出谬误的论点。通过揭露论据的虚假，如同釜底抽薪，自然也就驳倒了对方赖以成立的论点。

例如，《人民日报》曾经发表一篇题为《偏见在发臭——斥詹姆斯·肯尼森》（1982年10月15日）的国际评论。此文是批驳一个所谓美国作家对我国的污蔑的。詹姆斯·肯尼森在三年多以前，在美国飘泊无依，言词恳切地向我国提出来华工作的申请，终于被安排在郑州大学任教。学校为他提供了最好的生活条件和工作、写作条件，又从优给予报酬。可是，三年后他回到美国，竟然写出了谩骂和攻击新中国的文章《中国在发臭》，刊登在颇有名气的《哈泼斯》杂志上，受到了美国某些人的喝彩，梦寐以求的作家的桂冠终于到手了。为了哗众取宠，以达到卑鄙的目的，肯尼森在文章中已经不只是虚构或误解，而是造谣和无中生有的诽谤。事例连篇累牍，如说什么中国“学生的口粮就是白米饭泡开水，什么菜也没有”呀，什么“几乎每个人都很畏惧星期五下午，因为这是政治学习的时间”呀……面对这些杜撰和诽谤，评论没有逐一加以驳斥，而是巧妙地加以否定：“中国有句名言，百闻不如一见。我们欢迎任何美国读者来郑州，来郑州大学看看。看看我们的校园是不是肯尼森先生描绘的那种凄惨的样子，看看我们的大学生吃的是什么样的饭菜，看看我们的青年人是如何参加文明礼貌活动、如何热心为人民服务，看看我们的教员和学生是不是像肯尼森先生编造的那样畏惧每个星期五下午……事实会戳穿肯尼森先生的谎言，事实也会证明肯尼森先生缺乏一个正派的作家的起码的道德和人格。”把对方的论据加以否定，也就推翻了所谓“中国在发臭”这一谬误的论点。在此基础上，文章进而作了有力的反击：“肯尼森先生为了满足自己的贪欲，不惜污辱我们来适应某种反华势力的需要，不惜玷污自己的人格和良心，这就说明，正在发臭的不是我国，不是我们，恰恰是他自己。”评论心平气和，有理有力，读后令人称快。

3. 主动进击，就本质进行论辩

面对论敌别有用心地混淆视听的情况，在批驳时，我们还应在运用事实批驳谬论的基础上，主动进击，步步紧逼，“刨根”究底，进而揭示其制造谬论的真实用心及其本质，以体现论辩说理的机智性和战斗力。1993 年 2 月 16 日见报的新华社记者述评《“中国威胁”论的背后》，正是这样做的。

述评首先直截了当地端出西方炮制的“中国威胁”论：最近一个时期，西方有人蓄意散布“中国威胁”论。他们渲染中国的国防建设，危言耸听，宣称这是“危险的”，“似乎超出了防卫能力”，等等。此类奇谈怪论，是毫无事实根据的。然后用事实予以有力反驳：中国目前的国防开支大约每年 55 亿美元，在各大国中是最低的；人均 5 美元，更属于世界上人均数最低国之列。中国军队的武器装备也是最低限度的，只为防卫的需要。中国在国外没有任何军事基地，也没有派一兵一卒占领别国领土。至此，足已证明“中国威胁”论纯属无稽之谈。然而，这只是被动的还击，还不足以克敌制胜。这篇新闻述评好在并未就此却步，而是继续主动进击，“刨根”究底，揭示对方此时此刻抛出无中生有的“中国威胁”论的不可告人的险恶用心：

一是为向中国施加压力和干涉中国内政制造舆论。中国近几年政治稳定，经济发展，国际地位提高，他们就觉得老大不自在。中华民族振兴，中国早日实现统一，更是他们不愿看到的事。因此，他们就散布“中国威胁”、“中国要填补真空”等谬论，主张对中国进行“遏制”。最近，一些西方大国不顾中国一再警告而向台湾出售先进武器，在香港问题上制造麻烦，看来都不是孤立的事件。

二是旨在挑拨中国同周边国家的关系。当前，世界仍然动荡不安，唯独亚太地区经济迅速发展，政治形势比较稳定。作为亚太地区重要一员的中国，把同周边国家建立和发展睦邻友好关系作为自己外交工作的重点。1992 年，有 15 个周边国家的元首和政府首脑应邀先后访华。中国同周边国家的政治、经贸、文化关系日益密切。这也促进了亚太地区的稳定和发展。看来，这不符合西方某些人的心意。于是，他们就散布说，中国强大起来，必然要“扩张”、“威胁”亚太国家。

鉴于此文着力于揭露制造“中国威胁”论者的背后的险恶用心及其不可告人的政治图谋，就其本质进行论辩，正击中了对方的痛处，使其哑口无言，显示了论辩说理的机智性和战斗性。

4. 妙用归谬的逻辑方法，机智地批驳谬说

这是一种间接反驳论点的逻辑方法和说理方法。先假定对方论点是正确的，然后经过推理引申，得出不合情理的结论，将对方逼进自相矛盾的境地，以此证明对方的论点是站不住脚的，使其不攻自破。

例如，由于重男轻女的封建传统影响，在某些农村出现了一些怪现象，如果母亲生了女孩，不但女孩有被溺弃的危险，就是生母也会遭到各种虐待。其“理由”之一却是“女的不能传宗接代”。《人民日报·今日谈》专栏为此发表过一篇题为《如果所有的母亲都生男孩》的小言论。文章巧用归谬法进行批驳：姑不论生男生女本来决定于夫妇双方，如果不该生女孩，生了也不该养活，于是怎么样呢？唯一的结果就是所有的家庭都得“断子绝孙”。因为任何人都知道，男人和男人不能结婚，也不能生孩子。所以溺弃女婴和逼得生女婴的母亲走投无路，才真正会使家家户户都不能传宗接代。而要做到家家传宗接代，只有一个办法，就是要使出生并且长大的女孩，同出生并且长大的男孩，数目大致相等。就是生出的孩子中男孩多女孩少也不行。比如男孩与女孩是二比一之比，那就有一半男人找不到女人结婚。

文章通过假定的方法进行推理引申，使谬误的严重性不断显现和扩大，并使对方陷入窘境。整个批驳过程，显得机智有力，发人深思。

二、论辩的基本原则和要求

（一）摆事实，讲道理，以理服人

论辩贵在说理，用正确的道理驳倒错误的道理，或者说在批驳错谬的过程中，正确的道理才能深入人心。因此，绝不能将论辩同粗暴划等号，更不能同“十年内乱”中流毒全国的“大批判”划等号。

“大批判”的本质特征是强词夺理，断章取义，无限上纲，以势压人。至于论辩或曰论战，跟“大批判”全然是两回事。在论辩中，在任何情况下都要摆事实，讲道理，就本质进行论战，坚持以理服人，而不宜采取吓人战术。因为，用事实本身的逻辑进行论战最有说服力。即使对敌论战，固然是为了揭露和打击敌人，但同时也是为了通过揭露和批驳，澄清是非，达到团结朋友、教育人民的目的。所以，鲁迅历来反对用谩骂代替论辩，他认为“辱骂和恐吓决不是战斗”。毛泽东在 1942 年所作的《反对党八股》的讲演中，也曾经语重心长地说过：无论对什么人，装腔作势借以吓人的方法，都是要不得的。因为这种吓人战术，对敌人是毫无用处，对同志只有损害。这种吓人战术，是剥削阶级以及流氓无产者所惯用的手段，无产阶级不需要这类手段。无产阶级的最尖锐最有效的武器只有一个，那就是严肃的战斗的科学态度。共产党人不靠吓人吃饭，而是靠马克思列宁主义的真理吃饭，靠实事求是吃饭，靠科学吃饭。重温这段五十多年前讲过的话，仍然有着深刻的现实意义。

（二）严格区分矛盾的性质，实事求是地区别对待

矛盾的性质基本上分为两类，一是敌我性质的矛盾，二是人民内部矛盾。

敌我性质的矛盾，基于敌对阶级之间的利害冲突，这就决定了必须采取针锋相对、有理有据地进行斗争的方针，用揭露、孤立和分化的方法戳穿其阴谋，批驳其错误言行，以澄清是非，伸张正义。

对于人民内部矛盾，鉴于大多属于 认识问题、思想问题、思想方法、工作作风以及生活作风方面的问题，因此，进行论辩时，必须考虑到有利于党的政策的贯彻和实际工作的开展，有利于人民内部的团结，有利于对方的思想转变。这就决定了必须本着与人为善、治病救人的态度，遵循“团结——批评——团结”的原则，运用说服教育的方法。

（三）划清政策界限，防止“左”的（或右的）错误思想的影响

总结以往的历史经验和教训，在开展论辩或批判时，务必实事求是地分清矛盾的性质，划清政策界限：包括敌和我的界限、政治和学术的界限、合法和非法的界限、现行的政策和远大目标的界限，防止“左”的和右的尤其是“左”的错误思想及其流毒的影响。特别在政治和学术的问题上更是长期存在着界限不分、是非混淆的情况，其流毒所至，严重影响了党的“百花齐放，百家争鸣”的正确方针的贯彻落实，束缚了学术、理论、文化、教育事业的正常发展。人们还记得50年代中期对所谓“胡风反革命集团”文艺纲领的批判。文艺理论家、诗人、早年投身进步文艺运动的胡风于1954年给党中央写了30万言的《关于几年来文艺实践情况的报告》。这本来完全是正常的合理的行动，可是却遭到了急风暴雨似的批判，甚至还定了反革命罪。正如中央有关领导同志在1986年1月15日举行的胡风同志追悼会上所指出的：对于他的意见是完全可以和应该在正常的条件下由文艺界进行自由讨论的，但是当时却把他的文艺思想问题夸大为政治问题，进而把他作为敌对分子处理，这是完全错误的。

（四）原则的坚定性和策略的灵活性相结合

对待不符合党的四项基本原则的错误言行，对待危害革命事业的反动的思潮，理应进行论辩和批判，坚持原则的坚定性，决不能无原则地迁就妥协。至于在策略和方法上，则要从实际出发讲究一定的灵活性，讲究论战艺术，讲究实际效果，力求使原则的坚定性和策略的灵活性结合起来。

第五节 算账示理

数据是一种确凿有力能体现事实总和的论据。在新闻评论的说理论证过程中，恰当地运用数据以印证或引发论点，能帮助我们避免和克服空泛无力的说教，有助于增强文章持论的鲜明性和信服力。

当然，有了数据，只是具备了写作评论的一种物质基础，更为重要的是善于运用数据巧妙地进行算账示理，使乏味的数据变成有味的东西，让抽象的道理显得生动形象。

那么，究竟怎样运用数据来进行算账示理呢？

算账示理的方法是多样的。在实际操作中行之有效的方法不外乎统计算账、对比算账、推演算账和折合算账等，可按实际需要灵活运用，使论证缜密有力，让抽象道理生动引人。

一、统计算账

例如，《文汇报》有篇小言论批评北京餐馆的食客浪费严重，文中引用了一个统计数字：北京市有关部门进行了一次统计，全市大小餐馆每天倒掉的残羹剩汁计价值总共是800万元左右，一年是近30亿元！每人每天浪费一点看似小事，可将全市大小餐馆的残羹剩汁合计起来则成了一笔可观的财富。将一天的浪费扩展到一年，更是由小见大，得出了一个近30亿元的惊人数字。

二、对比算账

无产阶级革命导师列宁曾经为俄国报刊写过大量的新闻评论。他擅长运用对比算账方法进行说理。发表在1912年8月8日《真理报》的短论《俄国工人的工资和资本家的利润》，就是一篇算账示理的力作。文章主要部分如下：

根据1908年官方已经公布的仅有的初步资料，在俄国一共有将近2万个工厂。男女工人的总数是225万人。所有这些工人的工资总额是五亿多卢布。要想知道每个工人的年平均工资，就要用工人总数去除工资总额，结果得出的数字是246卢布。

然后再来看看资本家得了多少利润。要得出利润的数字，就要从生产总额即从所有工厂的进款总额中减去资本家的全部支出。生产总额超过45亿卢布，资本家的全部支出是40亿卢布。这就是说，资本家的利润是5亿卢布。平均每个工厂的利润是285000卢布。每个工人平均一年为资本家赚得252卢布的利润。

现在，我们再把工人的工资和资本家的利润比较一下。每个工人一年创造的全部新价值是498卢布。其中，每个工人平均一年领到工资246卢布，而给资本家一年赚得的利润是252卢布。

由此可见，工人为自己工作的时间不到半天，而半天多的时间是在为资本家工作。假定一个工作日平均为11小时，那么工人得到的就只相当于5个半小时，甚至还不到5个半小时的报酬。其余的5个半小时，工人就白白劳动，得不到任何报酬，工人在这半天生产的全部产品就都变成了资本家的利润。①

列宁在文中采用对比算账的分析方法，巧妙地由表及里、由现象深入到事物的本质。先计算工人的工资现状，再计算资本家利润的情况，然后加以对照比较，就不难看到："每个工人平均

---

① 《列宁全集》，中文2版，第22卷，26、27页，北京，人民出版社出版，1984。

一年领到工资246卢布，而给资本家一年赚得的利润是252卢布”。短评进而得出结论：“工人为自己工作的时间不到半天，而半天多的时间是在为资本家工作。”“工人在这半天生产的全部产品就都变成了资本家的利润。”就这样，资本家残酷剥削工人创造的剩余价值的实质和秘密被深入浅出地揭示出来了。

三、推演算账

这是一种通过推理和引申演算，进行算账示理的论证方法。

譬如要说明节约用水的意义。如果只是一味讲人所共知的常理往往难以引人警觉。如果善于运用知识性材料或运用数据加以算账分析，效果就不一样了。据测试，一个自来水龙头，假如没有拧紧，小漏一分钟浪费水大约7.9千克，一天合11吨；中漏一分钟浪费水大约22千克，一天合31吨。水是人们生活须臾不能离开的物质，是工农业生产的命脉。据有关部门统计，一吨水可供织布215米，或制化肥250千克。那么，一个中漏的自来水龙头，它一天所浪费的水量等于使国家减少织布6815米，或者减产化肥15850千克。如果人人都大手大脚，随意浪费用水，长此以往，其损失将会无法算计，将会严重拖住现代化建设的后腿。通过推演算账有助于克服空泛议论，由小见大，使人由微不足道的印象产生大吃一惊的感觉，进而从思想上引起重视，增强了说服力。

运用推演算账，还有助于体现见微知著、就实务虚的说理效果。《经济参考》报曾发表过一篇评论员文章《鹊桥的造价》(1984年10月21日)。文中奇趣地将两地分居的夫妻一年探亲一次比喻为牛郎织女的鹊桥相会。将探亲的一笔巨大花费比喻为鹊桥的造价，进而从宏观上减轻国家经济负担的新角度提出要尽快妥善解决职工的两地分居这一社会难题。文中指出：

夫妻长期分居，不仅给双方带来诸多不便，而且，从宏观的角度看，也给我们国家造成巨大的经济负担，成为一个社会性的难题。空口无凭，我们不妨来算这样一笔账：据估计，目前全国的厂矿企业单位大约有600万对分居两地的夫妻。那么，每年至少有600万个“牛郎”（或“织女”）探亲一次。如果以每次平均报销旅差费120元、探亲期间少创造产值200元、但仍支付工资70元计算，国家每年将为此支出（或少收入）23亿元。这些数字显然是不够精确的，但从中至少可以看出，这条“鹊桥”的造价是何等的昂贵！

此外，600万“牛郎”还将挤满5万节车厢（以每节车厢定员120人计算），他们下火车后，又将使10万辆长途汽车或公共汽车、电车（均以每辆定员60人计算）满载。这样，就给本来很紧张的交通运输增加了巨大的负担。

因此，解决职工夫妻分居问题，不仅具有重要的社会意义，而且具有现实的经济意义。

将精当的、典型的数据进行推演算账，以替代一般化的叙述和议论是此文的一个重要特色。文中从夫妻分居造成的国家资财耗费和带来的交通运输紧张，进行精细的推演算账。于是，几个简单的数据，便说明了一个重要的社会问题。夫妻分居不仅给个人造成思想、精神的痛楚，也给国家带来巨大的经济消耗。读后，不能不令人深思！

四、折合算账

大庆在36年艰苦创业的发展历程中，涌现了许多“铁人”式的英雄人物，而两位“王铁人”——王进喜和王启民，则是其中的优秀代表。由于时代条件所限，王进喜未曾掌握现代科学技术，装运设备靠人拉肩扛，制服井喷靠人跳进寒冷刺骨的泥浆搅拌，这种革命加拼命的“铁人精神”，鼓舞和教育了一代人。王启民则以“铁人精神”带领科技人员刻苦钻研，使进入开发后期的大庆油田“一变三”。那么，这“一变三”究竟具有什么意义呢?《人民日报·人民论坛》专栏1997年7月28日发表的《做人要有“三股气”》一文曾做过如下分析：“王启民的一项科研成果直接经济效益就高达两千多亿元，如果把它物化为桑塔纳轿车，可以一辆接一辆从大庆排到海南。这是现代科技的丰硕成果，更是‘铁人精神’的伟大威力”。这里，将两千多亿元折合物化为可以从大庆排列到海南的桑塔纳轿车总量的总价值。显然，在折合算账之中也一并增强了说理的知识性和形象感。

由此可知，所谓折合算账，就是把一个事物的量用另一个事物的量来表示，旨在将抽象的数字折合成有形的、人们比较熟悉的东西，从而缩小数字与读者的距离。一个看来绝对值很小的东西，或者看来枯燥乏味的数字，通过折合推算的说理分析，就能化虚为实，化平为奇，进而使读者消释麻木的心理，而从思想上引起重视和警觉。

思考与练习

1. 为什么在说理时要力求虚与实的统一?
2. 在新闻评论中怎样使严肃与生动统一起来?
3. 简述据事议理的方式方法。
4. 对照论述的效用体现在哪?
5. 论辩说理何以要坚持以理服人?
6. 算账说理有哪些实用方法?
7. 选择一篇报刊新闻评论，着重分析它的说理特点。

第六章　新闻评论的语言与文风

文风是一种社会现象，是时代面貌和社会风气在文章中的反映。对作者来说，文风也是一个人的立场、观点、写作态度和思想作风的反映。所以，我们在谈到文风问题的时候，总是把它同学风、党风问题联系在一起。文风要通过语言文字表现出来，但它又不局限于语言表达和文字技巧的问题。在这一章里，主要是讲新闻评论写作中语言文字的运用问题，包括辞章修养的问题，也包括评论的文风问题。

新闻评论的写作也可以说是说理的艺术，除了思想内容要正确，说理方式和语言的运用还要讲究辞章，要写得有文采。古人写文章很注意文采。孔子说："言之无文，行而不远。"① 意思是文章如果不能用优美的语言来表达，就不可能流传得久远。他还说过："辞达而已矣。"②于是有人就认为，文章写得词能达意就行了，何必要什么文采呢。苏东坡不同意这种看法，他在《答谢民师书》一文中说："夫言止于达意，即疑若不文，是大不然。求物之妙，如系风捕影，能使是物了然于心者，盖千万人而不一遇也，而况能使了然于口与手者乎？是之谓辞达。辞至于能达，则文不可胜用矣。"③ 他的意思是说，以辞达意并不容易。要对客观事物的奥妙"了然于心"，就像捕风捉影一样的难，如果再

---

① 《左传·襄公二十五年》

② 《论语·卫灵公篇》第十五

③ 《唐宋八大家选注》，下册，142 页，太原，山西人民出版社，1986。

要“了然于口与手”，用语言文字恰当地表达出来，就更不容易了。所以，真要做到辞能达意，文采也就够用了。我国近代著名报刊政论家梁启超，曾以他许多“笔锋常带感情”的政论名噪一时。他主张写文章要做到“耐驳”和“动听”。所谓“耐驳”就是内容要正确，别人驳不倒；“动听”就是文章要写得有文采，读者爱看，读起来人家也爱听。这些道理，都是为了使文章能更好地发挥作用，我们写新闻评论，也可以从中得到启迪。

马克思、恩格斯、列宁、毛泽东等中外著名的无产阶级革命家，同时也是杰出的政论家，政论活动是他们整个革命生涯的有机组成部分。他们的政论具有博大精深的思想和对现实问题具体独到的分析，同时在说理方法上深入浅出、生动形象、富有文采。这些政论开创了一代马克思列宁主义的革命文风，也给我们提供了政论写作的典范。我们时代的文风应当是马克思列宁主义文风的继承和发展。根据新闻评论的特点，在语言和文风上应当着重从以下几方面努力学习和实践。

第一节　平易近人　深入浅出

深入浅出就是要把深刻的思想内容和平易通俗的论述结合起来。新闻评论主要是讲道理的，道理要讲得正确，讲得深刻，使读者从中得到启发和教益；同时，道理还要讲得明白晓畅，通俗浅近，使读者容易理解和接受。一篇评论即使内容再好，如果文字艰深晦涩，或者任意搬用连作者自己也不懂的词汇，使读者莫名其妙，评论也就难以发挥作用了。有的古人写文章以“艰深文浅陋”见称，那是不足为训的。

评论的深入浅出不是单纯的文字技巧问题。深入是浅出的前提，评论作者对所评论的事物和所阐述的问题有充分的研究和深刻的理解，才能把道理讲得深刻，并且讲得通俗易懂。这里有作者的写作态度问题，也有论述方式和语言文字的运用问题。

一、以平等的态度对待读者

这主要是评论作者的写作态度、思想作风问题。古语说：文如其人。意思是说，一个人的文风和他的思想作风是一致的。如果把自己看做高高在上的教育者，就容易在文章中发号施令，教训读者；如果把自己和读者的关系看做是平等的，就能用讨论问题的方式，心平气和地讲道理。毛泽东于1957年《在中国共产党全国宣传工作会议上的讲话》中说：当着自己写文章的时候，不要老是想着“我多么高明”，而要采取和读者处于完全平等地位的态度。你参加革命的时间虽然长，讲了错话，人家还是要驳。你的架子摆得越大，人家越是不理你那一套，你的文章人家就越不爱看。他主张写文章要有说服力，不要靠装腔作势来吓人。我们看看他给延安《解放日报》写的社论《一个极其重要的政策》（1942年9月7日）。

这是一篇阐述党中央提出的精兵简政政策的文章。这是在抗日根据地日益缩小的情况下，克服财政经济严重困难的一项极其重要的政策，事关抗日根据地和抗日战争的前途。《解放日报》对此进行过多次讨论，许多根据地抓紧进行这项工作，但发展并不平衡。社论正是在这种情况下发表的。针对有些根据地的同志因为认识不够，还没有认真执行这项政策，社论分析了抗日战争的形势、面临的困难以及这项政策的重要意义：

> 精兵简政何以是克服物质困难的一个重要的政策呢？很显然，目前的尤其是今后的根据地的战争情况，不容许我们停留在过去的观点上。我们的庞大的战争机构，是适应过去的情况的，那时的情况容许我们如此，也应该如此。但是现在不同了，根据地已经缩小，在今后的一个时期内还可能再缩小，我们便决然不能还像过去那样地维持着庞大的机构。

在目前，战争的情况和战争的机构之间已经发生了矛盾，我们必须克服这个矛盾。敌人的方针是扩大我们这个矛盾，这就是他的“三光”政策。假若我们还要维持庞大的机构，那就会正中敌人的奸计。假若我们缩小自己的机构，使兵精政简，我们的战争机构虽然小了，仍然是有力量的；而因克服了鱼大水小的矛盾，使我们的战争机构适合战争的情况，我们就将显得越发有力量，我们就不会被敌人战胜，而要最后地战胜敌人。所以我们说，党中央提出的精兵简政的政策，是一个极其重要的政策。

这里阐述的是一个极其重要的政策，讲的是大道理，又是以《解放日报》社论的名义发表，但文章并没有居高临下的指令性语气，没有板起面孔教训人，而是像朋友之间在谈心，给人以平易亲切的感觉。

在某些情况下，用自己切身的经历现身说法，也要把自己摆在和读者平等的位置，道理可以讲得平易近人。著名学者周谷城生前曾在《中国科技报》上发表过一篇题为《领导者有知识才能尊重知识》（转载于 1986 年 2 月 7 日《人民日报》）的短文，说明要真正做到尊重知识、尊重人才并不像说的那么容易。文章主要部分是这样写的：

记得上海刚解放时，复旦大学理学院院长是卢于道博士，他是研究神经学的。他买了几条狗，要砌个狗房子。有的同志批评他说，你这个神经学博士也害神经病了，人的房子都没有，你还要砌狗房子！他给我反映，我当时是教务长，也没有这个知识，只好拖。后来向校领导反映，领导和我一样也不懂这个狗呀、狗房子的有什么作用，也是拖。后来呢？狗没了，狗房子没了，博士的工作条件和时间也没了。结果，这位博士除了他原来写的那个博士论文是很好的专著外，以后没有见到他有什么很好的成果了。现在想起来，假如当时我们略知动物实验的科学知识，给他创造条件，他这门学问可能早就发挥出来了。可见，一个领导者，要做到尊重知识，尊重人才，自己也得有点知识。做领导工作的人，如果自己没有知识，往往会对人家的学问进步成为一个障碍。

周谷城当时是人大常委会教科文卫委员会主任，但他的文章没有摆一点领导的架子，也没有以教育者自居，而是通过自己过去的教训，用朴实的语言讲清楚一个道理。虽然没有批评什么单位或领导人，但有很强的针对性。

二、要了解读者

了解读者的特点和需要，在说理方式上才能有针对性，适合他们的认识规律和认识水平。评论作者要时刻想着读者，要考虑到他们的心理和他们喜欢什么样的论述方式，照顾到他们的理解能力。这样写出的评论才容易被读者理解和接受。毛泽东在《反对党八股》一文中举出的党八股第三条罪状就是“无的放矢，不看对象”。他说：共产党员如果真想做宣传，就要看对象，就要想一想自己的文章、演说、讲话、写字是给什么人看给什么人听的，否则就等于下决心不要人看不要人听。射箭要看靶子，弹琴要看听众，写文章做演说倒可以不看读者不看听众吗？我们和无论什么人做朋友，如果不懂得彼此的心，不知道彼此心里想些什么东西，能够做成知心朋友吗？做宣传工作的人，对于自己的宣传对象没有调查，没有研究，没有分析，乱讲一顿，是万万不行的。

了解读者，可以把评论所讲的道理同他们所熟悉的事和他们的切身经验联系起来，也可以针对他们的特点以及他们的想法、要求进行论述，这样比泛泛地讲道理效果要好。比如，过去有一段时间，关于英雄模范人物的宣传，过多地讲他们“有病不治，坚持工作”，或者“拼命干，连轴转”，甚至不顾家庭和老人等等。这些，在某些特定情况下当然是必要的，但一再这样强调，先进人物就离群众太远了。群众在敬仰先进人物崇高精神的同时，还希望他们又是可亲、可学的。1996年关于徐虎、李国安、吴天祥、李素丽等先进人物的宣传，就避免了上述那些毛病，而是让群众感到他们也是普通的人，也有正常的喜怒哀乐和家庭生活，是可学的。1996年7月3日《人民日报》的评论《“追星”应追这样的“星”》，就强调指出，有些所谓影星、歌星，实际上很难同普通人联系起来，而徐虎、李国安、龚允冲、吴天祥、陈金水等，“这些在平凡的岗位上做出不平凡业绩的先进人物，才是我们身旁最明亮的‘星’!”评论说：

> 徐虎是一位普通的水电维修工，李国安、龚允冲是普通军官，陈金水是气象工作者。他们都有高度的责任意识、岗位意识和角色意识，都在平凡的岗位上创造了第一流的工作。徐虎被誉为“普通劳动者的榜样”，李国安被称为“模范团长”，龚允冲是“爱国守礁模范干部”，吴天祥是“基层党员干部的榜样”，陈金水是气象工作者的榜样。……他们平凡而又伟大的事迹，对当代人大有启迪：在我们社会主义国家，三百六十行，行行都重要，行行有出息，行行都能创造第一流的工作，成就第一流的人物。他们给人的启迪还在于，他们并没有争做“明星”，而是淡泊名利，无私奉献。所谓“你不奉献我不奉献谁来奉献，你也索取我也索取向谁索取”，所谓“人生在世，奉献二字”，就是其人生观的真实写照。正是这样的人生观，才使他们在平凡的岗位上落地生根，开花结果，成为温暖他人、照耀他人的“明星”。

这些先进人物在平凡的岗位上工作，是人民群众中的一员，但他们又都体现了我们时代的精神，脚踏实地，发光发热，而这些又是可学的，经过努力可以做到的。这样的宣传就贴近生活、贴近群众了。

三、运用通俗平易的语言

评论要写得深入浅出，还要注意语言的运用。这直接关系到评论的效果，关系到能不能把评论的内容很好地传达给读者。新闻评论要深入浅出地讲道理，它的语言首先要平易通俗，反对艰深晦涩，故作斯文；其次要新鲜活泼，接近群众，反对各种空话、套话和令人厌恶的八股腔。

语言的平易通俗，是为了表达深刻的思想内容，不等于内容的肤浅和低级趣味的庸俗。真正通俗的语言，来自人民群众的语言，是生动的、富于表现力的，也是读者喜闻乐见的。著名政论家邹韬奋办报，写言论，一直主张“采用‘明显畅快’的平民式文字”。他在1936年办《生活日报》时曾说：本报的文字要力求大众化，要尽可能用口语文字来写论文和新闻。使一切初识字半通文的妇女们、孩子们、工友们、农夫们，都能看懂《生活日报》，才算达到了我们的目的。韬奋自己写的评论，就有这样的特点。请看他发表于1936年6月18日在《生活日报》上的《工作的大小》一文。这篇评论针对人们关于工作的大小和贡献大小的各种看法进行论述，开头是这样的：

> 工作有没有大小的分别？就一般的观念说，工作似乎是有大小的区别。我们很容易想到大人物做大事，寻常人做小事。这种观念里面，也许含有个人的虚荣心的成分，虽则没有人肯这样坦白地承认。但是有的人想要做大事，不满意于做小事，不一定出于个人的虚荣心，也许是出于很好的动机，希望由此对于社会有较大的贡献；依他看起来，大事的贡献较大，小事的贡献较小，因为要对社会有较大的贡献，所以不愿做小事，只想做大事。这个动机当然是可嘉的。我们当然希望社会上人人都有较大的贡献。于是对于能够有较大贡献于社会的人们，特别欢迎。

那么，什么事算大，什么事算小呢？他巧妙地用大将和小卒做比喻来加以说明：

> 我们如在军界做事，就一般人看来，也许要觉得做大将是比做小卒的事大。但是我觉得做丢尽了脸的不抵抗的大将，眼巴巴地望着民族敌人今天把我们的民族生命割一刀，明天把我们的民族生命刺一枪，而不能尽一点军人卫国的天职，做这样的不要脸的大将，实在远不如做十九路军淞沪抗战时的一个小卒。在这样的场合，一个小卒的工作对于国家民族的贡献反而大，一个大将的贡献不但是小，而且等于零！

他接着又设问：如做了真正抗敌卫国的大将，有了较大的贡献，大将的贡献是否比小卒大呢？这当然有一定的道理。但是，军队总不能人人都做指挥官，同样也不能都是小卒。所以，

> 在抗战卫国的大目标下，大将和小卒在与敌作战的军队里虽各有其机能，但是同有贡献于国家民族是一样的，在本质上，工作的大与小，贡献的大与小，原来就没有什么分别的。……
>
> 宜于做大将的材料，我们赞成他做大将，宜于做小卒的材料，我们也赞成他做小卒。从本质上看来，都没有什么大小高低之分，我们所要问的只是他们为着什么做。

这篇评论首先说明，有的人把工作分为大小，希望做大事多贡献，也许动机是好的，使他们不感到有压力。同时又巧妙地讽刺了那些对民族敌人不抵抗不要脸的大将，然后用平易通俗的语言说明了一个深刻的道理：在统一的目标下，各种工作只有分工的不同，而没有大小高低的区别。文章没有讲什么空洞的大道理，语言也是大众化的来自群众的语言，令人感到亲切而信服。

人民群众中有很多生动而表现实际生活的语言，运用得好，可以使读者容易理解和接受我们所讲的道理，也可以把评论写得生动活泼而富有表现力。

第二节　形象生动　爱憎分明

新闻评论主要是靠逻辑的力量来说服读者。但是，如果在抽象道理的论述中，穿插一些具体的形象，使评论不仅结构严密、逻辑性强，而且富有形象性，把抽象的道理和具体的形象结合起来，就可以把道理讲得生动活泼，引起人们阅读的兴趣，使他们更容易理解评论的内容。形象说理也是评论说理论述的一种重要的方式。具体、形象的东西，总是比抽象的道理更易于被人们所理解和接受。通过形象说理的方式，能使抽象的道理形象化，把深奥的哲理讲得通俗易懂，从而增强评论的生动性和说服力。

新闻评论中的形象可以是比较具体的，也可以是比较概括的；可以是完整的形象，也可以是某一形象的局部；可以在评论中塑造某种形象，也可以用形象化的语言去描绘所要分析的事物。至于具体的运用，则可以用形象作为由头，引出正文；可以把形象作为依据，提供证明；还可以用夹叙夹议的方式，议论和形象溶为一体，等等。采用什么样的方式，都要从评论的内容出发，根据说理的需要而定。

一、巧喻善比

比喻是形象说理常用的方法。巧喻善比，通过形象的比喻，可以使人们由近及远，由实见虚，由感性到理性，由浅显而熟悉的情况了解深刻的思想。总之，就是通过具体的事物说明抽象的道理，把评论写得深入浅出、生动活泼。

毛泽东很善于运用形象比喻的方法进行说理。无论寓言故事，或是小说戏曲中的形象，在他的笔下，都可以用来说明精辟的道理。如挖山不止的愚公、智斗铁扇公主的孙行者、景阳岗上奋勇打虎的武松以及丢了“系在颈上的一块石头”的贾宝玉，这些为人们所熟悉的形象，在他的政论中都成了生动有力的论据。在《一个极其重要的政策》这篇社论中，为了形象地说明精兵简政的重要意义，他连续用了六个比喻。他用“黎明前的黑暗”说明当时抗日战争面临的形势和困难；用航船和暗礁的关系提醒人们设法绕过暗礁，即用精兵简政的办法克服面临的物质困难；用鱼大水小的矛盾说明战争的机构已经不适应战争的情况；用随着季节的变化而变换衣服说明不应受现状和习惯的束缚；用孙行者化为小虫战胜铁扇公主和“黔驴之技”的故事，说明精兵简政会使八路军新四军变得更有力量。这一连串的比喻，使整篇社论形象生动而有说服力。

1991年1月20日《人民日报·今日谈》专栏马献伦的文章《“鱼水关系”和“鸭水关系”》，也是用形象比喻的办法讲道理，说明要像鱼和水一样，处理好干部和群众的关系。文章针对少数干部把下基层当作权宜之计，甚至下基层谋私利的情况，指出这种现象正如群众说的，是把党群之间的“鱼水关系”变成了“鸭水关系”。文章分析道：

> 鱼儿与水，是不能须臾分离的，所以历来都用鱼和水来比喻我们党与人民群众血肉相连的关系。鸭则不同，它在水上、地上都可生活。换句话说，哪里有利，它就到哪里。当它腹饥时，就从地上跳下水，大吃大喝；当游水疲劳时，就上岸休息；当它在地面上遇到敌袭时，又会迅速跳下水，求得保护。
>
> 我们的干部下基层，可不能学这水陆两栖的鸭子。腹饥、劳累时，想起了群众，下一下基层，求得群众的支持、帮助和保护。一旦地位发生了变化，或上级的要求不那么紧了，就与群众疏远了，躲进自己的安乐窝里，甚至当官做老爷，忘记了群众的养育之恩。

正如评论所说，来自群众的这个比喻，“道理可不浅，值得每个干部特别是领导干部三思”。这样的比喻来自生活，生动而贴切，形象地说明了一个深刻的道理。

形象来自实际生活。只要留心观察，有许多事物可以作为喻体，帮助我们把评论写得生动引人。比如，有的地方落实知识分子政策行动缓慢，迟迟不到位，群众就说，这像“火车进站，叫得欢，走得慢”。有的地方对中央关于减轻农民负担的规定置若罔闻，照样乱收费，乱摊派，农民说，“现在是千手观音变着法儿要钱”。“把乡镇企业当唐僧肉，谁都想咬一口”。曾经有一篇讲扶贫工作要治本的文章，是这样作比的：瑶家兄弟说得好，帮助饥饿的人，与其送他一只烤熟的鸡，不如送他一支火枪。这些生动形象的比喻，胜过许多空洞的道理。

二、运用形象化的笔法和语言

用形象化的笔法直接描绘客观事物，给所要论述事物画像，也是一种形象说理的方法。这种形象描绘的过程，有的就包含了对事物的态度和分析。

《新民晚报》1992 年 7 月 22 日发表怡然写的《“你们中国真穷吗?”》，则是描绘了我们一些“公仆”的形象，批评当时的奢侈风气的。文章说：

> 提出这个疑问的，是一位外国承包商。这个“老外”在他承包的工地上，看见前来视察的一些中国普通官员一个个从“奔驰”轿车中钻出来，不禁大发感慨：“参加欧共体财长会议的许多官员也不过坐‘奥迪’而已，怎么反倒说你们是发展中国家？你们中国真穷吗?”

文章接着说：该怎样回答这位洋先生呢？其实我们是名副其实的发展中国家。穷则思变，所以才要改革开放。

> 然而，我们似乎又很富有。就说坐轿车吧，在一些人身上，哪有穷的痕迹？昔日那段顺口溜说，“县委书记‘帆布

篷'，公社书记'一三〇'，大队书记'嘣嘣嘣'（拖拉机）"，早已成为历史，"蓝鸟"早就飞入穷乡僻壤，"奔驰"也驰骋于大街小巷。难怪"老外"要纳闷：你们真穷？

……每一个稍有理智稍有良心的中国人，应该时刻不忘我们的家产根本经不起挥霍，只要看看眼下全国还有百余万少年因家境贫寒而失学这个严酷的现实，就该意识到我们的责任。

"蓝鸟"飞奔，"奔驰"驰骋，我们看得恐怕不会太少。"帆布篷"、"一三〇"在脑子里也可能还留有印象。作者把这些图景一一描绘出来，就给最后那些语重心长的劝告更增加了分量。

三、注意形象的感情色彩

形象是比较容易表现感情的。形象本身往往带有一定的感情色彩，所以，新闻评论在借用形象作比喻或直接描绘某种形象的时候，要注意它的感情色彩，要使形象能恰当地表现作者的思想感情。我们读毛泽东的政论，就会发现，他总是把人民群众比做武松、孙悟空，把帝国主义比做妖精、野兽、纸老虎，把反动派比做狗、粪坑、狗屎堆。他还把反动派内部的矛盾比做狗打架，说这是"大狗小狗饱狗饿狗之间的一点特别有趣的争斗，一个不大不小的缺口，一种又痛又痒的矛盾"。这样的比喻生动幽默，感情色彩也褒贬分明。

从毛泽东1949年写的《别了，司徒雷登》一文中，我们可以学习到怎样进行形象说理。文中有形象的比喻和对照，也有形象化语言的巧妙运用。请看他是怎样描述美国政府对华的所谓援助和救济的。文章说，美国确实有科学，有技术，有很多钱，但不是在人民群众手里。

送是可以的，要有条件。什么条件呢？就是跟我走。美国人在北平，在天津，在上海，都洒了些救济粉，看一看什么人愿意弯腰拾起来。

“洒了些救济粉”，“弯腰拾起来”，一个“洒”，一个“弯腰”，形象地表达了丰富的内容和作者鲜明的态度。帝国主义者是以救世主自居的，是来施舍的，给你们洒了些救济粉，你愿意拾起来吗？卑躬屈膝吧。而中国人民是有骨气的，他们不吃“嗟来之食”，是不会接受这种污辱性的施舍的。

新闻评论可以通过形象来讲道理，同时也可以借此表明作者对事物的态度，抒发作者爱憎分明的感情。鲁迅在 1925 年 3 月 24 日曾经在《京报》副刊发表过一篇题为《战士和苍蝇》的杂文。如他自己后来所说：所谓战士者，是指中山先生和民国元年前后殉国而反受奴才们讥笑糟蹋的先烈；苍蝇则当然是指奴才们。请看他怎样论述：

> 战士死了的时候，苍蝇们所首先发现的是他的缺点和伤痕，嘬着，营营地叫着，以为得意，以为比死了的战士更英雄。但是战士已经战死了，不再来挥去他们。于是乎苍蝇们即更其营营地叫，自以为倒是不朽的声音，因为它们的完全，远在战士之上。
>
> 的确的，谁也没有发现过苍蝇们的缺点和创伤。
>
> 然而，有缺点的战士终竟是战士，完美的苍蝇也终竟不过是苍蝇。
>
> 去罢，苍蝇们！虽然生着翅子，还能营营，总不会超过战士的。你们这些虫豸们！

辛辣有力的讽刺，生动贴切的形象，作者爱憎分明的感情跃然纸上。

第三节　入情入理　情理交融

新闻评论不仅要在道理上说服读者，还要在感情上打动读者，既服之以理，又动之以情。有一种论调认为，评论是说理的，不应当带有感情色彩。国外有的修辞学家主张，在文章的各种风格中应当有一种“零度风格”，就是纯客观的、不带情感、不动声色的那么一种风格。据说这种风格还最适合于评论的写作。其实这是一种误解。如果按这样的要求去写评论，那就只能是干巴巴地背诵一些教条，或者不痛不痒地罗列一些枯燥的概念，既不可能感动人，更谈不到说服人。评论作者对他所论述的事物，或褒或贬、或爱或憎的态度，总会自觉或不自觉地有所流露。因此，新闻评论中的理和情应当是一种水乳交融的关系。俗话说的通情达理，意思就是一个人讲话做事要入情入理，你讲的话人家乐于接受，你办的事也容易行得通。可见，在实际生活中，理和情常常是联系在一起的，情为理服务，理借情动人。写评论也是如此。

一、有真知灼见，又有真情实感

新闻评论应当是有所感而发，有所为而作，这样才能发挥正确的舆论导向作用。评论作者对评论的内容有深刻的理解和感受，才能有真知灼见，也才能有真情实感，并自然地表现在评论的论述中。我们的新闻评论所表现的情感应当是健康的、高尚的情感，是发自内心的情感。所以，评论既要对事物有科学的分析，同时还要有作者的真实感受。情理交融的评论，既可以帮助读者明辨是非，又能使他们受到启迪和感染。当然，评论所表现的真情实感，不是高喊空洞的口号所能做到的。

1913年1月3日《真理报》曾发表了列宁的一篇著名文章《欧仁·鲍狄埃》。这是一篇把逻辑的说服力和艺术的感染力结合得很好的人物评论，具有浓厚的感情色彩。文章是为纪念《国际歌》作者、法国工人诗人欧仁·鲍狄埃逝世25周年而做。文章写道：

> 这首歌已经译成欧洲各种文字，而且不仅仅是欧洲文字。一个有觉悟的工人，不管他来到哪个国家，不管命运把他抛到哪里，不管他怎样感到自己是异邦人，言语不通，举目无亲，远离祖国，——他都可以凭《国际歌》的熟悉的曲调，给自己找到同志和朋友。
>
> 世界各国的工人相继唱起自己的先进战士、无产阶级诗人的这首歌，并且使这首歌成了全世界无产阶级的歌。

作者接着回顾了欧仁·鲍狄埃的斗争经历，谈到他14岁就写下了自己的第一首歌《自由万岁》，后来又参加了巴黎公社的斗争，并且在公社失败后的1871年6月写成著名的《国际歌》。最后说：

> 鲍狄埃是在贫困中死去的。但是，他在自己的身后留下了一个真正非人工所建造的纪念碑。他是一位最伟大的用歌作为工具的宣传家。当他创作他的第一首歌的时候，工人中社会主义者最多不过几十人。而现在知道欧仁·鲍狄埃这首具有历史意义的歌的，却有千百万无产者……

这篇只有一千多字的文章，对欧仁·鲍狄埃的一生作了简要而精辟的评述。这里没有什么华丽的辞藻，但却很有激情，表达了作者对死者深切的悼念，对生者的热情的鼓舞，以及对无产阶级革命事业的坚定信念。我们读这篇文章，无疑也会受到列宁这种真挚的情感和乐观主义精神的感染。

评论作者应当是现实斗争的参加者。有些事物，作者首先受到感动，他写出的评论才会有感而发，才能感动读者。1934年，当日本帝国主义疯狂进攻华北，再加上国民党政府推行“攘外必先安内”的反动政策，造成了严重的民族危机，当时社会上出现了一种悲观论调，甚至说什么中国人已经失去了自信力，针对这种情况，鲁迅写下了《中国人失掉自信力了吗》，严正地指出，失掉自信力的中国人是有的，他们只有“他信力”或“自欺力”，但大多数中国人不是这样：

> 我们从古以来，就有埋头苦干的人，有拼命硬干的人，有为民请命的人，有舍身求法的人，……虽是等于为帝王将相传家谱的所谓“正史”，也往往掩不住他们的光耀，这就是中国的脊梁。
>
> 这一类的人们，就是现在也何尝少呢？他们有确信，不自欺；他们在前仆后继地战斗，不过一面总在被摧残，被抹杀，消灭于黑暗中，不能为大家所知道罢了。说中国人失掉了自信力，用以指一部分人则可，倘若加于全体，那简直是诬蔑。

鲁迅满腔热情地歌颂了在中国共产党领导下进行“前仆后继的战斗”的广大人民群众，赞扬他们是“中国的脊梁”。这正是出自他爱祖国、爱人民，对祖国前途充满信心的真情实感。

二、和读者有感情的交流

新闻评论既要说服人，又要打动人。从道理上说服人，着重在理智方面；打动人就要写得有感情。有一种常见的毛病，就是一说写评论就容易拿架子，正襟危坐，摆出一副教育者的面孔，这样是不容易写好评论的。这里的关键就在于评论作者是否能以现实斗争参加者的身份，和读者有感情上的交流，思想能沟通，有共同的语言。列宁在1905年写的《革命的日子》一文曾提出，无产阶级的政论家要写当前的事件并力求使我们的描写给运动的直接参加者和活动在现场上的无产者英雄们带来更多的帮助，能够促进运动的发展。他还说，我们必须力求赶上事件的发展，得出总结，得出结论，从今天的事件的经验中吸取教训以便应用于明天，应用于那些今天“人民还在沉默”而不久的将来革命的烈火必将以这样或那样的形式燃烧起来的地方。当然，这就必须以斗争的参加者的立场以及和工人群众息息相通的感情来分析各种事件和问题。正由于这样，列宁在1905年1月9日彼得堡事件发生的第二天，就以无产阶级革命家的气概，写下了《俄国革命》一文，热情歌颂工人阶级的斗争，愤怒谴责沙皇政府屠杀人民的罪行，喊出了“革命万岁”、“起义的无产阶级万岁”的口号，极大地鼓舞了革命的人民群众。

韬奋当年办报刊，写言论，都拥有大量的读者，影响十分广泛，重要的原因就在于他的心和读者是相通的。他主张要用敏锐的眼光，深切的注意和诚挚的同情，研究当前一般大众读者所需要的是怎样的“精神粮食”，这是主持大众刊物的编者所必须负起的责任。为此，他经常工作到深夜。他回忆说：在那样静寂的夜里，就好像全世界只有着我们这三个人，但同时念到我们的精神是和无数万的读者联系着，又好像我们是夹在无数的好友丛中工作着！了解这一点，我们就会明白，韬奋的文章和他办的刊物，为什么能有那样广泛的读者，为什么能引起读者感情上的共鸣。

1997年7月1日香港回归祖国。这是举国欢腾、举世瞩目、永载史册的日子。7月1日前后，大批新闻工作者怀着极为兴奋的心情涌向香港；各种新闻媒介通过各种形式，用大量的篇幅和时间报道这次百年盛事。以《人民日报》为例，除了原有的“台港澳”专版和《人民论坛》、《金台随感》等栏目发表有关的文章外，还增设了“讴歌香港回归，吟赋神州大业”和“满怀豪情庆回归，坚信明天更美好”等专版以及《迎接香港回归特稿》、《来自香港的汇报》、《香江漫笔》、《笔墨系香江，诗画庆回归》和国际版的《香港回归》、《五洲同庆，香港回归》等专栏，各种稿件琳琅满目，其中有不少是评论、随笔和带有评论特色的文章。下面我们摘录几篇文章的片断。

7月1日凌晨，中英两国政府完成交接仪式，香港特别行政区宣布成立。《人民日报》当天就发表社论《中华民族的百年盛事——热烈庆祝香港回归祖国》：

香港回归，百年盛事，普天同庆，举国欢腾。在960万平方公里国土上，热血沸腾的中国人民，以千歌万曲、千言万语表达着自己欢乐、自豪、振奋的感情。

在欢庆香港回归的时候，我们决不能忘记，为了这一天，中国人民走过的不平凡的道路……

……我们国家政治稳定，经济发展，民族团结，社会进步。世界将看到，中国的明天会更好，具有五千年文明史的中华民族在新世纪的征途上，将向着现代化的宏伟目标昂首阔步前进，中国的完全统一，中华民族的全面振兴，将成为辉煌灿烂的现实。

1997年6月23日《人民日报·人民论坛》发表评论《7月1日：欢庆日》：

7月1日，既是香港回归日，又是中国共产党诞生日，这种不平凡的历史巧合，却也蕴含了某种历史必然性，提醒人们去思考这两个重大历史性事件的深刻内在联系。

……历史雄辩地证明：没有中国共产党的努力，没有中国共产党人做中国人民的中流砥柱，中国的独立和解放是不可能的。……社会主义建设蒸蒸日上，综合国力显著增强，伟大成就举世瞩目，国际威望空前提高，为实现祖国统一大业奠定了强大的基础，创造了有利的条件。我们党的第二代领导核心邓小平同志高瞻远瞩，创造性地提出“一国两制”的伟大构想，为实现香港顺利回归祖国指明了正确的道路。这样，百余年来几代人收回香港的梦想才可能变为现实。

1997年7月3日《人民日报·香江漫笔》发表评论《主人翁的崭新面貌》：

洗雪百年民族耻辱，昂然成为真正主人的六百多万香港同胞，必然会迸发出前所未有的热情和创造力，以高度的责任感和使命感，去迎接与殊荣俱来的严峻挑战，创造超越今朝的美好未来。

……

全新的理想，全新的目标，全新的姿态，全新的作风，充分展现出主人翁的崭新面貌。细心的读者从本报昨天发表的长篇通讯《香港回归第一天》，足可看到回归伊始香港各界意气风发、加紧搏击的动人风采。这就是香港回归祖国后广大港人中最为深刻的变化。这一变化，必将结出令人钦羡的硕果。

从这些论述可以看出，作者都是满怀激动的心情下笔的。他们的感情和读者是相通的，是自然的流露。他们的论述表达了包括香港在内的全国人民的爱国主义情怀，表现了中华民族的自豪，也显示了全国人民走向美好未来的共同的信念。人们读这些文章自然也会感到振奋和自豪。

三、运用恰当的修辞手段

新闻评论的感染力如何，首先取决于它的内容。如果从评论的内容出发，适当地运用一些修辞手段，也可以使说理和抒情更好地结合起来，增强评论的感情色彩。语言的运用和修辞的方式都要根据内容的需要，以求有助于说理和抒情的统一。下面试举几种：

（一）用排比、对偶等句式渲染气氛

1980 年 4 月 20 日的《中国农民报》曾经刊登了一篇社论，题目是《假如都像徐永山》，是配合报道《徐永山和他的拖拉机》发表的。徐永山是一位拖拉机司机，他敬业爱岗，节约用油，注意维护机械，降低作业成本，做出了突出的成绩。社论出自当时担任农机部副部长的项南同志的手笔。项南以后在担任福建省委书记期间，还给省报写过许多评论。这篇社论在对照国家规定说

明徐永山的成绩以后，接着说：

高消耗不可能有高速度。搞四化必须精打细算，努力降低消耗，增加收入，这是搞四化最实际的行动。

榜样的力量是无穷的。我们该不该学习徐永山，大家都该认真想一想。

假如都像徐永山，一台拖拉机一年节省柴油 1 吨半，单是六十万台大中型拖拉机一年就可以节省 90 万吨柴油。

假如都像徐永山，一台拖拉机节省修理费 1500 元，全国就是 9 亿元。

假如都像徐永山，一台拖拉机一年少开支费用 2800 元，全国就可以为农民节省 20 亿元。

假如都像徐永山，十年如一日，精心保养操作，全国二百多万台拖拉机，就可以一台顶一台，甚至顶两台用。

假如我们不能把高消耗压下来，不讲经济核算，不讲经济效果，那四化就没有希望。假如都像徐永山，实现四个现代化就大有希望，时间也可以大大提前。

这篇评论由小见大，放眼全局，从徐永山的事迹联想到我国正在进行的现代化建设。作者没有一点教训人的神气，而是运用对照、排比、假设等修辞手段，把自己的情感融注于字里行间，以鲜明的态度赞扬了徐永山，同时也表达了对农业战线的期望。

前面介绍的《“追星”应追这样的“星”》一文，在谈到徐虎、吴天祥、陈金水等作为普通劳动者、在平凡的岗位上做出不平凡的成绩时，是这样描述他们的思想境界的：

他们是人民群众中的一员，同时又在不同程度上体现着党和政府的意志；他们从人民群众中吸取智慧、力量和热情，同时又从党的理论、路线、方针、政策中得到指导和支持；他们能够把光和热凝聚起来，同时又能通过脚踏实地的工作，卓有成效地发光发热。因此，他们就成了“星”。

饱含激情的赞颂，通过这些并列排比的句子，得到了充分的表现。当然，这不是单纯地玩弄文字技巧，而是对这些来自群众的先进人物特点的真实概括。

（二）用设问、反问等语气增强节奏感

这也是一种常见的修辞方式。古人说：文似看山不喜平。一篇文章如果通篇都是逗号、句号，就会使人感到平淡。如果有一点问号和惊叹号，必要时用设问、反问、质问的语气进行论述，就可以使文章有波澜，有起伏，增加节奏感，也更便于表达作者的思想感情。

香港过去沦为英属殖民地是鸦片战争的产物，英帝国主义发动鸦片战争的侵略本质本来是不容置疑的。但是，在香港回归祖国进入倒计时一年，全国人民期盼着这一天到来的时候，居然出现了一种奇谈怪论，说什么“鸦片战争一声炮响，送来了西方文明”。这种谬论实际上是全盘西化思想发展到极端的产物。《人民日报·人民论坛》专栏1996年7月1日发表米博华写的《史不可诬》，对这种谬论进行了批驳。文章指出：

> 事实是：“鸦片战争一声炮响”，给中国人民带来了长达一个世纪的奇耻大辱。试看一百多年中，外国列强强加给中国人民一系列不平等条约，哪一条哪一款能够让人看出丝毫的文明痕迹！人们不禁要问：难道文明是靠屠杀传播吗？进步是靠掠夺交换吗？正义是靠强权体现吗？照此推理，三元里人民倒应该开门揖盗，敲锣打鼓地欢迎“洋师”，而林则徐虎门销烟、关天培横剑殉国，倒成了排拒文明的荒谬之举。

文章还说：“妄自菲薄、崇洋媚外以至于此，连正义和非正义、侵略和反侵略、国家主权与外国强权这些是非都分不清，作为一个中国人应有的民族自尊心、自豪感又从何谈起呢？”作者在分析、批驳这种谬论的同时，还强调了在改革开放的形势下更应加强对人民群众特别是青少年的近代史教育，发扬爱国主义精神。文章分析具体细致，批驳有理有力，再加上几个有力的反问，更显得生动而有节奏感。

（三）要有点幽默感

幽默是一种机智、巧妙的论述方式。有些评论可以通过一定的修辞手段，表达作者或赞成或反对的思想感情。列宁曾经说过：幽默是一种健康的品格。我很喜欢幽默，但还不善于幽默。其实，列宁有许多政论就是用幽默的笔调写成的。

1997年10月14日《杂文报》发表张雨生写的《有感于巴西对中国官员说“不”》，也是一篇颇具幽默感的文章。巴西的伊泰普水电站是世界上最大的水电站，又是著名的风景区，世界各地来考察、旅游的人络绎不绝。如今巴西政府唯独对中国做出限制，一年最多只能来四批中国的官方代表团。原因是近年来那个水电站已经接待了近百个中国官方代表团，但其中真正懂技术，或者能促进双方经济技术合作的人数极少。文章就此议论道：

巴西人的脾气也古怪，中国官员掏自己的国库，不远万里飞到那儿去，想看看水电站，他们居然反感，竟然限制。若是颠倒一下，换了咱们，恨不得天天接待他们才好。只要他们愿意来，玩得开心，我们什么都能做到。挂彩旗，刷标语，泼水扫街，警车开道，茅台酒宴，乃至让小学生停课列队欢迎，这些都是我们的拿手戏。风景区接待了多少外国官方代表团，那是政绩呀！至少，也可以向老百姓张扬，“提高了我们在世界上的知名度”。

……公费旅游这个词，不知巴西有没有？人家做出这个限制，目的不在帮助中国禁止公费旅游……公款出国旅游，是中国官员腐败的一面，已引起国内人民的反对，也引起了外国人的厌烦。就算是巴西歧视中国官员吧，那也是歪打正着。

似乎是巴西人替中国老百姓出了一口气。而这篇文章的论述，却正是道出了广大人民群众的心声。反语讽刺，幽默风趣，作者以轻松的笔调痛斥了那种久治不愈的腐败现象。

第四节　朴素精炼　要言不烦

朴素是新闻评论应有的风格。新闻评论要写得朴素，就是在说理论述的时候，力求质朴自然，把作者的观点和思想感情准确而恰当地表达出来。朴素并不等于内容空洞、语言粗糙，而是要经过作者的提炼加工。朴素，就要反对装腔作势、哗众取宠，进行论战也不能用谩骂代替斗争。有作者的写作态度和思想作风问题，即如何对待读者的问题，也有语言文字的问题。这里主要讲语言文字问题。

所谓精炼，就是要用恰当的篇幅表达丰富生动的内容。内容要精辟，而语言又很简洁，不舞文弄墨，故作斯文，以词害意。当然，精炼并不等于短，更不能简单地说评论写得越短越好，而要量体裁衣，长短适度。

新闻评论的朴素和精炼是相辅相成的。有深刻思想内容的文章，不需要用华丽的辞藻来粉饰，也不需要冗长烦琐的论述；而精炼得体的文章，往往更能表现作者的思想感情。

前面介绍过毛泽东给延安《解放日报》写的社论《质问国民党》。那篇文章对当时国民党政府真反共假抗日、制造反共高潮的事实和谬论进行了揭露和批判，言之有据，言之成理，嬉笑怒骂皆成文章，读来痛快淋漓，令人拍手称快。全文虽长达约五千字，但读者不会有一点冗长的感觉。如果压缩成一两千字，篇幅虽然短了，但也就没有那样的气势了。

可见，评论的篇幅长短不是绝对的，应当从评论的内容出发，该长则长，能短则短。当然，总的来说，要像毛泽东在《反对党八股》中说的，要尽量“写得短些，写得精粹些”。他还说，我们反对的是空话连篇言之无物的八股调，不是说任何东西都以短为好。战争时期固然需要短文章，但尤其需要有内容的文章。最不应该、最要反对的是言之无物的文章。建设时期何尝不应如此。

改革开放十几年来，随着新闻改革的逐步深入，新闻评论的文风也有很大改进。新闻评论在说理论述上恢复和发扬了实事求是的优良传统；名目繁多、贴近实际的评论形式不断涌现；报纸版面上很少见到长篇大论、不着边际的评论文章，出现了许多说理深刻、形象生动、短小精悍，为群众喜闻乐见的评论。当然，评论的文风还需要继续改进。为了充分发挥正确的舆论导向作用，我们还需要更多的深入浅出、形象生动、情理交融、朴素精炼的评论。

至于如何把评论写得朴素精炼、要言不烦，应从以下几方面着手。

一、道理要讲得实在

这就要求作者首先要对客观事物或所要评述的问题，有准确、深刻的理解，从实际出发，弄清问题的实质，然后给读者把道理讲清楚。如果作者自己的思想就不明确，分不清主次，抓不住要害，也弄不清读者的思想症结在哪里，问题就很难讲清楚，更谈不到写得精炼了。

道理要讲得实在，就要有实事求是的态度，说实话，讲真理。对问题不夸大，不缩小，尊重事实。评论要有感而发，但不能用感情代替政策。即使是批评性的言论，也不能只图批得痛快，而要考虑社会效果。

请看 1994 年 2 月 23 日《人民日报》的《今日谈》发表的《值得一听的外国人的话》：

《文摘周报》不久前的一期刊载了《法拉奇旋风在京城》一文，其中写道："她在讲演里还响亮地告诫：中国的发展不要'放弃自身的传统和模仿我们西方人的错误和罪孽！'她说她到中国几天里，接触到的少数年青人谈论的都是金钱，也看到了酒店的拉客女郎，感到非常遗憾。'我因为热爱你们而担忧'，她说'如果这么大的变化仅仅是经济上的，而忽略了精神文化方面，那么任何变化都不会是好的、真正的变化'。"

说得多么好啊！国内有类似见解的也不乏其人，可是出自一位外国人之口，就更值得一听，更值得重视。

法拉奇说的这种现象，何止"少数"，又岂止是"年青人"呢？发展经济是为民富国强必然的大事。但，只为"钱"而"争斗"，只顾自己利益不管他人利益已成世风，不讲人品、道德风尚。更有甚者，在商品经济时代，竟把人格也当成"商品"，岂不可卑、可叹、可悲！

这篇文章是老一辈革命家张爱萍写的，全文只有四百字。这里写的是作者即事而发的感慨，是发自内心的忧国忧民的感慨，也是对广大读者语重心长的劝诫：在建设物质文明的同时，不能忘记提高自己的思想道德素质，加强精神文明建设。文章朴素精炼，亲切感人。

二、篇幅长短适度

评论的长短，应当由它的内容决定。在这个基础上力求文字简洁，短小精悍。为什么有些本来可以写得短些、精粹些的评论，会写得烦琐冗长呢？这主要有两方面的原因。首先是求大求全的思想作怪，似乎文章长一点，架子搭得大一点，讲的方面多一点，才能显示出内容的重要。其次，不了解读者的情况，认为读者什么都应该知道，什么都想告诉读者。这样的文章自然就会枝蔓横生、冗长乏味。评论作者不能把读者看做什么都不懂的人，而应当根据评论的内容，针对读者的需要，主题集中，论述集中，行文语气集中，这样才能写出短小精悍的评论。当然，也有精益求精、锤炼语言的问题。

1993年3月11日，《人民日报》在头版位置报道了河南周口地区第一兽药厂的假药案，标题是《阳光下的罪恶——河南周口地区第一兽药厂假药案揭秘》。这个兽药厂在一些人的庇护下，几年来一直制售人用的药，而且是假药。不断的举报，不断的调查，都未能制止这种罪恶，而且厂长王志强还不断地戴上了一顶顶桂冠。主犯终于落网了，但案件并未结束。报纸为这篇报道配发了编者按，全文如下：

> 读了这篇报道，凡正直的人都会义愤填膺。一个厂竟然造了这么多、这么长时间的假药！而假药厂长竟然获得这么多"荣誉"！这么多的揭发和调查竟然奈何他不得！不仅有一些政府部门为其开脱，还竟然出动公安人员为其"保驾"，这究竟是为什么？
>
> 假冒背后往往有地方保护主义的支持，而地方保护主义的恶性发展究竟通向哪里，通过这篇报道是可以看得很清楚的。此案的主犯虽已抓获，但那些怂恿者、包庇者，也该得到应有的查处。这既是广大读者关心之所在，也是消除地方保护主义所必须。

编者按的矛头集中指向民愤极大的地方保护主义，道出了广大人民群众的心声，发挥了有力的舆论导向作用。同年10月15日，周口地区中级人民法院一审判决，主犯王志强被判处无期徒刑，包括地区和县的个别领导人在内的同案犯被分别判处有期徒刑。

并不是只有编者按语这种形式的评论才能写得这样简洁有力。由项南执笔的《福建日报》社论《有些案件为什么长期处理不下去》、《论老虎和苍蝇》，周谷城的《领导者有知识才能尊重知识》，张爱萍的《值得一听的外国人的话》就都是这样的评论。只要思想明确，笔力集中，就可以把评论写得长短适度，繁简得当。

三、语言规范，字斟句酌

评论要写得短而精，还应当在语言的锤炼和运用上下功夫。古人写文章讲究“炼意”，还要“炼句”、“炼字”，要避免文章中出现“浮词”、“累句”，这是很值得学习的。古代文学理论家刘勰主张：句有可削，足见其疏；字不得减，乃见其密。这要求是很高的。新闻评论的作用如何，首先要看它的内容。但是，内容多么好的评论，也需要通过一定的语言形式表现出来。如果一篇评论有许多“浮词”、“累句”或各种八股腔，那还怎么吸引读者、说服读者呢？

我们的新闻媒介一向重视语言文字的运用。早在 1951 年 6 月 6 日，《人民日报》就曾针对社会上语言方面的混乱现象，发表了题为《正确地使用祖国的语言，为语言的纯洁和健康而斗争》的社论，同时开始连载吕叔湘、朱德熙关于语法修辞的长篇讲话。事隔 30 年，1981 年 6 月 19 日，《人民日报》又发表社论《大家都来讲究语言的文明和健康》，强调要讲究语言的规范和文明。1994 年和 1995 年，《人民论坛》专栏发表了《重视语言的纯洁和健康》、《建设文明的语言环境》等评论。这些评论都引起了社会上的普遍关注。

近年来，新闻媒介的语言，特别是新闻评论的语言，在讲究规范和文明方面是有很大进步的。当然，有时也有一些不规范的语言现象，影响了评论的效果，也影响了社会上的语言运用。比如，套话、空话、大话还时有所见；滥用简称的现象不断见诸报端和其他媒介；错用或乱用成语典故的文字屡见不鲜；追求时髦或故弄玄虚的洋八股也有所发展。此外，还有一些不良文化现象，也往往是通过不规范、不文明的语言表现出来。这些都是应当引以为戒的。

真正能发挥正确导向作用的评论，关键在于它的内容是读者需要的，道理又讲得实在。如果再用朴素、规范的语言表达出来，就更易于为读者理解和接受。请看一篇《人民日报·今日谈》专栏征文的得奖评论，1996年9月15日发表的《请注意“人均”之下的贫困户》：

> 福建省一位领导同志到农村调研时说：“实现小康目标，不光是看人均收入水平，还要注意“人均数”掩盖的不平衡，树立人人意识。”此话很有针对性，令人深思。
>
> “人均”收入高低是衡量贫富的一个重要标尺，掌握准确的“人均数”，是正确决策的一个重要依据。但是，不能看到颇高的“人均数”就沾沾自喜。因为“人均数”里看不到贫富差别，看不到贫困线。试想，把一两个大户几十万上百万的收入平均到一般户、贫困户头上，全村人均收入自然能够上去。作为领导干部，如果只是看到“人均数”，而看不到人均背后的不平衡，不会算“人均”之下的收入账，不知道一个乡一个村里的贫困户有多少，他们的收入为何低，怎样帮助他们脱贫致富，使他们的收入达到或超过“人均数”，就很难使我们保持清醒的头脑，加快农民群众共同富裕的步伐。

文章讲的是普普通通的道理，用的是朴素通俗的语言，但提出的却是一个较普遍地存在的、被一些领导干部有意或无意地忽视了的问题。在接近世纪末，迎接新世纪的到来，各地都在努力奔小康的时候，这个问题更应引起人们的注意。

1951年6月6日《人民日报》社论曾经指出：我国现代语言保存了我国语言所固有的优点，又从国外吸收入必要的新的语汇成分和语法成分。因此我国现代语言是比古代语言更为严密、更富于表现力了。毛泽东同志和鲁迅先生，是使用这种活泼、丰富、优美的语言的模范。在他们的著作中，表现了我国语言最熟练和最精确的用法，并给了我们在语言方面许多重要的指示。我们应当努力学习毛泽东同志和鲁迅先生，继续发扬我国语言的光辉传统。这些论述，对于我们现在的新闻宣传包括新闻评论的写作，仍然具有现实意义。

思考与练习

1. 新闻评论怎样才能写得深入浅出?
2. 新闻评论为什么也要注意形象和感情?
3. 目前新闻评论的语言应作哪些改进?
4. 选择一篇报纸上的评论，分析它在语言文风方面的特点。

第七章　配发言论的效应与依据

第一节　配发言论的效应

在发表较为重要的报道时，常常需要配写言论，包括评论员文章、短评、按语等，以强化新闻宣传的导向效应。那么，具体说来，究竟有哪些宣传效应呢？

一、强调的效应

新闻稿件有了言论的配合，有助于突出报道的意义和地位，而且能够使新闻宣传虚实结合，红花配绿叶，加重报道的分量，在理论与实际的结合上，显示报道的新闻价值，增强舆论的引导功能。

例如，山东省潍坊市寒亭区在贯彻执行国务院《农民承担费用和劳务管理条例》中，用签订《农民承担费用和劳务合同》的形式，把减轻农民负担纳入法制化管理轨道，办法简便易行，实际效果明显，受到农民普遍欢迎。1993 年 10 月 16 日《人民日报》报道了这一经验，同时，配写了短评《法制保障最有效》。文章首先肯定了这一经验的必要性：近年来，中央和地方虽然都采取了一系列的措施，解决农民负担过重的问题，但许多地方还没有取得理想而稳定的效果。其中一条重要原因，正是减轻农民负担的各项规定，在执行中缺乏法制手段的保证。而寒亭区委、区政府和区法院，正是在这方面做了探索，并取得了成功。

接着，短评着重分析了这一经验的重要意义：

应当承担什么负担，农民和有关部门依法签订合同，依法执行合同，依法处理执行合同中的纠纷，这实际上就是给了农民一把保护正当权益的法制宝剑。这一法制“宝剑”，既明确了农民应尽的义务，又规定了他们应有的权利，谁侵犯了他们的权益，他们就可以依仗这个“宝剑”到法庭上去寻求公正、寻求保护。

对政府来讲，也给了他们一把法制宝剑，使他们依法收取提留，依法管理和使用提留，规范和制约了他们的领导思想和领导作风。这对转变领导作风，密切干部群众关系，克服不正之风，都有很大的作用。

寒亭的经验还证明，他们这样做了之后，不仅在减轻农民负担的工作中取得了成效，而且拓宽了思路，对用法制的手段开展工作有了新的认识，也使他们的整个领导水平大大地提高了一步。

短评通过对寒亭区经验的三个层面的开掘和分析，充分揭示了它的意义和价值，从而得出了精警的结论：法制保障最有效。这就使得这一经验具有了普遍的指导意义，起到了强调的宣传效应。

二、深化的效应

深化指的是深化报道思想。

大家知道，新闻的特性表现在以事实说话，传播具有新闻价值的客观事实。它既不能像评论那样可以直接做出理论上的阐述和论证，也不宜自我申述本身的价值。因此，唯有评论与之配合，才有可能借助评论的说理优势，通过由表及里、由此及彼的分析，有助于评价新闻，揭示事物的本质，深化报道思想，使读者不仅了解事实，而且理解事实，进而对新闻报道起到画龙点睛的作用，起到弥补稿件不足和防止片面性的作用，起到加强扶正祛邪的作用，起到扩大宣传报道影响面和教育面，从而通过个别指导一般的作用。

深化的功能具体表现在以下几个方面：

（一）开掘事物的本质，显示举一反三效应

《人民日报》1994年10月23日报道了一则新闻《关东店百货商场赢得众多回头客》。说的是在北京关东店百货商场，顾客可以买到缝衣针、自行车钢珠等不起眼儿的小商品。商场经营的价格在一元钱以下的小商品就有七百多种。商品价格也比别处低。商场坚持为大众服务的方向，实行低价格经营、高质量服务，赢得了众多的回头客。去年营业额超亿元，进入北京26家亿元商场行列。今年以来，销售也一直看好。

配合这一报道，编辑部发了一篇题为《找准位置》的编后，全文如下：

> 关东店百货商场把服务方向定位于普通消费者，也就找准了自己在市场竞争中的位置，找到了企业发展的路子。
>
> 人们的收入水平不同，消费水平自然不同，不可能整齐划一，为高收入者提供较高档次的商品和服务是完全必要的。但是，并不是所有的人钱都多得不得了，在消费者中以工薪为收入的普通消费者仍是大多数，为大众服务仍是商业服务工作的方向。中低档消费是个巨大的市场，工商企业根据自身特点，找准竞争的位置，为普通消费者提供价格合理、质量优良的商品和服务，同样会财源滚滚，没有必要一窝蜂地盯着高档消费。

文章开门见山触及实质，亮出论点，明确指出关东店百货商场以普通消费者作为服务方向的定位，是找准了位置。的确，在当时各商场纷纷盯着高档消费的情况下，这一定位显得尤为可贵。接着，分析了为什么说这是找准了位置，且具有方向性。指出定位在为大众服务的层面，不仅社会效益明显，而且薄利多销，经济效益也是有保证的。文字虽短，却触及了典型的实质，导向正确，立论很有针对性，且能给人以举一反三的宣传效应。

（二）弥补报道之不足，防止负效应

例如，《人民日报》于 1984 年 8 月 28 日曾发表过一则消息：《引滦水质令人担忧，治理污染刻不容缓》。着重报道了滦河水质严重污染的危机感，藉以引起有关部门的警觉和重视。但也有可能带来某些消极效应。如天津人会由此对饮用滦河水产生顾虑甚至恐惧心理，对领导部门为什么不采取紧急措施产生意见。为此，编者特配写了按语：

> 引滦工程关系到天津市几百万人的用水，是我国四化建设的一件大事，如果不加强对引滦水资源的保护，人们久盼而至的“甜水”就有可能变成“污水”。
>
> 国务院领导同志对滦河水系局部河段污染问题极为重视，严肃指出：必须督促污染源企业采取措施，限期治理。对那些严重污染的，一定要揭露批评。对污染实在严重、短期治理不好的企业，必须责其转产或停产。不采取坚决措施，是纠正不过来的。

按语说明了滦河污染将会产生的严重后果，又强调了保护水质的迫切意义，同时还转达了国务院有关领导同志对治理污染的关注和决心，起到了传递、沟通最新信息和稳定民心的作用，避免了消息可能带来的消极后果。

（三）延伸报道思想

《北京日报》1995 年 3 月 23 日报道了首都绿化成就的消息《首都城区绿地净增六百多公顷》。在发表消息的同时，转载了《人民日报》的一篇署名短评《添绿别忘护绿》。短评的立论重点在护绿二字。现摘要如下：

> 北京市的植被覆盖率连续十年增加两个百分点。春有花，夏有荫，秋有果，冬有青，北京越来越美了。

今年，首都和全国各地的春季造林活动开展得比往年要早，各地的造林指标也定得比往年要高一些，当层层新绿在祖国大地上铺展时，我们要提醒一句：添绿别忘护绿。三分栽，七分管，栽下的树苗需要长期的管护才能成林。如果树一栽完，指标一统计完，就完事大吉，就难免会像有些地方曾经出现的年年栽树不见林。……

添绿与护绿，是改善我们生存环境不可分离的两个部分。这需要我们各级政府持续不断的努力，也需要我们每个公民把它当作自己神圣的义务，培植绿色、爱护绿色、珍视绿色！

新闻侧重于添绿，短评则侧重于护绿。形象而又简明地提出“添绿别忘护绿”的中心论点。显然，通过言论的配合，延伸了报道思想，深化了宣传报道，全面地体现了添与护的辩证关系，有助于克服实际上存在着的只管栽不管管，重“添”轻“护”的弊端，体现了正确的导向功能。

三、协调的效应

就报道配写评论的宣传效益还表现在它可以从宣传报道的宏观上对报道发挥协调和平衡的功效。由于评论便于直接进行阐述政策、展开论辩和议论发挥，可以与新闻采取不同的立论角度和表述方式，这就有助于补充新闻报道的某些欠缺，有助于启迪人们辩证的思维和意识，有助于调控舆论温度，以正确引导社会舆论。

（一）失利时鼓劲，胜利时提醒，以平衡人们心态

在报道失利的消息时人们容易产生泄气或埋怨情绪。此时，配发的评论理应立足于鼓劲，积极协调，以平衡人们的心态。举例来说，1993年9月24日凌晨2时27分40秒，国际奥委会主席萨马兰奇于摩洛哥的蒙特卡洛宣布悉尼申办2000年奥运会成

功。北京仅以两票之差失去了机会。当时，中央电视台直播这一会议现场消息之后，过不了几分钟，播音员罗京就播发了《人民日报》评论员文章《坚定不移地走向世界》。这篇重要评论不仅发得快，而且言当其时，言之有理，把握住了引导舆论的“火候”，起到了很好的协调效应，在国内和海内外引起了广泛的反响。评论依据人们的心态和认识规律，立足于消除人们可能会产生的泄气情绪，以三个层次依次铺展论述。先说申办受挫是不足为怪的；继而阐发了奥运会重在参与的宗旨，申办就是参与，因此无论申办成功与否，都具有重要意义；最后则侧重于鼓劲、勉励和呼告，以振奋民族精神：“‘风物长宜放眼量’，来日方长，后会有期。我们相信，在这个占有世界五分之一人口、有960万平方公里国土和五千多年文明史的东方国家，奥运会五环旗高高飘起的日子，不会是很遥远的。同胞们，让我们为迎接这一天的到来继续努力!”娓娓道来，甚为中肯亲切入耳。

相反，在报道胜利、丰收的消息时，人们又容易滋生自满和盲目乐观情绪，而放松了应该继续努力去做的工作。因此，配发言论时，应当及时进行协调，成绩面前找不足，立足于提醒和引导，以平衡人们的心态。例如，1996年秋，我国战胜了旱涝灾害，农业又喜获丰收。在丰收面前，《农民日报》则发表了居安思忧的编辑部文章《居安思忧看丰收，强化农业不动摇》（1996年11月27日）。面对丰收，文章却清醒地指出：“近两年，我国农业连续丰收，但我们绝不能认为农业可以松一把劲了，更不能认为农业‘过关’了。必须清醒地看到，农业的基础地位还相当脆弱，仍然是国民经济发展中的突出薄弱环节；农业发展中的一些深层次矛盾还没有根本解决；我国人多地少，农业发展既面临着需求增长的压力，又面临资源短缺的制约，这种状况很难改变。要实现“九五”和2010年农业和农村经济发展目标，任务十分艰巨。我们一定要正确估价我国的农业形势，既要看到成绩，鼓舞斗志，增强信心，更要看到存在的困难和问题，保持清醒的头脑，防止盲目乐观。对我国农业的发展水平不能估计过高，对农产品的供给状况不能估计过高，对农民的富裕程度不能估计过高。总的看，我国农产品的供求平衡状况还是偏紧的。绝不能因为一两年农业丰收，而动摇以农业为基础的方针。”这里强调的是任何时候都不能动摇以农业为基础的方针，尤其是在丰收之时，更应居安思忧看丰收。指出这一点是重要的，且具有前瞻性。评论还着重就如何居安思忧、强化农业的论题，提出了七个方面的要求和措施，即把农业放在经济工作的首位不动摇、落实对农业的各项扶持政策不动摇、做好粮食等主要农产品的收购工作不动摇、按照国家和市场需求调整优化农业结构不动摇、抓农田水利建设改善生产条件不动摇、抓减轻农民负担的工作不动摇、发扬自力更生艰苦奋斗的精神不动摇。并就此七个关键方面展开论述和分析，站在党对经济规律认识深化的高度上，及时阐述了丰收后要继续强化农业的重要思想。文章发表后，《人民日报》破例在显著位置，以较大篇幅，转载了这篇评论。同时，也引起了中央有关领导同志和部门的高度重视。

（二）调剂舆论温度

调剂舆论温度包括两个方面：对于过热的舆论温度，通过评论的配合使之适当降温；对于过冷的舆论温度，则通过评论的配合使之适当升温。

先说降温功能。

1996年第四季度，深圳、上海的股市开始暴涨。11月、12月份更是变得缺乏理性，许多人趁机贸然入市，众多的股民们盲目跟风，一厢情愿地迷信“利好”消息。如此发展下去，股民风险极大，一旦暴跌其后果将不堪设想。有的报纸在此期间竟发表一些报道，起了推波助澜、误导读者的负效应。《经济参考》报却于12月11日发表了署名英晖的评论《股市：多一份清醒，少一份醉》，提醒和规劝股民及时回避风险。指出了暴涨之后必有“报复性下跌”的趋势。此文的价值在于，在最“热”的时候，发挥了冷处理的降温功能：“在新股民喜气洋洋，老股民弹冠相庆时，千万别醉卧股市、不顾一切地跟着往上追，当今的股民最需要的是多一份清醒、多一份理智。我国证券市场是一个只有六岁的年轻市场，法制建设、监管体系尚不健全，投资行为尚不规范。因此，过度投机引发的风险性极大。历数我国证券市场的往日教训，无不与投资者风险意识薄弱、盲目跟风有着深刻的渊源。”事隔5天之后，体现中央重要精神的《人民日报》特约评论员文章《正确看待当前股票市场》发表，两文均在降温上做文章，正证明此文的导向是正确的、及时的，也是难能可贵的。

再说升温功能。

时下，在社会生活中，由于世俗偏见和势利意识的作祟，一些环卫工人、掏粪工人、废品收购员、殡葬工作人员乃至下岗待业人员等等，常常为世人所轻视，加上舆论温度偏低，以致殴打环卫工人等事件连年来时有发生。因此，就新闻媒体而言，有意识地报道一些查处被殴事件以伸张正义是十分必要的。在发表有关报道的同时，若能适当配发言论，发挥舆论升温的功能尤为必要。例如，1994年8月24日《人民日报》发表了《北京查处殴打环卫工人事件》的报道，并配以署名言论《向环卫工人致敬》。评论写道：

> 如今，正在迎接建国45周年的北京城，处处鲜花似锦、碧草如茵。这整齐的市容，这秀美的风貌，哪一处不包含着“城市美容师”——环卫工人辛勤的劳动？哪一处没有他们挥洒的汗水？环卫工人承担的是最脏最苦最累的担子——他们每天为首都清扫4000万平方米的道路，清除一万多吨垃圾。他们做出的奉献，给人们带来了舒畅的生活环境和工作环境。如果没有他们的劳动，我们的首都将会成为一个什么

样子？

评论在热情赞扬环卫工人的特殊贡献的同时，严肃指出："最近，北京市司法机关依法惩处了殴打环卫工人的犯罪分子，人心大快！建设清洁卫生和文明的城市，就是要制裁那些害群之马！"显然，这篇短论对维护环卫工人的权益，肯定环卫工人工作的地位，支持环卫工人的日常劳动起了积极的舆论升温功能，正确地发挥了评论的扶正祛邪的舆论引导功效，也为广大读者所赞同！

第二节　哪些新闻事实需要配评论

新闻事实是否值得配评论决定于它是否有值得评论的价值。一般说来，新闻事实的评论价值不能脱离新闻价值而存在。当然，不能说凡有新闻价值的事实都需要进行评论，然而，衡量新闻是否有评论价值得先看它是否有较为重要的新闻价值，是否触及了社会生活中迫切需要解决的矛盾，是否蕴含着具有启迪性、苗头性、前瞻性或解惑性的新鲜的思想和观点。

那么，究竟哪些新闻事实尤其需要配写评论呢？

一、方向性新闻

方向性新闻指的是具有时代特点、体现时代精神、符合时代主旋律的人物、事物、经验、风尚、成就等客观现实。

改革、开放以来，随着社会主义物质文明和精神文明建设的深入开展，各条战线不断涌现具有时代精神的先进人物。诸如80年代的新雷锋朱伯儒，知识分子的优秀人物蒋筑英、罗健夫、杨为民、王启民，优秀大学生张华，节油模范、拖拉机手徐永山，全心全意为人民服务的售货员张秉贵，售票员王桂荣、李素丽，修理工徐虎，打井英雄李国安，著名的企业改革带头人、原长城风雨衣公司经理张洁世，一心为公的领导干部楷模孔繁森，无私奉献的人民医生、著名脑外科专家王忠诚，等等，对此，各报都作了报道，并配写了多种形式的新闻评论，大大鼓舞和引导了人们在社会主义物质文明和精神文明建设中开拓奋进。

与此同时，有关方向性的事物也不断涌现。诸如农村建立了生产承包责任制，出现了进行商品生产的专业户；党政分开的厂长负责制的建立；提拔重用中青年干部走上领导岗位；开风气之先和社会化方向的青年志愿者行动在各地纷纷出现和发展；在国内市场日趋国际化的新形势下，以长虹、康佳等为代表的一批具有国际竞争力的国有彩电大企业敢于主动出击，一举打破了多年来进口大屏幕彩电在我国市场占主导地位的格局；以股份制形式出现的集体所有制企业的蓬勃兴起；以浙江阳光集团为代表的乡镇企业开始走上抓管理、抓科技、促发展的中兴之路，等等。这些社会主义新生事物，是符合发展我国生产力、不断增强国力、提高人民物质和文化水平这一迫切的客观需要的。

由于旧思想和习惯势力以及“左”的错误思想影响的存在，人们对于上述具有方向性的事物，特别当它们刚破土露头时常常看不清、不习惯，甚至产生疑惑、非难或者压制打击的情况。因此，格外需要报刊公开表态予以扶持，借助言论阐明党的有关指导思想和方针政策，帮助人们释疑解惑，并根据具体情况实事求是地提出某些希望和建议，以促使新生事物的健康发展。

衡量是不是具有方向性，应以党中央的最新决定、方针、政策为准绳，应以是否有利于生产力发展、是否有利于提高人民生活水平、是否符合全国人民的根本利益为准绳，应以是否有利于促进综合国力的提高和精神文明建设为准绳。一时看不准的则不急于仓促成篇，经过调查研究加以辨明后再做出抉择。

至于在为方向性新闻事实配写评论时，要着重揭示其内涵的积极意义，热情予以扶持，注重并善于抵制和澄清来自旧观念旧的习惯势力方面的种种非难，并尽可能地提出积极的希望和建议，以促使其不断发展。

二、批评性新闻

批评性新闻指的是批评和揭露具有代表性而又有普遍教育意义的违法乱纪、玩忽职守、侵害公众利益、扰乱社会治安、道德败坏等歪风邪气为内容的各种事件。一般说来，反映这类内容的典型性报道应主动配写言论。

例如，近几年来，北京兴起了一股住宅装修热，而且出现了一种新趋向，一些住户在居室里大兴土木，随意改变居室结构。三里河一处新落成的住宅小区，一套三居室住房里，住户嫌客厅的面积不大，入住前，费了一番心思，把厅与其中一间起居室的隔断墙拆了。住户正准备享受新创造的大活动空间时，被房管人员发现。原来，住户拆掉的竟是承重墙，随时会造成楼板塌落。有的住户还自做主张将一间居室改造成洗澡间，结果上层洗澡，下层漏水。下面的住户找来房管人员，才被制止使用。就此，《北京日报》于1996年6月3日发表了一篇批评性的新闻稿《装修留下的阴影》。在发表此稿的同时，配写了编后《请“法”入室》，指出：“每栋楼房、每间居室，都具有建筑设计施工的整体性、稳定性、抗震性，首要的就是确保安全性。随意拆改，就会对房屋整体安全构成威胁，极易造成房倒屋塌的恶果。为家庭小环境安逸，破坏了居民大环境安宁；为个人赏心悦目，造成大家提心吊胆，甚至大家的整体利益受损害，这是绝对不能允许的。更何况对居室的破坏改造，是对公共财产和国家财产的直接侵害，更是法律所不容的。”在分析说理的基础上，评论还提出了一个重要建议：“当前，尽管房屋管理部门对破坏性装修有一些规定，但很不具体，也很不完善，执行力度远远不够。堵塞漏洞，杜绝这一公害，急需出台一项法规，对房屋设施、结构等制定明细的保护条例，并提出处罚办法。请‘法’入室，依法管理，严格执法，制止破坏性装修才能行之有效，才会使这种行为越来越少。”

编后着重批评了破坏性装修住宅的实质及其严重后果，并积极提出“请‘法’入室”的主张和建议。消息配上编后，强化了扶正祛邪、积极引导舆论的作用，也使有类似行径的人引以为戒，并促成以法治理的早日实现。

具有典型意义的批评性新闻稿件之所以需要配写评论，原因在于，一是借助评论可以直接分析造成错误的原因，交代背景，揭示其危害性，从而通过个别教育一般；二是借助评论可以引起社会普遍重视，引导社会舆论予以谴责，从中引出教训，引以为戒；三是可以借助评论对错误言行分析批评，以达到批评个别、教育一片的宣传效应。

在发表批评性新闻稿件时，是否要配发评论，还决定于三项条件：第一，批评稿件的内容要实事求是，事实本身务必准确无误；第二，被揭露的问题具有典型性；第三，批评稿件本身不仅提出了问题，而且在实践上已经具备了解决这一问题的可能性或具体办法。

三、倾向性新闻

这类新闻着重报道有关在落实政策中出现的涉及倾向性问题的事实。如非法倒卖土地、随意侵占农田盖房、尅扣民办教师的工资、给卖粮农民打白条、不按保护价收购议购粮、粮食丰收后忽视对农业的投入、城市择校高收费、假冒伪劣商品坑害消费者、只重经济效益忽视社会效益、在社会主义文明建设中出现一手软一手硬的情况，等等。这样的新闻很需要及时配写评论。通过言论，以便全面阐明党的有关政策，划清是非界限，传递中央最新精神，及时进行提醒或提出建议，以防止或制止偏差的扩展。

例如，各地农村收购农副产品打白条挫伤农民积极性的事，多年以来屡禁不止。对此，一要通过新闻报道予以曝光，二要配以言论以强化舆论引导的力度，才有可能制止这类不良倾向的扩展。1993年4月15日《人民日报》就此发表了一篇重要评论《今年决不允许打白条》，就产生了良好的效应。文章着重分析了打白条的危害及其原因，一针见血地指出其危害：

> 收购农副产品打白条，已成为近几年来屡禁不止的“老大难”。这种作法，危害极大。一是严重影响农民购进必要的生活资料，影响农民的正常生活；二是严重影响农民购买农业生产资料，妨碍再生产的实现，更谈不上扩大再生产；三是严重影响农民购买力，造成农村工业品市场疲软，工业企业产成品积压，效益下降；四是严重影响商品的正常交换和流通；五是严重影响党和政府与农民的关系。总之，打白条损害了农民的合法权益和经济利益，挫伤了农民的生产积极性，不利于整个经济发展和社会安定。必须坚决制止，不可等闲视之。

接着，评论着重分析其原因：为什么党中央、国务院三令五申，白条子老是绝迹不了？关键是一个认识问题。第一，相当一部分地方和部门的领导同志，没有真正从思想上牢固树立以农业为基础、把农业置于国民经济工作的首位；第二，忽视农民利益，也是打白条屡禁不止的思想根源；第三，没能正确处理国民经济高速发展时期工业和农业的关系，突出的表现是大量截流、挤占、挪用农业资金，包括农产品收购资金，去铺摊子、上项目。最后，评论还提出了制止打白条的具体措施。整个文章敢于尖锐地提出问题，又善于具体分析和解决问题，析理透彻，言之凿凿，态度鲜明，入情入理，对推动矛盾的解决起着强有力的舆论引导和监督功能。就各地反馈情况看，不少农民将它作为“尚方宝剑”，并广为传播，有效地扼制了打白条这股歪风。

在为倾向性新闻配写言论时，要坚决维护党的基本路线，坚持国家宪法的原则立场，抵制来自“左”或右的种种干扰，敢于并善于跟种种违反路线和政策的偏差作斗争，旗帜鲜明地划清是非界限，端正方向，提出中肯的建议，以防止和制止偏差和失误的扩展。

四、对比性新闻

这类新闻可分为三种具体情况。一种是同一新闻人物、单位、地区的自身的纵向对比，以反映人物和事物面貌的变化，通过事物的变化来揭示党的政策、措施的必要性和重要性。这种新闻今昔对照，以昔衬今，突出了新闻本身的价值。

第二种是将同一类型的人和事而表现截然不同的新闻，用横向对比的报道方法或编排手法予以发表，以形成鲜明的是非对照，有助于增强新闻报道的新闻价值和评论价值。

还有一种情况，主要是将反映事物的矛盾的两个不同侧面的新闻有意识地加以对照编排，从矛盾双方的各自角度是非鲜明地揭示新闻的同一主题思想，以促使矛盾的妥善解决。记得报上曾发表过这样两则不显眼的报道，一是报道由于顾客无理辱骂致使某商店女售货员服毒身亡；二是某服务商店营业员态度蛮横，致使一老年顾客心脏病发作当场身亡。将两则社会新闻孤立起来，评论价值并不明显。然而合在一起加以编排就使两者有了内在的联系，自然也就强化了评论价值。报纸及时地配写了短评《售货员和顾客都要讲文明礼貌》。不仅论题的提出显得自然，说理议论也有如水到渠成，理从事出，引人深思。

可见，一般在发表具有一定启迪意义的对比性新闻或者新闻的对比报道、对比编排时，如有言论与之恰当配合，将会有利于深化报道思想，增强宣传效果。

思考与练习

1. 有了新闻报道为何还要配写评论?
2. 哪些新闻事实尤其需要配写评论，为什么?
3. 选择报上一则批评性新闻，配写一篇短评。

下　篇

第八章　社论、评论员文章

第一节　社论的重要地位

社论(在广播、电视媒体中称为"本台评论")是代表报刊、通讯社、广播电台、电视台等媒体编辑部发言的权威性言论。它是表明新闻媒体的政治面目的旗帜。同其他的评论文体比较,社论的论题是针对当前重大事件、重大典型和重大问题发言的,具有鲜明的政策性、导向性和指导性。党的报刊社论,不仅代表编辑部发言,而且直接表达同级党委和政府的思想观点和政治立场,可以发出号召,提出任务,阐明政策,表明态度,辨明是非,指导实践。

社论的重要地位,历来为国内外报刊所认可。

在国外,就无产阶级报刊来说,马克思在德国科伦创办并担任主编的《新莱茵报》(1848年6月1日至1849年5月19日),它作为国际共产主义运动史上第一张马克思主义日报,就十分重视撰写社论。大部分社论均由马克思或恩格斯执笔,例如《六月革命》(1848年6月29日)、《反革命在维也纳的胜利》(1848年11月7日)等名篇,均为代表作。恩格斯晚年回忆《新莱茵报》时说:"没有一家德文报纸——无论在以前或以后——像《新莱茵报》这样有威力和有影响,这样善于鼓舞无产阶级群众。"①

① 《马克思恩格斯全集》,中文1版,第21卷,26页,人民出版社,1980年。

列宁在1900年12月主编并创刊出版的《火星报》上，也十分重视运用社论指导俄国革命实践。就在创刊号上，亲自写了《我们运动的迫切任务》、《中国的战争》等社论。

再就国外资产阶级报刊而言，仅以美国为例。早在1841年创刊的倾向民主的《纽约每日论坛报》就很重视社论。该报于1851年8月聘请马克思为该报驻伦敦的特约言论通讯员。此后马克思、恩格斯为其撰稿达十年之久，发表了近五百篇政论，其中不少是以社论的名义见报的。例如，马克思写的《中国革命和欧洲革命》（1853年6月）、《英人在华的残暴行动》（1857年4月），恩格斯写的《波斯与中国》（1857年6月）等名篇，都是直接论及中国问题的重要社论。当今的美国报纸仍然相当重视社论。以《纽约时报》为例。该报专设社论版和“读者来论”版。社论版上每天发表五至六篇社论。社论版的对页，是“读者来论”版，侧重发表来自读者的若干言论文字。美国资深的新闻学者约斯特在他的早期名著《新闻学原理》一书中曾经这样指出，新闻是报纸的身躯，它表示出报纸的形状和形式，而社论版则是报纸的灵魂，要是没有了灵魂，身躯就等于一具失去活力的躯壳了。

在我国，社论作为政论体裁最早发端于清朝末年，我国第一份由中国人主办的《循环日报》（1874年2月4日创办于香港），该报主编王韬是中国历史上第一位报刊政论家。该报日出四开两张（星期日停刊）。每日于报首发表“论说”一篇，也即社论，大多出自王韬手笔。借助评论，王韬鼓吹学习西方，宣传变法自强，提出了一系列改良封建政治的主张。汇集在《弢园文录外编》中的一百多篇政论，集中反映了中国资产阶级改革封建专制政体、发展民族工商业的愿望。其后，梁启超等创办并主编《时务报》（1896年8月9日创刊于上海）。该报设《论说》、《谕旨恭录》、《奏折录要》、《京外近事》、《域外报译》等栏目。将《论说》排在《谕旨恭录》之前，足见其地位之重要。每期发《论说》一至二篇，大声疾呼：国难临头，非变法不足以图强。该报论说，大多出自梁启超的手笔。“辛亥革命”前后陆续出版的《神州日报》、《民立报》和由国人主办后的《申报》，以及《大公报》、《新闻报》、《文汇报》等均以显著地位刊登社论。各报设有《社论》、《社说》、《社训》、《代论》、《时论》等社论性栏目，经常在头版显著地位刊出。

解放前，由共产党直接创办的报纸如延安《解放日报》（在解放区）、《新华日报》（在国统区）都设有社论委员会。报纸通过社论，直接向党的各级干部和广大革命人民传递党中央的重要声音。有的重要社论直接出自党中央的负责人毛泽东和周恩来等人的手笔。

1949年10月1日，全国宣告解放，迎来了社会主义新中国的诞生。在执政的共产党领导下，各级党委和新闻界继承了党报的光荣革命传统，在言论宣传中依然十分重视社论的重要功能。在建国初期，党中央的一些领导同志如党的副主席陈云、副总理薄一波都亲自为《人民日报》写社论，对实际工作起了良好的作用。这一情况引起了党中央和毛泽东主席的重视。1950年3月，中共中央为此发出指示通报全党，要求各级党委及政府负责同志应经常为报纸撰写社论或论文：应当学习陈云、薄一波等同志这种工作方法，对于自己所担负的工作，亲自动手在报纸上写这种能够透彻解决问题的社论。担任《人民日报》总编辑多年的邓拓在他1955年写的《关于报纸的社论》一文中明确指出：社论是表明报纸的政治面目的旗帜，报纸必须有了社论才具有完全的政治价值。著名政论家胡乔木于1955年11月所作的《要加强地方报纸的评论工作》这篇重要讲话中指出：“评论是报纸的灵魂、是报纸的主要声音”，“党所以要办报，就是因为要对各种事情发表党的意见，发表评论。所以党的报纸必须有评论，没有评论就不能算是报纸”。[1]

应当指出，革命导师毛泽东曾对社论工作做出过重要贡献。在长期的革命斗争中，他不仅亲自过问和审阅中央党报和新华社的重要社论，而且还为其撰写了大量的精辟的重要社论，起到了积极地宣传政策、引导舆论的重大作用。1958年初，他在写给广西壮族自治区区委书记刘建勋、韦国清的信中强调指出：“精心写作社论是一项极重要任务，你们自己、宣传部长、秘书长、报社总编辑，要共同研究。第一书记挂帅，动手修改一些最重要的社论，是必要的。”[2] 这段话既指明了领导干部要精心写作社论，而且指出了究竟应该怎样精心。这表明党中央和毛泽东本人对报纸社论的高度重视，并揭示了社论在宣传和传播事业中的独特的引导舆论的功能及其无可取代的重要地位。

那么，党报社论何以有如此重要的地位和权威性呢?

这是因为，社论是代表编辑部发言的，对执政的共产党的机关报来说，它更是党和人民的重要喉舌，不仅代表编辑部发言，在一定程度上还代表同级党委，直接表达党的观点和意图，传达党委和政府的声音。社论的主要任务是根据当前的国内外形势，围绕党和国家的中心任务，结合实际，阐明政策，作出号召，引导舆论，指导实践，因而有较强的政策性。有的重要社论直接由党和政府的领导人执笔，也就更显示它的权威性。

这是因为，社论的内容一般是针对当前的重大事件、重大典型、重大问题或重大节日纪念，表明报刊编辑部的立场、态度和意见，必要时要提出解决问题的指导思想和措施，指明任务和方向，因而具有鲜明的针对性和高度的指导性。有的重要社论实际上成了党的重要文献。

---

① 《胡乔木文集》，第3卷，9页，北京，人民出版社，1994。

② 《毛泽东新闻工作文选》，202页，北京，新华出版社，1983。

这是因为，党的领导干部亲自写作并审阅党报的社论，已经成为我国新闻工作的光辉传统。毛泽东等老一辈无产阶级革命家，在他们的长期革命实践中，都曾为报刊、通讯社写过、主持过或审阅过大量的重要社论，产生了深远的影响。这就逐步形成了党报重视社论的优良传统，由此而大大增强了我国党的报刊社论的威望和权威性。

第二节　社论、评论员文章的类型

按论述方式和方法分类，社论、评论员文章大体可分为以下五种类型：阐述型、启迪型、评介型、论辩型、礼仪和纪念型。

一、阐述型

阐述型社论（包括评论员文章），属于社论中一种常用的类型，是政治性、政策性和指导性很强的权威性社论。它的任务是，在理论与实践的结合上阐述党的纲领、路线、任务、奋斗目标，阐述党委和政府新近所做出的重要决策、决定、政策、方针和政令的实质、依据和意义，以帮助各级干部和人民群众正确领会其政治意义和精神实质，进而提高贯彻执行的自觉性，并以此规范自己的言行。

阐述型社论常常采用专题论述的方式，即指一篇文章专门论述某项方针政策。它在概述有关方针政策的主要内涵的同时，更要侧重于阐发方针政策的精神实质及其重要意义，或对有关方针政策执行过程中已经或可能出现的思想疑惑和思想倾向，从思想上、政治上进行释疑解惑和说理开导，以扫除各种思想障碍或阻力。就以毛泽东执笔的发表在延安《解放日报》的社论《一个极其重要的政策》（1942 年 9 月 7 日）为例。社论旨在阐述党中央根据当时抗日战争严峻的形势所确定的精兵简政政策的重要性，其重心则是针对广大干部普遍存在的即精简之后是否会“兵少不足以应敌”这一思想顾虑而层层展开说理论证。在释疑解惑时，巧妙地引述了孙悟空化为小虫终于战胜女妖精的故事，机智地论证了以少胜多、以弱胜强的辩证关系。风趣幽默，娓娓而谈，把道理讲到了广大干部的心坎里。

除了专题式阐述型社论而外，根据任务需要，还可采用宏观式、系列式和补正式等多种论述方式。

宏观式阐述型社论，一般用于论述党的纲领路线、最新精神、奋斗目标和重大决策，面向全党和全国人民，其精神实质普遍适用于各条战线、各行各业。例如，1995年元旦《人民日报》发表的社论《总揽全局　乘势前进——元旦献辞》，就是一篇重要的宏观式阐述型社论。

社论首先回顾了过去的一年里，在深化改革、开放、生产、宣传思想工作等方面所出现的鼓舞人心的好形势。当前，一个学习、研究和宣传邓小平建设有中国特色社会主义理论的热潮正在全国兴起；江泽民同志提出的“以科学的理论武装人，以正确的舆论引导人，以高尚的精神塑造人，以优秀的作品鼓舞人”这一新时期宣传思想工作的任务和方针已日益深入人心；党中央于年初所确定的全党和全国工作的二十字方针：“抓住机遇，深化改革，扩大开放，促进发展，保持稳定”已经并将日益显示其正确的威力。

接着，社论阐明了1995年新一年的历史意义和党所提出的指导思想，那就是“1995年是实行国民经济和社会发展‘八五’计划的最后一年，也是为进入‘九五’计划作了必要准备的一年，是承前启后的一年，更艰巨繁重、更光荣豪迈的任务摆在我们面前”。“统一思想，总揽全局，加强协调，扎实工作，是我们在新的一年里应当贯彻的指导思想”。

社论的第三层次，重点在阐述1995年的全党全国的工作任务和部署：一是“坚决贯彻最近中央经济工作会议确定的总的指导思想，进一步处理好改革、发展、稳定的关系，加快建立社会主义市场经济体制，实现国民经济持续、快速、健康发展和社会的全面进步”；二是“要更好地坚持两手抓、两手都要硬，把两个文明建设有机地结合起来，相互促进”；三是“要继续把思想建设放在首位，切实加强党的组织建设，进一步加强党的作风建设”，切实将党的建设这个新的伟大工程认真实施好；四是“要继续推进统一祖国的大业。香港回归祖国的日程已经进入倒计时。澳门回归祖国的日子也日益临近。实现祖国统一，是亿万炎黄子孙望穿秋水的宏愿。我们要按照邓小平同志提出的‘和平统一、一国两制’的伟大构想，一如既往，同台、港、澳同胞和海外侨胞一道，为加速祖国统一的进程而努力”。

总之，社论论题重要，标题鲜明，文字简明扼要。文中所表述的精神和思想，集中体现了党中央的最新意图和指示精神，有着全面的指导性和催人奋进的鼓舞力量。

系列式阐述型社论，是围绕某项方针政策连续发表的社论，各篇之间互有联系又有各自的侧重点。

补正式阐述型社论则是针对方针政策贯彻执行过程中值得注意的实际情况包括出现的偏差而写的坚持正确导向的评论，目的在于纠正和防止实践中对政策的片面理解，划清是非界限，排除“左”右干扰，进而使人们加深对方针政策的理解并完善贯彻执行的措施、步骤和方法。

写作阐述型社论，往往易于出现空洞说教、照搬文件、发号施令的情况，不能透彻地解决问题。因此，下功夫精心写作出能够透彻说理的社论，是一项艰巨而又重要的任务。这就要求作者在提笔之前切实下功夫搞好调查研究，从理论和实践的结合上透彻地了解所要阐述的对象，包括它的内涵、它的精神实质、它的客观依据、它的现实意义和思想阻力，只有在弄懂弄通所要阐述的对象的情况下，才能取得发言权。

至于在具体写作时，则还有必要从下面几个方面进行努力：

善于交代国情，说明和交代制定方针政策和有关决策的政治背景和客观形势的内在联系，以充分揭示制定并执行方针政策的现实意义及其精神实质。

立足释疑解惑，以典型事实为论据结合实际进行论证。

论述要力求重点与全面的统一，使论述既有针对性又不陷入片面性。只讲全面，面面俱到，没有针对性，就难以解决问题；反之，侧重一点而不顾及全面，又会陷入片面性和绝对化，以至把人们的思想搞乱。

实事求是地分清政策上、政治上的是非界限，力求在分清是与非的界限上阐明道理。为了防止片面性、绝对化，在说理分析时还要区分哪些是现在要做要提倡的，哪些是现在可以做但不宜提倡的，哪些是将来要做和提倡的；要严格区分未来共产主义社会和现在所处的社会主义社会的不同的政策原则，区分社会主义初级阶段与将来高级阶段的不同的政策界限，区分共产主义的思想教育和现阶段所执行的具体政策，区分对干部对党员的要求和对一般群众和读者的要求。

顾及政策的连续性及其关联性。党和政府制定的方针政策总是相互联系的。现行政策之间有横的联系，现行政策与过去政策之间又有纵的联系。因此，在阐述某项具体政策时需要适当顾及这种联系，而不宜割断这种联系。

二、启迪型

启迪型社论（包括评论员文章）属于较为常见的一种类型。它的任务着重于针对实际工作中出现的迫切需要解决的矛盾，或者现实生活中开始出现的具有普遍意义的思想、作风、领导方法方面的问题发言，从理论与实际的结合上帮助读者从思想、理论和政策上提高认识，增强党的基本路线觉悟，促进全社会的社会主义精神文明和物质文明的建设。

具体地说，启迪型社论的论述对象包括两个方面，一是结合人们的精神世界的具体矛盾进行思想疏导，侧重于务虚；二是实行对具体工作和生产实践的具体指导和启迪，侧重于务实。然而，不论务虚或是务实，都要体现虚与实的统一，思想与业务的统一，理论与实践的统一。

在写作实践中，侧重务虚时，往往容易出现简单、片面、随意拔高，或者以引证或“传达”中央精神代替论证，缺乏独到之见。因此，在写作时务求实事求是，有的放矢，理论联系实际，结合思想矛盾展开说理，把道理讲到人们的心坎里。例如，加快改革、发展，力争我国经济再上一个新台阶，这是我国人民的迫切愿望。那么，如何实现这一愿望呢？《人民日报》社论《扎扎实实登新台阶》（1992 年 4 月 28 日）正是在虚与实结合上回答了这一问题。社论认为：“能否达到这个愿望，重要的就看我们的方针、政策、措施是否对头，看我们的劲用在什么地方。”并指出：劲要用在改革开放上，劲要用在调整经济结构和提高经济效益上，劲要用在促进科技进步和提高劳动者素质上，劲要用在发育市场、拓宽市场上，劲要用在发展战略的科学决策上。一句话，把劲鼓在实处，以防止由于孤立地求快而可能出现的浮夸不实，急躁冒进的历史教训的重演。社论的立论贯穿快与稳辩证统一的科学精神。在强调指出要“加快改革开放”、“加速经济发展”、“加快经济建设的步伐”的同时，文中还多处提醒防止一些部门片面求快的情况的发生和滋长：“结构扭曲下的高速度，不是真正的高速度”；“有效益的速度才是真正的速度”；“不抓市场开拓，盲目上项目、上产量，只能是加大库存，积压资金，效益低下”；“加快经济发展，要尊重经济规律，注意总量平衡，审视客观条件，扎扎实实去干”。总之，社论于论述中，将快与稳辩证地统一起来,从宏观上体现了唯物辩证的思想引导和启迪。

至于侧重于务实的社论，则又容易出现官腔官调，或者就事论事，陷于业务或事务的狭隘圈子里，以至丧失了众多的读者。因此，在写作时尤其要明确它的写作要求和宣传效应，力求在说理论述时，善于针对思想和认识问题，就事论理，由表及里，平易近人地触及思想，务点虚，讲点理，帮助众人打开心灵深处的窗户。《福建日报》曾经发表过一篇短小精悍的启迪型社论《好人“怕”坏人的原因何在》（1983 年 9 月 1 日），执笔者是当年担任福建省委书记的项南。社论是依托这样一件新闻事实而发的：福建南平市公安机关依法逮捕了一批有严重刑事犯罪活动的首恶分子和团伙骨干。消息发布之后的第二天，就有 141 名违法犯罪分子去公安机关投案自首。配发的社论很短，三百字左右，全文如下：

> 南平市一天之内有一百四十多人投案自首，说明南平的“风”转向了，也就是社会风气转好了。现在的南平不是好人“怕”坏人，而是坏人怕好人。
>
> 有那么一段时间，南平很不平静，一些坏人在光天化日之下，横行霸道，敲诈抢劫，侮辱妇女，却无人过问。甚至犯了罪也不受法律制裁，使坏人愈益嚣张，出现了好人“怕”坏人的怪现象，南平变成“难平”。
>
> 为什么现在风向转变了呢？就是那里的政法机关腰杆子硬起来了。对作恶多端的流氓团伙采取了坚决打击、一网打尽的方针。坏人个个落网，举手就擒。这下子人民高兴了，纷纷起来检举揭发，使坏人无藏身之地。这些人感到混不下去了，与其被逮捕、判刑、处决，不如自动投案，争取走坦白从宽、改恶从善的光明之路，这就显示了专政机关的巨大威力。

由此可见，好人“怕”坏人，原因只有一个，就是打击不力。

这篇务实性启迪型社论，侧重于就事论理，重在析因，可谓一语中的，入情入理。尤其是行文言简意赅，毫不拖泥带水，且又平易近人，如同跟好友切磋交谈，语重心长，难能可贵。

总之，虚实结合是写作启迪型社论的原则和要求，为了增强思想启迪的实际效果，还有必要讲究一点引导艺术，讲究一点写作上的创新和变化。

三、评介型

评介型社论（包括评论员文章）的任务在于着重对有典型意义或重要意义的新闻性人物和事件进行旗帜鲜明的褒贬、评介，从思想、政治、理论的高度进行论述和概括，以深刻揭示本质，总结经验或教训，从而发挥其启迪思想、引导舆论的社会功能。

评介型社论的论述范围和对象主要是新闻性人物和事件。新闻性人物有典型人物和群体人物之分。事件，就其性质而言，又可分为新闻性事件、政治性事件、历史性事件、时事性事件等。

怎样发挥评介型社论的良好评价效应呢？

写作评介型社论，首要之点是立论要旨远意深，旗帜鲜明。这就要求作者具有胸怀坦荡、爱憎分明的革命情怀，努力做到评说事理宗旨高尚深远，立论高瞻远瞩，富有卓识，毫不装腔作势，吞吞吐吐。

例如，由现代著名政论家邹韬奋执笔的社论《奥国的教训》，这是一篇发表于抗日战争初期就时事性重大国际事件所写的评介型社论。文章发表于 1938 年 3 月 16 日在汉口出版的《抗战》三日刊。现将社论内容摘要如下：

近几日最震动世界的事情，莫过于奥国对德国完全屈服，最后已被德国所合并。我们从这个轰动国际的事件上能得到什么教训，尤其是对于抗战中的中国有什么教训。

第一，我们要注意的是奥地利国内的力量自己加以分裂与摧残，不肯一致团结对外，甚至到最近，该国领导人许士尼格还是要藉所谓“爱国阵线”以建立他的法西斯政权，而没有把全国民众，尤其是劳苦大众的力量，发动起来。一旦外来的侵略武力压境，许氏只有惨呼“我愿上帝保护奥地利”，殊不知自己把国力分化到这样的田地，即使有所谓万能的上帝，亦无能为力了！奥国的这个教训，应该更能使我们注意于巩固并扩大全国团结，以加强抗战的力量。

第二，我们要注意的是奥国对于“奥奸”的纵容坐视，患入腹心，一旦溃烂，措手不及，乃至无可救药。1936年的德奥协定，即允许亲德的国社党分子两人加入内阁；殷瓜特为国社党领袖，素与德国亲近，最近竟纵容他做内政部长兼公安部长，结果在许士尼格被迫辞职后，殷氏竟公开作广播演说，警戒奥人于德军入侵时，不得有抵抗的行为！可见抵御外侮，必须阵线严密，不许奸细有活动的余地。

第三，我们要注意的是许士尼格平时不从保持奥国独立上用功夫，对于民众爱国运动，加以种种的压迫，只是幻想另一侵略国的意大利的撑腰，等到祸迫眉睫，结果徒然落得被拘，“平时不烧香，急来抱佛脚”，惨呼“上帝”有什么用呢？

当然，中日的情况不完全与德奥相同，然而，奥国未能抵御德国帝国主义的侵略以致亡国，其原因却实在值得我们借镜。

这篇社论所评介的是一桩轰动国际的时事性事件，即奥地利被希特勒德国所并吞。文章没有泛泛而谈，而是旗帜鲜明地剖析这一事件发生的原委，以及对于抗战中的中国有些什么教训。文章将原因和教训归结为三点：一是奥地利国内分裂，政府未能动员民众团结对外；二是对“奥奸”的纵容坐视，患入腹心；三是政府对敌一再妥协，不予抵御，对内反倒压迫民众的爱国活动，又幻想得到另一个侵略国意大利的撑腰，结果自食苦果，终于导致阁倒国亡。这些见地言简精警，洞中肯綮。而且，写作的宗旨和立脚点站得高，看得远，旨在敦促国民党蒋介石政府面对现实，切实履行与中共达成的团结抗日枪口对外的诺言，发动民众，整肃汉奸，积极抗战，以奥国之沦亡为镜，勿再妥协卖国，重蹈奥国的覆辙。这就愈益显出作者高屋建瓴、气吞山河的非凡气概。

其次，写作评介型社论，还要善于对评介的对象进行由表及里、由此及彼的分析、概括，深入开掘，以增强论述的深度和力度。具体地说，就是要从评介对象中或者揭示其可贵精神、宝贵经验及其积极意义，以引起社会重视；或者从中总结教训，剖析原因，提出忠告，以引导舆论；或者回顾历史，以借鉴现实；或者侧重就实务虚，缘事说理，从理论和实践结合上启迪读者。至于如何使开掘引向深入进而得出精辟的结论，方法应当是不拘一格的。有的可以运用今昔对照的手法进行深入开掘，借助背景烘托以揭示评介对象本身的思想和政治意义。例如，1957 年 10 月 15 日，我国第一条长江大桥——武汉长江大桥正式通车，《人民日报》特为这一重大新闻事件写了评介型社论《伟大的理想实现了》。全文洋溢革命的激情。不妨摘录其中一段：

> 长江自古称为“天堑”。江宽水深，风起浪作。“白浪如山那可渡，狂风愁杀峭帆人。”“乱石崩云，惊涛裂岸，卷起千堆雪”。这就是古代诗人们对于长江波涛的描绘。可是，今天就是在这滔滔的长江面上，飞驰着一列列的火车，自然界的险阻向人民的意志和力量屈服了。

这段礼赞式的评介，富有诗情画意，在对照抒怀的笔触之中充溢着发自肺腑的对社会主义祖国情深意切的自豪感，读后给人以奋发激励的鼓舞力量。

有的是采用单刀直入、切中要害的开掘方法，重在剖析原因，引出教训，举一反三，发人深省。例如，山西省昔阳县的“西水东调”工程，搞了四五年，投工近五百万个，耗资几千万元，劳民伤财收益少，于1980年终于下马了。结合这一新闻性的失利事件，《人民日报》发表了评介型的重要社论《再也不要干“西水东调”式的蠢事了》（1980年6月15日），旨在剖析原因，引出教训。社论指出，这一工程弊端丛生，工程技术人员意见很大，为什么能够说上就上，并且一搞就是几年，直到粉碎“四人帮”三年之后才停下来呢？原因之一是盲目“大干”，一轰而上的极左的指导思想的制约；同时，“另一个很重要的教训就是某些领导同志的封建家长式统治。我们有些做领导工作的同志，官做大了，自己不懂科学，不懂技术，又不听专家的意见，偏要号令一切，指挥一切，甚至用个人的喜恶来左右一切。而上上下下，又有那样一些同志捧着他，护着他。明明他的主张荒谬，却要连声称赞，执行不误。于是，设计改来改去，坝址忽上忽下；真理被谬误取代，科学为献媚遮蔽”。这段分析，开掘深入，触及了问题的实质，起了警钟重锤、发人深省的教育作用。

有的是运用联系与发展的辩证观点深刻揭示事物的意义和内涵。例如，《人民日报》社论《创造新的辉煌——热烈祝贺第八届全国运动会开幕》（1997年10月12日）旨在迎接和祝贺第八届全国运动会的开幕这件重大新闻事件，并对它进行评介示义的。文中这样指出：

展望八运风云，回眸百年沧桑，我们面前打开一部奋进的世纪史。从旧中国遭受“东亚病夫”的讥讽，到新中国“发展体育运动、增强人民体质”这一口号的提出；从1932

年刘长春在奥运会上无功而返，到1984年许海峰一声枪响开始“零的突破”；从青运会、全运会连传捷报，到亚运会、奥运会频传佳音；从竞技体育一枝独秀，到全民健身运动蓬勃开展；从新中国建立后我国体育事业的基础积累，到今天“体育法”、“全民健身计划”、“奥运争光计划”的贯彻实施……所有这一切都在表明，我国的体育事业正以空前的规模蓬勃发展。我们民族的体质得到了很大改善，我国的竞技体育水平迅速提高，我国的体育设施建设日趋完善，随着“中国人民站起来了”的巨响，每一年、每一天我们都在进步。从十一届三中全会以来到1996年末，我国群众体育蓬勃发展，竞技体育在世界大赛中共获得998枚金牌，是1979年前30年共获得30枚金牌的33倍多。更为令人欣慰的是，我国体育事业发展，已经初步走上了依法管理和发展的道路。所有这一切都在证明，国运兴则体育兴、国家富强则体育腾飞！

社论运用普遍联系和历史发展的观点，在历史与现实的结合上，就我国当今体育事业的喜人发展和长足进步的活生生的大量事实做出了全面而又深刻的概述，并从中引出精警的见解，不仅鼓舞人心，也是进行爱国主义教育的一份活教材。而且，在概述中采用了排比的手法，更使文字富有气势和韵味。

再次，写作评介型社论还得正确掌握褒与贬即赞誉与针砭的指导思想及其辩证关系。

评介人和事总离不开褒与贬。褒与贬，即表扬先进与批评落后，赞成什么与反对什么，两者总是对立而又统一的，就褒与贬的关系而言，赞颂先进旨在激励后进，弘扬正气、表扬先进本身也正是一种颇见成效的批评落后、祛除邪气。而批评落后，也正是为了使之转化为先进，为了通过针砭个别达到教育一片的目的，同时，先进与落后也总是共存于统一体中，先进事物之中存在落后因素，落后事物之中也不乏若干先进因素。所以，评介人与事，无论赞誉或针砭都要力求体现实事求是，分寸适度，褒贬得体，理定辞畅的原则和要求，切勿绝对化、简单化或感情用事。

四、论辩型

论辩型社论（包括评论员文章）是以揭露和批驳来自国内外的各种敌对言行、反动思潮和腐朽思想的一种战斗性较强规格较高的重要言论。它的任务，对外，揭露、批驳霸权主义的冷战思维和行径，及其所推行的强权政治，尤其是利用“人权”等问题干涉我国或别国内政，以破坏地区稳定和世界和平的图谋和谬说；对内，则是对重大违法乱纪和腐败行为进行揭露和批判，对极左思潮进行批驳，对违背四项基本原则的资产阶级自由化反动思潮进行揭露和批驳，对拜金主义、享乐主义和个人主义等资产阶级腐朽思想的侵蚀进行揭露、辨正和批驳，旨在扶正祛邪，明辨是非，伸张正义，引导舆论。

例如，新华社社论《“友谊”，还是侵略》（1949 年 8 月 30 日）、《人民日报》社论《“四人帮”的要害是篡党夺权》（1976 年 12 月 22 日、《人民日报》社论《坚持不懈地反对资产阶级自由化》（1990 年 8 月 30 日）、《人民日报》社论《维护人权，捍卫主权》（1991 年 11 月 3 日）等，都属具有重大影响的论辩型社论。

总结历史上正反两方面的经验，在论辩时，有必要清醒地坚持下述的基本原则和要求。

一是严格区分矛盾的性质，针对不同对象，实事求是，区别对待，既敢于论辩，又善于论辩。

二是摆事实，讲道理，就本质进行论战，坚持以理服人，破中有立，反对简单粗暴，强词夺理，或在非原则问题上纠缠不休。

三是原则上的坚定性和战术上的灵活性有机结合，善于划清是非界限，既要防止温情麻木的右倾情绪，也要切忌扣帽打棍或辱骂恐吓等极左倾向。

五、礼仪、纪念型

礼仪、纪念型社论（包括评论员文章）是指有关评述和纪念重要节日、纪念日、活动日、国耻日以及外交建交、签约、各国领导人来访和我国领导人出访等送往迎来外交礼节性活动的社论。

例如，1995 年 7 月 1 日中国共产党成立 74 周年纪念日，《人民日报》发表了纪念型社论《为民造福是共产党人的天职——“七一”献辞》；1995 年 9 月 3 日是中国人民抗日战争胜利 50 周年纪念日，也是世界反法西斯战争胜利 50 周年纪念日，《人民日报》发表了重要社论《和平与正义是不可战胜的——纪念中国人民抗日战争胜利 50 周年》；1996 年 11 月 12 日是革命伟人孙中山先生诞辰 130 周年，《人民日报》发表了社论《更高举起振兴中华的伟大旗帜——纪念孙中山先生诞辰 130 周年》；1997 年 12 月 13 日为南京大屠杀 60 周年国耻日，香港《快报》于次日发表了题为《毋忘南京大屠杀的两重意义》的社论；1997 年 11 月 26 日至 12 月 3 日，国家主席江泽民应加拿大总督勒布朗和墨西哥总统塞迪略的邀请，对两国进行国事访问，这是江泽民主席对美国进行国事访问之后，我国对美洲地区的又一次重要外交行动，访问取得了圆满成功，《人民日报》为此发表社论《发展面向新世纪的全面友好合作关系——祝贺江泽民主席访问加拿大、墨西哥取得圆满成功》，等等。这些社论起到了阐述形势明确任务，表明态度揭示意义，联系实际引导舆论的重要功能。

礼仪、纪念型社论，由于逢年遇事都要写，往往易于写成例行公事式的官样文章或应酬文字。因此,特别需要有新意有力度。

这就要求立论要高瞻远瞩,善于结合当前的形势和任务,揭示纪念活动或政治活动的现实意义,陈述面临的光荣任务和时代使命,并积极地展望发展前景。

这就要求善于联系当前发生的重大新闻事件、重大典型,或针对现实的社会弊端和思想矛盾来写,以强化舆论引导的功能。例如,7月1日是党的生日,《人民日报》年年都要发表社论以示庆贺,可要年年写出特色实属不易。1995年的"七一"社论《为民造福是共产党的天职——"七一"献辞》,则显得颇具特色。论题鲜明、突出,论述也很有新意,尤其是能够联系党的优秀领导干部,新时期继承和发扬党的全心全意为人民服务优良传统的楷模孔繁森的事迹作为一面镜子来展开论述,又能适当联系干部队伍中严重存在的腐败现象,从反面进行对照,从而从褒与贬的结合上旗帜鲜明地论述了颇具新意的见解。

这就要求恰当地通过交代有关事件和活动的社会背景和政治背景,或总结有关事件的正反两方面的历史经验,以烘托其政治价值,强化其现实意义。

这就要求社论精当,分寸得体,逻辑严谨,文字清新畅达,富有中国作风和中国气派。

第三节　评论员文章的规格和形式

报刊评论员文章是新闻评论中常见的一种文体,是仅次于社论的重头评论。多年来,报刊上的社论特别是省市级报纸的社论数量偏少,评论员文章则有日渐增多愈显重要的发展态势。

一、规格

评论员文章的规格介乎社论和短评之间,它是报刊、新华社、广播电台常用的属于中型的重头评论，具有重要的导向功能和喉舌作用。它与社论没有严格的界限，必要时可以升格为社论。形式上它虽然并不像社论那样直接代表编辑部集体或同级党委的意见，但它反映编辑部的观点和倾向，有着一定的权威性。

作为评论国际方面新闻事件的评论员文章，主要评论国际事务中既重大而又较具体的事件或问题，它常常代表党和政府发表对外政策、方针的意见和表示态度的一种重要的评论形式，比之评论国内问题方面的评论员文章更有权威性。据说国外常藉此作为取得中国政府对国际问题反应的渠道之一。

评论员文章除了一部分以独立形式发表外，多数情况是依托有关典型或配合重要报道结合形势任务而发，在运用上比较自由、灵活。一般说来，它具有社论的性质和要求，但均由报刊各业务部门自己撰稿，编辑部自行定稿，通常情况下不像社论那样要送同级党委或行政部门审阅。尽管它的规格不及社论，但重要的写得较好的评论员文章，客观上起着同社论同样的作用。

二、形式

评论员文章的形式主要有：本报评论员文章、本报特约评论员文章、观察家评论等。

（一）本报评论员文章

本报评论员文章，以体现报纸编辑部的立场、观点和态度为主旨，通常是不署作者姓名或笔名的。自 80 年代中期以来，一些报刊也陆续出现了署上评论员姓名或集体笔名的本报评论员文章。不过，这种情况多半适用于就典型报道配写评论的时候。大凡涉及阐述有关政策法令，涉及民族和宗教政策，涉及外交政策和策略等等重要论题，需要体现集体智慧或有关领导部门的意见，为慎重起见，以不署名为宜。

（二）本报特约评论员文章

评论员文章的一种特殊形式。冠之以“特约”二字，用以加重评论作者的身份，也为了标明系社外人士所写。

它的任务是就当前重大理论问题、思想问题、政策问题和重大改革举措发表独到见解。规格比本报评论员文章要高一些，主要约请有关党政领导机关或理论学术机构的负责干部、专家，以及学有专长的有关人士撰写。一般不署名，必要时也署名。由于它来头大，块头也大，人称之为“超重型评论员文章”。

在新闻评论史上，中央级报纸如《人民日报》、《光明日报》等所发表的有些权威性的特约评论员文章，曾经起过重大的历史性作用。

例如，发表于 1978 年 7 月 11 日《光明日报》的特约评论员文章《实践是检验真理的唯一标准》，其立论直接针对“两个凡是”的形而上学的指导思想，即认为凡是上了本本的就得照办，即使已经被实践证明是错了的也要坚决执行，并对其进行针锋相对以理服人的论辩，在理论与实践的结合上维护了辩证唯物主义“实践是检验真理的唯一标准”这一重要原则，对于解放思想，拨乱反正，坚持真理，推进我国的改革发展事业起了重要的推动作用。

再如，发表于 1996 年 12 月 16 日《人民日报》的特约评论员文章《正确认识当前股票市场》，也是一篇起着重要导向作用的评论。1996 年 4 月以来，我国股市逐步回升，10 月以后出现暴涨，深圳证券市场成分指数涨幅达百分之三百四十，这在国际证券市场上是罕见的。文章明确指出这种暴涨是不正常和非理性的。暴涨必然会骤趋暴落，这将会造成严重的股灾，给广大股民带来灾难。文章还着重分析了暴涨的种种不正常的原因，进而提出抑制过度投机，坚持“八字方针”（即“法制、监管、自律、规范”）规范证券市场的主张。这篇评论对平抑我国的股票市场和制止金融危机直接起到了富有前瞻性的舆论引导功能，其作用不可低估。

（三）观察家评论

它是评论员文章的另一种形式。通常用于重要的时事评论。在抗日战争时期，新华社曾以“延安观察家”、“延安评论家”的名义播发过各种时事评论。新中国成立以来，《人民日报》对一些重大国际时事问题，必要时也发表一些以“观察家”评论名义发表的时事评论。近年来刊出的较有影响的如《人民日报》观察家的《谨防冷战思维抬头——驳“遏制中国”论》(1996 年 1 月 26 日)等。以观察家的身份出现，可以使评论显得更加客观和具有权威性。

写法上，观察家评论着重于评析和论辩，寓评论于“观察”之中。观察形势，分析形势，预测未来。80 年代以来，有的报纸如《经济日报》等尝试运用这一形式评论国内问题特别是经济问题，已日益引起读者的注意和兴趣。

第四节　社论的写作要求

一、集思广益、精心写作

社论作为表明新闻媒体政治面目的旗帜，具有一定的权威性。因此，务求集思广益精心写作。诚如革命伟人毛泽东对省委书记们所指出的：“精心写作社论是一项极重要任务，你们自己、宣传部长、秘书长、报社总编辑，要共同研究。第一书记挂帅，动手修改一些最重要的社论，是必要的。”① 这段话不仅明确指出了精心写作的正确态度，而且指明了究竟应当怎样精心。具体说来，要从以下两个方面进行努力。

---

① 《毛泽东新闻工作文选》，202 页，北京，新华出版社，1983。

（一）集体研究，精心修改

从50年代起，《人民日报》一些重要的阐述型社论的产生过程充分体现了这一要求。具体的作法是报纸编辑部事先研究和审定社论选题的内容纲要，并报送党中央有关领导同志审阅，经审阅批示修改同意后，由社论作者写成初稿打印几份在内部传阅修改或根据需要再请有关专家阅正，最后交总编辑定稿，必要时再送中央负责同志审定。整个过程贯串了集思广益、集体研究、精心修改的严肃负责的精神。

在这里，作为总编辑有责任对社论作负责的审定。看它在理论上是否正确？在政策上有无错误，是否符合党的决议和指示精神？在逻辑上是不是周密，论证的方法是否得当？在结构上是否适当，前后段落和层次的安排是否合理？在语言上是否准确、鲜明、生动？在措词语气方面是否合乎分寸？

例如，50年代邓拓担任《人民日报》总编辑时，写过一篇社论《在反贪污、反浪费、反官僚主义的伟大斗争中，发动群众的关键何在》，发表在1952年1月4日《人民日报》上，全国各省市报纸纷纷转载。此文中心论点在阐明发动群众的关键在于领导。文章立论准确，论辩有力，分析深刻，得到党中央主席毛泽东的赞同。社论产生过程是这样的：先由总编辑拟写初稿，再经中央有关同志修改，最后由毛泽东精心修改多处才定稿的。所以，正确地体现了党中央的思想观点，对“三反”运动的深入开展起了积极的指导作用。就以标题的修改而言，文章原稿题为《在反贪污、反浪费、反官僚主义运动中，发动群众和领导群众的关键所在》，经集体反复修改最后改成现题。由于变陈述语气为疑问语气，又去掉了一些可以省略的词语，使得改题比原题的措词更为准确、有力。

（二）党委书记亲自写作或动手修改一些最重要的社论

一般地说来，党委书记对全面情况比较了解，对政策方针的制定心中有数，有关政策执行贯彻中的问题也比较清楚。因此，经他执笔或过目修改，可使社论增添权威性。同时，也有利于促进党政各部门、促使编辑部重视社论工作，提高社论质量，进而促进整个报纸宣传报道水平的提高。

二、面向干部与面向广大读者

作为报纸的社论，它总是面向各方面读者发言的。不同的对象所关心的问题自然有所不同，但社论一般地应当尽可能以广大的人民群众为对象，而不宜局限于很小的一部分有关的党政干部和有关专业部门的工作人员。应当讨论广大人民群众所普遍关心或具有普遍兴趣的问题，而不应当仅仅讨论很小的一部分专业人员所关心或感兴趣的问题。也就是说，要面向广大的读者对象，把专门业务问题从它们同广大群众的密切关系上加以阐明，以引起广泛的兴趣和关注。《人民日报》就每年全国人代会通过国家预算一事，以前常要为此发表社论。编辑部公认此类社论是最难写的。什么和平的预算，建设的预算，工业要增长，文化卫生事业也要有所发展，人民生活又将逐步改善，等等，都不可不谈，又不可多谈。社论内容大都同预算的报告重复，读来十分乏味。记得，当时中央主管新闻宣传的负责人胡乔木替《人民日报》撰写过一篇关于国家预算的社论《读 1956 年国家预算报告》（1956 年 6 月 16 日）就别具一格，打破了老一套。社论不光是面向人大代表、部分党政干部和有关专业人员发言，而是面向广大读者，把眼睛对着广大读者说话的。社论一开始就提出一般读者对待国家预算的心理，觉得尽是数字，很枯燥，接着就说明国家预算同每一个人的关系，把每一个读者的心同国家预算联结起来，非读这篇社论不可。

相反，有的社论特别是务实性社论，由于只面对有关专业部门的干部和读者发言，而没能面向广大读者说话，因此，失去了众多的读者，人为地削弱了社论引导舆论的社会功能。例如，写加强春节交通运输管理工作方面的社论，如果孤立地面对交通运输部门说话，指出当前运输很紧张，因此要做好计划编制工作、调度工作，要注意行车安全，等等，这样就难免陷入了事务性，未必引起广大读者的兴趣和关注。倘若面向广大群众说明春节运输紧张，交通部门已经采取了什么措施，能解决多少问题，还有多少问题不能解决，因此，在这个基础上劝说广大旅客尽量减少春节期间的旅行，提示交通运输部门职工开动脑筋增加客运量、提高服务质量。这样就会有利于缓和由于春节交通运输紧张而带来的广大旅客和交通运输部门之间的尖锐矛盾，也可促进交通运输部门切实搞好春运工作。

三、严肃庄重与通俗平易

社论作为新闻评论，不同于一般的文件和指令，不宜随意使用行政命令的口吻，而要着重从思想认识上阐明问题，将社会生活现象提到政策、理论高度加以分析和阐述，使群众的认识水平提到党的政策的高度，从而达到统一思想、统一行动。

社论作为指导性很强的严肃庄重的政论文体，又不同于其他的新闻评论尤其是以个人身份发言的言论。也正因此，常常容易写得枯燥乏味，行文生硬，居高临下，套话连篇，令人敬而远之。为此，在写作时，往往格外要重视正确地运用人民群众的活生生的语言来写作，适当地穿插运用散文的笔法，力求把抽象的道理或事物矛盾讲述得浅显明了，夹叙夹议，文情并茂，言简意赅，平易近人，以争取更多的读者，更好地发挥思想启迪和舆论引导的社会功能。

举例说吧。1997 年 12 月 13 日是日寇南京大屠杀 60 年祭日。香港特区不少报纸对此发表社论，尤以《快报》的社论《毋忘南京大屠杀的双重意义》（12 月 14 日）写得严肃而又平易，深刻而又通俗，义正词严、言简意赅，读后深受启迪，令人深思。文章不长，不妨一读：

昨日是南京大屠杀60年祭。

60年来，日本一些右派在“真相”上不断做文章，把二战惨绝人寰的历史惨案轻轻带过。不惜改写课本，在世人面前撒谎。

真相本来就无可争辩，要说证物，南京挖出的万人坑是最有力的控诉。

近年一位名拉贝的德国商人在南京大屠杀时拍下的照片，由后人送到中国，从另一角度提供了实据。

一部从未公开的南京大屠杀实况影片，此时也在美国发现，片长三十多分钟，以当时八毫米胶片拍摄，在无声的黑白纪录片上看到抢掠、杀人甚至奸淫的情景，惨不忍睹，令人发指。

这笔血泪账，任凭日本的极右分子怎样狡辩，老一代的中国人以至新一代不会忘记，抵赖只会更深伤害中国人的感情。

60年祭前后，内地、香港及台湾分别有民间活动，悼念死于铁蹄的同胞，敦促日方在史实面前向中国人民认错。

今日谈历史教训，赋以双重意义：从宏观的角度，警惕军国主义复活，不是一时一地，需持之以久，以维持全球和平，这方面中日人民有责。

站在国人立场，要使我们的后辈铭记“弱国无安土”，提高危机感与国民责任感，尽快使国家强盛起来，历史悲剧方可免于在中国土地上重来。

应该说，这是一篇十分严肃庄重的社论。可写得气壮山河，简洁有力，深邃鲜明，剀切明晰。短短五百余字的社论，有针锋相对的论辩，有确凿事实的佐证，有伸长正义的呼唤，有义愤填膺的表态，有历史教训的生发，字里行间渗透着中国人民的爱国情愫，表达了亿万中国人民的心声，寓有很强的舆论导向功能。

此外，适当地引用富有哲理的谚语、格言、成语等浅显易懂、生动形象的言语、词汇到社论中来，将会有助于使社论写得既严肃庄重又通俗生动、平易近人，从而更好地激发并鼓舞众多的读者为社会主义精神文明和物质文明建设事业而奋发向上、开拓向前的政治热情。

思考与练习

1. 什么是社论，为什么说社论是新闻媒介的旗帜？
2. 社论、评论员文章有哪几种类型？
3. 评论员文章有哪些形式？
4. 怎样增强社论、评论员文章的可读性？

第九章　短　　评

短评是一种篇幅短小、内容单一、分析扼要、使用灵便的编辑部评论。它根据党和政府的方针政策，常常配合新闻报道就现实生活和实际工作的某一个方面的问题，代表编辑部发言。在选题、评述范围、立论角度、篇幅、规格等方面，它比之社论要具体单一、轻便灵活、短小精悍，一般由编辑部的具体部门定稿，属于新闻评论中的“轻骑兵”。

短评的形式不外乎这样两类：一是针对某一问题某一事物，发表简短的评论；二是通常配合新闻报道，就实论虚，起深化报道、启迪一般的作用。

第一节　短评的特点和要求

短评的特点和要求主要表现在以下几个方面：短小精悍、新鲜独到、生动活泼、就实论虚。

一、短小精悍

短评，顾名思义，理应是简短的、精炼的，否则就不成其为短评。它一般配合新闻报道发表，对报道有一定的依附性。如果说社论是重型的武器，那么，短评则是一种轻便灵活的轻型武器。不仅篇幅要短，一般在五百字左右，还要求内容、结构以及行文语气的集中。短评的论点应当集中、鲜明，论述应当一气呵成，力求达到“言近而旨远，词约而意深”，而不应当成为社论或长篇论文的缩写。

短评要写得短小精悍，就要扣紧新闻事实进行议论，论题具体一些，论述要力戒空话、套话，避免“穿靴戴帽”，善于精心构思认真修改。

二、新颖独到

安全生产怎么抓？一般的做法自然是加强管理、完善制度和对职工进行思想教育。然而，哈尔滨铁路局除此之外，特别注重发挥职工家属的特殊作用。铁路局领导把家属们请来看事故录像片，请她们到作业现场体会丈夫工作的责任心和危险性，唤起“贤内助”们对安全生产的关注。一时间，在几十万职工家属中形成了“主妇围着主业转，妻助丈夫保安全”的可喜局面。为此，《人民日报》发表了署名短评《“妻贤夫祸少”》（1995 年 4 月 1 日），着重就发挥“贤内助”效应的特殊功能这一新鲜角度发表评论。在说理分析的基础上，评论耐人寻味地生发独到之见：“家庭应该成为大江瀚海边上的港湾，或者是万里征途中的加油站。只要这个‘港湾’是平静的，‘加油站’是全天候的，远航的舰船、出征的车辆，就会不断增加新的动力。哈铁局挖掘‘贤内助’效应的做法，其他一些行业是否也可以借鉴一下呢？”

再如，农业生产要想上去，科技知识必须下去，这一点已成共识。但怎样“下”才能把科技下乡这件好事做到每个农民的心坎上，却是个值得重视和思考的迫切问题。《人民日报》1997 年 1 月 17 日发表的署名短评《把好事做到农民心上》，着重指出科技下乡要多为农民办实事：“粮食丰收了，如何科学存粮，是部分农民关心的话题。来年的市场趋势如何，怎样做好规划，才能使种地获得最大的效益，这些科学管理的问题，也应该纳入科技下乡的服务范畴。春播在即，预测气候的大体走势，分析土壤的肥情，选择合适的品种，提供优良品种的识别方法和货源……所有这些具体的问题，科技下乡时也都要为它们找到准确的答案，因为对于农民来说，这比学习理论知识来得更为迫切和实在。”这一立论不仅新鲜独到，而且富有前瞻意识和导向性。

由上可知，新颖独到，指的是要有新鲜引人的题目，对工作、生活、思想各方面的新问题及时加以评论。当然，这跟它所依托的报道有着密切的关系。如果新闻报道本身能提供新的由头、新的思路、新的论据，就有助于短评的新颖引人，给人以新的启发。

其次，短评要新颖引人，还得有新颖独到的见解，有新的角度、新的论据、新的表述方式，以此给人以新的启迪。一些短评之所以写得一般化，引不起人们的兴趣，往往跟文章本身缺乏新意、角度老一套不无关系。也正因此，要提高短评的写作质量，就得下决心剔除泛论，选取新的立论角度。

诸如，可以结合实际，采用正面角度，从典型人物的言行中选取论题、确定立论切入点。

可以从正反事例的对照中进行立论。适当采用这一立论角度，有助于短评褒贬统一，是非鲜明，发人深思。

还可以采用反面或侧面的角度，针对社会上对典型和方向性事物的片面看法甚至流言蜚语，在与之思想交锋中确定论题展开论述。例如，大学生张华为了救掏粪老农而不幸身亡。有人曾经认为这样做是所谓用金子去换石头。有一篇报纸评论在批驳这一论调时，就是从面对这一反面观点的角度进行立论和论述。文章鲜明地指出：按照这种逻辑加以推论，既然大学生换老农是不上算的，那么，女民警周怡舍身救小学生当然也是赔本的买卖。因为小学生还需花费国家大量钱财方能成才，而女民警则正当青年有为，为国出力之时，还是让小学生被地铁火车压死合算。至于青年舍身救青年总该上算了吧。不，可爱的“数学家们”又会回答说，这还是不上算，因为这是互相抵消，结果等于零。于是，结论只能是那些看着别人面临绝境，而见死不救、袖手旁观者自然是最能为国家为人民的利益着想的人啰！由于立论角度针对性强，又善于运用归谬法进行论辩说理，格外显示出逻辑的机智和力量，给人以深刻的启迪。

总之，写作短评要善于围绕中心工作提出论题，从具体、新颖、多样的角度立论。力戒言论的一般化和公式化。至于一篇言论究竟选取哪个角度为宜，这要根据读者最能接受最为关心的问题，根据矛盾发展的实际情况决定。对于重要的典型报道，必要时可以通过系列评论，连续地从各个不同的角度选题立论，拓展立论的广度，开掘立论的深度，从而形成广泛的社会影响。

三、生动活泼

生动活泼，主要表现在分析说理的生动引人，议论风生，构思的精巧引人。

生动活泼，还表现在体裁结构的活泼多样。结构可以开门见山，也可以采用问答式、对照式，还可以采用抒情排比式、假设推理式。这些都可根据实际情况灵活运用，完全不必拘泥一格。

生动活泼，更表现在表述方式纷呈异彩，运用自如。根据不同的情况和内容，或者采用赞扬式，或者采用针砭式，或者采用鼓动式，或者采用感想式。讲究评论写作的表述方式，讲究表述方式的多样性、灵活性和创造性，有助于克服评论写作的呆板、老一套。

不妨举个实例。据说某地监察局查处一位干部的“湖吃海喝”，说他筷子头上，一次就吃掉了千余元。于是此干部呼冤。待到把酒肉账一摊，才使他想起那一回“主人”兴师动众，倾巢而出，陪者之众，竟达两桌。没想到 20 人的酒饭，全记在了他一人头上。为此，《人民日报》于 1990 年 6 月 1 日发表了一篇题为《罗汉陪观音》的短评。文章是这样立论和表述的：

批评大吃大喝的主角，很必要，也应批评一下那些陪吃者，外面来个人，多人陪宴，有人称此为“罗汉陪观音”。客人只一位，陪吃倒有十八。

然而知道底细的人，却说罗汉陪观音是十分“必要”的。不陪，罗汉喝什么？肉账如何开销？酒柜如何充实？难怪一位机关干部下去工作，见有那么多的基层领导“亲自陪宴”，真是诚惶诚恐，然而那基层的陪客，三杯下肚以后，道出了真情：“请不必不安，其实是你请我们而非我们请你呀！”

拒宴不吃，固有许多难处。但这一屁股坐下去，那十八罗汉陪吃喝的账，说不定就算到你这观音菩萨的名下了。

请君三思。

短评的立论、表述和构思可说是相当精巧的。一是以借喻拟题，显得形象、幽默；二是批评重点显然由“观音”转向“罗汉”，角度新，立意巧；三是一语道破了“罗汉”陪“观音”的秘密；四是以“请君三思”四字戛然结尾，提醒了“观音”要三思而行，认清行为定向，唯有坚决“拒宴不吃”方能保持自身廉洁，有利于扭转社会不良风气。既找出病根，又对症下药，读来耐人寻味。

四、就实论虚

短评多半是配合新闻报道而发表的，以报道所提供的新鲜事实为由头、依托或论据，旨在画龙点睛，就实论虚，就事论理，从政策法规上、思想上、理论上揭示事物意义，通过现象深入事物的内部联系，升华人们的认识，深化报道思想，以达到依托个别、引导一般的目的。因此，就实论虚，充分发挥评析的优势，正是短评的一个重要特点。

例如，1997 年 6 月 11 日《北京日报》发表一篇题为《大稿村保护农田，文明殡葬无坟头》的消息，正面报道大稿村树立了文明殡葬新风的新鲜事实。同时，配写了一篇署名短评《坟头堆不得》。文章旨在就实论虚，着重分析坟头侵占耕地的危害及其实质：坟头侵占耕地，为法规所不容。它破坏农田水利整体环境，后患严重，不可等闲视之。让死人与活人争地，死人并不受益，活人却要受罪，搞得遍地坟头，种不了粮食、蔬菜，活人还怎么活下去？坟头侵占耕地，其实质正是陈规陋俗、封建迷信在作怪。因此，关键是党政干部要做工作，带领农民更新观念，同坟头等陈规陋俗彻底告别。通过说理分析，从个别上升到一般，产生了普遍的引导效应。

再如，《人民日报》曾经发表过一篇吴滤写的题为《第一道工序》的署名短评。在依托个别指导一般这一点上表现尤为突出。新闻事实是这样的：天津棉纺一厂曾一度发现织出的布，有时出现黑点和油丝线。于是该厂随即组织工人和技术人员对各个工序各个车间进行一次普遍检查。终于在该厂的头道工序清花车间的棉包底下发现一小块油毡，由此推断黑点是由油毡上的沥青造成的。起先该厂组织一百多工人专拣污棉，后来，决定派人到河北省有关产棉区访问农村的轧花厂。于是，终于真相大白。原来，不少农村的轧花厂存放籽棉时怕棉花受潮，就用油毡垫底。同时，由于轧花厂机器陈旧，轧花时甩油。找到了棉花污染的原因，棉纺一厂和其他各厂决定分别与重点轧花厂采用“定点挂钩”的办法，主动派出技术人员到挂钩的轧花厂就地协助检修机器，给予技术指导。由于城乡通力协作，终于提高了皮棉质量，进而减少了纺织品的次品率。

这件事并非惊人之举。然而，纺织厂打破城乡界限帮助轧花厂共同为提高皮棉质量而努力，反映了城乡协作互助的新面貌新风尚，意义确实不小。《人民日报》短评贵在就实论虚，高屋建瓴地提出了一个办社会主义企业要有全局观点的大问题。短评深刻指出，其实，任何事物都是同它周围的事物相联系的。轧花厂的成品，是棉纺厂的原料。从这个意义上说，轧花厂同棉纺厂的关系，确实是上道工序同下道工序的关系。看到这种关系，确定把轧花厂看做是棉纺厂的第一道工序的观点，正是我们所提倡的把局部置于整体之中的全局观点。接着，短评由此及彼展开联想和推理：由此想到，国民经济的分工虽是愈来愈细，但是众多的国民经济部门却仍是一个互为前提、互相制约的整体。岂止轧花厂是棉纺厂的第一道工序？铁矿、煤矿同钢铁厂之间、钢铁厂同机械厂之间，也存在着类似的关系，前者也需要有这种"第一道工序"的观点。短评循着事物之间普遍联系和不断发展这一客观规律，通过分析和推理，赋于典型性的新闻事实以新的思想境界，使人们大开眼界，豁然开朗，较好地发挥了依托个别以指导一般的作用。

为使短评体现通过个别指导一般的功能，关键在于说理要体现虚实结合这一特点和要求。由上例可以得出几点看法：

其一，报道所提供的新闻事实是短评立论的基础。评论所要分析、解决的矛盾，是报道中反映出来的；评论所要提倡或反对的东西是报道中所涉及的；评论所要表明的观点和所要阐述的思想又是从报道的事实中引申出来的。也就是说，评论的论点从报道中来，但又高于报道；评论的思想从实际中来，但又高于实际；评论的论据从群众中来，但又高于群众。

其二，由于短评的议论是针对报道而发，所以新闻所报道的事实就常常充当了议论的由头，借此水到渠成地引出议论。在阐述论点的过程中，报道所提供的活生生的事实，又理所当然地充当了分析和说理的论据。这就使得短评不仅应该而且便于就实论虚。由于报道是客观实际的反映，就使得短评的务虚不是空洞的，具有很强的针对性。同时，由于有现成的真实的新闻事实做论据，在务虚过程中可以直截了当引出论点，生发开去，而无需寻找更多的论据展开反复论证。

其三，凡属成功的言论，说理议论既要依托新闻事实，又要有所超脱和深化。殊不知依托不等于局限，有的短评常常局限于复述报道的事实本身再加上一般性的表态，常常是就事论事，或者泛泛而谈，言论和报道缺乏内在联系。与其说是配，不如说是凑，犹如画蛇添足，自然也就失去了配写言论的意义。正确的做法是，评论对于报道，不仅要借题更要善于发挥；不仅要依托报道的事实，更要善于务虚，从理论和政策的高度来分析矛盾，剖析事实，从本质上揭示事物的本质及其意义，以达到深化报道的目的。

第二节　短评怎样才能短小精悍

短评，顾名思义是一种篇幅相对短小的评论。为此，在写作上特别要求新颖引人，言之有理，而且行文力求短小精悍。那么，怎样才能写得短小精悍呢？

一、立论以报道为依托，在深化上下功夫

初学者在配写短评时往往会出现两种不良倾向：或拘泥于报道，一味简单重复报道内容和思想而止于就事论事；或游离于报道之外而不着边际地空发议论，以致引起读者反感。其原因之一是因为没有认识到短评与报道之间的又依托又深化的关系而仓促提笔所造成的不良结果。因此，在配写短评时立论既要以报道所提供的典型性事实为依托，又要在深化报道思想上下功夫。

这样做的好处在于，由于有了现成的新鲜而又典型的新闻事实作为立论的由头和依据，既可以使短评的立论和论述有所依据，有助于就事论理，有的放矢，避免泛论；又可以使言论结合实际阐述党和政府的有关方针政策，有助于深化报道思想；还可

以使言论省却由于引用有关论据或另述由头所需要花费的一些叙述方面的笔墨，有利于节省篇幅。

例如，《人民日报》刊登过一篇新华社的新闻报道《福建教育厅通报表扬民办教师徐友和》。报道如下：

> 新华社福州1983年8月30日电（记者蔡珪村）　福建省教育厅最近通报表扬了用双臂撑住崩塌危墙，救出全班学生的闽西永定县岐岭公社陈东小学民办教师徐友和。号召全省教育工作者学习徐友和老师的高尚的职业道德和优秀的思想品质。
>
> 今年3月29日上午9时左右，风紧雨大，徐友和老师正在教室里给一年级学生上课。忽然，教室隔墙上的沙土、小砖块不断掉落下来，整堵隔墙摇摇欲倒，顷刻间就要向学生们压下来。在这千钧一发之际，徐老师不顾个人安危，一个箭步向危墙猛冲过去，一面奋起双臂撑住已经倾斜的危墙，一面高声呼喊："同学们赶快离开教室，墙要倒下来了！"这时松动的砂石、砖块一个劲地往徐老师的头部、腰间猛砸下来。没等学生全部撤离教室，危墙就"轰"地一声压了下来。徐友和老师被砸，受了重伤。然而，当浑身血迹斑斑的徐老师发现有两名女学生因来不及跑开也被压在墙下时，他竭尽全力从土石堆里挣扎着爬出来，奋力抢救了两名女学生。两名女学生脱险了，徐友和却昏倒在地上。
>
> 徐友和自1972年担任民办教师以来，热爱党的教育事业，爱护学生。他来到陈东小学任教后，看到这所学校的房屋年久失修，经常漏雨，曾多次自己动手进行检修。为使学生能安静和安全地上课，他几乎全部地放弃了自己的休息时间。

在登载这一报道时，编辑部特配写了署名叶伴的短评《光表扬是不够的》。全文如下：

民办教师徐友和在教室崩塌的情况下，用双臂支撑危墙，救出全班学生，其英雄行为，感人至深。福建省教育厅通报表扬他，完全应该。

但是，细读这篇报道，又觉得光有表扬是不够全面的。从1972年徐友和担任民办教师时起，陈东小学的房屋就因年久失修而经常漏雨。然而，除徐友和自己多次检修外，并无他人过问。人们要问，该小学所在的村和镇的有关领导是否知道这个情况？采取过什么措施？他们对这起事故的发生该承担什么责任？是否引起教育当局的重视？

据统计，目前全国小学的危房占百分之十二，中学危房占百分之十。天有不测风云，危房崩塌很难避免。如遇风险，肯定会有更多的徐友和这样的老师挺身而出救助学生的。然而，学生的安危毕竟不能靠老师的双臂来保证。根本的办法是修缮教室，减少危房。

由上述报道和评论可以看出，新闻是表扬老师救护学生的崇高精神；评论则由此深入一步，由师生遇难的原因着手分析，进而批评了有关教育部门忽视教育事业以致对危房没有及时采取修缮措施而造成了严重后果。这就有助于推动问题的解决。在批评的基础上，短评还进而指出全国中小学危房的大量存在的事实，为了避免类似的塌房事件的发生，提醒并建议各级教育部门尽快修缮教室，减少危房。可以说，这些分析、批评和建议旗帜鲜明，击中要害，发人深思，有助于推动矛盾的解决。从新闻和短评的关系上看，短评依托新闻事实，又从不同的角度补充了报道的不足，深化了报道思想。短评与报道一起配写，两者相辅相成，相得益彰，增强了报纸的指导作用。

由此可知，依托报道写短评至少有两大好处，首先，对新闻报道来说，可以起到锦上添花、画龙点睛和加强扶正祛邪、引导舆论的作用。众所周知，新闻的特性表现在以事实说话，传播具有新闻价值的客观事实。它既不能像评论那样可以直接做出理论上的阐述和论证，也不宜自我申述本身的价值。有了评论与之配合会有助于评价新闻、深化报道思想，从理论和实践的结合上揭示报道的意义，使读者不仅了解事实，而且理解事实，从而增强整个宣传报道的理论色彩和指导作用。

其次，对评论本身来说，有了现成的新鲜而又典型的新闻事实作为立论的依托和论据，这就有助于就实论虚，说理分析，避免泛论；也可以使评论省却由于引用有关论据或由头所需要花费的笔墨，从而节省篇幅，使短评真正做到短小精悍。

二、论题具体些，角度小一些、新一些

一些短评之所以未能做到短小精悍，其中一个重要原因正是跟题目偏大、角度过大分不开。例如，在一些校报中，论及校风校纪建设的评论中不少的论题偏大且泛，不是《倡导良好的校风校纪》、《树立良好的学风校风》，就是《要大力加强校风建设》、《为搞好校风校纪而努力》。由于论题偏大，篇幅不小，内容却流于空泛。大致不外乎这样几个层次：校风的重要性——我校校风主流是好的，但也存在着不少问题——如何大力加强校风建设：首先要加强思想教育，同时要健全各种规章制度，还有领导要带头，人人从我做起。这样面面俱到、洋洋大观的文章和议论是很难映入人脑和深入人心的。

相反，凡是有的放矢地集中议论一个具体问题或一个问题的一个侧面的短评，就容易写得短小精悍，言之有物。例如，表扬一个先进人物，最好从他事迹中选择一点闪光的东西加以评论；批评一个坏的典型或针砭某个社会时弊，也应选择一点去揭露去批驳去分析，切忌面面俱到。记得，清华大学校报上有一篇短评，题目是《严肃考试纪律，维护优良学风》。此文没有全面地论述校风校纪建设，而是有的放矢地论述其中一个具体的考试纪律问题。鉴于考试作弊现象屡有发生，已成为一个败坏校风的突出问题。评论抓住上个学期末考试有20人作弊受到校方严肃处分的事实，就此展开评析：尽管三令五申，但总有那么极少数人，视考试为赌博，视法规为儿戏，弄虚作假，自欺欺人。这种人见到社会上的不正之风如果触及到他的自身利益时，或许要咬牙切齿议论一番（当然无可非议），但你自己的行为又属一种什么之风呢？要不要在批评不正之风的同时，也伸出一个指头来刮一刮自己的脸皮呢？短评论题具体，角度小而新，着重分析考试作弊的性质，不作泛泛之论，并且选择在期末考试到来之前发表，以前车之鉴，旨在提醒大家引以为戒，令人深省。

三、开门见山，不落俗套

据《辽宁日报》1997年12月19日报道：辽宁省副省长高国珠日前严厉批评了那种开会专讲套话的不正之风。他说："今后，不管是发言还是写稿，都要开门见山，要少来'几下子'。"原来，12月16日至19日，辽宁省市、县外贸改革与发展工作会议在海城市召开。会议在交流经验时，几个代表的发言都套话连篇，开头皆为"在方针、路线指引下，在上级精神鼓舞下，在省、市领导的关怀下，在县、区领导的重视帮助下，在兄弟单位的支持下，在全体职工共同努力下，在大好形势鼓励下……"一口气讲了"七八下子"，还没有进入正题。为此，他严厉痛斥了这种不正之风，并深刻指出："如果每个人发言都来几下子，那么，不仅浪费了时间，也助长了一股'讲套话'的不正之风，所以，必须狠刹此风。"

这些见解，对写作短评不乏启迪作用。就结构而言，短评的开头对全文长短优拙有明显的制约作用。开头套话连篇，拐弯抹角，拖沓冗长，势必会将读者吓跑了，谁还会耐着性子读下去呢？开头把面铺开了，文章自然也短不了，读者也会不满意。开头问题提得突出鲜明，开门见山，不落俗套，文气也就顺流而下，便于一气呵成。

例如，《人民日报》1997 年 4 月 15 日发表通讯《渤海湾紧急呼救》。多年来由于海洋污染，一些名鱼逐渐绝迹，一些普通的鱼虾已形不成渔汛。配合报道，报纸配发了短评《救海即自救》，开头写道：

> 拯救渤海、拯救海洋实际上就是人类的自救。怎样展开这场自救？一要治污，二要养海。

这叫开门见山表明论点，显得鲜明醒目、提纲挈领。

又如，《新闻出版报》有篇署名短评《“乞讨”掌声不可取》(1995 年 5 月 2 日)，开头写道：

> 时下，在一些文艺演出和电视节目的现场直播中，似乎存在着一种较为普遍的现象：主持人或演艺人员向观众“乞讨”掌声。此事虽属微枝末节，却令人生烦，甚至在一定程度上影响了演出的效果。

一开头就一针见血地将实际生活中的某一矛盾现象具体地提了出来，这是另一种开门见山的手法。有了矛盾，就为分析矛盾准备了“靶子”，引发了思路，也有助于使言论写得顺畅、集中。

再如，《中国青年报》有篇短评《不可掉以轻心》（1986 年 11 月 21 日）的开头是这么写的：

> 有人认为，农民走出土地发展商品生产，耕地问题已无足轻重，减少点没关系。
>
> 为了弄清这个问题，我们不妨算一笔账：我国有八亿农民，如果每人每年为建房多占去一平方米耕地，那么全国一年就将减少一百多万亩耕地。我国现有耕地十多亿亩，照这样速度随意占下去，若干代后，我国将有很多地方无地可耕。……

短评以论辩方式开头，将在随意占用耕地问题上新出现的错误思想直截了当地端了出来，随即展开针锋相对的说理论辩。这种开门见山，瞄靶射箭，一触即发的爽朗笔法，使分析说理紧扣对立面的思想展开，格外显得明快犀利，一气呵成，有助于消除人们的思想误区，给人以新的启迪。

四、长话短说，评在实处

短评要做到短小精悍，在文字上还得有所控制，力求长话短说，惜墨如金。有必要打破大中型评论文章惯用的写作程式，重在亮明观点，画龙点睛，评在实处，不必过多地进行论证。

《体育报》曾登过一篇三句话的短评，是作为《奥林匹克短论》于 1984 年 8 月 2 日在第一版发表的。题目是《中国——万德夫》。全文如下：

许海峰获得奥运会第一枚金牌后，有些外国报刊不约而同地写道："中国——万德夫。"

"万德夫"就是"真棒"、"真行"、"妙极了"的意思。

从 52 年前外国报刊说"看中国人明日如何跑"一直到今天的"万德夫"，这是一个多么大的变化啊！

短评只有三句话，全文总共 87 个字，却有一定深度。它从体育运动的历史性变化这个窗口，使人们看到新中国的翻天覆地的变化，触发人们今昔联想，给了各条战线人民新的鼓舞和激励！它所以能写得如此短小精悍，原因是论题十分具体，立论的角度也很小，开门见山，再加之长话短说，评在实处。文章没有正面颂扬许海峰获得奥运会第一枚金牌的事迹，而是别具一格地从外国报刊的反应、从侧面揭示许海峰获得第一枚金牌的重大政治意义，而且还进一步以此和 52 年前外国报刊对中国体育运动的轻蔑性言词鲜明对照，更强化了许海峰荣获第一枚金牌的重大历史意义，进而激发了广大读者的爱国主义热情。

思考与练习

1. 什么是短评，短评的特点是什么？
2. 怎样才能使短评写得短小精悍？
3. 选择报上一篇报道，为它配写短评。

第十章 编者按语

编者按语不是独立的新闻评论文体，而是一种依附于新闻报道或文稿的画龙点睛式的简短的编者评论，是报刊、通讯社、广播、电视等新闻传播媒介的编者专用的对新闻稿件所加的评介、批注、建议或说明性文字，也是新闻媒介的编者最常用的一种发言方式。

第一节 编者按语的性质和功能

一、按语的渊源与发展

编者按语是一种最简短和轻便的编者评论。其渊源可以追溯很远，其写法和作用，与中国古代的史学与文学评点较为接近。曾有人撰文，认为中国最早的编者按语是《史记》中司马迁在“本纪”、“列传”、“世家”之后所写的“太史公曰”。虽然古代的“史赞”与今天新闻评论中的编者按语在性质上存在着本质的不同，但其依托史实有感而发、三言两语点破题旨、评人论事直抒己见的写法，与今天的编者按语确有不少相近之处。例如，司马迁在《史记·李将军列传》的末尾有这样一段评点：

> 太史公曰：传曰：“其身正，不令而行；其身不正，虽令不从。”其李将军之谓也！余睹李将军，悛悛如鄙人，口不能通辞。及死之日，天下知與不知，皆为尽哀。彼其忠实心诚信于士大夫也！谚曰：“桃李不言，下自成蹊。”此言虽小，可以喻大也。

这段文字，有理论性论据（“传曰……”、“谚曰……”）；有事实性论据（“余睹李将军……皆为尽哀”）；有议论（“其李将军之谓也”、“彼其忠实心诚信于士大夫也”、“此言虽小，可以喻大也”。论据充分，态度鲜明，分析中肯，文字简约，的确可以为今天的编者按语提供良好的借鉴。宋代司马光在其所修的《资治通鉴》中，也常插入“臣光曰”，对历史人物、事件的是非功过或解释、或评价、或议论，以表明自己的观点和态度。以上这些史学评点，很多可称之为千古流传的“按语”佳作。此后，很多文学评点也与今天的按语有相近之处。如明末清初的文学评论家金圣叹评点《西厢记》和《水浒》，经常在文学作品的某个段落或某个典型的细节描写后加入自己的评析注释，分析评价其写作技巧，褒贬议论其人物、事件，也起到了某种按语的作用。

作为新闻评论体裁之一的编者按语，是近代报刊发展的产物。在1833年我国境内出版的第一份近代中文报刊《东西洋考每月统记传》中，开始出现了一些类似编后的言论。在1853年创刊的《遐迩贯珍》中，出现了一些位置居于文前、文后的编者按语，或以此介绍文章的由来及刊载目的，或评点文章主旨及有所生发。1876年上海《申报》开始出现附于文后的编后，侧重于对报道与文章的评析、议论，有时还借题发挥。但编者按语形式与新闻报道的有机结合和这一形式的着力运用，当数梁启超、汪大燮任主笔的《中外纪闻》。1895年12月16日，原《万国公报》改名为《中外纪闻》后，作为强学会机关报正式出版。虽然该报只办了一个月零五天，出报18期，但几乎每期都有附于文章之前或之后的编者按语。这类短小的评论，多在文前加“按”字标明，文章言简意赅，几十字到百余字不等。配合某条新闻，联系当时形势，或就事论理，或评点生发，以此为变法维新引导舆论。

就无产阶级报刊评论而言，马克思、恩格斯、列宁和毛泽东，在他们主编或领导的报刊中，都很善于运用编者按语发表意见、表明态度，以增强报刊宣传的思想性和导向性。在我国抗日战争和解放战争时期，延安《解放日报》和晋绥分区的《晋绥日报》都注意运用编者按语这种评论形式褒贬批注、扶正祛邪，在宣传政策和指导实际上发挥了重要作用。毛泽东同志曾在《对晋绥日报编辑人员的谈话》中特别称赞该报的编者按语，对其运用编者按语的形式对一些错误的观点和材料及时加以批注的做法予以肯定，也指出了他们在运用按语时的某些不足。毛泽东同志本人为报纸和书刊写过不少按语，包括文前按语和文中按语。即使在全国解放后国事繁忙的情况下，仍不时亲自为报刊撰写编者按语。

改革开放20年来，新闻评论得到了空前的发展，编者按语也不例外。在有些报纸上，几乎每天都可以看到不同形式的编者按语，除为新闻报道和文稿配发按语外，也可以见到为新闻图片和图表配发的按语。在按语手法、风格多样化的同时，一些报刊还尝试采用编后前置（即把编后提前到文前按语的位置），或采用广播、电视节目“主持人点评”等等方式，使编者按语的样式更加不拘一格。

二、按语的性质

与代表媒介编辑部的权威性言论社论（或本台评论）及代表媒介编辑部意见的评论员文章或短评相比，编者按语是一种编者评论，它是编者对所编辑、刊（播）出的报道或文稿直接进行评介、议论的方式，也是编者在记者（或作者）和受众间架设的一座沟通的桥梁。

按照性质和内容来分，编者按语大体可分为两类，即说明性按语和政论性按语。

（一）说明性按语

说明性按语是编者对新闻或文稿所加的说明或提示性文字，可以介绍作者身份，交待背景材料，说明有关情况，表明刊载（播发）或转载的目的，以引起人们的重视和兴趣，帮助人们了解及理解新闻或文稿。

例如 1983 年 10 月 16 日，《光明日报》发表了一篇访问记，题目是：

左宗棠的爱国主义精神在历史上闪光　　（主题）

——记王震同志谈左宗棠　　（副题）

文章的作者是左景伊。看毕标题和作者姓名，读者很可能关心作者与左宗棠是否有血缘关系，于是该报在正文之前，配发了一条编者按语：

> 左景伊先生是清末爱国将领左宗棠的曾孙，全国政协第六届委员会委员，北京化工学院教授。不久前，他访问了王震同志。我们征得作者同意，在此发表这篇访问记。

这篇按语交待了作者的身份和访问记的由来等有关背景材料，回答了读者可能提出的问题，并以此引发读者的阅读兴趣。

1991 年 12 月 9 日，《经济日报》推出一个新的栏目《三百六十一行》，为了这个新栏目的设置，专门发表了一篇“编者的话”：

> 过去人们常用“三百六十行”来概括社会的行行业业，但是改革开放以来却涌现出了许多新兴的行业。从今天开始，我们向大家推出一组“三百六十一行”的报道，首先安排六篇，它们分别是搬家、保安、证券、信息、咨询、保姆和装修，以后还将陆续介绍其他一些新的行业。
>
> 我们刊登这组报道的目的，一是向大家介绍这些新兴行业的由来以及目前的状况，使大家进一步了解改革开放带来

的变化；二是为关停企业安排职工提供一些思路，希望有志者举一反三，在广开就业门路、加强社会化服务上下点功夫，使安排城镇待业人员和农村富余劳动力的工作向深度和广度进军；三是提请有关部门未雨绸缪，在各种新行业如雨后春笋般发展起来的同时，研究如何加强管理和引导，使新兴行业走在健康、利国、利民的轨道上，让从业人员和消费者皆大欢喜。

借助于这篇按语，编者对新栏目即将陆续刊发的报道做出“预告”，以引起读者的关注。同时，又详细介绍了推出这组系列报道的用意何在，即不仅让人们了解这些新兴行业，而且能为有关企业和部门提供新思路和新课题，从而起到很好的“导读”作用。

（二）政论性按语

政论性按语是编者对新闻或文稿所加的简短的评介或议论性文字，可以提纲挈领地点明报道的中心思想，可以依附于报道传达有关精神、划清是非界限和政策界限，也可以运用褒贬提示、引申生发等方式通过个别启示一般。

例如《人民日报》1989 年 3 月 4 日在第六版刊登了一组来信，五位分别来自四川涪陵、湖北天门、山西高平和山西神池的记者或读者，诉说了自己写批评报道或稿件后遇到的不同对待，反映当地有关领导在对待批评的问题上，或打击报复或诚恳接受的截然不同的态度和做法。为这一组来信，《人民日报》配发了编者按语：

常言道，良药苦口，忠言逆耳。面对我们工作中的缺点错误和社会上的不良现象，一些同志不顾个人得失，敢于秉笔直书，大胆批评，这是一种对党和人民事业负责的态度。对待群众的批评，一些领导人闻过则喜，“有则改之，无则加勉”；而有些领导人却讳疾忌医，甚至对提意见的同志打击报复。两相对照，哪种态度开明，有益于改革开放，是不言自明的。群众的批评即使有些出入，甚至批评错了，只要不是无中生有，领导干部就应正确对待，而不应采取压制、报复的手段。当然，我们希望写批评稿的同志一定要慎重，尽量做到事实准确，客观公正。

按语在开头部分旗帜鲜明地肯定了这些对社会上不正之风及不良做法大胆提出批评的同志“是一种对党和人民事业负责的态度”；然后将对待批评的两种不同的做法进行对照，划清正确与错误的界限；接着，按语分析了对于不够准确甚至是错误的批评应采取的正确态度；最后又对写批评信的同志应注意的问题提出了善意的忠告。按语以对领导干部的提醒和告诫为主，适当地指出批评者需注意之处，文章虽短，但不失鲜明、中肯。

三、按语的功能

编者按语是配合新闻报道或文稿而发的评论形式，是编者为受众更准确、更全面、更深入地了解新闻和理解新闻而写的短小评论，也是编者借助于新闻或文稿传达自己的态度、意图和观点的发言方式。从这个意义上说，编者按语既是编者在记者（作者）与受众间架设的一座沟通的桥梁，也是编者与受众直接对话的“窗口”。其功能主要体现在以下四个方面：

（一）提示说明

在前面介绍说明性按语的时候，这一功能已经有所提及。在很多时候，由于新闻报道或文稿的形式和内容所限，无法在文中对包括作者情况、背景材料在内的相关资料加以说明和解释，而这些情况对于帮助受众了解和理解新闻又是相当必要的，在这种情况下，编者按语就可以起到除“导读（视、听）”之外的解释与说明的作用。

例如，1992 年 3 月 17 日，《健康报》刊登了一则通讯《麻风病人逛扬州》，介绍了江苏省邗江县皮肤病防治所春节期间组织麻疯病人乘车游览扬州的新鲜事。随车采访的记者，真实地记录了这些远离社会的麻疯病人看到扬州巨大变化时惊喜、激动的表情和话语，读来让人十分感动。为这篇报道，报纸配发了一篇简短的编后：

向偏见挑战

现代科学证实，麻风杆菌在自然状态下存活不超过24小时，而且95%的人对麻风病有自然免疫力。即使得了麻风病，采用联合化疗的方法，7天即可消除其传染性，轻症6个月能治好，重症两年可治愈。

邗江县皮肤病防治所组织麻风病人逛扬州，无疑是对视麻风病人为洪水猛兽偏见的一种挑战，我们为之叫好！

按语在第一自然段重点介绍了有关麻疯病的医学常识，用以消除人们对于麻疯病因无知而造成的偏见和恐惧感，也是对邗江县皮肤病防治所采取这一“大胆”行动所做的最有说服力的说明。有了这一说明，读者才会理解报道的内容和意图，也才能真正理解编者“为之叫好”的原因。

（二）评价表态

对于一些需调动舆论的力量予以针砭或弘扬的事物、现象或做法，编者按语可以通过直截了当的褒贬评价，起到明辨是非、扶正祛邪的作用。

《中国青年报》1994年4月19日在头版头条位置刊登了长篇通讯《不该发生的事件——程加连见义勇为反被诬》，报道了长期在西安打工的安徽农民程加连，在3月5日“学雷锋”这一天，把一被骑车人撞倒摔成骨折的老人送进医院救治，反被老人的女儿诬为肇事者，不仅遭到打骂，而且被强行勒索。虽然此事经有关执法部门干预得到妥善解决，但对于多次见义勇为的程加连仍造成心理上难以平复的创伤。为这篇报道配发的按语写道：

> 人们在抱怨雷锋太少、英雄太少时，需要想一想我们应给英雄们营造什么样的社会环境？中国有句老话：滴水之恩当涌泉相报。而偏偏有这样一些人，受人救助，不但不感激，反而倒打一耙。这样的人不受到谴责，这样的风气不刹住，今后还有谁敢学雷锋呢？程加连见义勇为不求回报反遭诬陷的事件不能不引起人们的深思。

按语联系到一个时期以来人们对不良社会风气的抱怨，对程加连见义勇为反遭诬陷一事明确表态，不仅对这种不道德的人和事予以抨击，而且借此呼唤为英雄营造良好的社会环境。文字虽短，但态度鲜明、严正，起到了针砭时弊、扶正祛邪的作用。

（三）提醒建议

对于尚未造成影响、尚未产生后果的不良现象或潜在问题，对尚未引起注意、尚未形成风气的新生事物或新鲜做法，可以通过编者按语的形式，配合报道予以提醒建议，以唤起全社会的关注，形成有利的舆论环境。

《中华新闻报》1997 年 6 月 16 日对一组新闻报道分别进行了点评，其中一篇提到南方一家报纸不久前刊载《机场反劫机目睹记》一文，以一次反劫机演习为背景，详细地介绍了公安部门如何与“劫机者”周旋，反劫机突击队如何接近飞机，最终如何抓住时机冲上飞机制服“劫机者”等全部过程。在随后的编辑点评中，编者议论道：“新闻媒体如此细致报道我反劫机手段，可能使某些心怀叵测之徒熟识这些手段，并‘学会’如何防范，显然有负面作用。”按语抓住一些媒介片面迎合受众口味，不考虑新闻传播实际效果的做法予以及时的提醒和告诫，虽然编者所担心的结果并未成为现实，但这种担心不无道理，以此为新闻媒介打一打“预防针”，是完全必要的。

同时发表的另一条消息，披露了华北一家报纸曾于1997年初发表了《英雄爱上打工妹》的新闻，说徐洪刚将于4月份与在北京某宾馆打工的某人举行婚礼，而实际上徐洪刚已有妻室，消息纯属道听途说。为此，编辑点评在对编造假新闻的现象明确表示其反对态度后指出："它又一次告诉新闻传媒单位，对此类由自由撰稿人撰写的新闻来稿绝不能轻易听信，一定要认真核实，以坚决杜绝假新闻。"按语不仅表明对此类现象的态度，而且对新闻媒介提出忠告和建议，望其严格把关，使假新闻无隙可钻，这也是杜绝假新闻最重要的做法。

（四）强调补充

对于新闻报道的中心思想，可以通过编者按语的形式加以突出强调，以引起受众的重视；还可以运用编者按语补充报道思想，将其上升到理性的高度，帮助受众从更深层次上理解新闻、认识事物。

1992年3月13日，包括《人民日报》、《经济日报》和《北京日报》在内的首都多家主要报纸都在一版刊出新闻，报道了北京商业界的"老字号"、当时北京最大的国有商业企业北京东安集团公司兼并北京手表二厂的消息，并分别配发了评论，其中，《经济日报》的"编辑点评"写得很有特色：

带方向性的突破

王晓雄

一家商业企业兼并了一家工业企业，这是一次带有方向性的重要突破。

扭转工业企业的亏损局面，调整产业结构是重要的一举。但是究竟怎么调整，却是难以解决的问题。看来，下决心兼并，不仅由工业兼并工业，也可以由商业兼并工业，迈出这一步，调整产业结构的问题迎刃而解。

工业战线人员过多，企业改革不可避免地要遇到精减人员的问题。富余人员向第三产业转移是大势所趋，这个大方向必须看准。我国的第三产业不是多了，而是还很不够，应该得到适当的发展。

跨行业兼并，领导要开明。自己的“孩子”养不活，让别人去养未尝不可，只要“孩子”健康成长就行。北京东安集团公司兼并北京手表二厂一举，壮大了一个商业企业，救活了两个工业企业，工业商业双双受益，何乐而不为。

胆子再大一点，思想再解放一点，新的突破还在等待着我们。

按理说，企业兼并并不是一个新鲜的话题，类似的报道已屡见不鲜，之所以这一兼并事件引起诸多媒介如此广泛的关注，就因为它是一次跨行业的兼并，为如何调整产业结构进行了一次大胆的尝试。这篇按语着重揭示事件的意义所在，指出它是一次“带方向性的突破”，联系到当时邓小平同志南巡讲话刚刚提出的“改革的胆子再大一点”、“思想再解放一点”，这一事件给人们的启示显得更为深刻。按语把这一启示明确地揭示出来，补充与深化了报道思想，使这一做法具有更为普遍的借鉴意义。

总之，编者按语的功能有多方面的表现，只有选择恰当的新闻报道、配发恰当的按语形式、运用恰当的议论手法，才能恰当地发挥按语的作用。该配未配与滥用按语，皆不可取。

第二节　编者按语的形式及特点

依据编者按语在和新闻报道配合过程中所处的不同的编排位置，自然形成了三种不同的表现形式，即文前按语、文中按语和编后，三种形式又各有其不同的表现方式和特点。

一、文前按语

文前按语，也称题下按语，在广播、电视中称为编前话，它是新闻传播媒介特别是报刊的编者常用的按语形式。在三种按语形式中，它的编排位置最为显要，通常冠于文前或栏前，片言居要，显得庄重。在报刊上发表时，常用楷体或比正文大一号字体排出，需要时还加框或加线处理，以突出其重要的地位。

《人民日报》1990年11月17日刊登了一篇原载于《农民日报》的读者来信，反映一车由山东曲阜运到福建光泽的鲜葡萄，沿路遇到近百个关卡，经层层盘剥，被勒索现金1200元，连遮货的篷布也被抢去抵罚款。货运到光泽时，5吨葡萄全部烂光。这封来信的标题是《再不治治拦路虎，今后谁敢跑运输》。为其配发的文前按语是这样写的：

> 建议大家都来读一读这篇来信。这是几个普通汽车驾驶员发自内心的呼号！
>
> 拦路虎“拦”了什么？仅仅是“拦”了这几位汽车驾驶员亦或类似的这样一批汽车驾驶员的利益吗？不，是“拦”了许许多多城市居民和农民的利益！试想想，兴旺的城乡市场，市民吃的、穿的、用的，农民的产品变成商品，哪一样离得开运输（包括国营、集体、个体)？畅通的运输，是人民生活的必要保证，也是城乡经济发展和繁荣的必要前提。拦路虎如此目无“王法”，自设关卡，胡乱收费，难道不值得严加关注?!
>
> 取消拦路虎也是整顿经济秩序的一项重要工作，希望各地方政府和有关经济部门从经济大局出发，治一治这类现象，为整个经济的良性发展创造良好的条件。

这是一篇政论性文前按语，第一自然段，编者的义愤之情溢于言表；第二自然段，重点分析了“拦路虎”的危害所在：不仅拦了几位司机的利益，而且拦了城市居民和广大农民的利益，阻碍了城乡经济的健康发展；第三自然段联系当时正在全国开展的整顿经济秩序的工作，呼吁各地方政府和有关部门把惩治“拦路虎”也作为此项工作的重要组成部分。

从以上例子可以看出，除编排位置显著突出的特点外，文前按语还有以下两个主要特点：

一是行文提纲挈领，文字简明扼要，不必复述所依附的新闻材料，也不必展开论证，只需直接提出自己的见解和观点。

二是以编者身份发言，通常情况下既不署名，也不必拟标题，只需在文前附上“编者按”三字即可。

二、文中按语

文中按语，又称文间按语，是报刊独有的按语形式。它与新闻报道或文稿既有配合的关系，又有渗透的关系，通常置于文章的字里行间，在新闻报道或文稿的某句话或某段文字后面打上括号，加上“编者按”、“编者”或“按”字，就报道或文稿中的词语、提法、材料、内容，或诠释补正，或评点批注，便于读者领会文意，帮助读者加深认识，有时还可以代表编者修正失误、提出希望等等。

作为商品生产者，如何在搞好生产的同时懂得经营、学会经营，是广大农民近年来遇到的新课题。《人民日报》在1986年12月25日曾发表一篇题为《养鱼能手学卖鱼》的报道，介绍了浙江的一位养鱼能手如何在市场经济的海洋中学会“游泳”的事例，并配发了三则文中按语，全文如下：

> （过去，我们常说“产供销”；近来，有些人把它倒过来了，开口就是“销供产”。这反映出人们的观念正在发生变化。广大农民在商品经济的海洋中，从把生产放在第一位，改为把销售放在第一位，也就是说把市场放在第一位，是个深刻的变化。下面这个养鱼能手学卖鱼的故事，是这场

变化中的一个小插曲。——编者)

浙江省江山县礼贤乡泉塘后村农民毛祥炎，养鱼有四五十年历史。他承包村里的水库养鱼，平均亩产都是二百五十多公斤。周围群众称他“养鱼能手”。想不到，这位养鱼能手却在卖鱼中碰到了新问题。

一次，毛祥炎一大早捕到了五百多公斤鲜鱼，运到衢州市场。谁知，那里鲜鱼多得不得了，鱼价还不如江山县好。他马上将鱼货运回江山县城，来回近百公里，气温又高，原来的鲜活鱼变成了死白鱼。结果，每公斤只卖得八角来钱，比在衢州卖还少收入四五百元钱。(不会做生意，有东西也卖不出个好价钱。这个教训说明，对一个商品生产者来说，经营技巧比生产技术还重要；埋头生产，不问市场，不懂经营，势必要碰钉子。——编者) 从此，毛祥炎每次走亲访友，或到县城办事，都要去集市上转转，了解鲜鱼上市的数量、价格和销售情况。

不久，毛祥炎发现，他们那一带城乡市场除几个节日鲜鱼较多外，平时很少有鲜鱼露面，群众难得买到鲜鱼，价格也较高，而且随着人们生活水平的提高，这个矛盾越来越突出。于是他一改过去捕鱼大小一锅端的老习惯，先后置办了专捕大、中、小鱼的三副鱼网，实行捕大留小，轮捕轮养，均衡上市。(过去，春养冬捕，集中上市，因为那时养鱼的少，平常买鱼的也不多。如今养鱼的多了，随着人民生活水平的提高，大家都希望经常吃到点鱼。实行轮捕轮养，正符合了商品生产发展的需要。——编者)

毛祥炎每次把鱼捕起来后，用拖拉机直接运到市场，鱼儿鲜活，价钱就好，很快销光。他算了算，去年鱼增产不多，收入却比上年增加两千多元。今年尽管鱼市竞争激烈，毛祥炎的鱼始终很俏，效益也比去年好。他说：“我养了一辈子的鱼，现在才初步学会做鱼生意。这大概就是报纸上常讲的单纯的生产型转为生产经营型吧。”

文中第一段按语引出了话题，把报道中具体人物和具体事件所处的大背景介绍给读者，让读者从一开始就能从立足全局的角度看这篇报道。第二段按语插在毛祥炎卖鱼的教训之后及接受教训、了解市场行情之前，按语以毛祥炎不问市场、有好鱼也卖不出好价钱的典型事例，议论经营技巧的重要性，显得顺理成章。第三段按语放在毛祥炎置办了三副鱼网，捕大留小、均衡上市之后，结合毛祥炎养鱼、卖鱼的具体做法和市场需求新的变化，为养鱼专业户们提供了可资借鉴的新鲜经验。三段按语彼此之间并不衔接，但都与前后的报道内容融为一体，编者的意见和建议也在自然而然之中表达出来，没有生硬与割裂之感。如果把三段文中按语的内容合并为一篇，文章的论题很容易显得分散，议论的针对性和说服力也会受到一定的影响。从这个例子可以看出文中按语的几个主要特点：

一是与所依托的报道或文稿既配合又融合，直接评点批注，议论针对性强。

二是有感即发、有疑即注、有错即批，使用方便、运用灵活，容易避免副作用。

三是言简意赅、鲜明泼辣，便于阅读、易于理解，适应读者的认识规律和接受心理。

三、编后

编后，又称编余、编后小议、编辑后记等，在广播、电视中称为编后话，它是一种附于新闻报道或文稿之后的编者按语，是编者依托报道有感而发的抒情、联想及议论性文字，旨在补充和深化报道或文稿的主题或中心思想，在帮助受众领会和理解其意的同时，增强其深度和力度，使报道或文稿锦上添花。

《人民日报》1995年6月8日曾登载了一则消息，报道了地处祖国东北边陲、不占地利优势的齐齐哈尔车辆厂，通过建立适宜人才生长的良好环境，如实施"十百工程"、建立激励机制等，留住了一支高能高效的科技队伍，使企业产品不仅覆盖国内1/4以上的市场，还远销十几个国家和地区，企业连年盈利。为这篇消息配写的编后，标题富有形象感——《林茂鸟自多》，文章的议论也颇具新意：

> 古语云："林茂而鸟集"。道理很简单，枝叶繁茂、花多果硕、虫蠕蝶飞的森林，特别适合鸟类的繁衍生息。
>
> 在人才争夺十分激烈的今天，地处东北边陲的齐齐哈尔车辆厂一千多名工程技术人员，为什么能够"北雁恋故土，南雁不思归"，一心一意留在"车城"创大业？根本原因还在于"车城"的水草丰盛，林木繁茂，"大雁"们有一个比较好的生存和工作环境。
>
> 现在"三资"企业从民办企业挖人才，民办企业从国有企业挖人才……人才争夺战愈演愈烈。在这种情况下，与其怨天尤人、封锁堵截，倒不如像齐齐哈尔车辆厂那样，为科技人员创造良好的工作环境。因为——"林"茂"鸟"自多。

这篇编后十分短小，文笔也较为生动。全文以古语开头，进而对其含义进行了形象化的描述，如同在读者面前展开了一幅大自然生趣盎然的画卷。第二自然段引出报道中的事实，并继续运用形象化的手法点明原因所在。在最后一段，编者联系当前人才市场的激烈竞争，把局部经验上升为可供各方借鉴的"用人之道"，完成了由具体到抽象、由个别到一般、由现象到实质的最后过渡。回顾新闻报道的主题《"北雁"恋故土，"南雁"不思归》，反观编后的标题，可以很明显地看出两篇文章标题词语的关联和寓意上的深化。

通过这篇按语，我们不难看出编后的特点：

一是发表形式有所不同。编后不同于位置居于文前题下的文前按语和直接插入文间的文中按语，它可以（也最好）有标题，也可以署名。

二是写作要求有所不同。文前和文中按语由于形式和篇幅所限，多采用论断式语言，直接提出编者的看法或观点；编后的写法则接近随感或短评，不仅需要必要的分析议论，而且可以抒情、联想和借题发挥。

三是功能的侧重点略有差异。文前按语冠于文首，其强调、提示作用较为明显；文中按语穿插字里行间，其注释、点拨作用较为突出；编后置于报道或文稿末尾，其引申、生发的作用较为普遍，以使受众有所思考、有所回味。

近几年，随着新闻评论样式和手法的百花齐放，不同体裁间的渗透和借用越来越普遍。在编后的运用过程中，有时也出现了“编后前置”这一特殊的按语使用方式。例如《经济日报》1990年11月16日头版头条的标题《克服行为短期化，完善承包有新招——吉林市把国有资产保值增值纳入承包内容》之后，是一篇既有标题又有作者署名的编辑点评，文章的议论颇有见地：

请别小瞧这一招

国　枢

下面这篇稿子，文字不多，说的内容也不大，无非是在新一轮承包中增加一个内容，把“国有资产保值增值”纳入其中而已。

诸位，请别小瞧这一招。吉林市抓住了完善企业承包制的一个要害，一个议论已久、攻而不克的难关！

要害何在？在承包制因其特殊的利益制约方式而很容易导致的企业行为短期化。包一年，算一年，包两年，算两载。承包期内拼设备，吃老本，谁也不对国有资产负责。

难关何难？难在明明知道企业有可能在承包期内以国有资产损蚀最大化换来企业效益最大化，但又苦于缺乏量的界定以确保国有资产不但不受损，而且要随企业发展而不断增值。

现在好了，干脆把“国有资产保值增值”列入承包内容。套用一句流行谚语，反其意而用之，叫做“下有对策，上有政策”。

什么叫承包制的完善？这就是。什么叫承包制的发展？这就是。当然，话又说回来，国有资产的价值衡量，是一个很复杂很难界定的麻烦事儿，吉林市既然开了一个好头，相信他们定会知难而进，把这篇文章认认真真、扎扎实实地做下去。

细读此文就会发现，其写法更接近于编后，只不过是把编后的位置提到正文之前，借助于文前按语的显著地位使按语更加引人注目。同时，评论把一个专业性很强的经济问题“翻译”得浅显易懂，放在正文前面，也可以起到帮助读者领会文意的作用。当然，“编后前置”的现象只是在某些报纸上偶而为之，不能称其为编者按语的另一种形式。

第三节　编者按语的写作要求

作为新闻评论各类体裁中依附性最强且篇幅最为短小的一类评论形式，编者按语在写作过程中应注意以下几方面的问题。

一、立足依托，有所超脱

依托，是编者按语最突出的特点之一，离开了所依附的新闻报道或文稿，编者按语就会成为无源之水、无本之木，也就失去了其存在的依据和价值。但是，如果只拘泥于报道，使按语成为报道或文章内容的提要，或仅停留于空泛的官样文章，也同样失去其存在的价值。所以，在写作编者按语时，应力求做到依托而不拘泥于报道，超脱而不游离于报道。具体地说就是，编者按语依据的主要由头或论据，应是新闻报道所提供的事实；编者按语的见解或观点，应是报道思想的高度概括和提炼，同时，还应是报道思想的延伸和必要的补充或深化。

1991年11月28日，《人民日报》刊登了一篇报道，介绍在全国同行业位居第八的哈尔滨医药集团公司在激烈的市场竞争中苦练内功，以提高技术水平、人员素质为着眼点，以世界上同行业中的先进厂家为“参照系”，一步一个脚印地干了6年，终于一跃成为全国同行业中的“老三”。请看为这篇报道配写的“编后小议”：

取　法　乎　上

朱悦华

唐太宗《帝范》中有句话很耐人寻味：“取法乎上，仅得乎中；取法乎中，只为其下。”意思是说治学、做事只有高标准、严要求，才能取得好成绩，达到高水平。

哈尔滨医药集团公司可谓深解此话真义。他们瞄准最高标准，穷追不舍，不过五六年，由全国老八跃居第三。

纵观他们短暂的发展史，可以发现：第一，他们敢比，敢与最高水平相比，对比中找差距，变差距为压力、为动力；第二，敢追。认准了目标，一追到底，有“当了裤子也要上”的勇气和魄力；第三，会追。他们在追中变、变中追。标准是不断发展的，既定标准实现了，又会产生新标准，而且永远不会中止。

他们建立的“三个圈子”就是三个“竞技场”、“瞭望哨”。不断推出新产品、发现新目标，随时调整自己的方位，用他们的话说"借梯上楼"。

当然，他们并非好高骛远，而是从实际出发，充分发挥主观能动性。从厂房、设备、产品到人员素质都力争高标准、上水平。

我们的许多企业，条件并不差，只因缺了"取法乎上"的勇气和魄力，结果质量效益上不去。长此以往，不敢竞争，不敢对标，终将被淘汰。希望其他企业也能像哈尔滨医药集团公司那样敢比、敢追、会追，使企业更上一层楼。

编后以哈尔滨医药集团公司的典型经验为依托，将其经验提炼为"敢比"、"敢追"和"会追"六个字，并借用《帝范》中的名句为理论性论据，提炼与升华了报道思想，使其具有深刻的内涵和普遍的借鉴意义。

立足依托、有所超脱的做法主要有四：

一是由点及面，善于从全局的角度分析问题和认识事物。

二是由表及里，善于透过事物的表面现象揭示其实质或内在规律。

三是由实入虚，善于从理论的高度、政策的高度提炼、升华报道的主题。

四是变换角度，善于寻找与新闻报道不同的切入点和着眼点，使按语别有新意。

二、迅速及时，轻便灵活

编者按语是新闻评论各类文体中最为轻便灵活的一类文体，它可以针对刚刚发生的新闻事件迅速做出反应，具有很强的时效性和操作上的灵活性。

1993 年 9 月 26 日，在中央电视台《新闻联播》中，对淮南煤炭掺假的问题予以了曝光，画面上掺假活动的现场，一些人把粉碎过的煤矸石掺入煤中，看不出一点破绽，甚至有人面对摄像机大言不惭地说："反正一句话就是，都是为了钞票……"。为了避免不应产生的副作用，更主要的是为了划清是非界限，中央电视台在播出这条新闻时，配发了一篇编后话：

看了这条煤炭掺假的新闻令人触目惊心，如此掺假使煤质下降，严重影响了工业生产，增加了铁路运输的负担，给用户带来巨大损失，这种靠坑害国家利益致富的不法行为绝对不能允许。

我们呼吁当地有关部门采取切实措施，坚决制止这种不法行为。

在播发新闻的同时及时配发按语，起到了较好的针砭时弊、扶正祛邪的作用，因而，这篇报道与按语一起被评为第四届中国新闻奖二等奖。

由于按语篇幅短小，又直接依附于报道，写作起来针对性强，便于就事论理、理从事出，尤能体现迅速及时的要求。

按语的形式较新闻评论其他体裁要多，可以置于文前，可以插入文中，也可以附于文后，使用方式视具体情况而定，具有较大的灵活性。此外，按语既可配合一篇报道，也可配合系列报道或集纳性新闻；可以配合一封或一组读者来信、一张或一组新闻图片，也可以对一段文字、一句话以至一个词语或提法做出注释或评点，无论使用方式还是具体手法都比较轻便灵活、不拘一格。

例如《人民日报》1988年8月23日曾刊登一则通讯，题为《卖瓜人语》，通过北京朝阳门外金台西路一个贩瓜大户一家四口的自述，折射出改革开放10年来人们精神上和物质上发生的巨大变化。文章分为四个部分，分别以这家的母亲、父亲、儿子、儿媳最有代表性的一句话为小标题，以自述的方式谈他们这些年在卖瓜过程中的酸甜苦辣和思想观念上、经济收入上的变化，每个部分末尾都加了一小段按语。从全文整体上看，它们像文中按语，但从每一部分来看，又类似编后。而每一段按语的写法，从行文的语气到按语的风格，都与上文主人公的自述相协调。如在母亲王大情的叙述后，按语写道：

（像王大情这样街道上的“五七”老太太，当年喊口号，舞红旗，走“我们也有两只手，不在城市吃闲饭”的路，吃了不少苦头。如今他们之中不少人靠着两只手上街做小买卖，人还在城里，却真不吃闲饭，还对大家有点贡献呢。）

而在以前是国家干部，现在是个体瓜老板的牛建通自述之后，按语又写道：

（我们的党政机关干部之多，就像王府井大街的客流。牛建通不安于那种上班“一杯茶，一支烟，一张报纸看半天”的清闲而又清贫的生活。他遇过风波，走过弯路，交过学费，经历过思想上和经济上的“阵痛”，终于闯出一条新路。看来，能人也不是天生的，本领是在干中练出来的。）

这种灵活的运用方式和多样化的表现手法，正是编者按语的优势所在。

三、言简意赅，点到为止

由于有现成的新闻报道或文稿同时刊出（或播出），因而可以省却为介绍由头或论据而花费的笔墨，直截了当地对事件或问题做出分析、提出看法，使言简成为可能。但言简只有与意赅相结合才有价值，也才能体现编者按语的特点。

1983年3月22日，《人民日报》刊登了一条消息，介绍不久前江苏射阳县对194个农户的调查，结果表明：家中劳动力有高、初中文化水平的比只有小学文化的家庭经济收入高16.9%，比家中只有文盲或初识字的高出1.9倍，即在农村，文化程度与家庭经济收入成正比。为这篇报道配发了一篇编后：

知识可以致富

> 穷日子过得太久了，大家都盼国家富强，人民富足。致富之路何在？农村的实践作了很好的回答：一要政策对头，二要科学技术。正确的政策，引导人们走上致富之路。在富裕的路子上走得快或慢，就要靠科学技术了。射阳县的调查，给人最大的启发就在于此。
>
> 知识可以致富，知识可以图强。十一届三中全会以来，党中央一再强调重视知识，发挥知识分子的作用。有的同志至今还不认识这个问题的重要性，农民可是走到前头去了。原因之一，是农村取消了大锅饭，农民甩开膀子大干四化，知识的作用已陆续显示出来。现在，各行各业都在改革，大锅饭早晚要取消，知识可以致富的道理，将会被越来越多的人所认识。

这篇按语只有两段，第一段以简略的语言概括了射阳县这次调查给我们的启示，但文章并未局限于射阳这一地区或此次调查，而是从改革开放后几年的实践引出普遍规律，以射阳的调查作为现实的依据。第二段编者的眼光从射阳投向全国，从农民联想到各行各业的人们，把射阳调查所显示的结果作为规律提出来，引起人们的重视和思考。全文不到 300 字，但言简意赅，词约意丰，具有一定的深度。

要想使按语在有限的篇幅内做到言简意赅，在写作时应处理好省文与省义的关系，即应该以省义来省文——靠集中论题，紧扣新闻事实进行议论来节省文章的篇幅，而不是只在字面上下功夫，使按语干干巴巴，像压缩饼干，虽然可以“充饥”，但很难引起人们的“食欲”。另一方面，要想使按语在有限的篇幅内做到言简意赅，还应在分析议论过程中不做过多的引申发挥，贵在画龙点睛，点到为止。

《人民日报》1989年3月18日曾转载了日本《选择》杂志上的一篇文章《“日本世纪”能否到来》，介绍了战后日本经济高速发展的主客观原因，以供国人参考借鉴。为这篇文章配发的“编后随感”题为《也是成功之道》，集中议论日本经济高速发展的内在原因：

> 日本的基础理论研究比较薄弱，这自然会阻碍科学技术的进一步发展。但日本人想出了一条捷径——让优秀科技人员到生产现场参与直接的生产过程。这样做不仅有助于吸收、发展新技术，更重要的是缩短了科研——生产——商品的周期。这样日本就能够抢在欧美之前把新的设想商业化。

按语只评其中一个原因，且点到后立即收笔，这种议论方式对按语较为适用，也构成了它区别于其他评论文体的重要特征之一。

四、明快犀利，讲究分寸

编者按语虽然短小，但态度应鲜明正确，手法应明快犀利，或褒扬、或针砭、或提倡、或反对，按语中都应有明确的态度和倾向性。

例如：黑龙江七台河矿务局自1984年实行总承包后原煤产量大幅度递增，但他们没有拿企业的钱盖楼堂馆所和随意给职工发奖金，而是把70%以上的盈利用于改进生产技术和设备。《人民日报》为这一典型报道配发了编后，题目是《有钱要买下蛋的鸡》(1992年1月12日)：

> 在七台河矿务局，有一种说法：我们有钱宁可买下蛋的母鸡，也不买马上能吃到嘴里香喷喷的烧鸡。所谓买下蛋的母鸡，就是把资金用于生产和技术改造上，所谓买烧鸡，就是把钱花在眼前的福利事业上。
>
> 买不同的鸡，产生截然不同的效果。买母鸡，暂时解不了馋，可是，天长日久，鸡生蛋，蛋生鸡，日子越过越红

火；买烧鸡，眼前吃得香喷喷的，吃完以后剩下一堆骨头，什么也没有了，往后的日子难过。

这些年来，七台河矿务局花钱买下蛋的母鸡，把承包以来百分之七十以上的盈利用于矿井建设；落后的采煤方式得到改造，矿井生产能力不断扩大。生产发展了，买“烧鸡”的钱增多了，矿工的生活也将逐步得到改善。当年少吃一只烧鸡，今天便可多吃几只烧鸡，生活就是这样，只有先苦才能后甜。

看来，买下蛋的母鸡，是一种有远见的表现，因为这是正确处理长远利益和眼前利益的好作法。

这篇按语采用形象说理的方法，借用矿工们的一种说法，把“买下蛋的母鸡”与“买烧鸡”进行对照分析，平易生动之余不失鲜明泼辣。

当然，强调明快犀利的同时，还应把握分寸、讲求说理的艺术，盛气凌人或咄咄逼人的态度，过分激烈、用词失当的语言和行文方式，只会引起受众的反感，同样收不到应有的效果。

在 1983 年召开的全国部分科研机构改革整顿座谈会上，有一个与会者非常关注的议题：随着改革开放后科研事业的迅速发展，大量非科技人员涌进科研机构，造成人浮于事甚至削弱了科研工作的力量。《人民日报》为这篇报道配了一则编后（1983 年 9 月 11 日），从标题到行文都相当鲜明犀利：

科技这碗饭不好吃。进这个门的，多少要有点专业知识和工作能力。然而这几年大量非科技人员涌进科研机构。要他们干专业吧，当然干不了；让他们为科研服务吧，又“龙多不治水”。说他们是来“吃科技的”，大概不冤枉。

这些“吃客”中，有些是颇有点“神通”的。他们往往哪里有甜头往哪里钻。当兵吃香时，他穿军装；“上管改”时髦了，他进工宣队；现在科教文卫受重视，他又挤到研究所、大学、医院、剧团里来，使这些单位的行政后勤部门恶性膨胀，弄得尾大不掉，行政后勤工作也越搞越糟。更令人担忧的是，这些人中还有不甘寂寞的，无事生非，干扰业务工作，干扰知识分子政策落实。一般说来，无论哪个科教文卫单位，非专业人员比例过大，那里的工作一定搞不好。

要治这种浮肿病，没有别的办法，只好把那些“吃科技的”、“吃教育的”、“吃医院的”、“吃剧团的”都请走，另找干活的地方去，而不管他们是谁的儿子、女儿，谁的七大姑、八大姨。

对于这种不正常现象，编者持明确的反对态度，特别是对那些靠“拉关系”、“走后门”“挤”进科技部门并且“不甘寂寞”者，编者更是持明确的批判态度。结尾一段，言辞锋利，“不管他们是谁的儿子、女儿，谁的七大姑、八大姨”一句，语言泼辣干脆，通俗精炼，“都请走”一句，“请”字又恰到好处，既态度坚决，又讲求方式，让人容易接受。

而在晋江假药案被曝光的同时，《人民日报》配发的编后《岂容“谋财害命”》（1985 年 6 月 16 日）在严格区别不同性质的问题上，分寸感处理得恰如其分。编后的最后一段写道：

在一个地方，发生点案件并不可怕，可怕的是主管部门和基层党组织软弱涣散、麻木不仁。有法不依，执法不严，不管主观原因是什么，在客观上都起着放纵犯罪的作用。晋江假药案的一些案犯不是公然宣称准备“人为财死”么？那么好吧，有关部门不妨依法从严从重从快惩办他几个，看谁还敢以身试法！

对不负责任的有关领导，评论提醒、告诫、击一猛掌，对制售假药的犯罪嫌疑人，则是警告、质问、当头断喝。对两种不同性质的矛盾，编后从遣词用字到语气及行文方式都有所区别，较好地体现了倾向性和分寸感。

思考与练习

1. 什么是编者按语？它有哪些功能？

2. 编者按语有哪几种形式？它们各自有哪些特点？

3. 按语写作的基本要求是什么？

4. 选择一篇最近的新闻报道，配写一篇文前按语或编后。

第十一章　专栏评论

专栏评论指的是在报纸相对固定版面上特定的专门栏目中发表的评论。这一评论体裁在现代报刊评论史上早已有之。不过，就新中国成立后的报刊实践而言，逐渐重视这一体裁实则始于“文革”之后的70年代末80年代初，并随着新闻改革的客观形势的发展和需要而日趋繁荣。例如，上海《解放日报》于1978年7月就辟设了《解放论坛》专栏，1980年1月2日《人民日报》在要闻版创设了《今日谈》小言论专栏，其后于1985年2月又创办了《每周论坛》言论专栏，1989年初改栏名为《人民论坛》转入第四版隔日刊出。在此前后，中央和地方各报、各台也纷纷办起了名目繁多的评论专栏。办得较为成功且有一定社会影响的有中央电视台的《焦点访谈》，《解放军报》的《集思广益》，《经济日报》的《每周经济观察》、《星期话题》，《文汇报》的《虚实谈》、《文汇论坛》，《新华日报》的《细流集》、《新华论坛》，《四川日报》的《巴蜀小议》，《新民晚报》的《未晚谈》(现已停刊)、《今日论语》，《羊城晚报》的《街谈巷议》，《天津晚报》的《今晚谈》等等。事实表明，专栏评论作为新闻评论园地的一束艳丽的鲜花，给报刊、广播、电视等新闻媒介增添了层次和光彩，日益受到了众多受众的喜爱。

第一节　专栏评论的特点

一、稳定性

专栏评论就作者的构成而言，不管是群言专栏、集体专栏和个人专栏等类型，其栏目总是相对固定的。例如，《人民日报·今日谈》言论专栏，自 1980 年 1 月 2 日创办至今已有 18 个年头了。《经济日报·星期话题》于 1985 年 1 月随《经济日报》星期刊的创办而与读者见面，迄今也已 13 载。上海《新民晚报·未晚谈》专栏，由林放（赵超构）于我国解放前后主持笔政达四五十年之久，直至 90 年代初期因作者逝世而终止。

除栏目相对固定外，一般说来，体式也属相近，版面位置、篇幅大小大体也趋于稳定。

稳定性还表现在，专栏评论一般在评论对象和读者范围上均有所侧重，论述方式和语言运用也有持续和连贯的独特风格，这些均有助于形成并突出相对稳定的专栏特色。

二、时代感

专栏评论的时代感这一特性主要体现在积极地反映当前的改革和现实，引导当前的改革和现实，发展当前的改革和现实。

请看一篇发表在 1995 年 8 月 2 日《人民日报·今日谈》专栏的小言论《向未来投入》，全文如下：

> 山西芮城制药厂决定，今年县内考生报考医药专业者，厂里为其提供一千元助学金；毕业后自愿到该厂工作者，全部学习费用包干。
>
> 铁道部永济电机厂向社会公告，本区内凡报考电机专业的考生，学成后来该厂工作的，学费由该厂提供。
>
> 两则消息不能不叫人钦佩。这两个厂的厂长有魄力，有眼光。现在入学的大学生，毕业后参加工作也就跨了世纪。所以，高明的企业家从现在起就开始培养自己的跨世纪人才。因为他们深深懂得，经济的竞争最终是科学技术人才的竞争。
>
> 跨世纪人才是祖国建设的未来。舍得下本钱培育跨世纪

人才，就是向未来投入。目前，我们建设所需要资金比较匮乏。如何提高现有资金的使用效益，并使其优化，是一篇大文章。面向未来投入所产生的效益，比那些急功近利者搞的一两个为个人争名求利的“工程”要值钱得多。

显然，未来世纪是高科技的人类新世纪。因此，培养大批掌握高科技的人才，乃是推动生产力发展，振兴中华的决定因素，也是时代的迫切需要。而目前，国家经济困难，投入教育的资金有限。在这种情况下，鼓励社会特别是各厂矿企业向教育事业积极投入，以培养自己的跨世纪人才，是解决教育资金不足的带有方向性的举措，也是多方集资办学，多出人才、出好人才的一大改革措施，它顺应了时代的需要，反过来，又有助于推动时代的改革、发展和前进。这篇小言论正是以此作为论题，并通过新闻性事实作为由头而引发精警的议论，呼唤出“向未来投入”这一时代的最强音。因此，具有较强的导向功能和时代气息。

由上所述，一篇成功的专栏评论，总是富有鲜明的时代感。所谓时代感，它至少包含两层意思。一层意思是密切配合党的中心工作，重视对当前政治、经济形势和精神文明建设中的重大思想问题发表意见，力求多侧面、多角度、多层次地弘扬主旋律，积极配合中心选题立论，注意处理好三种关系：选题上配合中心与“眼观六路”的关系，观点上宣传中央精神与反映群众心声的关系，风格上庄重严肃与生动活泼的关系。

另一层意思是善于敏锐地发现并抓住富有时代特点的新人、新事、新风尚、新变化、新矛盾、新精神及时发表评论，或者热情肯定，大力颂扬；或者针砭时弊，指明方向；或者剖析事端，辨明事理。同时，对于背离时代的歪风邪气、坏人坏事，则无情鞭挞，以儆效尤。也就是说，积极从正反两个方面入手，以正面引导为主，发扬时代精神，实现时代的使命。

三、群言型

新闻评论各类体裁中，如社论、评论员文章、编者按语、短评等一般都是编辑部的编辑、评论员执笔撰写的，也都是代表编辑部（社论还代表同级党委）发言的，直接体现编辑部的观点和态度。一般读者或作者是难以撰写或投稿的。而专栏评论则有所不同。它都是署名的，以个人的名义发表，并不直接代表编辑部发言，属于非专家型权威性言论，而是群言型评论，所以写起来比较自由活泼一些，必要时可以就某些问题进行商榷或讨论（当然要符合党的政策和总的指导思想），以明辨是非、畅所欲言。在语气上自然也容易而且应该格外平易近人，亲切感人。

专栏评论一般向外开放，欢迎读者自由投稿，由编辑部择优选用。例如，《人民日报·今日谈》专栏，平均每天收到来稿数十篇甚至近百篇。给《今日谈》写稿的，有工人、农民、战士、学生，也有专家、学者和党政干部，作者相当广泛。有的报刊把这类专栏称为“大家谈”或“群言堂”，是很能说明这个特点的。它不仅面向群众发言，评论人民群众关心的问题，而且由人民群众自己来发言，进行评论，发表见解。所以，专栏评论比之其他评论有着更为广泛的群众性。当然，专栏评论特别是专栏小言论也有个人经营的，如《新民晚报·未晚谈》专栏，就是由著名专栏作家林放个人辛勤耕耘的。《羊城晚报·街谈巷议》专栏的小言论，也多半由原总编辑微音（原名许实）个人执笔的。不过，这只是极个别的情况。总之，作者的广泛性，增强了言论的群众性，冲破了新闻评论以往由编辑部少数专业人员执笔的冷清氛围，开始呈现了题材多样、议论风生、热气腾腾的生动局面。

第二节　专栏小言论

专栏小言论，也称新闻小言论。它是指设在报纸要闻版的短小的群众性言论专栏中发表的新闻性较强的小型化言论。这类言论是1978年党的十一届三中全会以后我国进入以经济建设为中心的历史新时期以来随着新闻改革的发展而兴办并日益繁荣起来的。最早出现于报端而且影响最为广泛的要数《人民日报·今日谈》小言论专栏，创办于1980年1月2日。随后，中央和省市各报纷纷仿效，出现了名目繁多的类似的新闻小言论专栏。如《北京日报·文明小议》、《解放日报·新世说》、《天津日报·津门小议》、《四川日报·巴蜀小议》、《辽宁日报·每事议》、《新华日报·细流集》、《文汇报·虚实谈》、《羊城晚报·街谈巷议》、《天津晚报·今晚谈》等。目前，从中央到地方各省市地级报纸、专业报纸的大多数和部分省市级广播电台已经陆续设立了这类小言论专栏或专题节目，发表了大量为读者和听众所喜闻乐见的小言论。它作为新闻评论的新品种，给报纸和电台的新闻评论增添了新的层次和光彩，日益引起人们的重视和喜爱。

一、小言论的特性

（一）群言型

新闻评论各类文体中，多数是编辑、评论员执笔撰写的，直接体现编辑部的观点和态度。专栏小言论则有所不同，它可以由报社人员所写，但多数系广大读者来稿。它都是署名的，以个人的名义发言，并不直接以编辑部的身份选题立论。因此，写起来显得生动活泼，平易近人，风格多样，富有亲近感。多年以来，小言论正以它贴近生活的选题，清新和富有生活气息的题材和语言，精警的一得之见，日益吸引着越来越多的读者。也使得新闻评论这块园地呈现选题立论多层次、多侧面、多角度地配合中心任务、议论风生、生意盎然的喜人局面。

（二）微型化

作为三五百字篇幅的专栏小言论，不必要也不可能像社论那样，从容不迫地阐述党的具体政策和当前面临的宏观形势，缜密地展开论证和说理。这就要求在写法上摸索一条行之有效的途径。

首先，在选题立论和选材上善于大局着眼，“小处”入手，大中取小，以小见大。

所谓着眼大局，就是要着眼于客观形势，着眼于党的中心工作和任务来选题和选材。换句话说，选题和选材要适应当前的形势需要，适应于中心工作和宣传任务的需要。这一点，可以说是新闻评论诸体裁的共性。所谓小处入手，就是指论题切忌过大过空，而要化大为小，大中取小，举重若轻，以小见大。选材时则要善于从一桩“小事”入手，好比一位高明的裁缝善于以成衣裁剩的不起眼的“零头布”中选取可用的小块材料，经过精心加工裁制成新颖时髦的服饰。所以，这“小事”并非不足挂齿的琐事，而是能反映新的矛盾新的面貌新的方向的事物，能即小见大，虽不起眼，却寓有新的价值的事实材料。而这正是小言论本身固有的选材特点和要求，跟其他新闻评论在选材上的明显分工。在实践上，大局着眼和小处着手是不能割裂的。唯有既从大局着眼又从“小处”入手，方能达到选材即小见大的效果。

请看1985年6月1日《人民日报·今日谈》专栏发表的小言论《幼吾幼……》：

> 听说，一位小报编辑有个秘密：自己编的报纸从不往家中拿。
>
> 为什么不往家中拿？原来，他家有个读初中的孩子，他怕自己编印的那些低级庸俗的东西损害孩子的心灵。
>
> 看来，这位编辑是有责任感的——对自己的下一代。就这一点说，他还懂得一点为父之道，应该肯定。
>
> 然而，他又是没有责任感的。他所关心和爱护的仅限于自己的下一代，至于别人的，整个祖国的下一代，他是不管

的。否则，就不会炮制和推销那些有损青少年身心健康的“精神食粮”了。他缺乏的恰恰是一种最重要的责任感——社会责任感，就这一点说，他应该受到谴责，不仅受到社会的谴责，也要受自己良心的谴责。

两千多年前，孟子说过一句很富于理想的话：“幼吾幼，以及人之幼。”今天，作为社会主义时代的作者、编者，只能做到幼吾幼，而不及人之幼，甚至加害于人之幼，难道不觉得愧对时代，愧对民族，愧对人民吗？

针砭文化出版业的上述弊端和危机，并非区区小事，而是直接影响全社会的社会主义精神文明建设的进程，影响青少年一代能否健康成长的大事。唯有从宏观上认清问题的严重性，才有可能写出犀利深刻的言论来。

但是，作为以微型化为特征的小言论，它的立论优势还要求善于体现在从“小处”入手，以小见大。这篇小言论的立论特点，正是突出表现在大局着眼，“小处”入手，一举而切中弊端，发人深省。文章所选取的引为由头的新闻素材不过是一桩不起眼的小事。原来，一位低级庸俗小报的编辑家中有个读初中的孩子，为了不让自己孩子的心灵受到污染和损害，这位编辑从不把自己编的报纸拿回家。显然，这件事虽小，却包含着诸多令人深思的矛盾：一、明知自己编辑出版的小报低级庸俗，何以却昧着良心干此缺德事；二、这位编辑懂得爱护自己子女，却何以毫无爱护他人子女乃至整个祖国下一代之心呢？三、懂得为父之道的编辑，何以会堕落为丧失社会责任感的庸人之辈？循此，人们不难触及到问题的实质，即小报编辑缺乏职业道德这一社会弊端。这就有助于在分析说理时便于集中火力，针砭编辑钱迷心窍、丧失社会责任感的可卑性，并促使他以及同他类似的编辑、出版人员尽快迷途知返，回心转意。

由此可知，作为三四百字的小言论，不必要也不可能去全面论述有关加强编辑出版业社会责任感的必要性和迫切性。这就要求作者善于在选题立论和选材上力求做到大局着眼，“小处”入手。“小”不是意义小，也不是在鸡毛蒜皮里做文章，作为茶余酒后的谈笑，而是要求大中取小，小中见大，从个别体现一般，由滴水见太阳，由现象见本质。而要做到这一点，作者首先要有大局意识，无论选材立意，事事处处想到全心全意为人民服务，想到祖国的两个文明建设，想到一切为了建设具有中国特色的社会主义、一切为了共产主义实现这个大目标。心目中没有这个大局，就会见树不见林，就不可能对所写的“一点”有深刻的理解，不可能产生强烈的感情，也不可能写出以小见大发人深思的小言论。

其次，立论角度力求小些、新颖些。

作为微型化的言论，理应以短而精取胜。为了体现这一要求，在写作时，还要求立论的角度比其他评论应更小些、新颖一些。

例如，江苏《新华日报·细流集》专栏1986年8月9日发表过一篇题为《说好第一句话》的小言论。文章认为，改进商业服务态度，关键在于营业员对顾客要说好第一句话。这一见地颇能给人以新的启迪。这一立论角度比之“改进商业服务态度”要小多了，也新多了；比之“待客说话有礼貌”，则显得更小了。矛盾焦点集中到一点上，而这一点别人还没有讲过或讲透，这就容易“一碰就响”；而且，由于议论的口子小了，写起来也好下笔，开掘也可更深一些。请看全文：

> 去商店购货，人们对营业员的“第一句话”往往特别敏感。
>
> “同志，你想买点什么？”这是一种“第一句话”。
>
> “急什么，我又不为你一个人服务！”这是另一种“第一句话”。

“叫什么，越叫，我越叫你等一会！”这是又一种“第一句话”。

“……（根本不睬你）”。这实际上也是“第一句话”。

俗话说：“看人一眼，听话一句。”第一句话给人的印象，如同第一眼看人一样，往往最能给人以深刻的印象。古人有“笑言富路开，冷色财源绝”之说。顾客一进门，营业员待人以礼，注意说好第一句话，便可使人感到亲切、温暖、愉快，甚至原来不准备买东西的也要买一两件呢！“第一句话”使人听了不舒服、倒胃口，结果可想而知，谁愿意“花钱受气”呢？

小言论由于角度小而集中，能够在老生常谈的话题中，抓住了反映事物和扣住矛盾的最核心的一点，显出了言人之所未言的优势。同时，写法也很别致。作者将反映四种不同的服务态度的营业员的第一句话，采取特写镜头式的形象化和比较的方法加以再现，增强了叙事的现场感，使得是非的反差愈益显明，为引出议论起着由头和铺垫的效用，并且由于角度小而决定了议论口子也随之缩小，便于扣准矛盾的核心，三言两语，点到实处。

再次，叙事议理，文笔贵在明快精炼。

作为小型化的言论，它不可能也没必要像大型评论那样，展开较为全面而又深入地论证或论辩，也不必像杂文那样纵论古今，畅所欲言，而常常借助于由头性的新鲜事实，据事议理，三言两语，一气呵成。除了立论、选材、角度要得体，还得在叙事和议论上力求词约意丰，精炼明快。

（三）新闻性

新闻评论理应具有新闻性。这是因为评论总要结合当前的形势、任务和实际情况进行选题立论，使之具有现实的针对性和导向性，而且还得讲究时效性。而专栏小言论在新闻性上表现尤为突出。它除了有少量是配合当天或新近所报道的新闻事实而外

(这类小言论多半为编辑或评论员所写)，更多的则是将具有针对性或导向性的有关本人所见所闻具有新闻要素的新鲜事实或新的信息作为话题或立论的由头，并且直接输入文中由此引发议论。显然，新闻事实和政论因素在这里已呈现水乳交融，合为一体了。

试举一例。请看发表在1997年12月23日《人民日报·今日谈》专栏的小言论《吸引投资靠什么》。全文如下：

> 海外某公司董事长不久前到北方某企业考察投资项目，厂方安排了很多活动，有参观、宴请、地方领导接见等，但都被这位董事长婉言拒绝。他说：我是商人，不是官员，我需要的是尽快了解企业的资金、管理情况，对虚的一套不感兴趣。
>
> 时下，有些企业接待外商，总喜欢摆阔气，以为这样才能使外商满意。其实有头脑的外商看中的不是这些，而是良好的投资环境，是勤俭节约、惜时如金的合作态度和创业精神。据报道，某市用盒饭接待四十多位外商，赢得外商当场拍板，在该市投资一个几千万元的大项目；某山区县用快餐面接待外商，促成200万元的投资项目……由此可见，企业接待外商，不必把过多的精心花在应酬上，多一些实干精神，效果会更好。

此文的论题是：吸引外商投资靠什么。中心论点是：靠的“是良好的投资环境，是勤俭节约、惜时如金的合作态度和创业精神”，而不是靠隆重的宴请、领导人接见和安排诸多的参观游览等虚套活动。为了说明这一论点，文中输入了三则新闻素材。开头的一则即董事长婉拒虚套作法，是作为引发议论的批评性由头来运用的；其他二例肯定性作法则是作为印证论点的论据来使用的。小言论正是在三则新闻事实的褒贬对照的运作中，在事理的结合上颇具说服力地论证了中心论点，给人以有力的启示。

由此可知，小言论是由两部分融合而成，一部分是议论，即政论因素，一部分是引出议论和印证论点的三件正反面的事实，即新闻事实。事实和议论的有机融合正强化了它的新闻性，也由此增强了它的说服力。

(四) 形象感

成功的小言论，不仅要增强新闻性，还应具有形象感这一特性。

例如，1990年2月12日《人民日报·今日谈》专栏的小言论《地头、炕头、心头》，就颇具形象感，引人一读：

> 前不久去山西平陆县采访，听说要找县委书记王俊喜，就要到农民的地头、炕头。见了王俊喜以后才知底细，他说："作为一个领导干部，只有常到地头、炕头，才能把实事办到农民的心头。"他就是靠着一双脚板，"跑"出了三年粮食大增产，"跑"出了三千沟壑飘果香。
>
> 地头、炕头是农情民意的"窗口"，也是农业的寒暑表。这些地方虽是一隅之地，却连着农民的心头，也连着农业的大头。农民愿意干啥，不愿意干啥；先干啥，后干啥；需要啥，反对啥，都可能在这里找到答案。农民在这些地方见到干部，才更知心、更愿意掏心里话；干部也只有在这些地方，才能更清楚地了解农民的喜怒哀乐。
>
> 作为领导干部，尤其是主管农业的干部，如果经常到地头看看，炕头坐坐，和农民拉拉家常，话话桑麻，吃吃百家饭，听听百家言，就能及时把党的方针、政策传达到基层，使农民的气更顺，劲更足。
>
> 这些年，我们有些干部和农民的联系不那么紧密，表现之一就是在地头、炕头很少见到他们的身影。即使下乡，也只是"衙门"搬家，"招待所一灌（喝酒），地里冒一股烟（坐车看花）"。这样，不但事情办不到农民的心头，反而叫

农民心头难受。如今，党和国家把农业放到了大头，各级领导开始走向生活的最基层，这是兴农富民强国的有力措施。希望有更多的领导干部深入基层、深入群众，把各项工作扎扎实实地开展起来。

此文中心论点是作为一名领导干部，只有常到地头、炕头，才能把实事办到农民的心头。这一立论迫切重要，有很强的针对性。写作上的一个突出特点是行文生动活泼，褒贬自如，富有形象感。具体表现在以下几个方面：

一是标题《地头、炕头、心头》，避虚就实，通俗易懂，形象感很强。

二是论点比喻化。“地头、炕头是农情民意的‘窗口’，也是农业的寒暑表。”用隐喻的方式形象地强调干部深入地头炕头的重要性，既生动又深刻。

三是由头叙事富有形象感。“他就是靠着一双脚板，“跑”出了三年粮食大增产，‘跑’出了三千沟壑飘果香。”不仅语词形象通俗，特别是两个“跑”字，极具动感和形象性。

四是连续性的动词叠用。“如果经常到地头看看，炕头坐坐，和农民拉拉家常，话话桑麻，吃吃百家饭，听听百家言，就能及时把党的方针、政策传达到基层，使农民的气更顺，劲更足。”这样做的效果是明显的，道理很深刻，表述又是那么朴实、形象，通俗易懂，琅琅上口，为农民老百姓所喜闻乐见。

由此可见，通过标题、由头、论点、言语各个环节，恰当地有一点形象感，有助于增强小言论的引人魅力，有助于把道理表述得深入浅出，引人入胜，有助于增强说理的联想力，有助于增强褒贬议论的感情色彩。

二、怎样选择和运用由头

运用由头立论，是新闻评论一种常用的立论方法。所谓由头，就是指挑开话题、引发议论的媒介或孕育论点诱发思维的“引线”。各种不同的评论体裁，在由头运用和由头的构成上有所不同，或者以所依托的新闻报道的事实为由头，或者以具体的思想矛盾作为由头，或者以直接输入文中的新闻性事实为由头，或者以历史典故、文学形象、谚语格言作为由头，均有其各自的选择，由此显示了各自的特性。

作为专栏小言论，更多的情况是以直接输入新闻性事实作为立论的由头。

这样做的好处在于：

一是有了新闻性事实作为由头，便于丰富内容，吸引读者。只要由头本身是真实而新鲜的事实或信息，就有助于避免使之厌烦的泛论，以增强言论的吸引力。

二是借助由头便于挑开话题，引发议论。事实性由头，只要提供了引发议论的事实和矛盾，由此，从包含矛盾的事实中引发议论，可以使议论缘事而发，顺理成章，符合人们习惯从具体到抽象、由感性到理性的认识规律。

为使由头发挥其应有的功能，注重在实际生活中发现和选择恰当的事实材料作为由头，并且运用好现成的由头显然是至关重要的。那么，应该选择什么样的由头呢？

其一，最好是新近发生的，作者所见所闻，具有一些新闻要素又能反映事物变动和矛盾转化信息的事实；

其二，表面看来小事一桩，微不足道，但能切中时弊，又能以小见大，反映事物的矛盾或变化发展趋势的事实；

其三，看来情节单纯，但具有一定的典型性和启迪性的事实或信息。

这些事实性由头的构成可以不拘一格。它可以是单一的事，也可以是对照性的事；可以是具体的事，也可以是概括的事；可以是提供褒扬的事，也可以是用作贬责的事，均可根据实际情况需要灵活加以运用。

当然，在由头运用和表述方面还得讲究一点艺术。在新闻小言论这块方寸园地里，有必要逐步克服单纯平铺直叙的呆板格局，而代之以多姿多彩、生动活泼的喜人景象。

不妨运用描述的方法表述事实；

不妨运用对比的方法表述事实；

不妨运用对话、独白、烘托等方法表述事实；

不妨运用论辩的方法表述事实；

不妨运用夹叙夹议的方法表述事实。

通过以上各种表述手法以增强新闻性事实的现场感和新颖性。

第三节　论 坛 评 论

一、论坛评论的特点和优势

论坛评论属于新闻性、政论性和思想容量较大的一种“开放型”的专栏评论。

目前，办得较为出色的论坛专栏有《人民日报·人民论坛》、《光明日报·光明论坛》、《法制日报·法制论坛》、《新华日报·新华论坛》、《文汇报·文汇论坛》、《解放日报·解放论坛》等等。就以《人民日报·人民论坛》专栏而言，创办于1985年，原名《每周论坛》，1989年初改名至今，每周一、三、五在四版右上角刊出。它在内容上，以宣传社会主义精神文明为主，形式上以突出思想性为特征。1995年和1996年连续两年被中宣部评为优秀专栏。

就论坛评论这一文体而言，它有其自身的特性。论坛评论不同于社论、评论员文章，但又是社论、评论员文章的必要补充；它也不同于以个人身份发表的新闻性较强的专栏小言论，但却是小言论的必要扩展和深化。三者相互依存，取长补短，相得益彰，各显神通。

就其特点而言，可以说论坛评论是介乎评论员文章与小言论之间的一种言论文体，但又不同于这两种文体。由于以个人身份撰文立论自由投稿，这就不同于以编辑部名义发表的庄严持重的评论员文章；同时，它也有别于一事一议、事理融合、篇幅短小的小言论。在写作上，它比小言论显得回旋自如，议论风生，可以展开必要的引证、论辩和说理，有效地扩展了专栏小言论的议论深度和广度。

就本质而论，论坛评论就是一种群言型的和风细雨为读者易于接受的思想性较强的署名评论。它既要多侧面多视角多层次地积极结合形势配合党的中心任务选题立论，又得广泛涉猎当前形势和精神文明建设中出现的各种迫切需要解决的实际问题和思想矛盾，而且面对纷至沓来的各种矛盾运用马克思主义世界观和方法论侧重于从解决思想问题入手予以说理分析，给人以启迪。因此，它既能适应并加强群众性思想教育的客观需要，也为新闻评论园地增添了层次，赋予了新的光彩，注入了新的活力。

由于上述特点，也形成了论坛评论在写作上的以下优势和要求。

首先，在人称上，跟评论员文章不同，论坛评论可以采取第一人称的叙议方法，将“我”置身评论之中，以个人身份独自发表见解，这就有助于克服或避免自上而下指令式的生硬语气，有利于促进作者与读者间的平等交谈和亲近感。即便是专业评论员或领导干部撰稿，但一旦进入论坛园地，也就自然以普通作者或读者的身份与众多读者平等地进行交谈，有助于消除或弱化“官腔”，改进文风。

其次，便于输入作者亲身经历或耳闻目睹的新闻信息和事实材料作为立论的由头和论据，以增强言论的新闻性和吸引力。

不妨以 1996 年 11 月 1 日《人民日报·人民论坛》专栏上发表的文章《联想到篮球规则……》为例作些具体分析和说明。原来，这件事触发了文章作者的思考：某家酒厂制作了许多幅“隆重推出三奶酒——人奶、牛奶、羊奶”的广告。后来有人指责用人奶造酒是对妇女的歧视，这家酒厂的负责人才出来解释说“三奶酒”中并无人奶，广告词中说酒里有人奶，是为了制造“轰动效应”。此类质量欺诈、品牌欺诈，反映了生产者、销售者、消费者之间互不信任的事。此事不能不令人深思：在一个缺少规则、缺乏信誉的大市场上，经济怎能正常运转？怎样才能克服市场自身的无序和消极面？

作者输入耳闻目睹的新闻性事实材料作为立论的由头，由此而引发了一番联想，想起了篮球比赛规则的变化过程：一百多年前，篮球运动诞生时，只是在球场两端挂两个篮筐，裁判员把篮球往球场中央一抛，双方队员蜂拥进场，任意奔跑，抢球扭打。后来，有关方面制订出了简单规则，规定上场运动员不准抱球跑，不准抱人、推人、绊人，不准打人。在此后的一百多年间，每当一种新的不文明动作在球场上出现，国际篮坛就着手研究抑制的办法，对篮球比赛规则一次又一次地进行修改和补充，为参赛球队创造了一种公平竞争的环境。通过类比联想，作者从中引发出三点启示：一是只有尽快建立起与社会主义市场经济体制相适应的法律法规体系，才能确保这一新机制的正常运行。二是如同篮球比赛一样，市场经济由无序到有序，从法规不完备到完备，也需要有一个过程，不能指望一朝一夕就得到彻底解决。三是不仅要做到“有法可依”，而且要做到“执法必严”。在赛场上，只要攻方队员在对方禁区内停留超过三秒钟，裁判员会立即鸣哨，判这个队三秒违例。在社会主义市场经济条件下，同样需要一大批像篮球裁判员那样铁面无私的执法者，坚决制止市场上的不正当竞争行为，逐步形成健康有序的经济规范和社会生活规范。

借助由头引发了联想和类比，通过联想和类比又引发出了上述三点启示即三点十分中肯的见解，不仅具有很强的引导舆论、指导实践的功能，而且也由此而增强了评论的新闻性、知识性和吸引力。

再次，有助于强化议论的理论色彩。作为思想性较强的论坛评论，贵在理论上启迪人们的心扉，解开人们的思想“扣子”，升华人们的认识。理论色彩来自论述上紧密结合实际与开掘理论深度的统一，产生于对事物由表及里、由此及彼和对立统一的辩证分析之中。因此，为了增强论坛文章的理论色彩，特别要求作者在提笔之前，尤其要在研究实际、研究理论和研究人们的思想问题上切实地下一番功夫。

第四，便于就不同的偏颇的或不全面的见解展开必要的同志式的论辩、探讨、商榷、建议和补充，从而形成互补共生的态势，有助于深化认识，启迪思路，发挥论坛的民主气氛。

二、专题式论坛评论

专题式论坛评论专栏为配合特定的宣传任务和宣传需要而辟设，属于短期性或临时性的论坛专栏。它随着政治或社会活动的展开而辟设，也随着活动的结束而终刊，因而具有明显的配合性、目的性和灵活性。办好这类专栏，写好专题式论坛评论将会有助于吸引读者参与，活跃民主气氛，拓展导向功能。

专题式论坛专栏不外乎这样三种类型：

(1) 议政性专题论坛。配合重大政治活动，结合当前宣传重点，旨在活跃民主气氛，沟通舆论，增强时代使命感。如《人民日报》自 1991 年 3 月至 4 月初在北京召开全国政协和全国人大会议期间，在头版首创辟设以及每年届时都要刊出的《两会漫谈》专题式论坛专栏。再如，1997 年 7 月 1 日香港回归祖国前后《人民日报》辟设的《香江漫笔》专题式论坛专栏，几乎每天一篇，都产生了较为广泛的社会影响。

（2）群言型专题论坛。配合重大的群众性社会活动，旨在提高群众参与意识和思想境界，引导舆论，以推动活动的深入开展。如为了迎接并纪念中国共产党成立70周年，《北京日报》于1991年6月开辟了《七一前夕话信念》专栏等。

（3）社会性专题论坛。依据众所关切的某项迫切的社会问题，旨在群策群力，集思广益，交流认识，献计献策，以促进社会矛盾的妥善解决。如为了配合城市危旧房改造问题的宣传，《北京日报》于1991年4月设置了短期的《危旧房改造大家谈》专栏。

以上三种类型的专题式论坛评论有以下几个共同特点。

首先，它们都是配合特定的宣传任务和宣传需要，属于短期性或临时性的专栏评论。它们常常是随着政治或社会活动的展开而辟设，也随着活动的结束而终止。

其次，在举办专题式论坛专栏时，务求发稿紧凑，文稿简练，重视刊登的连续性，围绕专题，天天见文不中断，和风细雨润心田。凡行文拖沓或间断时间愈长，其生命力则愈短。

再次，举办专题式论坛专栏，贵在报社内外的评论作者携手协作。结合专题，事先拟订选题计划，及早组织和约请报社内外的言论作者积极撰稿，做到心中有数，有章可循。

至于专题论坛文章的写作，则要求扣住专题，联系实际，着眼政治，畅抒己见，笔法灵活多样，文字活泼生动。

《人民日报·香江漫笔》中不少言论写得生动引人，耐人寻味。仅以《“金钥匙”》为例，文章是这样写的：

> 在香港，看报纸，看电视，听言谈，深感“一国两制”是个使用频率很高的词。有位饱经沧桑的古稀老人对记者说，“一国两制”是把“金钥匙”，后人可要用好管好啊！

以“金钥匙”作比，很是贴切。把“一国”与“两制”密切结合起来，确实是解决香港问题的一把“金钥匙”。这把“金钥匙”，最早是为了解决台湾问题的，首先运用于解决香港问题的实践中。

为中华民族找到这把“金钥匙”的，是敬爱的邓小平同志。他为了维护祖国和民族的根本利益，遵循实事求是的思想路线，从历史和现实的实际出发，运用丰富的政治经验和智慧，创造性地提出“一个国家、两种制度”的伟大构想。这个构想的基本精神，已被《中华人民共和国香港特别行政区基本法》以法律条文确定下来。

这把“金钥匙”，既有高度的原则性，又有高度的灵活性。有了它，就能办大事，办好事。解决香港问题，最大的灵活性就是“两制”。制度虽说不同，国家还是一个。既求“大同”——一个国家；又存“大异”——两种制度。在“一国”的大前提下，同胞之间什么话都好说，什么事都好办。“一国两制”是邓小平同志的一个创造，一桩永载史册的历史功绩。

对这把“金钥匙”的意义，怎样估计也不算过分。它已经打开了香港回归祖国之门，也开通了保持香港长期繁荣稳定之路。回归，这只是解决香港问题的第一步。当然，这是关键的一步。在迈出第一步之后，前头还有漫长的道路要走，要保持香港的长期繁荣和稳定，这是“一国两制”构想的继续实践。在今后的路上，肯定还有重重险阻，道道难关，对此要有清醒的认识、充分的估计。要排除险阻，越过难关，说到底，还是要靠“一国两制”这把合国情、得人心、顺潮流的“金钥匙”。顺利回归的事实已经证明这把“金钥匙”很灵，保持长期繁荣稳定的实践还将继续证明。

感谢邓小平同志交给中国人民一把“一国两制”的“金

钥匙”。它打开了香港之门、澳门之门，最终也必将打开台湾之门，实现祖国的完全统一。这是中华民族的无价之宝，务必十分珍惜。

评论作者采用散文的笔触，精巧地赞颂“一国两制”的伟大构想的现实意义和历史意义，运用比喻的手法，称之为闪闪发亮的“金钥匙”。正是运用了它，才“打开了香港回归祖国之门，也开通了保持香港长期繁荣稳定之路”。这一比喻，将“一国两制”这个深刻的理论和伟大构想的重大意义表述得深入浅出、通俗易懂而又生动形象。尤为可贵的是文章又藉此富有前瞻性地明确指出这把“金钥匙”已经“打开了香港之门、澳门之门，最终也必将打开台湾之门，实现祖国的完全统一”。字里行间，洋溢着热情、信心和自豪，给人以莫大的鼓舞和力量!

第四节 经济漫谈

经济漫谈专栏言论，是一种涉猎日常经济工作和社会经济生活具有新闻性与政论性相结合的短小精悍的署名经济评论。

新中国成立以来，党中央对经济宣传包括经济评论日益重视，经济漫谈式的言论也曾一度有所活跃。然而，在以阶级斗争为纲的年代里，却未能呈现欣欣向荣的势头，经济宣传多半停留在年年月月周而复始的所谓指导生产、催促完成计划产量和产值上面，引不起众多读者的兴趣。尤其进入了60年代后期“十年动乱”的“文革”时期，那时，林彪及“四人帮”猖狂肆虐，乱打棍子的所谓“大批判”压倒一切，经济活动受到严重破坏，以至经济评论随之受到冷遇而陷入“万马齐喑”的困境。

直到70年代后期“四人帮”一伙的垮台，随着党的十一届三中全会的召开，标志着党已从“以阶级斗争为纲”转移到以经济建设为中心、实行改革开放的历史新时期，新闻媒介的经济宣传日益显得重要而日趋繁荣。当前，我国正处在建立社会主义市场经济的历史新阶段，处在实行经济体制从传统的计划经济体制向社会主义市场经济体制转变、经济增长方式从粗放型向集约型转变的关键时刻。在新旧体制的此消彼长中，各种社会问题与经济问题互相交织，充满了矛盾冲突，现实的需求正是经济评论兴旺发达的基础。为此，经济评论日益受到人们的重视，尤其是诸多新闻媒介的各种经济漫谈专栏如同雨后春笋般地冒出地面。例如，80 年代以来，《人民日报》不断开设各种经济漫谈专栏《市场随笔》、《经济茶座》、《经济札记》、《经济漫笔》、《视点》、《农村杂谈》等等，《经济日报》开设了《星期话题》、《王府井随笔》、《每周经济观察》、《快论》、《市说新语》等，《光明日报》开设了《经济漫笔》，《北京日报》开设了《经济琐谈》、《经济语丝》，《文汇报》开设了《街头人语》，等等，出现了群言型和专家型的经济漫谈专栏言论同时并举的议论风生的喜人局面。

那么，经济漫谈专栏言论有哪些写作要求和方法呢?

一、立论的针砭性

写作经济漫谈要善于观察经济现象，发现经济工作中的矛盾和弊端，探索经济运行的规律，力求使立论具有现实的针砭性。所谓针砭性，指的是能够针对迫切需要解决的社会经济问题，能够正视经济工作中的矛盾和弊端乃至错误思想进行选题和立论，并运用批评、提醒、评析的方式对症下药，正确引导，以促使矛盾得以解决或转化，进而产生积极的导向效应。

例如，近年来，随着科技兴农战略的实施，各地都成立了科技推广服务网络，一个个新品种、一项项新技术入地生金，产生了巨大的经济效益，农民学科技用科技的热情高涨。然而，也有一些地方的农民在引进新品种、新技术时，非但没有收到好的经济效益，反而浪费了水、肥、种子和精力，造成了一定的损失。

这种现象在一些偏僻和经济落后地区尤为突出。如引进的短枝富士苹果，枝条疯长、不结果；杂交水稻高产品种反倒不如本地品种产量高。这之中除了假种子、假树苗的原因外，还有某些品种不适于本地土壤、气候等生产环境的问题。对于这一农村迫切需要解决的农业生产矛盾，《人民日报·农村杂谈》专栏于 1997 年 12 月 22 日发表的经济漫谈《先试验后推广》一文正触及了这一矛盾并提出了解决这一矛盾的积极主张：

> 农作物的生长离不开水、肥、土壤、阳光这些要素，同时还要受气温、无霜期长短的影响。赵县的鸭梨长在别的地方可能就要降低品味，迁西板栗同样和别处不同。因为土壤、气候等条件的限制，某些新的高产农作物品种、新的种植技术，换了生产环境就不一定适宜栽种，而农民科技素质参差不齐，缺乏对这些新品种、新技术的全面了解，盲目种植，结果难免就要造成损失。
>
> 要防止这类问题的发生，最好的办法就是先试验后推广。县乡村三级科技推广网络在新品种、新技术的推广过程中要建立起自己的试验田和示范田，对引进的新品种、新技术进行培育、筛选，看一看是否适应于本地的生产环境，再决定推广与否。只有这样才能真正给农民带来实惠。

此文立论既触及了迫切性的实际矛盾，又开出了化解矛盾的具有普遍意义的“药方”——“先试验后推广”。应该说，这是一篇具有针砭性的小型化经济评论，有着鲜明的导向效应。

二、有一点前瞻性见解

当前，人们处于一个深化改革的变革时代，人们不仅想知道眼下发生的是怎么回事，还希望知道经济生活将要发生或必定要发生的一些现象和变化。这就要求经济评论尤其是漫谈式的专栏言论的选题立论有点新意，有点富有前瞻性的独到之见。为此，要求作者的视野更宽一些，视角更新一些，评析更深一些。这里所说的前瞻性，指的是在写作时，理应站在时代的高度，把握全局，通过经济形势的分析，市场的分析，经济发展趋势的预测，从一时一地一事的具体动态中触摸经济发展的脉搏，提出带有提示性或预见性的主张和建议，以推动改革和经济运行的良性发展。为此，才不致使言论成为“拾人牙慧”之作，而产生一种难能可贵的导向功能。

举例说吧。前几年，在北京乃至全国各大城市中，豪华、高档大商场如雨后春笋般冒了出来，似乎商场规模越大，经营档次越高，经济效益就会越好，商业的现代化程度也越高。然而，这恰恰是一种误区。为此，《光明日报·经济漫笔》专栏于1994年8月29日发表了题为《给商场豪华热降降温》的专栏言论。

此文首先提出应该怎样看待商业现代化，在认识上要明确商业设施的现代化不仅表现在豪华、高档商场那样的设施上，关键在于如何为广大顾客创造一个方便舒适的选购条件。楼层越高，楼面越大，恐怕给顾客带来的并不是很方便很舒畅的购物环境。

其次，文章指出，从商业结构与布局的合理化方面看，现代大都市不宜建设过多高档豪华的大商场。在一些经济发达国家，高档豪华的大百货公司为数并不多，大量的则是以大众化经营为主的超级市场、仓库商店和其他类型商店，小商店更占主要比重。

再次，文章还认为商业规模效益与商店规模并非有必然的联系。商业规模效益取决于商品流转速度的快慢。

通过缜密的分析，文章引出前瞻性的独到见解：现代化大城市建设一些规模大、档次高的大商场有它的客观需要；但是，“商业的服务对象是不同的收入阶层的消费者，如何适应各类型消费者的不同需求，合理规划商店结构布局，有计划地选点设店是需要慎重研究的问题”。这就有助于促使人们在豪华热的气氛中进行冷静的思考，明白该怎样去做，起到了正确引导舆论、指导实践的积极功能。

三、深入浅出，虚实结合

写作经济评论，时常涉及到经济理论和业务问题、经济术语和名词概念问题、专业门类的种种专业问题，因此，只是就经济谈经济、就业务谈业务，往往会导致“内行不爱看，外行看不懂”的不良效果，而要改变这一状况，就要求评论特别是经济漫谈式的专栏评论做到深入浅出，虚实结合。

深入浅出，即是将纷繁复杂的社会经济生活中所孕含的深奥的经济规律，在对其有透彻认识的基础上用通俗易懂的语言文字表达出来。

不妨列举一例。近年来，人们把穷厂子的厂长挥霍浪费国家资财的现象比喻为“穷庙富方丈”现象。1997 年 11 月 29 日《北京日报·经济琐谈》专栏发表了一篇《向“富庙穷方丈”致敬》的专栏言论。文章奇巧地倒换了一个角度，变换了一种表述方式，引出了一个新颖的视角，提出了一个迫切、形象、寓有新意的论题和论点。言论以两则真实感人的新鲜事物作为立论的由头并由此引发议论。现将内容摘要如下：

> 我国最大电缆企业之一的天津六〇九电缆公司，10 年来国有资本金每年递增 11.05%，但这个公司的总经理和书记上下班却仍骑自行车，有的副职仍住单间房。去年，总经理送双亲骨灰回乡合葬，事后还主动交纳汽油费 400 元。再一个是津南区利税首户，去年销售收入达 6 亿元的港田集团公司总经理龚世权，每逢出门，总要让老伴烙上一摞家常饼；他的子女们在企业中与其他村民同工同酬……
>
> 作为“方丈”的企业负责人，其俭与奢并不仅仅是某些人眼中“抠”与“不抠”的小节，而是涉及价值取向和企业

走势的大端。试看日本丰田、美国福特等跨国公司大财团，也是从锱铢必较的节约和优化资源配置上发展壮大起来的。“庙”穷，或许穷在“方丈”的挥霍无度；“庙”富或许富于“方丈”们带头艰苦奋斗。何曾有“败家子”把企业搞活的“天方夜谭”呢？

因此，企业领导者能不能甘当“富庙”里的“穷方丈”，显然是决定企业能否振兴发展的一个关键性因素。时下，“穷庙富方丈”这种令群众十分不满的腐败现象，实际上已成为扭亏增盈的一只“拦路虎”，企业发展的一块“绊脚石”。只有政府主管部门拿出行动，把那些“硕鼠”类的“富方丈”扫地出门，才可能有“穷方丈”的“穷则思变”。

总之，搞好企业，领导者吃苦在前、受穷在先是十分重要的。人是要有点精神的，体现在领导干部身上，特别是身处“穷庙”、“破庙”的领导干部身上，更要讲求自励自律、艰苦奋斗。而且，这样做了以后，产生的凝聚力、推动力，也是每一个想搞好企业的带头人梦寐以求的。

文中将企业效益好、厂长又廉洁奉公的国有企业，比喻为“富庙穷方丈”，正好与当今某些穷厂子富厂长的“穷庙富方丈”的反常现象形成鲜明的对照。不仅使论述褒贬分明，是非明辨，具有引导效应，而且幽默、形象，深入浅出，发人深思。

为了使说理论述更富有说服力和深刻性，作为专栏经济言论，还得重视虚实结合，有点理论色彩。《人民日报·视点》专栏于1998年1月11日发表的艾丰所写的经济漫谈《轿车、股份制和市场经济》，这一特点显得较为突出。

文章的中心论点是思想解放的基本要义就是如实地认识事物。为了论证这一论点，作者以轿车、股份制和市场经济这三件事作为论据，以人们对这三样东西的认识过程即对轿车工业由不认识到认识，认识如实了，思想就解放了；对市场经济由不认识到认识，认识如实了，思想就解放了；对股份制也是如此，经历了一个由不认识到认识的过程，认识如实了，思想就解放了。对于股份制的认识，文中是这样论述的：关于股份制，“这个问题最近已经谈得很多了，给它的定性是一种‘资本组织形式’。我只想说一点，从直观的形式上看，不是劳动者害怕股份制，倒是资本家应该害怕股份制。独资企业他可以说‘这个企业是我的’，实行股份制了，企业成了‘大家’的了，他就不能再说这句话了。但实践使他们懂得，股份制既可以借用别人的钱发财，又可以分散自己资本的风险，何乐而不为？他如实地认识了，就不害怕了。现在我们也明白了，私人资本利用股份制可以做到的，为什么国有资本、集体资本不可以利用股份制做到呢？在股份制问题上的思想不解放表现在哪里呢？仍然是没有如实地认识股份制是什么东西。认识如实了，思想就解放了”。经过三个典型事例的反复论证，至此已经充分阐明这一中心论点：思想认识有个从不认识到认识的过程，唯有经过实践如实地认识了事物的实质，思想才有可能获得解放，也才能达到对客观事物的实事求是的理解。应该说，通过论证，论点与论据、虚与实已经基本结合了，由此也产生了说服力。然而，文章并未就此打住，而是继续往深里开掘，进而一举透过现象触及了人们的思想本质，或曰思维误区：

> 那么再往深里问一句，为什么不能如实呢？这就要研究思维上的误区。例如把资本主义使用过的，在资本主义社会存在过的，就都当成是“资本主义的”。其实，轿车虽是资本家先坐，市场经济、股份制虽是资本主义先搞，但并不是他的专利，那是人类的智慧和文明的结晶。再例如不承认社会上有中性的东西存在，而实际上这种东西大量存在。股份制本身就是“中性”的，把股份制归结为私有制是不对的，

把股份制笼统说成是公有制的实现形式也不妥。两种归结都是不承认中性东西存在。而不承认中性的东西存在，所谓的拿来主义，所谓继承和发展，就是一句空话。还可以说出一些具体误区，但总的误区还是唯书不唯实的问题。唯实才能做到如实，如果只查书本不看实践，还谈得上什么如实认识事物呢？邓小平同志历来提倡解放思想，又历来提倡实事求是，在他的“字典”里，解放思想和实事求是实质上是同义语。在学习贯彻党的十五大精神时，我们需要再次深刻领会这一基本观点。

有了以上这段思想开掘，正如对准了人们的思想“穴位”下针，不仅触及了人们的思维误区，也由此升华了人们的思想认识，使得政治与经济、思想与业务、虚与实在思想认识的更高层次上得以统一起来，从而引发出启人心扉的理论色彩。

由此可知，在经济言论写作中，虚实结合，就是着眼思想、政治、政策、理论、作风来谈经济业务和经济工作问题。之所以要这样，这是因为政治是经济的集中反映，而政治又反过来作用于经济。因此，唯有从政治与经济、思想与业务、虚与实的结合上来论述经济工作和经济领域里迫切需要解决的问题，才能启迪人们的思想和认识，才能具有思想性和说服力。

思考与练习

1. 专栏评论的特点是什么？
2. 专栏小言论有哪些特性？
3. 论坛评论的特点和优势表现在哪？
4. 经济漫谈的写作要求是什么？
5. 自找新闻素材写一篇专栏小言论。

第十二章　新闻述评

述评又称新闻述评或记者述评，是新闻领域中的一种边缘体裁，以融新闻和评论于一体为基本特点。

述评介乎新闻与评论之间，兼有两者的特点和优势。它既报道事实，又对新闻事实做出必要的分析和评价，有述有评，评述结合。从述评的篇幅来看，述往往多于评，但它的重点在于评，目的是为了评，述是为评服务的。同常见的新闻综述不同，新闻综述虽然在形式上接近于述评，但它是以向读者告知新闻事实为目的，主要特点在于对某些重要事件、重点工作或一个时期的形势进行综合性的叙述。它客观地报道事实，一般不进行议论。有时通过提供信息的方式，转述有关人士的见解和看法，也是以客观报道形式出现。在叙述事实的过程中，有时也有一些说明或议论的文字，也是为综合性的叙述服务的。述评属于新闻评论的范畴，它主要通过评述结合的方式，表明作者的立场和主张，从而发挥舆论导向的作用。

述评是一种传统的评论形式。我国报刊在“五四”运动前后已经有了这样的栏目。如《每周评论》的《国内大事述评》、《国外大事述评》，《湘江评论》的《东方大事述评》、《西方大事述评》等，栏目的名称往往就说明了述评的主要内容，相当于述评的标题。随着新闻工作的发展和形势的需要，述评这种体裁也在不断地发展。现在报纸、通讯社、广播电台和电视台的述评，一般都有栏目和标题，有作者署名。也有的述评不加栏目，标题也没有“述评”字样，或在副题中说明是关于什么问题的评述。有些报纸上发表的“调查与思考”、“采访札记”，广播电台的“广播谈话”等，写法有的也接近于我们所说的述评。由于述评这种体裁在一般情况下更符合人们阅读和视听的需要，所以近年来在各种新闻媒介中得到了广泛的运用，并取得明显的效果。特别是在电视新闻宣传中，一改过去没有评论或评论很少的局面，出现了不少具有电视新闻特色的述评性栏目。中央电视台在1980年开播的《观察与思考》栏目以及90年代开设的《焦点访谈》、北京电视台的《今日话题》等，已经成为受到观众欢迎的名牌栏目。

第一节　述评的基本特点

述评的基本特点，具体表现为以下几个方面。

一、评述结合，以评为本

述评集新闻报道和新闻评论的职能于一身，既及时报道新闻事实，反映现实生活的发展变化，又要揭示新闻事实的本质和意义，指明事物的发展趋势。新闻报道贵在客观，主要是报道事实，让读者从客观事实中得出结论；述评则是叙事说理兼而有之，使读者既可以得到必要的信息，又可以了解作者对这些新闻事实所具有的意义的探讨。新闻评论都要摆事实讲道理，都要针对现实生活中的新闻事件和重要问题发表议论，但新闻评论一般不对新闻事实作详细的介绍。它有时配合新闻报道，根据报道中提供的新闻事实立论，有时在评论中用典型的新闻事实作为由头或论据，引发议论。述评作为一种具有独特个性的新闻评论体裁，一般都要对新闻事实进行比较全面的，有时是多方面的介绍，包括典型的具体事实、概括的情况以及必要的背景材料等，在叙述事实的同时进行议论。当然，这种比较只是为了较具体地说明述评这种评论体裁的特点，为了便于掌握和运用这种体裁，而不是划定一个一成不变的框框。这些体裁都是为了恰当地表达一定的内容，它们之间不可能也不应当有什么不可逾越的界限。

评述结合并不意味着评和述在篇幅或比重上相等，它主要表现在述评兼有新闻报道和新闻评论的特点，具备两者的功能。同时它又是以评为主的。评述结合，以评为本，这就是说，述评的目的在于评，述是为评服务的。述是评的基础，评是述的目的。因此，就一篇评论来说，有时评多于述，有时述多于评，有时在叙述新闻事实的同时，已经包含了作者的倾向和分析，只要再加以画龙点睛的议论，就足以说明问题了。

1993年4月8日《人民日报》发表的记者述评《警惕：重复建设再升温》，是一篇评和述结合得比较好的述评。文章探讨的是经济建设中一个值得注意的问题：在抓住机遇、加快发展的同时，重复建设、重复引进也在升温，如不因势利导，必将成为我国经济发展的沉重包袱。为了说明重复建设再度升温的严重性，作者介绍了以下的情况：

> 重复建设就全国范围来说，大体有三种情况：一种是现有和即将形成的生产能力，已明显超过目前和今后几年国内市场的需求量以及可能的出口量，致使生产能力大量闲置。这种情况以彩色电视机、电冰箱和洗衣机等产品较为突出。我国现有彩色电视机单班年产能力为2000万台，近几年市场年销售量大体为1000万台左右，仅相当于生产能力的50%。目前全国电冰箱年生产能力1200万台，设备和生产能力的利用率不足40%。据有关方面对30家企业调查，亏损的就有11家，一些企业濒临倒闭，负债累累。洗衣机也有类似情况。据市场预测，这些产品即使不再扩大生产能力，现有设备到1995年也不能满负荷运转。
>
> 第二种情况是，加工能力已大大超过原料供应和市场需

求量，导致生产能力严重放空，产业结构失衡，表现比较突出的是纺织行业。前几年各地竞相建设纺纱厂、织布厂，致使棉纺能力急剧膨胀，目前已有1/3设备闲置，相当于120亿元至150亿元的投资未能发挥作用。

还有一种情况是，不少新建项目技术水平低，布点分散，不符合规模经济的要求，结果是产品成本高，质量低，社会经济效益差。以汽车行业为例，现在全国共有汽车整车制造厂160余家，年产量达到1万辆的仅6家，大多数产量不足千辆，完全不符合汽车生产起点高、专业化、大批量的要求。家用空调器厂的合理经济规模为年产20万至30万台，目前全国生产空调器的厂点已达七十多家，年产能力在5000台以上的43家，达到合理经济规模者仅一家。

述评在叙述了上述情况以后，接着指出："值得警惕的是，过去重复建设的旧债未了，如今又添新债。现在有些地方和行业置已酿制的苦酒于不顾，掉转车头又向新热点进军。"同时还谈到重复建设的一些新动向：一是出现产品延伸的趋势，一些地方和部门追求"小而全"、"大而全"、"自我配套"。另一个动向是高技术重复引进，不顾自身条件，争上技术高、难度大的产品。

述评提供的上述情况，反映了我国经济建设中一再出现的严重问题，是应当引起人们警惕的。作者在报道这些事实的同时，还分析了产生这种重复建设现象的主要原因，那就是一些地方和部门未能正确处理局部与全局的关系。在经济利益驱动下，重复建设屡禁不止，地方保护主义也应运而生。

那么，如何解决盲目重复建设的问题呢？记者结合有关专家的意见，从改革投资体制、国家有关部门建立健全信息网络、加强和改进宏观调控等方面，作了具体的分析和阐述。

可以看出，这篇述评不仅通过新闻事实的叙述，说明了经济建设中重复建设、重复引进的情况及其后果，而且对这个问题产生的原因以及解决的办法，作了具体的分析。它既报道了事实，介绍了情况，提出了问题，引起人们对盲目重复建设的警惕，又在这个基础上经过分析，提出解决的办法，评述结合，体现了新闻报道和新闻评论两者的功能。前面叙述的那些情况，使述评的分析有所依据，也增强了述评的说服力。

二、述中有评，评中有述

述评以事实为基础。这些事实来自实际生活，反映实际生活。述评的评，或者说它所讲的道理，就是在对这些事实进行分析的过程中加以阐明。述和评的有机结合，体现了由个别到一般、由具体到抽象、由感性到理性的认识规律，容易被人们所理解。述评的评，是为了弄清客观事物的本质和它所包含的带有普遍性的新经验、新问题，而不是就事论事。许多述评采取夹叙夹议的论述方式，述中有评，评中有述，可以从理论和实践的结合上，从事物之间的共同规律的高度提出问题和解决问题。

中央人民广播电台 1993 年 4 月 8 日播出的述评《拜金主义要不得》，曾经被《人民日报》转载，在群众中引起强烈的反应。记者胡占凡在述评开头就明确地提出：

> 在我们步步推进社会主义市场经济建设的时候，这样一个声音越来越清晰地回响在我们耳边：还是要讲艰苦奋斗，讲高尚的人生观、价值观，拜金主义、奢侈挥霍之风要不得。

述评接着指出，改革开放使人们手里的钱多了，这是好事，可钱怎么花却大有学问。从国民经济大局来看，“勤俭是咱们的传家宝”依然是最动听的旋律，可偏偏有人对此不以为然。于是出现了下面的现象：

> 在杭州，有两个“大款”为了斗富，竟在众目睽睽之下，比赛烧人民币，每人烧掉两千多元而面不改色。

在长春，一家卡拉OK厅，一个富翁宣布，包下当晚的“点歌费”，另一位大亨立即声明：买下全市当天所有的鲜花。“你不让我点歌，你也别想献花。”

春节时，一个青年富豪仰望着纷纷落下的爆竹纸屑兴奋地流下热泪，因为他刚刚点燃的4个爆竹是用两千元人民币卷成的。

一位北京“大款”用两万元一桌的宴席招待广东大款竟遭到奚落，随后广东“大款”用6万元一桌回请，而北京这位“大款”竟“啪”地打开密码箱，甩出35万元说：今天这桌就照这个数。

至于某人身上的穿戴价值十几万，某人甩出两万元点一支卡拉OK，30万元一只的哈巴狗被“大款”们眼都不眨地牵上就走这类事，也时有所闻。

作者谈到了一些类似的现象之后，接着又说，或许这般挥金如土的人并不多，但这类事所投下的阴影却在平民百姓中日益蔓延，拜金主义、享乐主义正越来越大胆地牵动人们的衣襟。结合对这类现象的分析，作者鲜明地指出：

这种种现象已经不仅仅是个怎么花钱的问题，它反映出一些人的价值观、道德观。克勤克俭是我们中华民族永远值得骄傲的美德。从“粒粒皆辛苦”的古训到周总理衬衫上的补丁，我们民族的文明史上一直闪烁着这种崇高节操的光彩。如今发展市场经济，我们依然必须清醒，人际关系决不只是金钱关系，等价交换的原则决不能移植到思想道德领域。物质与精神，永远是人类文明进步这架天平的两端，失去哪一端，社会都会出现倾斜。如果让金钱的光环遮住了比它更美好的精神世界，人类的文明将是残缺的，人格将是病态的。

述评在这里正是从全局出发，从价值观、道德观的高度，把这类看起来是个别的现象，放在我国刚刚基本上解决了温饱问题这个大背景下加以考察和分析。既提供了事实，又讲清了道理，对于群众在建设社会主义市场经济过程中重视精神文明建设，发扬克勤克俭的美德，树立正确的价值观和道德观，起到了有力的引导作用。这篇述评是几年以前发表的，但在今天看来，仍然很有现实意义。

三、由述而评，以评驭述

从述评的篇幅看，往往述多于评，但它的重点在于评，目的是为了评。也可以说，述是为评服务的，述是评的依据，评是述的归宿。这也正是述评作为新闻评论体裁的内在根据。

述评既要摆事实，又要讲道理。它所讲的道理，是作者通过对大量新闻事实进行分析而得出的结论。这也正是述评区别于某些推理性评论的主要之点。因此，述评更注重材料和观点的统一。述评中对新闻事实的叙述，有时多一些，有时少一些，但都是服务于观点，或者说受观点的统率。述评的作者要接触大量的事实和各种背景材料，这样才能经过分析研究，得出正确的结论。但是，在述评中不可能也没有必要把所有的事实和材料都罗列出来。运用哪些新闻事实，哪些情况概括地叙述，哪些情况用具体的典型事实加以说明，都要服从于评，服从于作者阐明观点的需要。

请看《天津日报》记者乐舜华写的述评《服务行业萎缩症亟待治理》。这是一篇获得全国好新闻奖的评论，发表于 1985 年 8 月 6 日。文章是评述天津市服务行业存在的问题的。它开门见山指出：“近来，我市在第三产业的发展中出现了一个不容忽视的问题：转业改行风使我市服务修配网点越来越少；理发店改营寿衣，修配站大卖服装，洗染房改挂起‘旅客之家’招牌，有的早点铺装修门面之后，豆浆、大饼不见了，代之以录音机、电风扇等家用电器……一些还没有改行的服务修配网点，也正跃跃欲试要求‘改换门庭’。”接着又用具体情况说明，服务业的萎缩趋势，使居民中存在已久的理发、洗澡、洗染、做衣、修配等多种“难”的问题更加突出。“仅以澡塘业为例，去年底，我市共有浴池41家，比1957年已经减少了47户。近来，其中的19家浴池又先后改营了旅馆，全市只剩下22家浴池了。这样，每10万户居民才有一个浴池，居民怎么能不喊洗澡难哪!”

这些情况说明，作者指出的服务修配行业的萎缩趋势，确实已成为直接影响群众生活的不容忽视的问题。那么，这个问题究竟是怎么产生的？又应该怎么治理呢？述评在占有大量材料的基础上，进行了深入的分析和思考。原因之一是服务修配业的干部和职工经营思想的问题。当时曾经流传着这样几句顺口溜：“要想阔卖百货，修配服务不能做；要经商卖服装，家用电器更吃香。”这在某种程度上说明，有些部门的领导干部和职工盲目地认为改革的目的就是为了多赚钱，搞活经济就是什么赚钱干什么。这种片面的经营思想，当然要通过思想政治工作加以纠正。但是，作者从对实际情况的调查研究中，又提出了一个更深层次的问题，即由于管理体制和某些具体的经济政策的原因，给服务行业造成了不少困难，而这些又是服务修配网点自身难以解决的。述评写道：

> 绝大多数服务修配网点，由于费用高、负担重，加上原材料价格的上调，常年入不敷出，处于亏损局面。据市服务公司统计，洗染业九百多名洗染职工，常年艰苦地劳动在狭小简陋的作坊，全年为居民洗染767500件服装，但由于费用开支大，社会负担重，到年底一结账，发现不但没有给国家和企业增加积累，反而净赔了19万元，大大影响了经营积极性。

述评接着又说：

管理机构臃肿，层次太多，也使许多本小利微、经营分散的服务修配网点负担不起。去年，理发业6个区公司和13个基层店，共向理发网点提取管理费和各项费用24.4万元，相当于四级户理男发五十多万人次的收入。有的职工叫苦说："我们每天早上一开门，第一刀给税金剃，第二、三刀为门市开支和退休的剃，第四、五刀给基层店和区公司剃。到了下午3点，才给自己的工资剃上第六刀，要拿奖金就得下班后剃第七刀。"

作者用夹叙夹议的办法，结合各种材料的叙述，说明了自己的观点，指出了问题所在。至于如何治理服务行业的萎缩症，已经很清楚。作者只是在文章的结尾概括几句，就足够了。整篇述评既有面上情况的概述，又有点上典型材料的介绍。这些材料和作者的观点水乳交融地结合在一起，使述评所要阐述的观点具有很强的说服力。文章发表后，引起天津市政府的重视，促进了问题的缓解。

以上是述评的几个基本特点。正是这些特点，赋于述评这种体裁以理论与实践、主观与客观统一的品格，使它为人们所喜闻乐见。

记者在采访中深入实际，深入群众，直接感受到时代脉搏的跳动，了解群众的要求和呼声，便于寻找发言的机会，是写好述评的有利条件。可以通过这种富有生命力的新闻评论体裁，更好地发挥新闻宣传的作用。

第二节　述评的类型

述评的应用范围十分广泛。由于记者的活动范围广，所以述评的选题也涉及社会生活的各个领域，这样就可以及时针对群众普遍关心的问题进行评述，增强评论的时效性和群众性。目前我国报纸、通讯社、广播、电视的述评，按它们的内容和所反映的社会生活的性质，大致可分为以下几种类型。

一、工作述评

工作述评，顾名思义是针对实际工作中的经验或问题进行评述的。在我国社会主义现代化建设的进程中，各个领域和各条战线的新情况、新经验、新问题层出不穷。人们不仅需要及时得到各种必要的信息，在他们对各种新闻事实进行思考的同时，也需要了解新闻媒介或记者的看法和主张，以便做出自己的判断，辨明是非和方向。对于社会生活中的一些“热点”或“难点”的问题，更是如此。

例如，《人民日报》1993年4月14日至16日，连续发表了记者班明丽写的三篇述评，标题分别为《有场未必有市——进一步加强市场建设述评之一》、《不必给市场定级——进一步加强市场建设述评之二》、《“各管一段”好——进一步加强市场建设述评之三》。这些述评就是针对建设社会主义市场经济过程中出现的新问题进行评论的。第一篇《有场未必有市》评论的是那种按照旧的体制和思路盲目建市场的做法。述评首先介绍了市场建设中的问题：社会主义市场经济大潮涌来，尽管人们还来不及把市场经济的框架勾勒清楚，也无法一下深刻理解其实质内涵，但是，没有市场就没有市场经济，却是浅显而直观的道理。于是，“市场”成了最时髦的词汇之一，抓市场，建市场势头来得很猛。文章接着写道：

> 但是，还有一个“于是”：于是，这个省一声令下，今年要建10个市场，明年要建20个市场；那个省也不甘落后，今年要建20个市场，明年再建30个……你追我赶，下达计划。你建一个市级市场，我建一个省级的；你建“最大”的，我要建“最高”的。有的还计划为一种商品建一个

市场，可想要建的市场会有多少？有人形容说，这不是搞市场经济，而是在搞市场比赛。

述评还谈到1985年全国曾出现过一阵的“贸易中心热”：似乎是一夜之间，竟有千百家“中心”冒了出来，结果大部分是不成功的。急于求成，盲目求多地计划市场，片面追求市场档次、级别，结果是“有场无市”，重复建设。针对上述情况，并根据蔬菜市场的兴旺和河北白沟市场“先做生意，后建市场”的经验，记者鲜明地阐述了自己的看法：

市场建设计划，不是简单的数量计划，不是数量越多越好，也不是楼盖得越大越高越好。市场是商品经济发展的产物，无论哪种市场，能否形成和发展，采取什么交易方式，应当建多大规模，都是由当地的经济条件决定的，不是人们主观计划的结果。

述评之二《不必给市场定级》是评述有些地方建市场的攀比“级别”现象。述评指出，这种定级，是把主办单位的行政级别套在市场头上，市场只能成为行政的附属物，并不利于市场经济的发展，甚至可能发生行业垄断性管理，把市场封闭起来。只有根据商品的需求、流向和其他特点，大、中、小市场并存，产地、中转地、消费地市场互相衔接，才能建设起真正意义上的市场。

述评之三《“各管一段”好》是以苏州市场建设的经验为依据，说明在市场建设中既要反对不恰当的行政干预，又要发挥政府在市场建设中的作用。政府要管市场，但应当只管统筹规划，协调服务，监督调控，政策支持，不去直接管理市场的具体事务。政府只管宏观的事项，微观的事让市场自己去管。

建立社会主义市场经济体制，是前无古人的事业，无现成的经验可循，出现这样那样的问题是可以理解的。新闻媒介有责任通过自己的舆论工作，发挥正确的引导作用。述评无疑是一种便捷有效的方式。这三篇述评针对实际工作中出现的问题，点面结合，就实论虚，强调在市场建设中如何从实际出发，按市场经济的规律办事，有较强的指导性。这对于端正人们的思想认识，引导市场经济的健康发展是有作用的。这种情况也说明，工作述评虽然评述的是实际工作，但也不能就事论事，而要尽可能由感性到理性，从理论、政策、思想的高度来说明一些问题，力求更好地发挥作用。

二、形势述评

形势述评是对国内外形势，包括政治形势、经济形势以及其他领域形势的述评。它的内容所及，可以是全局的形势，也可以是某个特定地区或某一条战线在一个时期、一定阶段的形势。这类述评的特点是着眼于形势的变化和转折，着眼于群众普遍关心或需要引起群众注意的问题和动向，概括全貌，指明发展趋势，帮助读者开阔眼界，提高认识。

1997年10月26日至11月2日，江泽民主席应克林顿总统的邀请，对美国进行了国事访问。在世纪之交的重要历史时刻，江泽民主席的这次国事访问，为世人所瞩目。那么，这次访问究竟取得了哪些成果，有什么意义呢？新华社11月3日发的述评《中美关系史上的新篇章》回答了这个问题。记者刘江、李红旗首先肯定地说明：

> 访问取得了圆满成功，达到了增进了解、扩大共识、发展合作、共创未来的目的，在中美关系史上写下了新篇章。
>
> 这次访问是12年来中国国家元首第一次正式访美，也是自1979年邓小平同志访美以来，中国领导人对美国进行的最重要的一次访问。这次历史性的访问标志着中美关系进入了一个新阶段，对于促进世界的和平与发展，寻求有利于我国现代化建设的和平稳定的国际环境，具有十分重要的现

实和历史意义，因而受到中美两国的高度重视以及整个国际社会的普遍关注和积极评价。

述评接着报道了江泽民主席访美取得的成果：其中最重要的是，双方总结过去，着眼未来，对发展面向21世纪的中美关系达成了共识，并在联合声明中宣布，中美两国将共同致力于建立建设性战略伙伴关系；中美双方进一步明确了两国在维护世界和地区和平与稳定、促进全球经济增长等方面有着广泛而重要的共同利益，在加强双边经贸、环保、能源、科技等领域的交流与合作方面有着巨大的潜力；促进了中美两国人民之间的相互了解。江泽民主席参加的多项活动，有助美国公民从不同视角，从政治、经济、文化和社会等各个侧面，进一步了解和认识中国，为发展两国关系增添了新的动力；进一步扩大了中美两国在经贸领域的合作。这次访问表明，中美两国经济互补性强，合作领域宽广，潜力巨大。

当然，江泽民主席访美取得圆满成功，为把一个健康稳定的中美关系带入21世纪指明了方向，但这并不等于说，两国关系的发展就毫无障碍了。述评实事求是地指出，两国领导人在许多问题上取得共识的同时，“也坦率地承认，双方在人权、贸易以及其他一些问题上仍然存在分歧”。

> 中美之间的分歧不可能在一夜之间全部解决。江泽民主席访美成功有力地表明：社会制度、价值观念和文化传统的不同，不应该成为国家之间发展友好合作关系的障碍；对话总比对抗好，接触总比遏制好，合作总比制裁好，交流总比隔绝好。这里的关键，在于要具备登高望远的战略眼光，要及时把握住历史性的机遇，要善于寻求共同的利益，要以理智和冷静的态度来处理相互间的分歧和矛盾。

《人民日报》1992年7月17日发表新华社记者端木来娣写的《青山遮不住　毕竟东流去——述评上半年两岸关系发展》，

也是一篇分析形势发展、指明趋向的述评。作者在文章的开头指出：

尽管台湾当局一再对岛内的“大陆热”采取种种限制措施，两岸交往中也出现一些曲折，但在两岸人民的共同努力下，今年上半年两岸关系的发展仍然取得了新的突破。

接着，作者从“经贸合作向纵深拓展”、“民间交流突破双向”、“事务性商谈趋向频密”、“直接三通势趋必然”四个方面，通过许多事实和数字，介绍了两岸交往发展的情况，并对前景作了预测。文章最后说：

综观今年上半年海峡两岸关系的发展，人们看到，总的形势是在朝着有利于和平统一的方向迈进。尽管台湾当局仍囿于不合时宜的大陆政策，使两岸关系的发展不时遭遇曲折，然而人们相信，“青山遮不住，毕竟东流去”，两岸的双向交流已如大潮涌动，这是谁也阻挡不住的。

这个结语尽管是预测，但由于它是根据对大量事实和材料的分析，容易使人信服。

三、事件述评

这类述评是根据记者直接调查和掌握的材料，对国内外发生的重要事件或某些影响较大的突发事件进行评述。它的特点主要是从具体的事件，联系到它产生的原因和背景，探索其性质和意义，或通过对材料的分析，澄清事实，说明真相。

《人民日报》1989年8月17日发表的《欺人太甚》，就是一篇针对国际问题的事件述评，作者是新华社记者刘瑞常。8月15日，美国武装部队在巴拿马首都市中心，动用海军陆战队和直升机，进行了所谓“保卫”美国驻巴拿马大使馆安全的军事演习。述评对这种无视别国主权的霸道行径，进行了义正词严的谴责：

一国军队未经驻在国同意，公然在另一个国家首都舞刀弄枪，不仅在巴拿马历史上没有前例，就是在世界上恐怕亦属罕见。

“200 万人口的小国巴拿马从未触动过美国的一草一木，为何遭此厄运?”述评提供了有关的背景材料，并就此进行分析，说明美国自 1903 年通过不平等条约取得修建和永久使用巴拿马运河的权利以后，在那里建立了军事基地，常驻军队。巴拿马经过长期斗争，虽然在 1977 年同美国签署了新运河条约，规定美国于 1999 年交还运河主权并撤走驻军，但美国随后又企图修改条约，永久霸占这条国际航道。这个要求遭到诺列加政府的拒绝。因此，美国从 1987 年以来，即利用 巴拿马国内矛盾干涉其内政，不断施加压力。根据这些背景材料，述评指出，美国表面上的理由是说诺列加独裁，参与贩毒，实质上倒诺的目的是为了巴拿马运河。“不管怎样，诺列加的问题应由巴拿马人来解决，无需美国劳神。”

美国对一个小国推行强权政治，实在欺人太甚。这不但进一步激发了巴拿马人民维护国家主权和民族尊严的爱国热情，而且引起广大拉美国家的义愤。

这篇述评的时效性很强。8 月 16 日消息传来，新华社当天就播发了这篇述评。述评中有新闻事实，有背景材料，有记者的分析，材料和观点紧密结合，有较强的说服力。当然，美国的霸道行径不会就此停止。同年 12 月 21 日凌晨 1 点钟，2.6 万美军在飞机、大炮和坦克的掩护下，一举侵占了巴拿马，成为越南战争以来美国发动的又一次大规模的侵略战争。新华社当晚即播发了刘瑞常写的述评《令人震惊的霸权主义行径》。这两篇述评都为许多报纸所刊载，产生了较大的影响。

事件述评的特点在于，除了报道事件本身，还要着重根据对背景材料的分析，指出事件发生的原因和问题的实质，而不能只就表面现象简单地做出结论。《人民日报》1995 年 7 月 11 日发表的《必须保证消费者安全——由啤酒瓶爆炸引出的话题》，是记者梅洪如写的一篇述评。文章首先提供了一个惊人的数字："据统计，1994 年全国消费者投诉啤酒瓶爆炸伤人案共 6000 起。人们强烈呼吁，消除'啤酒炸弹'！"关于"啤酒炸弹"产生的原因，记者分析了啤酒瓶质量不合格等几方面的情况之后，着重指出："这几年啤酒瓶爆炸伤人事故年年上升，与啤酒行业宏观管理乏力不无关系。"同时又引述专家的建议说，"必须把消费者的安全放在第一位"，决不能带有任何地方或部门保护主义色彩。文章提出了若干建议之后，最后特别提到："在处理事故问题上，要制定出操作性强的责任认定标准和赔偿标准。这些标准要体现保护消费者权益等法律的严肃性。"这样就在叙述这种事件不断发生的严重性的同时，分析了它的原因以及解决问题的途径。

四、思想述评

思想述评是评述新近发生在思想领域中的问题的。根据新闻评论的特点和要求，关于工作、形势、事件的述评，都应当通过对各种新闻事实的评述，尽可能从思想、政策、理论的高度来说明一些问题。但是，为了加强社会主义的精神文明建设，对于带有普遍意义的思想情况和问题进行评述，特别是对那些良好的道德风尚和带有倾向性的不良现象，结合具体事实，做出明确的、实事求是的分析，是十分必要的。这样可以引导和帮助人们提高认识、明辨是非，建立健康、美好的精神世界。

前面介绍过的中央人民广播电台的《拜金主义要不得》，就是一篇针对性很强的思想述评。作者从一系列社会现象中看到，"挥霍无度的奢侈之风，早已超出了个人消费的范围，它给社会特别是涉世未深的青少年带来的劣性刺激和心理影响是不容忽视的"。通过具体的分析，用事实说明那些奢侈现象已经造成了什么样的社会影响，述评理直气壮地提出："拜金主义要不得"。

在发展社会主义市场经济的过程中，出现一些挥霍奢侈的个别现象并不奇怪。问题在于，新闻媒介对这类现象是不置可否地客观报道，甚至有意无意地加以鼓吹呢，还是根据我国的国情和社会主义现代化建设的要求，从精神文明的高度对它们进行正确的分析评价呢？《拜金主义要不得》正是从人生观、价值观的高度对此进行了正确的分析和引导。因此，述评播出以后，引起了社会上广泛的关注，促使人们进行思考。为了把这个问题阐述得更加全面、透彻，作者接着又写了《再说拜金主义要不得》，在电台播出。这篇述评进一步分析了什么是拜金主义，说明反对拜金主义并不是要"打土豪、均贫富"，而是告诫人们，"不能让'金钱就是一切，一切为了金钱'的阵阵来风摧垮了我们的民族气节、精神支柱"。述评结合具体事例的评析，进一步阐明自己的看法：

> 金钱，的确是一种超乎寻常的东西，大到国家，小到家庭，有多少好事就是因为没钱而办不成。但是，如果除了快快发财、穷奢极欲之外，不知道还有别的幸福、别的追求，许多传统美德、民族精神就会走样，价值观念就会扭曲，社会风气就会滑坡。邓小平同志有一句语重心长的话："社会风气如果坏下去，经济成功又有什么意义？"
>
> ……随着物质财富的增加，生活质量的提高，精神文明也应当同步发育，优良传统更加光大，人的素质和追求也要上新层次。……看一看脚下的黄土地，听一听扶贫救灾的声声呼唤，想一想我们多年的奋斗史，掂一掂我们的人生态度和价值观念，还是要再说上一句：拜金主义要不得。

在现实生活中，人们的思想不断发生各种各样的变化。新闻评论有必要经常针对一些带有普遍性的思想情况做出分析。在精神文明建设中，对那些带有倾向性的思想问题，应当及时进行实事求是的说理和疏导。在这方面，思想述评大有用武之地。

第三节　述评写作的基本要求

述评写作的要求是由它的特点所决定的。作为新闻评论的一种形式，它兼有新闻报道和新闻评论的特点。因此，从立论到说理论述，述评有它自身的一些独特要求。也有的要求是新闻评论的各种体裁所共有，而在述评写作中需要加以强调的。述评写作的基本要求，主要包括以下几方面。

一、选材精当，立意新颖

述评离不开新闻事实。也可以说，述评是以事实为主体。述评是在摆事实的基础上讲道理的，只有尊重和依据客观事实，道理才能讲得好。因此，述评写作必须选择充分的、典型的事实，给论述提供必要的基础。

述评的事实要充分，就是要有足以说明问题的事实，并不是事实越多越好。过多的不必要的事实，反而会淹没了述评提出的问题和它阐述的观点。事实要典型，就是要选择具有一定的代表性、能反映客观事物本质的新闻事实。当然，述评中的事实可以是点上的具体事实，也可以是面上的经过概括的情况，这要视论述的需要而定。点面结合的新闻事实有时更能说明问题。

述评所评述的内容是社会生活中的新事物、新情况、新经验、新问题。这也是述评中提供新闻事实的一个要求。正是在这样的基础上，才能使述评有新颖的立意，才能使读者有新鲜的感觉，并从中得到教益。

1997 年 7 月 15 日，中央精神文明建设指导委员会召开电话会议，部署在全国开展讲文明、树新风活动，要求这次活动在集中解决文明言行、环境卫生、服务质量、交通秩序四个方面存在的突出问题上见成效。这是为迎接党的十五大的召开创造文明环境的一项重要工作。事经一个月之后，活动开展得如何呢？《人民日报》8月18日发表了新华社记者陈雁、李术峰和《人民日报》记者陈维伟采写的《牵动精神文明建设全局的大事——“讲文明、树新风”活动开展一月述评》，从“大局着眼，实事着手”、“迅速起步，形成热潮”、“加大力度，务求实效”三方面进行了回顾和评述。文章首先概括地介绍，一个月的实践证明，这个活动已在全国引起强烈反响，带来了社会环境的可喜变化，说明这确实是一件影响大、作用大的实事。为什么能够迅速起步、形成热潮呢？述评强调了几个方面：各级领导的重视和领导机关、领导干部的表率作用；城市管理部门和窗口行业主管部门的积极行动；人民群众的积极参与和自觉行动；新闻媒介的积极配合。每个部分都在介绍面上情况的同时，用一些地区和部门的具体、典型事例加以说明。例如，在谈到人民群众积极参与的情况时，着重介绍了几个城市：

> 北京市40万市民冒酷暑治理脏乱，清理垃圾近千吨。每天有上千名群众上街维护交通秩序。上海市成立以“服务他人，奉献社会”为宗旨的志愿者协会，全市130万志愿者掀起了上海市文明新风潮。天津市百万青少年“争做文明先锋”以及“文明公共场所”、“文明公交线路”等活动使市容市貌焕然一新。石家庄市市民踊跃参加双休日义务宣传社会公德、劝阻不文明活动……

正是人民群众的这些自愿参与和自觉行动，形成了讲文明、树新风的热潮。在肯定已有成绩的同时，述评还实事求是地指出，活动的发展并不平衡，还有一部分城市仍停留在一般性号召上，少数城市甚至还没有动起来。述评指出，这次活动已经初见成效，但尚处在起步阶段，决不能满足现状。

> “讲文明、树新风”是一项长期的任务，解决四个方面存在的突出问题，仅靠一个月的努力是远远不够的……要坚

持不懈，持之以恒，把工作往深里做，往实里做，反复抓，抓“反复”，层层抓落实，事事出效果，把活动扎扎实实地不断推向深入。

述评的作者既了解全面的情况，又掌握具体的典型事实，所以才能对这次活动做出切合实际的分析。同时也告诉人们，抓精神文明建设，不能停留在一般的号召上，而要通过具体活动，一步一步地做，才能取得看得见、体验得到的效果。

二、即事明理，重在分析

述评以事实为基础，它通过新闻事实和对新闻事实的分析评价，提出问题和解决问题。人们总是宁愿相信事实，通过自己的思考，做出判断，而不愿相信空泛的议论。述评的优势在于既摆事实，又讲道理，通过对事实的分析，说明道理。只有对新闻事实做出入情入理的分析，才能给读者以启迪，令人信服。

前面介绍新华社记者写的述评《青山遮不住　毕竟东流去——述评上半年两岸关系发展》，就是从几方面通过对事实的介绍和分析，展望海峡两岸关系发展的。例如，在谈到直接“三通”势趋必然时，文章说：

两岸间贸易已进行十余年，但总额两百多亿美元的贸易都是经香港中转的。

台湾企业投资大陆已数千家，但大量原料和产品需要经第三地转运。

近年到大陆探亲旅游台胞上百万，常常因为航班机位难求而滞留香港。

两岸通信、通汇、通讯已难以数计，但因为只能是间接的而增加了许多不必要的麻烦。

事实表明，“三不通”已成为两岸往来的严重障碍，尽快实现直接通商、通邮、通航势在必行。不仅台湾企业界千呼万唤早日“三通”，就连台湾的一些高层人士也发出了呼声。

关于两岸经贸合作、民间交流、事务性商谈等方面也是如此。这样夹叙夹议地摆出事实，最后得出“青山遮不住，毕竟东流去”的结论也就顺理成章了。

1997年7月30日至8月1日，《人民日报》针对当时经济发展情况和人们的疑惑，连续发了三篇述评：《银根还能放松吗？——经济形势述评（一）》、《怎样看市场旺不旺——经济形势述评（二）》、《为什么要保持适度增长——经济述评（三）》。上半年的经济发展，保持了在低通胀下的适度快速增长，这是近几年来宏观调控比较理想的结果，国内生产总值比去年同期增长9.5%，已经居世界前列。但是，一些同志觉得现在的增长速度还不“解渴”。那么我们应当如何看待速度问题呢？第三篇述评就是回答这个问题的。述评通过具体数字说明上半年经济状况：

据最新消息表明，上半年，全国乡及乡以上工业企业完成增长值9849亿元，增长11.6%。全社会固定资产投资7417亿元，比去年同期增长13.5%。社会消费品零售总额13006亿元，扣除价格因素，增长12.1%。出口总额808亿美元，增长26.2%，进口总额630亿美元，进出口相抵，顺差178亿美元。夏粮又获丰收……

述评接着指出，上半年“高增长，低通胀”格局的形成，稳中求进，体现了中央提出的方针。接近10%的增长速度，可谓适度快速。7月22日国家统计局发布的最新信息显示，今年上半年，商品零售价格上涨1.8%，比去年6.1%回落4.3个百分点，达到了五年来的最低水平。目前还面临结构调整缓慢，从而导致一部分企业生产下降，开工不足，下岗职工增多的问题。

如果不顾基础是否稳固，人为加快经济增长速度，短期内对企业解困会有所帮助，但长期来看，无疑会重蹈过热

——高通胀——调整的覆辙。这无益于宏观经济的健康发展。“一高一低”（高增长、低通胀）来之不易，我们不能“好了伤疤忘了疼”。

述评通过具体数字和分析，主要说明，经济增长的速度，要从实际出发，按经济规律办事。太快了不好，太慢了也不好。稳中求进，适度增长，才是好的选择。这样的评述，有理有据，起到了释疑解惑的作用。

三、夹叙夹议，事理交融

这是述评写作的重要特色和要求。叙就是叙述新闻事实和有关的材料；议就是对新闻事实进行分析议论。夹叙夹议就是把叙述和议论，把具体的事实和抽象的道理，围绕文章的中心思想，有机地结合起来，水乳交融，浑然一体。这是一种分析问题的方法，也是符合人们的认识规律、为群众所喜闻乐见的表述方法。

述评的这种表述方法比较灵活。根据内容的需要，可以先述后评，也可以先评后述。有的段落可以只述不评，有的也可以只评不述。但是，叙述和议论在一篇述评中要成为一个有机的整体。在有些情况下，述评在叙述事实时就带有倾向性，表现出作者褒贬分明的态度。这样既节省笔墨，又可以使叙和议较好地结合起来。也有的时候，可以运用比较的方式，通过不同事物的比较或同一事物在不同时期的情况相比较，从而体现作者的态度和见解，在叙述中包含了议论。

前面谈到的关于进一步加强市场建设的三篇述评，第二篇《不必给市场定级》就是运用夹叙夹议的论述方式。在谈到有的地方建市场攀比级别，争办所谓地区级、省级甚至全国市场时说：

这样给市场定级的根据是什么呢？

是以交易量大小吗？不是。定级之时尚未开业，怎么知道交易量谁大谁小呢？是以市场占地面积吗？也不是。多大面积的市场可以分别定为省、市、区、县、乡、镇一级，多大面积可被定为中央、国家级？如果按市场设施的档次水平分，几“星”为高等级市场，几“星”又只能是低级别市场？标准无从考证。

文章接着指出，谁家办的市场，就随谁的级别，就由谁主管，在政府职能尚未转变的情况下，可能发生行业垄断性管理，把市场封闭起来：

给市场定级，不是市场经济的要求。没有人给石狮市场定“国家”级，但它的服装交易覆盖全国；新疆西瓜、广东香蕉行销各地，也很难说他们的市场有哪家是“国家”级。市场经济是开放经济，市场应是统一而又没有疆界的。它的级别应当是它的竞争力的表现。一个市场交易量大，吸引力强，幅射力久远，自然而然地会形成一省一市，甚至全国范围的市场。

这两段文字都是把叙和议紧密地结合在一起，褒贬分明，切中时弊，很有说服力。

新华社记者邹爱国、《人民日报》记者毛磊发表在1993年7月16日《人民日报》的述评《关键在于综合治理——关于打击“车匪路霸”的探讨》，是通过鲜明对比的正反事例和夹叙夹议、纵横比较的论述来说明问题的。

晋煤外运的主要干线，现代化的大秦铁路沿线偷盗成风，治安混乱，通车前后短短几个月，大量设备被拆卸盗走；沿线村民明目张胆哄抢运输煤炭。在二期工程通车第二天，因加固钢轨的鱼尾板被拆盗而造成列车颠覆重大事故。述评根据中央社会治安综合治理委员会和铁道部的联合调查指出：

这一区段之所以“车匪路霸”猖獗，其主要原因是当地党委、政府和铁路部门没有采取有效措施……沿途一些村庄的党支部以及治安组织流于形式，既缺乏权威，又不积极做工作，对盗窃哄抢行为熟视无睹，形成“国家的东西不拿白不拿”。

述评还报道了贵州省在打击“车匪路霸”的同时，在党委、政府的统一领导下，实行地方有关部门与铁路、军队三结合，加强综合治理的经验。记者还介绍了广西贵港市在加强综合治理前后，社会治安和公路秩序发生的变化。述评最后说：

> 社会治安综合治理，犹如一项庞大的系统工程，需要社会各方面的参与，多管齐下，“打防并举，标本兼治”，才能达到预期的目的。

述评结合正反对比的事例，边叙述，边分析，边议论，自然而然地得出了令人信服的结论。

思考与练习

1. 新闻述评有哪些特点?
2. 怎样才能写好述评?
3. 从报纸上选一篇述评，分析其写作特点。

第十三章　杂　　文

第一节　什么是杂文

杂文是一种文学体裁，但又不同于一般的文艺作品，还具有政论的性质。杂文兼有文学和政论的特点，是介乎文学和政论之间的一种边缘体裁。也可以说，杂文是一种特殊的政论：文艺性的政论。

我国报刊上的杂文，是随着副刊的产生而出现的。在“辛亥革命”时期，有些报刊的副刊还设有《杂文》、《杂感》等栏目。那时的杂文虽然和我们今天所说的杂文不完全一样，但也是包罗万象，说古论今，面向现实，笔锋比较犀利。特别是革命派报刊上的杂文，对当时的帝国主义侵略者、封建势力、保皇党人和媚外卖国的官吏进行了尖锐的揭露和讽刺，发挥了有力的战斗作用。“五四”运动前后，杂文这种战斗的文体，在报刊上运用得更加普遍。如《新青年》的《随感录》、《湘江评论》的《放言》、《政治周报》的《反攻》、《向导》的《寸铁》等，都是杂文专栏。

鲁迅曾经说过，杂文是“古已有之”的。他在《且介亭杂文·序言》中说：其实“杂文”也不是现在的新货色，是“古已有之”的。凡有文章，倘若分类，都有类可归，如果编年，那就只按作成的年月，不管文体，各种都夹在一起，于是成了“杂”。分类有益于揣摩文章，编年有利于明白时势，倘要知人论世，是非看编年的文集不可的。鲁迅的杂文集就是按年代编的，我们可以从中了解那个时代的文化、思想斗争和政治斗争，也可以体会到鲁迅杂文的战斗风格。鲁迅说的“杂”，主要是指杂文内容的广泛和形式的多样。它的内容无所不包，形式多样，不拘一格。

1979年新版的《辞海》，对杂文条目作了这样的解释：“文学体裁之一，散文的一种。直接而迅速地反映社会事变的文艺性论文。以短小、活泼、锋利、隽永为特点，是一种战斗的文体。内容广泛，形式多样，有关社会生活，文化动态，以及政治事变的杂感、杂谈、杂论、随笔都可归入这一类。中国自战国时代以来诸子百家的著述中就多有这一类的文章。‘五四’以后，以鲁迅为代表的革命作家，为了战斗的需要，对于有害的事物，揭微显隐，痛下针砭，广泛地运用了杂文。它们有如匕首、投枪刺向敌人，对艰苦的革命斗争表现了坚强的战斗力；在艺术上，感情饱满，形象鲜明，具有高度的艺术感染力，形成了杂文的新传统和新风格。建国以后，革命作家的杂文继承了战斗杂文的传统，对有害的事物迅即给以讽刺或抨击，对新生的进步的事物给以热情支持和歌颂，成为新型的文艺性政论。”这是对杂文特点比较全面的说明，这里也是强调了杂文的“杂”和它的战斗性，并且强调了以鲁迅杂文为代表的战斗传统。

鲁迅的杂文，是他进行思想文化斗争和政治斗争的有力武器。他的杂文，歌颂真善美，鞭挞假恶丑，内容涉及社会生活的各个方面，有的记事，有的抒情，有的说理，有的是随笔或杂感，有的是书信、日记或序跋，有的就是直刺敌人心脏的匕首、投枪般的政论。在语言上，有的明白晓畅，有的幽默含蓄，有的隐晦曲折。所有这些都是出于现实斗争的需要。正如瞿秋白在他1933年编的《鲁迅杂感选集》序言中所说：“急遽的剧烈的社会斗争，使作家不能够从容地把他的思想和情感熔铸到创作里去，表现在具体的形象和典型里；同时，残酷的强暴的压力，又不容许作家的言论采取通常的形式。作家的幽默才能，就帮助他用艺术的形式来表现他的政治立场，他的深刻的对于社会的观察，他的热烈的对于民众斗争的同情。不但这样，这里反映着‘五四’以来中国的思想斗争的历史。杂感这种文体，将要因为鲁迅而变成文艺性的论文（阜利通——feuilleton）的代名词。自然，这不能代替创作，然而它的特点是更直接地更迅速地反映社会上的日常事变。”① “文艺性的论文”，这是对杂文这种文体特点的极好的概括，也是对鲁迅杂文的准确评价。

杂文既包含政论的因素，又包含文艺的因素，也可以说是诗与政论的结合。我们现在的报刊，不仅在副刊上经常有杂文发表，设置有杂文专栏，同时有许多专栏评论，也具有杂文的某些特色，不仅思想深刻，言之成理，而且写得形象生动，妙趣横生，富有艺术的感染力。杂文已经成为各种报刊广泛运用的一种文字体裁。

鲁迅的杂文是我国现代杂文的典范。毛泽东 1957 年在《同新闻出版界代表的谈话》中说：“现在的杂文怎样写，还没有经验，我看把鲁迅搬出来，大家向他学习，好好研究一下。他的杂文方面很多，政治、文学、艺术等等都讲，特别是后期，政治讲得最多，只是缺少讲经济的。”② 鲁迅的杂文对敌斗争的内容比较多，这是由当时的形势所决定的。鲁迅的杂文隐晦曲折的比较多，这是因为在黑暗势力统治下，没有言论自由，像他自己说的是“带着枷锁的跳舞”。所谓鲁迅笔法，不应该单纯地理解为笔法的隐晦。鲁迅杂文的笔法灵活多样，也有热情歌颂的、大声疾呼的、直接痛斥黑暗势力的。他的特点，主要在于从实际出发，根据形势和斗争的需要，通过不同的方式进行坚定而灵活的战斗。这正是我们应当努力学习的。

鲁迅不仅写下了大量精彩的杂文，关于杂文的特点和写作，

---

① 《瞿秋白文集》，第 2 卷，978～979 页，北京，人民文学出版社，1953。

② 《毛泽东新闻工作文选》，191 页，北京，新华出版社，1983。

也发表过许多精辟的见解。我们现在学习和研究杂文，就要“把鲁迅搬出来”，从鲁迅的杂文作品中汲取营养，同时学习他关于杂文的论述。通过学习和实践，使我们的杂文既有深刻的思想内容，有强烈的战斗性和对客观事物的科学分析，又善于运用艺术的表现形式和方法，写得富有形象性和感染力。对于新闻评论的各种体裁来说，也可以借鉴杂文的艺术表现手法，增强文章的艺术性，更好地发挥生动感人的力量。

第二节　杂文的主要特点

任何时代都需要杂文。作为一种战斗的文体，杂文要及时反映现实生活，紧跟时代脉搏的跳动。无论表彰先进，或是针砭时弊，都要有鲜明的立场和态度。杂文在社会主义精神文明建设中，是进行生动的理想教育，宣扬高尚的道德情操，并对各种腐朽思想和行为作斗争的重要手段。杂文的内容，针对时弊和消极落后现象的社会批评比较多，这并不是否定社会的进步，而正是为了促进社会更健康地发展前进。了解和掌握杂文的主要特点，就是为了熟练地运用这个思想武器，写出扶正祛邪、激浊扬清的具有时代特色的杂文。

下面结合学习鲁迅关于杂文的部分论述，谈谈杂文的几个主要特点。

一、敏锐地反映现实斗争

杂文作为一种政论，要紧密联系实际，对现实斗争及时做出反应。

（一）“感应的神经”、“攻守的手足”

鲁迅在《且介亭杂文·序言》中曾经说：“况且现在是多么切迫的时候，作者的任务，是在对于有害的事物，立刻给以反响或抗争，是感应的神经，是攻守的手足。”在30年代抗日救亡运动日益高涨的形势下，杂文更应当敏锐地反映现实，为人民群众的抗日斗争鼓与呼，发挥战斗号角的作用。当时有些人提倡写“闲情逸致”的作品，要表现连他们自己也说不明白的所谓“性灵”，实际上是要脱离现实，粉饰太平，把杂文变成供“雅人”玩赏的“小摆设”。鲁迅痛斥了这种谬论，他说，“在风沙扑面，狼虎成群的时候，谁还有这许多闲功夫，来赏玩琥珀扇坠，翡翠戒指呢。”“生存的小品文，必须是匕首，是投枪，能和读者一同杀出一条血路的东西”。①

这里说的小品文，也是杂文。杂文在任何时候都不能脱离现实斗争，否则就不成其为杂文了。这也是杂文的战斗性之所在。反映要灵敏，攻守要迅速。我们时代的杂文也应如此。

（二）坚定的立场，鲜明的态度

鲁迅的骨头是最硬的。他坚定地站在人民大众的立场，代表中华民族的大多数，在思想文化战线上向敌人冲锋陷阵。他对敌人，横眉冷对千夫指；对人民，俯首甘为孺子牛，态度十分鲜明。有些人曾经攻击鲁迅，说他写的东西是“遵命文学”。鲁迅在谈到他的自选集中的作品时曾说：“这些也可以说是‘遵命文学’。不过我所遵奉的是那时革命的前驱者的命令，也是我自己所愿意遵奉的命令，决不是皇上的圣旨，也不是金元和真的指挥刀。”② 鲁迅的作品是“遵命文学”，问题在于遵谁的命。这反映了作者的立场和态度，说明它的杂文是服从和服务于当时的现实斗争的。

我们现在的杂文，也可以说是“遵命文学”。作者的立场和态度决定了杂文的内容。主要表现在社会主义现代化建设的新时

---

① 《鲁迅全集》，第4卷，441、443页，北京，人民文学出版社，1957。

② 《鲁迅全集》，第4卷，348页，北京，人民文学出版社，1957。

期，站在马克思主义和党的政策的立场，以建设有中国特色社会主义的理论为指导，旗帜鲜明地表彰先进，匡正时弊；作为现实斗争的参加者而不是旁观者，去弘扬正气，抨击腐败现象。

鲁迅在《徐懋庸作〈打杂集〉序》一文中还说："我还更乐观于杂文的开展，日见其斑斓。第一是使中国的著作界热闹，活泼；第二是使不是东西之流缩头；第三是使所谓'为艺术而艺术'的作品，在相形之下，立刻显出不死不活相。"① 这段话进一步说明，杂文是不能脱离现实斗争的。

（三）和人民同呼吸共命运

在现实斗争中发挥作用的杂文，不是脱离实际、关在屋里写出来的。杂文是现实性、战斗性很强的文体。如果作者没有和人民群众同呼吸共命运的感情，是写不出这样的杂文的。舞文弄墨、讲空道理的作品，那不是杂文。

左翼作家联盟成立的时候，鲁迅曾经恳切地忠告，要多和实际斗争接触，"关在玻璃窗内做文章，研究问题，那是无论怎样的激烈，'左'，都是容易办到的；然而一碰到实际，便即刻要撞碎了"。"关在房子里，最容易高谈彻底的主义，然而也最容易'右倾'。……坐在客厅里谈谈社会主义，高雅得很，漂亮得很，然而并不想到实行的。这种社会主义者，毫不足靠"。② 脱离现实斗争，而要写反映现实的作品，那只能是空谈。脱离实际，不了解人民群众的爱与憎，听不到他们发自内心的呼声，没有和他们同呼吸共命运的感情，是写不出战斗的杂文的。鲁迅的忠告，对于我们现在的杂文作者也是有指导意义的。

鲁迅的杂文面向现实斗争，饱含着爱憎分明的感情，所以说的是真话，讲的是真理。他在 1928 年 4 月 10 日一天之中，就写

---

① 《鲁迅全集》，第 6 卷，232 页，北京，人民文学出版社，1958。

② 《鲁迅全集》，第 4 卷，182 页，北京，人民文学出版社，1957。

出了《扁》、《路》、《头》等6篇杂文，都是有感而发，具有真情实感。在谈到《论‘费厄泼赖’应该缓行》这篇文章时，鲁迅说，“这虽然不是我的血所写，却是见了我的同辈和比我年幼的青年们的血而写的。”①

二、锋利隽永的文风

杂文的内容应当接触面广，丰富多彩，而它的风格一般都具有尖锐泼辣、生动隽永的特色。用钝刀子割肉，不是杂文。

（一）“生动，泼辣，有益，而且也能移人情”

杂文是匕首和投枪，要锋利而切实。但是，“它也能给人愉快和休息，然而这并不是‘小摆设’，更不是抚慰和麻痹，它给人的愉快和休息是休养，是劳作和战斗之前的准备”②。有些资产阶级文人曾对杂文这种文体加以贬斥，认为它不能进入文艺的殿堂。鲁迅则充分肯定杂文的战斗作用，希望它使当时中国的著作界活跃一点，因为它贴近现实生活，“生动，泼辣，有益，而且也能移人情”③。所谓“移人情”，就是要以杂文切实的、意味深长的内容和生动泼辣的风格，潜移默化地影响人们的思想，使人们在领略杂文内容的同时，能得到一种艺术的享受。

鲁迅还主张，“辱骂和恐吓决不是战斗”。战斗的作者在斗争中也要注重“论争”，要“嬉笑怒骂，皆成文章”，不能像《三国演义》式的战法，一味鼓噪，也不能像阿Q式的战法，骂一句爹娘，扬长而去，还自以为胜利。这些都不是杂文应有的风格。杂文要论争，就要讲道理，而且讲得令人信服。既不能板着面孔教训人，也不能模棱两可、不痛不痒地说空话。

---

① 《鲁迅全集》，第1卷，361页，北京，人民文学出版社，1956。
② 《鲁迅全集》，第4卷，443页，北京，人民文学出版社，1957。
③ 《鲁迅全集》，第6卷，232页，北京，人民文学出版社，1958。

（二）“砭锢弊常取类型”

这就是我们通常说的形象化说理。鲁迅说他的杂文是“论时事不留面子，砭锢弊常取类型”。他说：“盖写类型者，于坏处，恰如病理学上的图，假如是疮疽，则这图便是一切某疮某疽的标本，或和某甲的疮有些相像，或和某乙的疽有点相同。而见者不察，以为所画的只是他某甲的疮，无端污辱，于是就必欲制你画者的死命了。”① 鲁迅用恰当的比喻说明，杂文论时事，砭锢弊，都是抓住社会生活中的典型事件或有代表的思想观点，进行具体分析，产生由此及彼的普遍效果。

选取类型，靠作者思想的敏锐和对社会生活的深入观察。也正如鲁迅所说：“比起高大的天文台来，‘杂文’有时确很像一种小小的显微镜的工作，也照秽水，也看浓汁，有时研究淋菌，有时解剖苍蝇。从高超的学者看来，是渺小，污秽，甚而至于可恶的，但在劳作者自已，却也是一种‘严肃的工作’，和人生有关，并且也不十分容易做。”② 取类型，砭锢弊，不是一件容易的工作。只有选择典型的形象，并进行细致的解剖、分析，才能使杂文更具说服力和感染力。

（三）内容与技巧并进

锋利、切实、隽永的文风，不是单纯的文字技巧问题，首先要注意内容的充实，言之有物。写得好的杂文，总是把内容的充实和写作技巧的娴熟结合起来。鲁迅在 1935 年 2 月 4 日给李桦的信中说：来信说技巧修养是最大的问题，这是不错的，……正如作文的人，因为不能修辞，于是也就不能达意。但是，如果内容的充实，不与技巧并进，是很容易陷入徒然玩弄技巧的深坑里去的。

---

① 《鲁迅全集》，第 5 卷，4～5 页，北京，人民文学出版社，1957。

② 《鲁迅全集》，第 7 卷，685 页，北京，人民文学出版社，1958。

这里讲的虽然是木刻，但对于其他文学作品和杂文来说，何尝不应当这样。写杂文，当然要在语言文字上下功夫。鲁迅的杂文就是这样，严肃朴素而又生动引人，不以华丽的辞藻和玩弄技巧取胜。

三、简洁多样的形式

杂文是匕首、投枪，是轻武器。要对现实斗争做出迅速的反应，它的篇幅就必须简洁，不宜长篇大论；它的表现形式应当多样化，杂感、日记、书信、断想、随笔等都可以采用，这样才能称得上“杂”。

（一）简洁而有骨力

鲁迅在当时的形势下，不主张埋头于什么“鸿篇巨制”，而用匕首、投枪式的杂文进行战斗。当然，短并不是杂文的主要特征。仅仅篇幅短小是不够的，还要有骨力。当小品文这个名目在社会上流行的时候，一般人认为它第一是在篇幅短。鲁迅不同意这个看法，他说：“一条几何定理不过数十字，一部《老子》只有五千言，都不能说是小品。这该像佛经的小乘似的，先看内容，然后讲篇幅。”“至于有骨力的文章，恐不如谓之‘短文’，短当然不及长，寥寥几句，也说不尽森罗万象，然而它并不‘小’。”①

杂文的短是形式，更重要的还在于内容的精，要言之有物。杂文要把革故鼎新、激浊扬清的内容，把作者思想的精华，凝聚在简洁的篇幅里，这样才能有骨力，才能发挥匕首、投枪的作用。这是由杂文这种体裁的性质决定的。鲁迅的杂文也有写得长的，但那是出于论战的需要，或者是有意使用的含蓄幽默的表述方法。鲁迅的许多杂文，看似信笔写来，其实是费了很多心血

---

① 《鲁迅全集》，第6卷，332页，北京，人民文学出版社，1958。

的。据许广平在《欣慰的纪念》中回忆，鲁迅曾说，我的这些文章虽然短，是绞了许多脑汁，把它锻炼成极精锐的一击，又看过许多书，这些购置参考书的物力，和自己的精力加起来，是并不随便的。

（二）画眼睛，抓要害

杂文一般都就事论理，有感而发。在许多情况下，采取寓理于事的表述方法，作者的议论则画龙点睛，着墨不多而正中要害。在描述针砭对象的时候，也要画眼睛，抓要害。鲁迅主张画人要画眼睛。“要极省俭地画出一个人的特点，最好是画他的眼睛。”“倘若画了全副的头发，即使细得逼真，也毫无意思。”①这也就是他说的，借一斑略知全豹，以一目尽传精神。

所以，画眼睛也就是在分析说理的时候，要抓住问题的实质，不在细枝末节上浪费笔墨。特别是在对敌论战的时候，鲁迅主张要伺隙乘虚，以一击制敌人的死命。他在《两地书》中还说：历举对手之语，从头至尾，逐一驳去，虽然犀利，而不沉重，要正对论敌之要害，仅以一击给予致命的重伤。郁达夫曾经评价鲁迅的杂文说，它简练得像一把匕首，能以寸铁杀人，一刀见血。重要之点抓住了之后，只消三言两语就可以把主题点破。做到这一点，就需要有强烈的社会责任感和深厚的修养，还需要有敏锐的眼光和深刻的洞察力，以及自如地驾驭文字的功底。

（三）可省的处所决不硬添

短而有骨力的杂文，首先表现在内容的精炼，同时在文字上字斟句酌，干净利落，不拖泥带水。鲁迅主张力避行文的唠叨，“只要觉得够将意思传给别人了，就宁可什么陪衬拖带也没有。”“可省的处所，我决不硬添。做不出的时候，我也决不硬做。”②

---

① 《鲁迅全集》，第4卷，395页，北京，人民文学出版社，1957。

② 《鲁迅全集》，第4卷，393、395页，北京，人民文学出版社，1957。

他在1931年写给张天翼的信中，曾经谈到张的作品有时伤于冗长。将来汇印时，再细细他看一看，将无之亦毫无损害于全局的节、句、字删去一些，一定可以更精彩。

以上虽然是谈小说创作，但对于杂文的写作，恐怕更应当如此。1933年，鲁迅在回答“创作要怎样才会好”而写的《答北斗杂志社问》一文中，明确提出：写完后至少看两遍，竭力将可有可无的字、句、段删去，毫不可惜。他还在许多情况下谈到，要对作品反复修改。这对于文字的简洁，当然很重要。从已经发表的鲁迅手稿可以看出，鲁迅在这些方面是身体力行的，表现了他在创作中一丝不苟的精神。

第三节　杂文的写作笔法

杂文的现实性、战斗性很强，生动泼辣、轻便灵活。它的形式和表述方法也是多种多样，不拘一格。无论弘扬正气或抨击腐朽，都可以采取灵活多变的方式，或直抒己见，或正话反说；或正面进攻，或旁敲侧击；或以古喻今，或旁征博引。总之，都要从杂文的内容出发，服从现实斗争的需要。在一般情况下，它的写作要求或特色，主要有以下几方面。

一、“选材要严，开掘要深”

这是1931年鲁迅在《关于小说题材的通信》中说的。他说：选材要严，开掘要深，不可将一点琐屑的没有意思的事故，便填成一篇，以创作丰富自乐。这里讲的是杂文的主题和选材问题。杂文的触角可以伸展到社会生活的各个领域和各个角落，它可以选择和运用的材料是十分广泛的。但是，杂文不能随便选用一些材料来就事论事，而要从大量的材料中，选择那些能代表某种思想或反映某种倾向的典型的事实，来说明比较深刻的道理。鲁迅的许多杂文，选材看似随意，实则经过严格的选择，用来说明一定的道理。

1933年3月，对日本侵略采取投降卖国政策的国民党政府，在上海发起征募所谓“航空救国基金”，并发动小学生在交通要道和公共场所向行人劝募。名为救国，实际上是为了补充“围剿”红军的经费。与此同时，北京的小学校，因日军飞机时临上空，议定每天上午停课挖防空洞。针对这种情况，鲁迅于5月19日在《申报·自由谈》专栏发表了《天上地下》一文。文章开头引用了报纸上的两条消息：

> 中国现在有两种炸，一种是炸进去，一种是炸进来。
>
> 炸进去之一例曰：“日内除飞机往匪区轰炸外，无战事，三四两队，七日晨迄申，更番成队飞宜黄以西崇仁以南掷百二十磅弹两三百枚，凡匪足资屏蔽处炸毁几平，使匪无从休养。……”（五月十日《申报》南昌专电）
>
> 炸进来之一例曰：“今晨6时，敌机炸蓟县，死民十余，又密云今遭敌轰四次，每次二架，投弹盈百，损害正详查中。……”（同日《大晚报》北平电）
>
> 应了这运会而生的，是上海小学生的买飞机，和北平小学生的挖地洞。
>
> 这也是对于“非安内无以攘外”或“安内急于攘外”的两股好文章。

“炸进去”和“炸进来”，大敌当前，当时的政府在忙些什么，这些材料摆出来，不言自明。文章接着又说：“但试闭目一想，想得广大一些，就会觉得内是官兵在天上，‘共匪’和‘匪化’了的百姓在地下，外是敌军在天上，没有‘匪化’了的百姓在地下。”鲁迅并未就此为止，还用幽默的笔调提出了质问：

> 但又试闭目一想，想得久远一些，可就遇着难题目了。假如炸进去慢，炸进来快，两种飞机遇着了，又怎么办呢？

停止了“安内”，回转头来“迎头痛击”呢，还是仍然只管自己炸进去，一任他跟着炸进来，一前一后，同炸“匪区”，待到炸清了，然后再“攘”他们出去呢？……

这篇杂文选用的材料当然不是信手拈来的。航空募捐、挖防空洞，人们已经不感到奇怪了。但是，鲁迅把这些材料同报纸上的两条消息巧妙地联系起来，就很能说明问题，深刻地揭露了“攘外必先安内”这种反动政策的实质。所言者小，所见者大。这样就需要从大处着眼，小处着手，从具体典型的事例中探索所包含的思想政治意义。这是杂文常用的一种笔法。

杂文要从具体的事情探索它普遍的思想政治意义，就要求作者深入观察，目光敏锐，及时发现问题。同时还要善于联想，从事物的联系中看到它的普遍意义，挖掘出问题的实质。有些事情人们已经习以为常了，甚至见怪不怪，如果经过联想、思考和认真的分析，也能从中发现问题。

例如，《杂文界》杂志1997年第2期曾经发表了邵好学的一篇杂文，题目是《何必“三令五申”》。文章从老百姓的俗话“再一，再二，不再三”谈起，谈到我们在制止某些不正之风时，尽管三令五申，仍不能奏效，难怪有人感叹：“我们坚持抗战八年打败了日本帝国主义，而坚持纠正不正之风十几年还不能彻底解决问题，难啊！”

为什么要“三令五申”而不是“一令一申”或“两令两申”呢？我看除了不正之风面广量大，搞不正之风的人胆大妄为以外，主要的是我们上级机关执法执纪不严，一而再、再而三地原谅、迁就，搞下不为例，而不是该打就打，该罚就罚。老是喊打，老是打不到屁股上，那搞不正之风的人当然就胆子越来越大。……

文章指出，“三令五申”在某些情况下已经成了一种“无奈的表现”。为什么呢？

如果我们的领导机关和领导干部，都能够有纠正不正之风的决心和勇气，有对党对人民负责的责任感，自己又身正手净；除抓好教育外，严格执法执纪，紧紧抓住第一次，退一步也不放过第二次，该打就打，该罚就罚，打就打得他屁股淌血，罚就罚得他心惊胆颤，嘴里直喊："我再也不敢啦!"那么，还何必"三令五申"呢?

人们一般都习惯于谴责那些搞不正之风、虽三令五申而不知改悔的人，却往往不大注意为什么有些事情不能令行禁止，而需要三令五申，甚至三令五申也不能见效。文章对这种比较普遍的现象加以概括、分析，就点到问题的实质了。

二、突出重点，具体分析

杂文短小精悍，火力集中，一般不去全面论述某个问题，而是从一个问题的某个侧面或角度落笔，这样更容易有的放矢，切中要害。杂文既不能面面俱到，不痛不痒；也不能为了突出重点，为了强调某一方面而不顾其他，以致犯片面性的毛病。总之，既要有所侧重，突出重点，又要对所论述的问题进行辩证的、实事求是的具体分析。

当前是我们报刊杂文的繁荣时期，不仅栏目多，数量多，而且有很多情文并茂的作品。有些杂文内容切中时弊，论述也讲究分寸，注重分析。1996 年 8 月 19 日《人民日报·金台随感》发表的《"文明伞"下话文明》就是这样一篇作品。1996 年夏天，北京几家大商场推出"文明伞"便民活动：下雨时把准备好的雨伞借给顾客，用后归还，全凭自觉，意在提倡精神文明。但是，一个多月过去了，原来准备的两万把伞只剩下了十分之一，相当多的伞没有归还。作者由这件事，联系到有些地方先后出现过的无人售报摊、"先看演出，酌情给钱"以及饭馆让顾客酌情付款等。这些活动的效果都不理想，最后只好草草收兵。文章并没有简单地责怪这些单位，批评他们追求轰动而不注重实效，而是作了如下的分析：

毫无疑问，这些文明活动的初衷都是好的。但是，种种文明活动的遭遇表明：这些高招出台似乎过早，有点一步到位的劲头。事实告诉我们，克服自私自利、贪图小便宜的小市民习气，不是一朝一夕的事情，更不是一两招文明举措就能解决的。它需要我们做许多许多艰苦细致的工作，需要我们长期地下大气力去提高公民的道德水平和文明程度，提高公民的整体素质。

杂文并没有到此为止。因为，也许有人会说，难道要等全民素质提高了再举办这些活动吗？作者在最后正好回答了这个问题：

当然，我们也不应放弃一切促进精神文明的有益活动，不过，在具体操作时，不能大而化之，要有必要的规范。比如，发放“文明伞”，不妨让使用者出示有效证件进行登记，交还后也予以登记。又如，看演出酌情付款，可规定一个最低的款额，等等。总之，要循序渐进，一步一个台阶，效果会好些。

这样，既批评了这类不切合实际的作法，又主张循序渐进地举办促进精神文明的活动，读者是能够接受的。

三、形象说理，善取类型

在表述方法上，杂文有自己的特点。它和一般文学作品不同，常常直抒己见，面向读者发议论，讲道理。它和一般政论作品的区别，则在于它的形象性较强，常常借助形象化的方法来说明问题。杂文要求短小精悍，不可能长篇大论地讲道理。通过形象说理，形象和议论结合得好，既可以节省笔墨，又能把道理讲得生动、透彻。形象一般带有感情色彩，运用得好，既能在道理上说服人，又能在感情上打动人，使人们对崇高的精神更为敬仰，对美好的事物更加喜爱，对丑恶的东西更加憎恶。

杂文写作中把精辟的议论和贴切的形象结合起来，既可以把道理讲得生动，又能在感情上引起读者的共鸣。林放的杂文集《未晚谈》中有不少这样的文章。《小猫的屁股可以摸一摸了》[①]是就《人民日报》的一篇评论《刹一刹保护不正之风的不正之风》而写的随感。作者说，《人民日报》的评论"把我们平时想到而不愿多说的话都说出来了"。接着又用形象化的笔法，分析了对不正之风的斗争往往没有结果的原因：

> 因为小猫之后有大猫。有大猫以至老虎撑腰保护，于是"小猫的屁股也摸不得"了。你看，现在下面有些不正之风和违法乱纪的案件，本来在地方上的领导机关就可以得到严正处理的——假如没有人包庇纵容的话——而往往要闹到中央纪委会同省、地纪委等三堂会审，才能勉勉强强地处理得下来。有的是明显的违法乱纪，却往往以党纪代替国法，大事化小，小事化无。这说明不正之风的背后确实还有足以保护它的更强有力的不正之风。

只靠几只小猫是难以兴风作浪的，问题在于，它们的后面还有大猫以至老虎。这样问题就严重了。当然，如果像《人民日报》的文章说的，刹住保护不正之风的不正之风，"那么，至少至少，小猫的屁股总可以摸一摸了"。文章通过形象说理，幽默而含蓄地表述了作者的观点。

《群言》杂志1997年第3期《随感录》专栏有一篇赵振宇写的《呜呼，"狼逃尽"!》是直接描绘形象的。文章先引用了报载：

> 前不久中央电视台安排了一个节目，是让外国人讲中国话，请中国明星做记录。一老外用不太标准但能听得懂的中

① 林放：《未晚谈》，53～54页，上海，上海人民出版社，1986。

国话说："大江东去，浪淘尽……"然后主持人请在座的五位明星嘉宾出示展板，可惜五人没有一位能全部正确写出，其中两位在展板上赫然写道："大江东去狼逃尽……"主持人又转向观众，观众席上异口同声答道："大江东去浪淘尽……"

场上的气氛可以想象得出来。看似笑话，但恐怕不少人内心深处是笑不起来的。文章接着说，明星们吃香、走红、赚大钱，有人说是市场经济，是价值规律，是时代的进步。让乱涂鸦的人当上明星，并抬举到电视台出洋相，这难道是我们的荣光？

有人或许会说这几个人代表不了明星的大多数，有人或许会说这可能是明星们上场后一时的遗忘（说不准可能还是开玩笑哩），有人或许会说这可能是电视台工作人员一时的疏忽……我多么希望这一切假设都是真的啊。

对这种情况，不知那些"捧星"、"炒星"的人，以及管理和领导明星的人们会作何感想。这篇文章是有感而发的。

我们天天在讲要提高全民族的文化素质，我认为，首先要提高这些明星大腕们的文化素质（当然还包括政治思想法律道德素质），不然，将有损于我们民族的形象，有碍于我们民族素质的提高。……真有一日"狼"逃尽的时候，那便是，明星有救，民众有望，国将大兴。

话似乎说得尖刻一些，但却说出了许多人想说而尚未说出的话。这不是无端地嘲讽什么人，也不是杞人忧天。

四、主题严肃，论述风趣

杂文要弘扬先进，匡正时弊，主题自然是严肃的。但是，它的表现形式和表现方法，应当像鲁迅说的，"生动、泼辣，有益，而且也能移人情"。这就是说，杂文还应当写得风趣一些，有点知识性和趣味性。

邓拓的许多杂文，特别是《燕山夜话》的一百多篇杂文，富有知识性。这些杂文，都是谈所见所闻所感，涉及的知识领域，举凡哲学、文学、历史、艺术、教育、天文、地理、航海以及文物保护等，几乎无所不包；而引用的材料，也包括历史、文献、小说、寓言故事等许多方面。在邓拓笔下，历史和现实联系，知识和思想熔于一炉，旁征博引，议论风生，发人深省。正如《燕山夜话》专栏宗旨所期望的，这些杂文对读者起了“提倡读书，丰富知识，开阔眼界，振奋精神”的作用。

《珍爱幼小的心灵》是《燕山夜话》中一篇关于儿童教育的文章。这是人们在任何时候、任何地方都经常遇到的问题。文章从孟子说的“人生皆有善性”和荀子认为“人性皆恶”谈起，然后谈到晋代傅玄说的“近朱者赤，近墨者黑”，说明社会环境对于儿童成长的影响。这种影响来自多方面，包括父母、老师、兄弟、姐妹、亲戚、朋友、邻居等。由此又谈到孟母“三迁其居”，司马光的父亲如何教育孩子不说谎，还谈到明代《苏氏家语》里写的“孔子家儿不知骂，曾子家儿不知怒，所以然者，生而善教也”。文章结合这些故事指出，儿童由最初开始知道爱和憎，到后来形成了自己的性格，这个过程是极其复杂的。但愿现在做父母的和当老师的，都能更加珍爱儿童们幼小的心灵，适时地对他们进行必要的正确的教育，让我们的后代更好地成长起来。文章娓娓道来，在谈心讲故事的过程中，使读者增加了知识，得到了教益。

这是一种类型的杂文，也可以叫做“知识性杂文”。它的内容可以正面阐述某种道理，同样也可以针砭时弊。一般杂文也可以有点知识性，但不能千篇一律都用一种模式。如果杂文都写成“讲故事、谈现实、说观点”的三段式，那就落入俗套了。

杂文要写得有风趣，还要善于运用幽默和讽刺的笔法。幽默是作者的智慧和乐观主义精神的表现。鲁迅的许多杂文都有这样的特点，既引人发笑，又发人深思，使读者在会心的微笑中受到启迪。幽默一词本来是英语的音译。幽默是一种健康的品格，和低级趣味是两回事。我国民间的不少内容健康的歇后语就带有幽默的成分，耐人寻味而有生活情趣。有些意见不便直说，婉转含蓄，有点幽默感，效果会更好。善于联想，巧妙地运用各种修辞手段，有助于把杂文写得有幽默感。

讽刺一般带有幽默的味道，能把话讲得尖锐而又有风趣。讽刺可以直截了当，也可以用比喻的办法。针砭时弊，当然要带刺，但也可以运用幽默含蓄的表述方式。有些消极、落后的东西，只要拿来公之于众，往往就有讽刺意味。鲁迅说过："'讽刺'的生命是真实；不必是曾有的实事，但必须是会有的实情。所以它不是'捏造'，也不是'诬蔑'；既不是'揭发阴私'，又不是专记骇人听闻的所谓'奇闻'或'怪现状'。它所写的事情是公然的，也是常见的，平时是谁都不以为奇的，而且自然是谁都毫不注意的。不过这事情在那时已经是不合理，可笑，可鄙，甚而至于可恶。但这么行下来了，习惯了，虽在大庭广众之间，谁也不觉得奇怪，现在给他特别一提，就动人。"① 鲁迅这段话讲得多么精辟！他的许多作品也在这方面给我们提供了学习的典范。

我们时代的杂文，也需要讽刺和幽默。即使是针对人民内部的矛盾，杂文也要有刺。对于时弊，可以用匕首，有时可以像针灸医生手中的银针，刺中穴位，治疗痼疾。当然，也可以通过讽刺幽默的笔法，向人们提出劝告或警示。

请看《杂文报》1991 年 12 月 20 日薛涛写的《谢军，你听我说》。谢军夺得国际象棋女子世界冠军以后，国内新闻媒介的"大通讯"、"大特写"、"小花絮"等接连不断，表彰、颂扬、赞美之词不绝于耳，各种各样的庆贺活动也使谢军应接不暇。谢军

① 《鲁迅全集》，第 6 卷，258 页，北京，人民文学出版社，1958。

哪里还有功夫去提高棋艺呢？针对这种情况，文章说：

谢军，你是靠智慧战胜齐布尔达尼泽，这是无疑的。不过有一家报纸说经“现代化仪器测试”，发现你的脑子“像伟人的脑子，像诺贝尔的脑子”，这说法我劝你切勿太看重了。伟人也罢，诺贝尔也罢，他们之所以成为伟人、成为诺贝尔，靠的绝非爹娘给你脑子，这你比我更有体会。所忧者乃是怕你成了“皇后”之后，产生一种果然如此的感觉。对那种说法，我劝你宁可信其无，不可信其有。

谢军，你如今可以说是“报纸上有名，电视里有影，广播中有声”，但是，你知道，名人难当。那么多的会，那么多的报告，那么多的记者，那么多的讲座、培训班在等着你。而你一旦去了，就得尽量地笑，尽量地说，尽量地……这对于你，我以为比齐布尔达尼泽的威胁还大，还厉害。……挑战者已向你发起反攻，“等着你”们也在向你发起进攻，腹背受敌，不可不善之为之呀。……

谢军，冠军或谓“皇后”之位应当力保，然而，力保并非能够永保。我劝你不要看那些把齐布尔达尼泽描写得惨兮兮、悲戚戚的文字，齐布尔达尼泽依然是一颗闪光的星。有了这种准备，才不会扰乱你的思路，你才能一门心思下棋。

这里用幽默的笔调讽刺了那种流行已久的、喜欢做华而不实的表面文章的现象。如果任其发展，于谢军无益，于国于民也无益。这种锢弊，现在看来还需要针砭。

思考与练习

1. 为什么说杂文是文艺性政论？
2. 杂文有哪些主要特点？
3. 杂文在写作上应注意哪些问题？

第十四章　广播新闻评论

广播新闻评论（以下简称“广播评论”）是新闻评论在广播媒介的具体运用。由于广播评论是从报纸评论沿袭而来，在特点、作用和基本的体裁、样式上有很多相通或相近之处。同时，由于广播评论是在广播这种特殊的传播媒介上播发的评论，受其传播特点和传播规律的影响和制约，又有着自己的个性特征和表现形式。

自从 1923 年上海出现第一座广播电台起，中国的广播事业已有 75 年的历史。但早期的广播中评论很少，且主要是播诵报纸上的文章，不仅缺乏广播自己的评论，而且忽视口语化的要求。1946 年 6 月，延安新华广播电台将原有的语言广播组扩大为语言广播部，开设了《新闻评论》节目。这个节目除广播报纸、通讯社的言论外，自己也撰写或改编评论。《广播评论》节目的开办，标志着我国具有广播特色的新闻评论节目开始起步。广播评论的全面发展和日趋成熟，是从 80 年代开始的。广播评论在近十几年的时间内，面对报纸特别是电视的激烈竞争，在如何“自己走路”——用广播评论“发言”、如何“走自己的路”——探索适合广播特点的评论样式及评论手法上，进行了不懈的探索，并取得了可喜的进步。据 1997 年出版的《中国广播电视年鉴》统计，1996 年我国广播电台的数量为 1244 座，比 1995 年增长了 3.49%，广播人口覆盖率为 84.2%，比 1995 年增长了 6.98%。大量谈话体和运用音响效果的评论节目的出现，体现了广播评论自身的特色和独特的魅力，受到了听众的广泛欢迎。

第一节　广播评论的特点

广播（这里指不包括电视在内的狭义的广播）是一种通过无线电波或导线向广大地区或一定区域内传送声音符号的大众传播媒介，它通过有声语言和音响表情达意，口说、耳听是其基本的传、受手段。由于电波的速度高达每秒钟 30 万公里，相当于光速，因此，广播评论在传播速度和传播范围，对受众文化程度、接收状态的要求及表现力和感染力上，都有其自身的优势。

广播评论是广播电台的旗帜和灵魂，无论是口播的本台评论、本台评论员文章、本台短评或编前、编后话，还是广播谈话、音响评论等，都体现着媒介的立场和观点，在表明态度、解惑示趋、引导舆论方面所发挥的功能和作用，与报纸、电视评论是一致的。但由于广播自身的特点，在传播的方式和手法上与其他媒介有所不同。它通过声音传递内容，将有声语言和音响直接诉诸受众的听觉器官，借助于声音符号传播事实性信息和意见性信息，通过声音表情达意。其声音符号的内涵也相当丰富：有声语言包括播音员或主持人的解说、议论，也包括记者的口述及采访对象的谈话；音响包括现场采录的音响以及后期录制时收集的背景音响。因此，与运用单一的文字符号传播的报刊评论相比，广播评论的传播手法更为丰富，且具有更强的表现力和更高的信息含量。

与其他媒介的评论相比，广播评论的特点主要体现在快捷、浅显、平易和生动上。

一、快捷

由于广播的传播速度快，加之节目制作工序较少，流程较短，因而对于新闻事件（特别是突发性事件）的反应速度很快。在广播评论的写作与制作上，快捷是它的优势和特点之一。广播评论制作比较简单，不像报纸评论那样，写出评论文稿后，还要经过录入（以前为排字）、排版、校对、印刷、发行等一系列环节；也不像电视评论那样，除有声语音及音响的录制、剪辑、合成外，还包括画面的采制、编辑，字幕的制作和所有这些要素的组合编排，因而，它有可能在最短时间内对新闻事件和社会问题作出反应。

1985年6月，北京东郊火车站发生一起严重的野蛮装卸事件，三百多台电冰箱被损坏。在迅速地报道这一新闻事件的同时，中央人民广播电台及时配发了本台评论员文章《野蛮装卸何时休》和《向装卸工人说几句话》。其中，《野蛮装卸何时休》(1985年6月20日）一文，把这起刚刚发生的事件与两年前中央台首家报道的黑龙江省双城堡火车站野蛮装卸洗衣机的事件联系起来进行分析，提出："人们不禁要问：野蛮装卸事件为什么会重演，而且越演越烈呢？群众历来就有着强烈意见的野蛮装卸的歪风，为什么总煞不住呢?"在分析了一些铁路部门对职工缺乏应有的职业责任、职业道德和职业纪律的教育之后，评论指出："铁路系统有一个口号，叫做'人民铁路为人民'，有些装卸部门的领导和工人心目中，并没有把全心全意为人民服务作为自己的根本宗旨和行动准则，这是问题的要害所在。"评论的最后一段是这样说的：

随着人民群众生活水平的逐步提高，家用电器正在进入千家万户。现在，我国人民的平均生活水平还不高，有的人攒点钱买高档消费品并不容易，人们担心过去有个洗衣机事件，现在又发生了电冰箱事件，将来会不会再来个彩电事件，或者别的什么事件呢？人民的铁路啊，什么时候人民才能放心地把货物托付给你们呢？人们迫切地期待着铁路部门认真查清这次事件的真相，拿出切实有效的办法来，从此真正煞住野蛮装卸的歪风。

这篇评论及时地针砭了一些行业的不正之风，切中要害而又言辞恳切，播出不到10天，中央人民广播电台就收到来自17个省市自治区的几十封听众来信，既表达了他们对这一事件的愤慨，更多的是“感到有理、有力、及时、大快人心”(群众来信语)。

近几年来，现场直播的广播、电视新闻节目越来越多，质量也越来越高。在现场直播过程中穿插主持人（或记者）的即席点评或口播预先准备好的评论，可以称之为最具时效性的评论节目。例如对1997年举世瞩目的香港回归这一历史性事件，中央电视台和中央人民广播电台都做了现场直播报道。其中在中央人民广播电台长达6小时的《百年长梦今宵圆》节目中，两位主持人在现场直播时穿插了大量的口头评论，使广大听众对回归的过程、回归的意义、回归的深远影响和今后香港的前景有了更为深入的了解和认识。现场直播中评论性节目的时效性，是印刷媒介所无法相比的。

除现场直播之外，广播评论在目前不少情况下仍然比电视评论更为快捷。往往新闻事件刚刚发生，对这事件的评论就和有关消息同时播出了。例如1990年10月9日下午，第十一届亚运会在北京刚刚落下帷幕，当晚6点30分中央人民广播电台的新闻联播节目中就播出了一篇短评《金牌丰收之后》，评论指出，面对金牌丰收，丝毫不能盲目乐观，已有的成绩只能当作新的起点，应务必保持谦虚谨慎的作风。广播评论（特别是口播评论及口头评论）一般篇幅比较短小，操作、制作简单，这都为其快捷成为可能提供了必要的条件。

二、浅显

在相当长一个时期内，广播在我国一直是受众最为广泛的大众传播媒介。进入90年代后，随着电视事业的发展，受众数量开始超过广播，但广播并没有被取而代之。在城市中，广播仍有自己广泛的受众，在一些边远农村和一些交通、通讯不够发达的地区，广播仍是当地群众了解国家大事和世界大事的主要窗口。

广播评论是用声音符号传播内容的评论，它不像报刊评论那样可以供人反复阅读，仔细玩味，也不像电视评论那样除有声语言之外，受众还可以借助于画面语言和文字语言（字幕）理解评论内容；同时，声音符号的传播又具有线性传播的共同弱点：稍纵即逝，不易留存。因此，作为单一通道传播的广播评论，应注意在“浅”字上下功夫，即表述上浅显明快，语言上通俗易懂。事实上，与其他媒介的评论相比，浅显是广播评论的一个显著的特征。

江苏省如皋县人民广播站 1986 年 7 月 15 日曾播出一篇广播评论《当不上驸马不能不娶妻》。说的是乡镇企业在横向联合中如何实事求是，找准自己位置的问题：

> 在横向经济联合中，不少乡镇企业纷纷外出找门路、攀“高亲”，巴不得弄个“驸马”当当。这种想法固然不错，可举国之内，“驸马”能有几个？能和全国重点企业、科研单位挂上钩的乡镇企业不会很多。
>
> 攀不上高亲怎么办？一个村办厂厂长说得好：“当不上驸马不能不娶妻。”他这个村离公路比较近，又有不少集体公房，具备发展工业的一些条件，他们曾经人接人地外出“攀亲”，一直未能如愿。后来他们了解到当地有个养禽专业户，因为地处偏僻，房屋不足，生产受到了限制。于是，这个村办厂就和那个养禽专业户办起了养禽联合体，进而发展为从孵化到加工生产的一条龙生产线，双方得益都不浅。厂长开玩笑说：“我们小夫小妻日子过得还挺不错呐！”

在生活中，有些人找对象就是因为“高不成、低不就”而拖成了大龄青年。在横向经济联合中，只要从实际出发，充分发挥本地优势，能够取得好的经济效益，“高不成”，也可以“低就”。当不上“驸马”同样能够娶到一个“好媳妇”。

广播评论的浅显有两层含义，一般情况下，它首先表现在语言的通俗化、口语化上；第二，广播评论的浅显，更主要的是体现在能把政论性的内容与较为深刻的道理，运用受众容易引起兴趣的材料、容易接受的方式深入浅出地加以表述，以上这篇评论就采取了这种方法。首先，它用了一个形象的比喻，把乡镇企业在横向联合中想与一些重点企业、科研单位挂上钩的思想比喻为想“攀高亲”、“弄个‘驸马’当当”，既形象贴切，又通俗易懂。接着，它用发生在群众身边的事例——与养禽专业户联合的村办厂办得挺红火，以及群众自己的语言——该厂厂长一头一尾的两句话，为中心论点的提出做了很好的铺垫。文章最后又采用形象说理的手法，把乡镇企业横向联合比作生活中的“找对象”，劝有关领导不要“高不成，低不就”，应从实际出发，充分发挥本地优势，“当不上‘驸马’同样能够娶到一个‘好媳妇’”。这篇评论结合农村经济生活中的新问题，采用比喻、例证等群众容易接受的议论手法和群众自己的语言，把道理讲得明白如话、入情入理。

党的报刊宣传活动家和新闻教育家恽逸群早在1947年就谈到了广播的风格及特点，指出：广播应该有自己的风格，这个风格的主要特点是“短、浅、软”。其中，浅就是通俗，使人一听就懂……广播评论是写给人听和说给人听的，晦涩的语言、繁复的句式、深奥的道理只会增加受众听知上的困难。广播评论的“浅显”，使其不仅“宜听”，而且“易听”，能够帮助平均接受能力较低又经常处于无意的半收听状态的听众听进并听懂评论的内容，进而了解并理解评论的观点和见解。

当然，广播评论的浅显并不意味着肤浅；表述上的浅显明快、语言上的浅显易懂与观点的深刻鲜明、议论的深入透彻并不矛盾。广播评论不能浅入深出，同样也不能浅入浅出。

三、平易

作为以声音传递信息，以声音表情达意的广播评论，既要让人易听，也要让人爱听，能够使听众从无意的半收听状态转为有意的专注收听的状态，只有这样，广播评论才能让人既入耳，又入脑，收到应有的传播效果。

与运用文字符号传播的报纸评论不同，广播评论以说与听为基本的传受手段，因而如何说才能既让人听懂，又让人爱听是其必须考虑的问题。除浅显易懂外，平易亲切是广播评论另一个基本特征和基本要求。要想使广播评论亲切平易，首先应正确处理传者与受者的关系。传播学的研究表明，在现代社会，受众已不是“我打你通”的“应声倒地的‘靶子’”，而是具有相当的选择和鉴别能力的人。作为传播媒介，特别是仅靠声音传播内容、传播的又是以逻辑思维为主的政论性内容的广播评论，把自己当听众摆在平等的位置上，平等交流、平等地分析问题和探讨问题是其“平易”的第一层含义。

计划生育是我国的一项基本国策，在广大农村，“重男轻女”、“多子多福”的思想还相当严重，计划生育的任务十分艰巨。曾经有些农村干部在村里贴出大标语：“强令推行计划生育，宁要家亡不要国破。”虽然把计划生育提到关乎国家兴亡的高度，但简单生硬的口吻很容易使农民产生逆反心理和抵触情绪。安徽阜阳县广播站 1985 年 11 月 20 日播出的广播评论《有钱也不能多生娃》，站在农民群众的角度想问题，讲道理，让人听起来亲切顺耳，想起来入情入理：

农民朋友，有了钱就能多生娃吗？咱们不能这样做。计划生育政策是我们的基本国策，国家提倡一对夫妇只生一个孩子，是从我国人口多、经济基础薄弱的国情出发的，也是为我们每个农民能过上小康生活着想的。说真的，现在咱们农民富了，手里也有钱了，可是你们知道，咱富在哪里吗？咱富在党的富民政策好，富在咱们实行了计划生育政策，要不然，十个人吃一个馍，能富起来吗？有个比方打得好，说国家好比一只渡船，船上只能坐六十个人，如果坐七十个人，或者更多，那渡船就会沉没了，这和我们控制人口增长是一个道理。农民朋友，生娃子，不只是你个人的事情，也是社会的事情，国家的事情。就拿我们县来说，现在二十四万户，可以说家家都能拿得出三百五百的，如果一户多生一个娃，那一年就要多生二十四万人，不要十年，咱县的人口就要超过四百万！而每人的土地呢，只有三分了！农民朋友，想想看，到那时，你吃什么？你的子孙又吃什么，要不穷得丁当响才怪哩！所以我们每个农民都要为国家的繁荣着想，为子孙后代着想，也为自己的幸福生活着想，不要说手里有个三百五百的，就是有万儿八千的，或者更多，也不能多生娃！

评论把国家的基本国策和每个农民切身利益之间的关系讲得头头是道，通过打比方、算细账的方式，宣传政策，晓以利害，言辞恳切、娓娓道来，心平气和之余不失分寸，推心置腹之中显得言之有理、让人信服。

“平易”的第二层含义是吸引广大受众直接参与评论，让受众在广播评论中直接发言，这种参与使广播评论更具群众性和群言性特色，评论内容也更容易为听众所理解和接受。

辽宁法库人民广播电台的广播评论《从贷款买彩电说起》（1987 年 3 月 24 日），在对话体评论中除两位主持人外，还引入了两个当事人的谈话录音，他们的现身说法，不仅提供了论据，而且参与了议论：

甲：有些朋友可能会说，如今咱庄稼院的日子好过了，也该讲究讲究了，省得人家说咱“土”。这话有几分道理。对一部分比较富裕的农民来说，在保证生产资金的前提下，买点高档商品，美化美化家庭，倒也没啥不可以的。而对多数农民讲，日子刚缓过来就追求高消费，甚至贪图享受、互相攀比就有点不对劲儿了。好，下面我们还是请那位借钱买彩电的朋友和大家谈谈现在的感受吧。

（陈的录音）“照实说，我手头并不宽绰，可当时一些亲戚朋友抱回了彩电，我脑袋也有点发热了。你买十四的，我来了十八的，其实，这叫瘦驴拉硬屎，自己难受自己知道。彩电是看上了，可饥荒也拉下了，眼下想建个大棚买不起架材，打算做点买卖又没有钱垫底，媳妇为这事也跟我直磨叨儿。看来，往后花钱还真得好好盘算盘算。”（录音止）

乙：听众朋友，老陈的嗑儿唠得很实在，如今他已尝到了盲目攀比的苦头。当然喽，花利息看电视的事不算太多，但类似比阔气的现象却不在少数。比如说，有些农户住的平房本来挺好，可一看左邻右舍盖起了“楼座子”，他也来个搬倒扶起，结果呢，上万元钱一下子鼓捣进去了，哪还有资金扩大再生产？也有的人家办喜事比席面儿，吃吃喝喝就花掉一两千元。结果是媳妇娶到家，债主登上门。可见，超越实际能力去追求消费是不行的。

甲：当然，居家过日子都图个红火，有脂粉都想往脸上擦，但是得量力而行，摆正生产和消费的关系。陶屯村农民柴凤玉在这方面有点道眼，我们听听他是怎么说的。

（柴的录音）“要论大道理我讲不太明白，可有句老话总挂在嘴边上，那就是好钢用在刀刃上，有钱花到正地方。拿俺家来说，这几年手里有了钱，主要是往发展生产上铆劲，连前带后花七千多元建成两个暖室，还买了一台‘四轮子’，虽说眼下没置买啥高级商品，但基础得说打牢了，哪年都能收入万儿八千的，用得着的时候买啥也不犯愁。”（录音止）

乙：听众朋友，柴凤玉的话说得挺有分量，他告诉我们，要想长远致富，先得增加投入，翅膀硬了不愁飞。再说了，咱庄稼人有个精打细算、艰苦创业的老底儿，这种精神到多会儿也不过时。现在正是备耕的节骨眼儿，种籽、化肥啥的可要买足，如果把钱都用在消费上，甚至拉着饥荒装门面，到头来生产上不去，想阔也阔不起来，您说是不是这个理呢？

作为一篇引导农民生产与消费的评论，这个节目不是居高临下，以“教育者”的面目出现，告诉农民该做什么，不该做什么，而是如同与农民面对面地坐在炕头儿上“唠嗑儿”（聊天），不仅态度平易近人，而且让农民参与议论，用农民自己的做法进行对比，用农民自己的话语进行分析，让农民自己教育自己。广播评论之所以受众面相当广泛，不仅由于其特有的传播方式，而且也是其考虑到自身传播特点的优势与劣势，扬长避短，在快捷、浅显、平易上下功夫的结果。

四、生动

虽然广播评论不像电视评论那样可以依靠生动形象的画面挑开话题和支撑论点，但声音所包含的信息种类和信息含量是相当丰富的，不仅可以交待背景、营造气氛，而且可以叙述事实、评价议论。同时，各种现场音响和背景音响的运用，还可以使广播评论节省对于环境、气氛、情绪、心态等叙述、描写的篇幅和笔墨，使广播评论更加“经济”，更加生动感人。

《乡镇企业不是属猪的》是甘肃人民广播电台的一篇广播评

论（1985年12月14日），评论以一个乡办地毯厂厂长的诉苦开头，列举了两年来各级各类部门八方伸手，使企业不堪重负的事例，并引用该厂厂长的一句话："我们乡镇企业也不是属猪的，怎么能让人拿着刀子随便割肉呢!"生动的语言既表达了他的愤慨，也表达了他的无奈。评论在分析这类做法造成的影响和危害后，结尾处用生动形象的手法为乡镇企业出主意、想办法：

> 另外呢，乡镇企业自身也要硬棒一些。在各种不合理的负担面前，不能属猪，而应该属铁，要学铁公鸡的样儿，叫他们连一根毛也拔不下来。谁要硬来拔嘛，你就叮他、啄他，放开嗓门叫唤，把四邻八家都惊动起来，替你说话，为你帮忙。如果事情张扬出去，大伙儿都拿眼睛盯着那一双双伸向乡镇企业的手，不用说，这些不光彩的手，不光会悄悄缩回去，就是到了紧要关头，他们想拿人一把，在众目睽睽之下，恐怕也得思量思量。

这段议论不仅生动幽默，让人一听就懂，而且声情并茂，让人受到感染。评论所提的建议上符合中央政策，下符合群众利益，简单明了，简便易行，给听众留下较为深刻的印象。

而在音响评论中，恰当地运用生动的背景音响和现场谈话，可以使评论更具感染力和说服力。

第二节　广播评论的特殊形式

广播评论的体裁和样式可分为两大类，一类是由报刊评论沿袭而来的，如本台评论（相当于社论）、本台评论员文章、本台短评、编前话、编后话、述评等。它们尽管是从报刊脱胎而来，但并不是报刊评论原封不动的照搬，而是在写作时考虑到广播的特点，注意篇幅的短小、议论的深入浅出和语言的通俗化、口语化。在播音员口播时注意声情并茂，使其更具有感染力。另一类是更能体现广播特点和广播优势的评论样式，如广播谈话、评论员（或主持人）评论和音响评论。

一、广播谈话

在通常情况下，广播谈话是“为说而写”的评论，它以谈话的语言、口吻及表达方式评价事物和分析问题，也称之为“广播漫谈”、“广播杂谈”或“广播对话”。它以或聊天、或交谈的形式，力图模仿日常的谈话，营造一种与听众平等交流的语境和氛围，以达到更好的传播效果。目前，有些广播谈话并没有完整的文字稿，是以交谈或访谈的方式直接“谈”出来的，这是广播谈话一个值得注意的新变化。

一般说来，广播谈话的话题，应该是听众感兴趣的或普遍关心的事件或问题；广播谈话的议论，应该采用听众易于接受的语言和方式；广播谈话的结构，应该顺应听众认识事物的思维过程和思维逻辑；广播谈话的形式，应该考虑听众的接收状态和接受心理。具体说来，广播谈话可以分为漫谈式与对话式两种。

（一）漫谈式广播谈话

漫谈式广播谈话采用谈话的口吻，由播音员或主持人面对听众展开一种拟态交流。即在写作和播出广播谈话时，把听众既作为收听者，又作为对话者；在叙述事实、分析议论的过程中，充分考虑到听众的接受、理解程度和可能提出的想法和问题，在“自问自答”、“自说自话”中融入交谈、对话的因素，使听众在收听过程中产生交流感，激发参与感，尽可能改变其被动收听的状态。

1993年3月13日中央人民广播电台的《午间半小时》节目，播送了一篇题为《话说“动员全社会”》的“周末杂谈”，其中一段是这样说的：

起初，我和大家深有同感。是呵，我们都是社会的一员，对社会上存在的各种问题怎么能袖手旁观呢？我甚至还曾经为某一问题撰文呼吁“动员全社会”。后来我却逐渐产生了疑惑，“动员全社会”究竟是什么意思？是要我们跟着大喊几声还是实际做点什么？如果是后者，每一问题，你我都来插上一手，那我们该有多累啊！累就累点吧，只要对全社会有益。可是，你我真的有能力干预所有问题吗？回答显然是否定的。你我都有自己的工作岗位、自己的职责范围、自己的能力限度，纵使我们有满腔热情，很多问题最终也只能爱莫能助。再者说，如果我们每个人真的都能干预所有的问题，整个社会岂不大乱了？

所以我觉得我们应该清醒地认识到：任何问题都来“动员全社会”实际只是一句空谈！更重要的是，这种“动员”甚至是某些职能部门推卸责任的做法。很明显嘛，出了问题，大家都有责任，不是我们的工作没做好。

这段评论，或设问、或反问、或置疑、或感喟，营造出一种“类交流”的语境。在看似闲谈中，指出“动员全社会”之说值得商榷之处，特别是后一小段，指出这种说法可能带来的负作用，平易浅显之中不乏独到的见地。

而吉林梨树县广播站的广播谈话《致富路上说养猪》（1984年8月7日）更是采用当地农民听众容易接受的语言和方式。在先谈了一段“要说养猪没账算，人家好多户还不同意呢。就说杏山乡养猪专业户刘惠民吧，他这两年就是靠养猪发的财……”之后，话题一转：

专业户养猪有利可图，一般户养猪有没有账算呢？有哇！现在各家各户都有承包地。俗话说：“种地不攒粪，等于瞎胡混。”一头猪就是一座小型化肥厂，猪多肥多粮多嘛！一家养个三头五头猪，底肥的问题就解决了，地还会越种越肥。胜利乡差不多一人一猪，全乡每年少买化肥近千吨，省四万块钱。这还不说，谁家没点泔水，不养猪就得扔，多可惜呀！

评论的末尾，同样采用聊天的口吻，把养猪对国家和小家的好处说得实实在在：

在算养猪账的时候，咱还不能忘了国家。眼下养猪下降，政府挺为难，大伙儿应当为国分忧，多养猪。再说大家的日子都过好了，谁家不想改善改善生活呢？没有猪肉，那日子能香吗？

这种一波三折、层层递进的结构方式和“唠家常”、“掏心窝子话”的议论方式，拉近了媒介与听众心理上的距离和感情上的距离，相对于“正襟危坐”的评论更易受到听众的欢迎。

（二）对话式广播谈话

对话式广播谈话变一人口播为两人（通常是一男一女）对播，它不仅可以消除一人口播的单调感，而且通过一问一答、探讨切磋、关照呼应等方式，使谈话形成交流和互动，不仅可以活跃评论的气氛，而且可以调动听众的思维，使其置身于对话与交锋之中，通过谈话的逐层深入，听众自然而然地进入交流的情境之中，并自然而然地了解了评论的主旨和意图。

山西晋城市郊区广播电台1994年8月15日播出了一篇广播谈话：《和农民朋友谈免费》，一开头，就把听众带入交流的氛围之中：

男：农民朋友，我是曹华。最近我们下乡采访，发现一些村办企业发展较快，集体积累较多的村子，争相对农民搞免费。像农业税呀、水费呀、电费呀，好些费用都由集体为村民代交。你搞“五免费”，他搞“七免费”、“十免费”，甚至一些领导还把这作为一种经验津津乐道地介绍推广，那么，这种作法到底应不应该呢？抒夏，你看呢？

女：嗯，我看这个问题不能一概而论。

男：那么，咱们就利用这次的《说长道短》栏目，和大伙聊聊这个话题怎么样？

女：好啊。农民朋友，这几年，咱们郊区依靠党的政策，发挥本地资源和技术优势，村办企业确实有了很大发展，收入也大大增加了。可一些干部觉得集体赚了大把的票子，为村民代交农业税、水电费什么的，不正体现了社会主义的优越性吗？

男：其实呀，这样不分青红皂白地搞免费，未必就是社会主义的优越性，我看呀这中间倒有些平均主义的色彩，甚至可以说是“大锅饭”在农村新形势下的一种反映。

女：对。就以农业税来说，它是国家对咱们从事农业生产、有经济收入的个人所征收的税种。种地纳粮，古来有之，它既是咱们向国家应尽的一份义务，也是一种责任。

男：是啊。如果由集体为村民代交农业税，久而久之，人们的国家观念就会慢慢淡薄。所以，大伙仔细琢磨琢磨，当村里为个人代交农业税的同时，是不是也把咱们农民对国家应尽的义务给包办代替了呢？

女：从另一方面看，这种不问经营规模大小，不看各家收益多少，一律由集体代劳的作法，既不符合社会主义的分配原则，也不利于调动多数人的生产积极性。

这段对话，通过问答、应和、探讨、补充等方式，使评论有了起伏波澜，层次更加清晰，形式更加活泼，议论也更加顺畅自然，避免了一般阐述型或解释型评论容易出现的呆板与沉闷。

近几年，对话式广播评论又出现了新的样式，如在对话中穿插采访对象的谈话录音，或在没有写出完整的评论文字稿的情况下，只靠提纲“说”出来的评论。这类评论变拟态交流为真正意义上的交流和对话，更具有现场感和真实性。

中国国际广播电台在 1993 年 3 月“两会”期间，曾经播出了一组系列广播谈话《编辑记者谈盛会》，以“前方”的记者和“后方”的编辑通过电话“对话”的方式，就修改宪法、新当选的国家领导集体、国民心态等一系列热点问题展开分析与探讨。在报道中穿插评述性内容，不仅是“两会”报道的一个突破，它也为对话式广播评论创造了一种新的样式。其中关于《中国′93修宪》（1993年3月25日）的一期节目中有这样一段：

王：……从3月20号大会公布了宪法修正案草案，会内会外对修宪谈得很多，不少报纸也纷纷发表有关的文章。今天我们是不是也来谈谈这个问题？

高：好吧。正好我刚刚采访了法学家王叔文。他是八届人大法律委员会副主任委员。他说，把建设有中国特色的社会主义市场经济写进宪法，将国营经济的提法改为了国有经济，这些都是对现行宪法的重大改动。

王：现行的宪法是1982年颁布的，在1988年曾做了一次修改，确立了私营经济和土地使用权转让的合法性。

高：对，和这次的修宪一样，1988年也是中国改革处在高潮的时候。

王：你觉得这其中有什么道理吗？

高：我想，这就涉及一个很重要的问题，就是改革和宪法的关系。

王：前两天我看到广东一家报纸上的文章——广东是中国改革的先行者和最前沿——那篇文章的题目就是《改革大还是宪法大》。

高：这的确耐人寻味。回顾中国改革15年来的历程，改革从农村改到城市、从经济改到政治、从人们的生活改到人们的思维观念，它所引起的是全方位的大变革。这种大变革变到最深层次，最终它会触动国家的根本大法——宪法，而这时候宪法不改，改革就可能成为违法的事了。而今天中国及时的修宪，正说明中国的改革已到了不可阻挡的地步。

王：反过来讲，宪法的修改对改革的意义也是不可低估的。可以想想，仅仅一年甚至几个月前，人们还在争论姓社姓资的问题、计划经济和市场经济的问题，就是因为改革还缺乏法律保障。

高：那么在1993年中国改革开放进入高潮年也是关键年的时候，用宪法这种根本大法的形式将改革规范下来，无疑它将扫除改革中观念和体制上的种种障碍，从而保护改革成果，使改革进入一个新的境界。

王：我很同意你的看法，就像1988年的修宪就极大推动了此后几年私营经济的发展。

高：所以世纪之交，中国社会正式进入转轨期时，一部填进崭新内容的宪法，一部没有了“计划经济”字样的宪法，将把中国推向市场经济社会，推向法制社会，所以有的法学家说，这次修宪是具有划时代意义的。一位律师代表这样说，到29日大会对宪法修正案进行表决时，他将毫不犹豫地按下赞成按钮。

这种由编辑、记者（而不是播音员）直接参与的对话，特别是在没有完整的文字稿的情况下真正的对话，突破了谈话体评论“为说而写”的界限，增强了时效性和交流感，使对话更加真实、自然。

当然，没有完整的文字稿不等于没有对于背景材料、相关政策和新闻事件本身有关情况的充分准备，也不等于不需要理论、知识和专业技能的必要储备，因为仅靠“临场发挥”、“脱口而出”，很难保证评论本身的质量。

二、评论员（主持人）评论

评论员（或主持人）评论，是指由评论员自己撰写（或参与撰写）并由自己播讲的评论，它是与播音员播诵的评论相对应的评论形式。与播音员口播的评论相比，评论员（主持人）评论不是直接代表媒介发言，而是以个人名义发表看法，因而具有较明显的个性化特征；其次，评论员（主持人）播讲的是自己写作的评论，有助于写作与播出方式的协调一致，使文字语言与有声语言有机结合，更准确地传达评论的内涵；第三，评论员（主持人）的口头评论往往比口播评论具有更强的时效性，在现场直播或热线直播节目中的即席分析与点评，更容易发挥广播快捷、灵活的优势。

1988年12月10日，西藏一小撮分裂主义分子唆使僧尼在拉萨制造骚乱事件，我公安机关采取果断措施拘留了少数带头闹事的僧尼。事后分裂分子利用当地人们的宗教感情造谣惑众，引起部分藏族群众的疑虑。为此，西藏人民广播电台于12月20日播发《莫让“宗教”迷住眼》的评论员评论，藏族编辑格桑卓玛在评论中从自己的所见所闻说起，联系到自己的家庭和亲人，谈出自己对这一事件的看法：

> 我的家就在拉萨，拉萨几次骚乱事件我都是耳闻目睹者。就说前几天的骚乱吧，三十多个僧尼不参加寺庙的佛事活动，却跑到大街上煽动骚乱。他们打着雪山狮子旗，一边呼喊“西藏独立”的口号，一边向维持秩序的公安干警打石头、扔酒瓶。这哪里是什么宗教问题，分明是分裂主义分子有纲领、有组织、有计划的分裂祖国的政治活动！公安机关依法审查骚乱分子与宗教问题完全是两码事。
>
> 听众朋友，我们藏民族几乎都信奉佛教。我虽然不信教，但我的阿爸、阿妈及不少亲属都是虔诚的佛教徒，所以我对宗教也有一定感情。我很理解包括不少听众朋友在内的同胞们对僧尼十分崇敬的心情，我以为这是正常的。但把僧尼中的分裂主义分子当作崇拜的偶像那就错了，因为他们不

是真正的佛教徒。大家知道，藏传佛教最神圣的教义是庄严国土，爱国爱教，利乐有情，利他利人。而这些分裂主义分子身披袈裟，却干着打、砸、抢、杀人、放火的勾当，搞得人心惶惶，闹得全区人民不能安下心来搞经济建设。在他们身上哪还有半点佛门弟子的影子！正如拉萨一些活佛所说，这些人绝不能代表全区广大僧侣，他们是违背教义、教规的不法之徒。人民政府代表僧俗群众的心愿对这些不法之徒进行惩处，为佛门做了件好事。

再说每个国家都有自己的法律，在法律面前理应人人平等。少数披着袈裟的分裂主义分子分裂祖国，扰乱社会秩序，烧房烧汽车，砸抢商店……严重触犯了我国的法律，他们受到法律的惩处完全理所当然。遗憾的是一些人看不到这些，不仅不去谴责那些不法之徒，反而责怪我们的公安干警，这就不对了。听众朋友，你说呢？

对于这一敏感事件，藏族评论员以第一人称的口吻与广大听众平等交谈，划清了法律界限与是非界限，起到了释疑解惑的作用。

与一般的广播谈话相比，评论员评论的规格要高一些，虽不直接代表媒介编辑部，但表达的是编辑部的意见和倾向。对一些不必或不宜以本台评论加以评述的事件或问题，评论员以个人名义发表看法、做出分析是一种独特的发言方式，有利于缩短与听众心理上的距离，更容易为听众理解和接受。

三、音响评论

音响评论是指兼用实况音响、背景音响和解说及论述性语言表达内容的广播评论形式。其中，实况音响一般是指伴随人物或事物出现的音响；背景音响，是指为说明主题、服务于内容而收集和运用的资料性音响。以上音响只要具备真实、清晰、典型等基本素质，并能与解说或论述性语言恰当地结合在一起，都可以成为表达内容的手段和说明论点的依据。

荣获1996年度中国新闻奖的中央人民广播电台《新闻纵横》的音响评论《英雄，魂兮归来》（1996年1月20日）是一个成功地运用音响的述评节目。在王杰为掩护12位民兵光荣牺牲30年后的今天，到底有多少人还记得他？有多少人还在以他为学习的榜样？节目中有三段音响颇有代表性：首先，记者就有关王杰的问题，采访了一组青少年：

录音：（记者：你们几年级了？

孩子甲：我五年级。

记者：那你们知道过去有一位英雄叫王杰吗？

孩子甲、乙：不知道。

记者：小姐，请问您知道王杰吗？

某小姐：您说的是台湾歌星王杰吗？他的歌前几年挺流行的。

记者：不是。是过去一位为掩护民兵战友扑在炸药包上牺牲了的战士。

某小姐：有点印象。小的时候好像宣传过。不过好像这么多年也很少听说过了。）

由这段现场采访的录音，记者自然而然地引发出下面这段感慨，并引出一个令人深思的问题。

解说：看来，我们的时代的确有点要把王杰这位英雄给忘却的样子了。对英雄个人来说，这种遗忘也许算不了什么，但是，对那曾经迸射出灿烂光彩的英雄精神来说，遗忘则不能不说是一种悲哀。

也许还有人会问：王杰的誓言、义举是否只是特定历史时期的产物？熔铸王杰精神的“苦”和“死”等字眼是不是和市场经济倡导的“富裕”和“利润”相抵触？

接着，记者采访了王杰用生命掩护的民兵之一——李彦青老人，他回忆了当年王杰舍己救人的经过，虽然是追述，但出自当年见证人之口，仍然给人以历历在目之感。此后，李彦青老人的一段谈话录音，将节目推向第二个高潮：

解说：……当时针指到了1973年，也就是王杰牺牲八年以后，历史用同样的艰险和抉择考验了李彦青，考验了王杰精神，而李彦青也给了历史响亮的回答。

录音（压混）：（李彦青：在实弹演习中，一位女民兵没能按操作规程办，发生哑雷，需要排除，我当时想，自己是王杰掩护下来的人，应该把安全留给别人，于是我拦住女民兵，上去排雷，地雷爆炸了，我倒在血泊之中。）

解说：二十多岁的年纪，风华正茂，李彦青失去了双眼，但至今仍是真诚地说一句无怨无悔。他说：我的第二次生命是王杰给的，我把自己看作王杰生命的延续，关键时候逃跑退缩，我对不起王杰的在天之灵。

节目的第三个高潮，是记者在采访王杰生前所在部队时用眼睛和话筒捕捉到的：

解说：崇高的精神永远比有形的物质传播得更为久远。在王杰生前所在的部队，三十多年了，年复一年，日复一日，官兵们用点名的方式来寄予对王杰永远的哀思。

录音：（连长（点名）：王杰。

工兵连全体战士：到。）·

节目中还采访了王杰牺牲所在地的领导，王杰生前所在部队的指战员，他们的叙述和议论进一步为结尾处记者由感而发的议论做了必要的铺垫。以这些音响为依托，记者在节目的最后说道：

各位听众，人没有一点吃苦精神是不行的，但没有人天生爱吃苦；人固有一死，但没有人生来不怕死，当苦不可回避，死突然降临时，是把苦和死留给自己，还是把甜和福留给自己，人的选择是不一样的，因此也就有了见义勇为和见义不为之别，有了言行一致和言行不一之别，有了挺身而出和围观起哄之别，有了仗义执言和敢怒不敢言之别，但是，有一点恐怕谁都清楚，这就是：如果没有像雷锋、王杰、徐洪刚这样的千千万万的好人和英雄的见义勇为、言行一致、挺身而出，那我们社会的文明程度、稳定程度、道德水准肯定会下降不少。

鲁迅先生说过：中国自古以来就有为民请命的人，有舍身求法的人，有拼命硬干的人，这些人才是真正的中国的脊梁。历史证明，一个民族总是需要一点气节和精神的。如果被一些短期行为、急功近利蒙住了双眼或伤了心，忘却英雄，丢掉传统，到头来是要吃苦头的。我们现在所以大声疾呼公民意识、公民素质、社会公德，和淡忘英雄的情形不能说没有关系。不管于公于私，于己于人，于中华民族的现在还是将来，我们都要呼唤一句：英雄，魂兮归来。

这个节目以其丰满的内容、真实的现场感和深邃的主题赢得了广大听众。节目播出后，先后收到几百个电话、上千封来信，全国十几家报纸索要稿件，全文转载。它的成功，得益于记者高度的政治敏感（正值《中共中央关于加强社会主义精神文明建设的决议》出台前夕）和新闻敏感，也得益于其深入的调查采访、丰富的事实材料和精当的分析议论。其中，各类音响素材的采集和恰当运用，起到了举足轻重的作用。

在广播评论中，音响包括以下几种类别：

一是环境音响，即现场采录的用以表现环境特色、交待环境背景的音响。其中包括自然界的各种音响，如风雨声、流水声、鸟鸣声、蛙噪声等等，也包括人类社会的各种音响，如喧嚣声、汽笛声、车辆行驶声、机器轰鸣声、歌声、笑声、抽泣声、喘息声等等。

二是现场谈话，包括记者的提问和采访对象的叙述、议论等。

三是后期解说，包括记者或主持人在后期制作时录制的解说词和论述性语言。

四是资料音响，主要是指为引出话题、交待背景、烘托气氛而选用的以前录制好的声音资料，包括昔日的讲话、音乐、歌曲及其他唤起人们记忆和佐证评论观点的音响。

音响在评论中的作用，大致可分为四类：

（一）充当由头，引出话题

广播评论要想吸引听众的注意力，“先声夺人”十分重要。以真实、生动的音响作为由头，可以在最短的时间内抓住听众，引起他们的收听兴趣，也为下一步引出话题提供必要的铺垫。

曾荣获全国优秀广播节目一等奖的辽宁人民广播电台的录音评论《请您说声“对不起”》（1986 年 12 月 26 日）是我国较早地将音响运用于广播评论的节目之一。评论一开头就是记者刚刚采录到的实况音响：车水马龙的大街上汽车行驶的声音、自行车的车铃声、嘈杂的人声……接着是自行车摔倒的声音和两个人的口角声，争执中有人说出不文明的字眼儿……街头录音压混后，主持人说道：

听众朋友，你们好！大家也许猜出来了，这是在车水马龙的路边发生的一件不愉快的事。

那么，这场马路风波是怎么引起来的呢？据说啊，是一个人骑自行车不小心碰了另外一个人。听众朋友，您可能会说，就为这么点儿小事吵架啊，太不可思议了。（轻笑）对，是不可思议。不过啊，只要稍微留点心您就会发现，在我们的日常生活中，像这类因为一点儿小事而引起的争吵，可太多了。

在这个节目中，音响是挑开话题的由头。这类现象在人们日常生活中虽然屡见不鲜，但一经被记录下来，并且在广播中播放，就给人以较强的刺激，由此引出关于文明的话题，就显得水到渠成。

（二）提供论据，佐证论点

在广播评论中，以现场采录的实况音响、特别是采访对象的谈话录音作为论据，可以使评论有较强的针对性。当事人的叙述既可以再现事实，又可以印证论点，使分析议论有的放矢，理从事出。

新疆人民广播电台曾播出一篇音响评论，题为《大瓷盘为什么走俏》（1988 年 12 月 10 日），鉴于当地公款吃喝风又出“新招”，记者首先采访了一位贸易中心瓷柜组的负责人。他介绍说：

> 特别是一尺二的、一尺四的、一尺六的汤盘、平盘，还有鱼盘，都比去年销售得好。光这个一尺二的、一尺四的两种盘子，去年来说，咱们只卖掉了两百多个，可今年一下猛增到五千多个。就说那个六十块，我们这里有个大盘子，六十块七毛八的那一种，去年只卖掉两个，今年一下猛增到一百九十二个。

通过这段同期声，大瓷盘突然走俏的事实已无须多言。大瓷盘走俏的原因何在？记者又采访了该市某酒家的一位经理，他的话道破了“天机”：

> 其实，我们中盘小盘并不缺，主要是现在上边的规定，不让大吃大喝。可有些单位既想吃喝，又怕违反规定，可用大盘子装呢，装得再多也算一盘。这样呢，他们也好交待，我们呢也合算，所以呢，我们就多买了些大盘。

由于两位采访对象是吃喝风的最好见证人，他们的谈话是最有说服力的论据，记者以此为依托，议论“上有政策、下有对策”的表现及刹住吃喝风的必要性和迫切性，自然让人感到言之有据、持论公正。

（三）参与议论，烘托主题

实况音响中的一些谈话，特别是权威人士或代表性人物的谈话，已不单纯起到提供论据的作用，往往还成为音响评论议论过程中不可或缺的组成部分。这些从各个角度、各个方面提出的富于个性的见解，体现了广播评论议论的参与性和论点的复合性，也使广播评论的内涵更为丰富，思路更为开阔。

在世界反法西斯战争胜利50周年之日，中央人民广播电台《新闻纵横》栏目播出一期录音述评《不该忘却的纪念》（1995年7月29日），报道了山东淄博“建庙风”盛行，抗战遗址受冷落的事实，并对这类现象进行了分析。节目中，一位当年抗战的幸存者、现在马鞍山抗战遗址的唯一管理者孙元明老人道出自己的肺腑之言：

> （压混）现在生活条件好了，就弄开了修庙塑神，把革命烈士给忘了，这就是忘本。不少人只知道修庙塑神，神仙没有给咱打天下，今天的好日子，是那些烈士用鲜血和生命换来的。人们好像忘记了这些。

这段议论话虽不多，但分量很重。特别是“神仙没有给咱打天下，今天的好日子，是那些烈士用鲜血和生命换来的”一句，引人深思，发人深省。节目结尾处记者重新提到老人的这句话，并由此引申发挥，议论道：

> 封建迷信是历史的垃圾，即将进入21世纪的中国，需要的是科学和理性，美好的明天要靠每个人拼搏进取，靠天、靠地、靠磕头，靠不来！

采访对象与记者对此事的议论前后呼应，使节目的主题更加鲜明。

而在荣获1996年度中国新闻奖二等奖的北京人民广播电台

《新闻·1996》的音响评论《从“神笔马良”的国籍谈起》（1996年6月28日）中，在采访《神笔马良》的作者和其他儿童文学作家的同时，记者还采访了中国社科院法学所知识产权室主任，从他之口谈出中国应如何保护自己的知识产权的意见和建议，显得更具有权威性：

> 中国现在正在加强知识产权保护，已经从上到下都有一个强烈的意识，我觉得，要想在今后进一步加强知识产权保护，应该从这样几个方面来做好工作，一个是从我们国家的知识产权保护的法律制度上要进一步加强和完善。还需要进一步加强知识产权的执法，包括司法和行政执法，只有认真地执法才能进一步加强我们的知识产权保护。第三方面，提高全民的知识产权意识，增强对知识产权的了解，学会用知识产权的有关法律来保护我们的切身利益。关于“神笔马良”这个事情，洪迅涛先生的这个作品多次被外国人、特别是日本人侵犯其著作权，如果说这种现象在1992年以前、或者说在中国没有执行《著作权法》的时候、没有参加国际上有关著作权的公约的时候，这个问题还不是显得那么突出，那么，到了我们中国已经实行了著作权的保护，并且参加了国际上的有关公约以后，这个问题就显得格外的不协调。

以上谈话既有分析，也有建议，成为这期节目议论过程不可分割的组成部分。而且，这种方式比由记者“包打天下”的议论更有说服力，因为记者或主持人对于某一专门领域做出的分析，远不如这个领域专家学者的分析更让人信服。

（四）交待背景，渲染气氛

在广播评论中恰当地运用现场音响、资料音响和环境音响，不仅可以省却一部分有关的介绍，使节目的背景或环境更利于听众感知，而且可以借此渲染气氛，烘托情感，使广播评论更具现场感和感染力。

例如在四川乐山市市中区人民广播电台的《重唱勤俭歌，接过传家宝》（1989年10月24日）一开始就引入五六十年代颇为流行的歌曲《勤俭是咱们的传家宝》：

（歌声起）“勤俭是咱们的传家宝，社会主义建设离不了，离不了。不管是一寸钢、一粒米、一尺布、一分钱，咱们都要用得巧，好钢要用在刀刃上，千日打柴不能一日烧，不能一日烧。”

这首40岁以上的人非常熟悉、今天的青少年非常陌生的歌曲引出了“勤俭”的话题，也使那些已为人父母的中年人和儿孙绕膝的老年人回想起过去“艰苦奋斗、勤俭节约”的年代。对比今天中小学生中严重的浪费现象，这期节目的用意自然显现出来。据查，在我国广播评论史上，把歌曲引入其中这是第一篇。而且与一般的资料音响不同，这首歌是乐山一中的学生唱的，现在的中学生重唱勤俭歌，本身就成为新闻。这首歌在节目一头一尾两次播放，较好地渲染了气氛，烘托了主题。

类似做法在广播评论中并不少见，如在《不该忘却的纪念》中穿插周围新建庙宇传来的钟鸣；在辽宁人民广播电台的《烈士陵园被冷落引发的思考》（1993年9月10日）中引入《志愿军战歌》；在中央人民广播电台《新闻纵横》的《进军北极》（1995年3月29日）中播送伴随着冉冉升起的五星红旗奏响的国歌……这些音响的运用，为评论营造了一种特有的环境和情感氛围，不仅使其更易于听知，而且也使其内涵更为丰富。

第三节　广播评论的写作与制作

在口播评论、广播谈话、评论员评论及音响评论中，解说词及评论文稿写作和音响的剪辑、组合是必不可少的工作环节。相对于报刊评论，广播评论的写作和制作应该注意以下几方面的问题。

一、论题具体，不枝不蔓

新闻评论以逻辑思维为主，以逻辑推理为主要手段，其内容一般比较概括和抽象。对于诉诸听觉的广播媒介而言，让受众听懂评论的内容并在记忆中有所留存的一个行之有效的做法，就是把抽象的论题具体化，把分散的论点条理化，并有所集中，使听众在有限的收听时间内，能够明晰地把握论题和中心论点。

甘肃人民广播电台1993年5月8日播出了一篇广播评论《莫让牛肉面拉了后腿》，议论的是在改革开放、走出国门的过程中如何摒弃因循守旧的旧观念，学习国外先进经验的问题。对于这样一个大题目，这篇评论选了一个很小的切入点，从一位领导干部出国归来仍念念不忘牛肉面谈起，使论题具体而引人：

> 一位国营企业家朋友不久前到西欧考察了一趟，回来后，只字不提那里先进的管理、优质的产品，或者奇异的风土人情、独特的自然景观，似乎他一直还呆在闭塞的大西北——祖祖辈辈居住的黄土高坡，压根儿就不曾有过异国他乡的考察访问。他的同事们按捺不住了，终于有一天，问他："老总，你这次到英吉利开了洋荤，给我们吹吹，叫我们开开眼怎么样?"不料这位老总只谈了这样一句观感："那里的那些个饭吃不成！撵不上咱们的牛肉面，再让我去我都不去了!"

大西北人吃惯了牛肉面，吃不惯面包、黄油、三明治，也是情理之中的事。评论在对此略加议论后，从更深层次上审视这个问题：

> 不错，我们智慧的祖先创造了包括饮食文化在内的灿烂的一度领先世界的精神文明，这些是应该继承和发展的，但

不能因此而背上包袱。还拿牛肉面为例，它简直能让兰州人倾倒，不管有多少花样翻新的美味佳肴，几天不吃就想它。即使在饮食业百花齐放的今天，“兰州牛肉面”的招牌也从兰州挂到了首都、挂到了东北、挂到了华东和华南，甚至挂到了日本的秋田，正跃跃欲试走向世界，这是值得我们骄傲和自豪之处。可用今天的科技卫生标准来审视一番，牛肉面又的确有不足之处，有改进和提高的必要，有些地方确实还应学学人家汉堡包、三明治严格的卫生标准、科学的配方以及精细的加工技术。

再有我们的生活总不能老停留在牛肉面标准上。我们要提高，就要把社会主义建设事业推向前进，就要继承人类社会创造的一切文明成果。由于我们国家还很穷，不可能派更多的人出国甚至出省考察学习。有机会出去走一走的同志，事实上肩负着很重的任务。因此，是否应该提醒一下今后可能出去考察的各样的“老总”：打开你的摄像机和录音机，也就是睁大你的双眼，树起你的双耳，多看多听，从国外学来点儿好东西，切不可像那位老总一样，让牛肉面扯住了后腿。

评论围绕“牛肉面”展开话题，从牛肉面看到中国饮食文化的源远流长，看到中国正逐步走向世界，也看到了目前我们存在的差距，更从一些人特别是手中握有相当权利的人津津乐道于“牛肉面”而不思进取，看到了阻碍改革开放的思想障碍。它把一个重大的选题集中于一个具体的现象，在有限的时空范围内，让人们通过对这个具体现象的分析、解剖，经历一个由具体到抽象、由感性到理性、由现象到本质、由个别到一般的认识过程。这种选题与议论的方式，对于专注程度、文化水平与接受能力的要求远低于报刊的广播而言，是较为可行的做法。

二、论据得当，事理交融

同其他媒介一样，广播评论也是以传播意见性信息为自己的主要任务。为了给评论的观点提供有说服力的佐证，在广播评论中，应选取新鲜而典型的论据，以此引起听众的兴趣，进而在叙议结合中表明态度、做出分析。

近些年来，儿童歌曲太少是一个普遍的现实问题，当家长、学校和社会为孩子们创造日益丰富的物质条件时，对他们“精神家园”的关注程度却远不及前者。1995年“六一”儿童节前夕，河北经济广播电台的记者从偶然听到邻居家的孩子唱爱情歌曲这件事中受到启发，制作了一期录音评论节目《走近幼儿听歌声》，并在“六一”节这一天播出。节目开始后的一段现场音响，一下子就吸引了听众的注意力：

> 听众朋友，今天是“六一”儿童节，您在给孩子送上称心的礼物之后，是否想到要问问孩子这样的问题：你最熟悉最爱唱的歌儿是哪一首？
>
> 昨天上午，我在省直第三幼儿园向许多3岁到6岁的幼儿了解这个问题的时候，一些天真可爱的孩子，他们的回答实在出乎我的意料。
>
> (出录音)
>
> 记者：你最熟悉的是哪个歌呀？
>
> 幼儿甲：《中华民谣》。
>
> 幼儿乙：《中华民谣》，还有《天不下雨，天不刮风》……《纤夫的爱》。
>
> 幼儿丙、丁：《天不刮风，天不下雨，天上有太阳》、《纤夫的爱》，还有……《爱情鸟》。
>
> 幼儿丁：还有《新鸳鸯蝴蝶梦》。
>
> 记者：你能唱两句让我听听吗？
>
> 众幼儿：我会唱，我会唱……

记者：唱什么？

幼儿乙唱（按幼儿唱的复录。下同）：树上停着一只鸟，呜呜，什么鸟，呜呜，变得静悄悄……已经不见了，呜呜，这只爱情鸟现在才会来到，爱我的人已经飞走了，爱我的人他还没有来到，这只爱情鸟已经飞走了，我的爱情鸟她还没来到。

记者："爱情鸟"你知道它说的什么意思吗？

幼儿乙：爱情鸟？

幼儿甲：就是他喜欢的女人已经走了，喜欢他的女人还没有来到。

如今，儿童歌曲少到什么程度，成人的爱情歌曲对儿童有没有影响，这种影响有没有消极作用……所有这些问题，听过这段录音后人们自然会产生联想、引发思考。以此为依据，记者又先后采访了幼儿园的老师、孩子和省音乐家协会副主席，对儿童歌曲的影响何在、儿童歌曲太少的原因和解决这一问题的办法分别进行了分析和议论。由于有了典型的论据做铺垫，以后的叙与说都显得顺理成章。

除音响评论应选择典型的音响素材作为由头或论据外，口播评论及谈话体评论等同样应该如此。例如在中央人民广播电台《午间半小时》节目的《周末杂谈》栏目，曾播出一篇听众来论，题为《学学"抠门儿"的华人巨富王永庆》（1993 年 10 月 23 日），为了说明这位"世界级"华人巨富的"抠门儿"程度，文中举了一个典型的例子：

一次，王永庆对他的秘书说："市面上有一种牙签两头都是尖的，而我用的牙签只有一头是尖的，哪一种比较便宜？"他的秘书说："两头尖的比较便宜，你用的牙签一头尖，另一头刻花就比较贵。"王永庆听后马上告诉秘书："以后就买两头尖的牙签，既能两边使用，又便宜。"此后，王永庆便改用两头尖的牙签了。堂堂巨富，尚如此之“抠”，给人很多启示。看看我们一些先富起来的“款爷”挥金如土的作派，更是不比不知道，一比吓一跳。

由于事例典型，以此来与国内一些“大款”斗富摆阔、一掷千金做对照，显得更有说服力。

三、语言平实，宜于听知

广播评论是写给人听、说给人听的，语言的通俗化、口语化和议论方式的深入浅出既是它的基本特点，也是写作与制作的基本要求。在广播评论中，应学会用群众的语言和表述方式来议论群众关心的话题，尽量变长句为短句，变复句为单句，变半文半白为现代白话，变书面语为日常口语……同时，还应避免易字谐音可能造成的歧义或误解。

甘肃甘南人民广播电台的广播评论《不能鼓了腰包，秃了山包》（1987 年 12 月 28 日）议论的是乱砍滥伐的危害，从标题到语言都体现了质朴平实和口语化：

> 听众朋友：这两年，洮河林区的一些村民，靠一把斧子两只手，钻山进沟，毁林致富，发木头财，吃现成饭。这种杀鸡取蛋的作法，实在不可取。
>
> 林区群众中，有这样一句顺口溜：“要想快快富，进山砍松树。”乍一听，“生财有道”。细细一想，却不是个正道儿。常言说：靠山吃山。问题是怎么吃法。吃山首先要养山，只吃不养，只能坐吃山空。农谚讲得好：“山上松柏青，胜过拣黄金。山上没有林，有地不养人。”大自然的惩罚是无情的。就说今年吧，卓尼和临潭的一些地区遭受暴雨、洪水袭击，庄稼被冲，房倒屋塌，给当地群众的生命财产造成了严重的损失，这和大面积森林被毁，植被遭到破坏直接有关。现实告诉我们：只抓“材宝”，就会伤了“绿宝”。秃了

山包，到头来，腰包也鼓不起来。

毁林致富，也是国家法律不允许的。前不久，临潭、卓尼两县依法处理了几起毁林案件，毁林者分别受到没收木材、罚款、行政拘留、判刑等处罚。这不，吃亏的还是自己。

致富路有千万条，靠毁林致富，既不正当，又不长久，何必偏走这条道呢？

文中变书面语为口语，如“杀鸡取卵”写成“杀鸡取蛋”，“实不可取”写成“不是个正道儿”；变长句为短句，如“钻山进沟，毁林致富，发木头财，吃现成饭”、“靠毁林致富，既不正当，又不长久，何必偏走这条道呢”。文中还引用了两个理论性论据，但都来自群众，一个是林区流传的顺口溜，一个是农谚。为了增强文章的交流感和谈话味儿，在语气上也做了“处理”，如“就说今年吧”、“乍一听……细细一想……”、“这不，吃亏的还是自己”等。平易的态度，平和的语气，平实的语言，使评论入情入理，易于入耳入脑。

四、重视音响，配合协调

音响是广播评论有机的组成部分，进入90年代以来，音响日益广泛地应用于广播评论，其作用也从开始时引出话题、渲染气氛，过渡到回溯背景、叙述过程、参与议论等。因此，在广播评论中如何采集到高质量的音响和在后期制作时如何将各类音响恰当剪辑合成是广播评论中必须处理好的工作环节。

采集音响是制作音响评论的第一步。以前期采访和资料准备为基础，在正式采访过程中，记者应随时将录音机处于开机状态，不放过现场每一个有价值的细节。如《英雄，魂兮归来》中对于李彦青的采访和对王杰所在连队点名仪式的录音，就是善于捕捉细节的结果。在运用隐身采访揭露违法行为或不正之风方面，广播具有比其他媒介更为安全和隐蔽的优势。如中央人民广播电台《新闻纵横》的《孔府门前一条街，心惊肉跳走一回》(1994 年 12 月 29 日）中，摊主压低声音向记者兜售黄书、黄色录像带以至枪支子弹的对话，都被真实地记录下来，让人触目惊心。同一期节目中，曲阜师范大学孔子文化学院的一位教授对孔子在“义”和“利”上看法的分析，以及关于儒家思想与经济发展之间关系的议论，又使听众获益匪浅。

音响的剪辑与合成是制作音响评论的第二步。在这一阶段，对音响的编辑应与解说、论述词写作基本同步，并使之相互配合，浑然一体。音响是广播评论有机的组成部分，用哪一类音响，用哪一段音响，是单独播放还是混播，把音响放在评论的哪一部分，音响如何与解说、论述语言既有联系，又不重复，既有配合、又有补充等，都是应慎重选择和处理的，而且均应视评论的需要而定。不能为音响而音响，使形式影响了内容；也不宜使解说、论述词停留于对音响一般性的解释上，而应在揭示其内在含义的同时，力求对其进行补充、引申或深化。

思考与练习

1. 与报刊评论相比，广播评论有哪些特点和独特的形式？
2. 联系实际，分析音响在广播评论中的作用。
3. 广播评论在写作与制作过程中应注意哪些问题？
4. 试自行选题选材为电台写作一篇广播谈话。

第十五章　电视新闻评论

几乎是在不知不觉之中，电视已走入亿万中国百姓的家庭，成为他们获取新闻、了解信息、增长知识、得到娱乐的“第一媒介”。据1997年出版的《中国广播电视年鉴》提供的数字，到1996年底为止，全国已有电视台880座，电视人口覆盖率达86.2%，电视机社会拥有量超过2.4亿台，居世界第一位。因此可以说，电视所拥有的受众数量和影响力已超过报纸、杂志、广播等大众传播媒介，成为影响社会政治、经济、文化、生活等方面最重要的媒介。

进入80年代以来，我国电视新闻评论（以下简称“电视评论”）得到长足发展，1980年7月12日，中央电视台第一个电视评论栏目《观察与思考》开播，此后，安徽电视台《社会之窗》、福建电视台《记者观察》、上海电视台《新闻透视》、广东电视台《社会聚焦》、北京电视台《18分钟经济·社会》及《BTV夜话》等一大批电视评论性栏目先后开播，电视评论开始以其声画兼备、视听结合的独特形式吸引越来越多的电视观众。而1994年4月1日开播的中央电视台《焦点访谈》，以独居全国电视收视率最高的《新闻联播》之后黄金时段的特殊位置和每天一个“焦点”的高频率与大视野，使电视评论以前所未有的规模效应“震动”与带动了电视新闻界。从那时起，各省、市电视台纷纷成立了新闻评论部，一些已有的新闻评论栏目纷纷改版或增加播出频率，更多的《焦点访谈》式的新闻评论性节目如雨后春笋层出不穷。可以说，从1994年起，中国电视评论进入全面发展的高峰时期。

电视评论是新闻评论与电视媒介相结合的产物。作为在电视这种特殊媒介上播发的评论，除了与包括报纸、广播评论在内的一般新闻评论在地位、作用、基本特点及一部分体裁、样式上相同或相近之外，又因传播特点和传播手段、方式的不同，呈现出鲜明的个性特征，并由此产生或形成了一些独具特色的评论体裁和评论样式。

第一节　电视评论的特点

电视是声像结合的复合型大众传播媒介，它的收视者不要求具备报刊读者那样的文字阅读能力，它的声画兼备、有形有色也使其感染力和影响力远远超过只诉诸人们听觉器官的广播。电视评论的特点与电视媒介独特的传播个性和传播方式直接相关：它不同于仅靠文字符号传播的报刊评论，也不同于仅靠声音符号传播的广播评论，而是综合运用画面、音响、屏幕文字和解说与论述性语言等多种传播手段，集文字、声音与图像符号于一身的声画合一、视听结合的新闻评论，是一种真正意义上的“形象化的政论”。

一、视听结合的评论

最早的电视评论是由报纸评论特别是广播评论沿袭而来的，由播音员出图像，口播评论的内容，在屏幕上同时打出体裁名称（如本台评论、编前话、编后话等）或评论标题的字幕。即使如此，这类评论也体现出与报刊、广播评论不同的特征：融图像、声音与文字于一体。《观察与思考》等栏目的开播，大大地拓展了视听结合的内涵和范围，现场采录的画面、同期声，后期制作时叠加的字幕、图表及记者（或主持人）的画外音和演播室点评，使图像、声音与文字的表现方式更加丰富和多样，“视”与“听”的有机结合，产生出“**1+1>2**”的传播效果。

在《观察思考》栏目播出的《会海大透视》（1991年12月20日）中，有这样一段内容：

景别	画面	解说
近	一群东倒西歪的与会者 字幕：资料	观众朋友们，您不妨猜猜看，这里是在干什么？有的躺卧，有的侧眠，这里似乎是车站候车室。有的看报，有的聊天，这里又好像是宾馆休息厅。然而都不是，这里正在开会。会议开始不久，一些人就酣声大作。记者的摄像机也未能使这位同志从甜梦中醒来。如果是会议内容十分重要，那么这些与会人员连听会的精神头都没有，哪里还谈得上贯彻执行。
特	睡觉的妇女	
特	睡觉的老头	
特	搭在椅子上的赤脚	
近	心不在焉的与会者	
近	聊天的与会者	
中	会场主席台	
特	发言的人	
近	与会的人	
（推）	搭在椅上的脚	
特	一睡者	
特	会议条幅	
近	一懒散的与会者	
近	一托腮入睡者	
近	两昏睡懒散者	
近	一入睡男子	
中	会议条幅	如果是会议内容乏

（续前表）

景别	画面	解说
近（推）	与会者	味，那又何必召集这么多人坐在一起活受罪。是会风不正，还是作风不正，是领导机关的形式主义表面文章在作怪，还是一些人懒散成习，逢会必睡。像这样无意义、无效率的会议还能让它继续下去吗？
特	手表	
近	一支头入睡妇女	

有关针砭“文山会海”的报道和评论自70年代末期以来可谓不少，如《解放军报》的《硝烟初散话“会风”》（1979年6月25日），《山西日报》的《会海之“澜”不能助》（1984年3月21日）这两篇评论由头不同，议论的角度也不同，第一篇从不良会风“平时贻误工作，战时要害死人”来分析“会海”的危害，第二篇评论从报纸上会议消息太多议论新闻媒介不要为“会海”推波助澜。两篇文章各有所长。但与《会海大透视》相比，电视评论“视听结合”的特点和魅力自然显现出来。“会海”之滥，置身“会海”之乏味、填平“会海”之迫切和必要，在画面的展示，画外音的叙述、分析以及相互的对照与补充中明晰地表现出来，给受众以深刻的印象。

在电视评论中，画面与屏幕文字直接诉诸 于受众的视觉器官，音响和解说、论述性语言直接诉诸于受众的听觉器官，传播符号的多样性和感知的多通道，使受众产生一种“身临其境”之感，也使电视评论具有其他评论形式所无法与之相比的现场感、真实性和说服力。视与听的紧密结合和双线互补，可以消除人们对事物认知的不确定性，从而更好地理解和接受评论的内容。

作为视听结合的评论，电视评论以典型的画面展示人的思想、行为或事物的表现与特征，以连续的画面展现人物或事件的发展、变化过程。成功的画面，不仅可以产生强烈的视觉冲击力，而且可以产生强烈的感情冲击力。作为视觉符号的另一种形式——图表或文字，由于其形式或语义上的特定内涵，经过视觉的传递与大脑的加工，同样可以转化为有形的内容，也可以转化为更为抽象的理性思考。同期声和解说、论述性语言是对画面的解释、补充、引申或评价，不仅可以使受众对画面的理解更为具体、准确和深刻，而且可以传递画面无法传达的内容或思想内涵。所以，“视听结合”与视听的“双线互补”是缺一不可的。但是，“视听结合”不等于“视听相等”，在电视评论中，恰当地体现“以视为主”应是其表现手段上的重要特点，在采访过程中注意捕捉富有表现力的画面，在后期制作时注意画面语言的组合方式和多种视觉符号的综合运用，在“视”字上下功夫，是提高电视评论质量，增强电视评论感染力和说服力的关键所在。

中央电视台《焦点访谈》栏目 1995 年 12 月 30 日播出一期节目，题为《仓储粮是怎样损失的》。节目一开始，演播室大屏幕画面呈现出粮仓的外景，主持人在开场白中说道：

> 民以食为天，粮食事关国计民生的大业，在这个问题上容不得出半点差错。可是最近在河南省周口地区的淮阳县却发生了一起仓储粮损失严重的事件，这损失完全是由于人为的因素造成的。

随后的画面中，粮库员工打开仓库的大门，只见老鼠在仓库里乱窜，大量的小麦已经霉变、虫蛀。特写镜头下，霉变的粮食已经变了色，并且开始结块，虫蛀的麦粒已经变成了粉末。在主持人画外音之后，镜头聚焦于一位粮库的职工，只见他用手抓起粮食，边看边说：“完了，完了。”痛惜的神情溢于言表。

在节目的最后，记者采访了在这一事件中担负主要领导责任的淮阳县县委书记李华亭。

记者：国家要调这个专项储备粮已经调不了，怎么办？

李华亭：调不了我现在其他粮库还有呀，如果其他粮库造成损失，谁负责，我其他粮库有粮食，（画面：李华亭不以为然的神色）它不就是一百多万斤粮食吗？另外，我一年交（粮食）九千万斤，再加上地方上自筹（粮食）将近一个亿，这一亿斤粮食我完全可以调得出。

记者：都符合国家专项储备粮的标准吗？

李华亭：符合不符合那就看他们收的等级如何了，反正群众的粮食已经交给国家了。

面对上百万斤粮食霉变、虫蛀，造成降级、降等甚至成为一堆麦糠的巨大经济损失，李华亭不以为然的话语和不以为然的神情，为自己塑造了一个十足的官僚主义者的形象。同期声与现场采录的画面的有机结合，使这一官僚主义者的典型跃然屏幕。全片至此，仓储粮损失的原因，官僚主义的表现和危害已昭然若揭。

对于一些抽象或概括的事物，电视评论可以调动形象的画面及有关的影视资料或图表、图形等加以说明，以增强评论的可视性，让受众在看的过程中比较准确地理解听的内容。

北京电视台《今日话题》在1997年10月北京市公费医疗报销范围做出重大调整之后，制作了一期节目《北京公费用药划界以后》（1997年11月3日），除了采访政策制定者、执行者和城乡的一些患者及其家属之外，在谈到“大锅药”造成的危害时，专门制作了一个图表，将近几年北京市公费医疗支出大幅度上涨的数字用柱型图的方式直观地表现出来，对照大量被当作垃圾倒掉的过期药品的特写镜头，出台有关措施的必要性也就比较容易为北京市民所接受了。

为了使电视评论更好地发挥其“视听结合”的特点，在选题时应尽量选择宜于电视表现的题材或内容。例如《焦点访谈》1994 年 11 月 19 日播出的《惜哉文化》，在全国引起巨大反响，吉林市博物馆火灾现场浓烟烈火、满目焦黑的场面与有关领导“损失不大”的说法形成鲜明对比，普通群众及原博物馆馆长助理的痛心疾首与有关领导的敷衍塞责形成强烈的反差，使该片成为视听结合的电视评论佳作。而此后播出的上海电视台《火警声声向文化》一片，虽然没有以突发性事件为报道和评析的对象，但上海自然博物馆陈旧的建筑、裸露的电线、巨大的酒精池等画面和记者对博物馆副馆长的深入采访，同样给人以深刻印象，该片也以其角度的独到和视听的有机结合荣获 1994 年度中国电视奖一等奖。

二、形象化的政论

与报刊、广播评论的一个重要区别在于，电视评论是真正意义上的“形象化的政论”。它将抽象的论述性语言与形象的画面语言相结合，用具体的视听形象支撑说理，并强化说理的内容，烘托评论的感情色彩，使其具有在道理上说服人、在画面上感染人、在感情上打动人的综合特征。

在 1995 年春节期间，中央电视台《焦点访谈》播出一组有关如何摒弃传统陋习，过一个文明健康的节日的系列评论：《迎来送往话拜年》、《猫冬消闲话禁赌》、《推杯换盏话饮酒》。其中《推杯换盏话饮酒》从春节家宴说起，其议论却远远超出家宴的范围。其中有一段是这样的：

苏叔阳：多少伟大的事情、美好的事情、动人的事情都是因酒而起，也有很多罪恶、丑恶和阴谋是因酒而起，那么现代人就应该认清酒的好处和坏处，因酒撒疯、因酒起祸、因酒杀人、因酒而办缺德事办阴谋诡计，那就不好了。

（画面）另一喝酒场面一、二、三，众喝酒、干杯、亮杯底。

话外音：左手端，右转弯，今天朋友（们）不简单，美酒一杯喝下去，未来的高峰咱们携手并肩往上攀……来、来、来喝酒。

（画面）一饭店有一人酒后边挥舞右手边面对镜头讲酒感、酒德。

某甲：喝酒不一定必须闹事，如果认为喝酒的人就是必须该闹事的人，这是错的，再一个说了啊，不管您是《焦点访谈》还是哪儿，您可以……

解说词：酒杯虽小，但深浅都用海量，想占尽酒桌上的无限风光，还的确需要攀登险峰的勇气。（画面：酒后争吵、推拉、较劲的场面）古人三碗不过岗，那么，现代人有几个能攀上这高峰的呢？

（画面）医院病房记者采访一个酒精中毒者。

某丙：这个……大家也经常在一起聚一聚，高兴了，就把酒给捡起来了，这一捡可倒好，一下就捡到医院里了，这还抢救及时，治疗方法得当，要不然我可能现在就不能跟你谈话了。

解说词（画面：商场里面的各种名酒陈列柜）：人会中毒，社会也会中毒，您听说过社会性酒中毒吗？那可就不单单是喝坏身体、喝坏胃，这毒害也不是一两个人的事情。

记者（在某商场一酒专柜前采访女售货员甲）：你这都是洋酒啊，有人买吗？

售货员甲：有人买，买的人还不少，送礼的多。

记者：人们为什么送礼要送酒呢？

售货员甲：送礼送酒现在好像是一种风气似的，其实好多人买了不见得送人就是想人家喝，我觉得中国人对洋酒好像喝得还不太习惯。

记者：完全是为了面子。

售货员甲：就为了面子，还有打通关系，办事什么的。

……

（画面）镜头转回苏叔阳参加宴会场面。

苏叔阳：酒啊，自从变成了人们的人际关系的润滑物或表达中国传统的人际关系哲理的这么一个东西以来，随着世风的发展，酒也起了不同的作用。

某公司业务员：作为公关手段喝酒看来是很正常的。因为什么呢？因为很多事情如果它有五分把握的情况下，如果在酒桌上一谈恐怕就是七到八分。

（画面）某快餐店采访就餐者。

某公司经理：怎么才能让他端起这个酒杯来，这是需要功夫的。喝酒也要讲功夫的，如果拿酒杯作为公关手段，那就得靠临场发挥，捕捉人的弱点或者说是哪怕给人带点高帽，反正总之酒劝进去就算你成功。

解说词：什么叫临场发挥，捕捉弱点，您看这。

（画面）餐馆内，服务小姐为就餐女顾客高歌侑酒。（歌声）拔起一圪瘩萝卜呀，带起一圪瘩土，不知道你哪有点揽（迷）人处，你揽（迷）人就揽（迷）人在那圆圆脸，你可喜就可喜在那一对对毛嘟嘟的花眼眼……

解说词（画面：被劝喝酒的女顾客高兴地端过酒杯一饮而尽）：你看这位不喝酒的女士，不但心甘情愿地把酒喝了，还要道上一声谢谢。

（画面）另一餐馆。

被劝酒者：唱得真好，谢谢！

记者：按你的经验，喝酒的时候谈生意成功率有多高？

某业务员：是这样吧，占50％以上的成功率。

解说词：令人担扰的是这50％里有多数是被拉下水的

干部，其秘密就在于酒杯一端，政策放宽。

以上这段画面，形声兼备，夹叙夹议，喝酒过量给个人、家庭和社会带来的危害真实而形象地展示在人们面前。什么叫酒后无德？画面上那位酒后对记者大谈“酒德”的人的表现和他带着酒意的话提供了最好的注脚。酒醉给个人健康带来什么危害？医院里那位酒精中毒者的“现身说法”提供了最有说服力的回答。什么是“社会性酒中毒”？某商场的酒柜售货员是最好的见证人。而酒在人际交往中如何起到“润滑剂”以至“腐蚀剂”的作用？几位采访对象的回答和女服务员劝酒成功的实例很好地印证了主持人的议论。

在全片结尾，记者采访了两位就餐的顾客，其中一位声称经常请人或“吃请”，每顿饭“最少要五六千、七八千块”。另一位则为高档饭店在酒水上有多大利润算了一笔细账，接着，画面上打出字幕：

据统计，中国人一年喝掉的酒相当于一个西湖，1000人中有4个酒中毒者。在喝酒成风的地区1/3的交通事故和离婚案件与喝酒有关，50%的饮酒者基本用公款。数据由《北京青年报》公众调查部与北京欣欣市场调查公司提供。

（演播室大屏幕画面）通红的红底上书一个大大的黑“酒”字，直扣节目的主题。

主持人：酒杯虽小，却能盛下一个西湖，酒桌不大，却能摆得下亿万钱财，有一句非常流行的民谣是这样说的：喝坏了风气，喝坏了胃，喝得单位没经费。酒从欢庆喜乐的兴奋剂变成了败坏社会风气的腐蚀剂，这违背了人类发明酒的初衷，酒可以使好事变得更好，锦上添花，也可以使坏事变得更坏，雪上加霜。

该片以形象化的手法，既为人们展示了酒的传统、酒的魅力，也向人们揭示了酒的困惑、酒的危害。全片以丰富而生动的画面为依托，以当事者的现身说法为佐证，以各方人士参与议论、主持人即席评点的方式发表见解，具有很强的可视性、可信性和说服力。这种集画面、同期声、屏幕文字及论述性语言于一身，融叙事、议论于一体的评论性节目，不仅视听兼备，声情并茂，而且具有其他类型的评论无法企及的形象性，是真正意义上的“形象化的政论”。

同为报道与评析我国住房制度改革的节目，中央电视台《观察思考》栏目的《屋檐下的忧思》和北京电视台的大型系列评述性节目《安居》，都用大量生动、典型的画面，真实地记录了老少三代同居一室、人均居住面积不足2平方米的住房特困户们狭小的生存空间和满怀愁苦与企盼的表情及话语，也客观而全面地报道和评述了各级政府为解决这一问题所做出的努力和所取得的成果，并由此分析和议论住房制度改革的紧迫性和可行性。在揭示矛盾的同时，指出了解决矛盾的途径，在形象地摆出问题的同时，也中肯地提出解决问题的出路和办法。这种有理有据、形声兼备的“形象化的政论”，比一般的报刊或广播评论更容易引起受众的兴趣，也更容易感染和影响受众，更容易为他们所理解和接受。

第二节　电视评论的独特形式

电视评论体裁和样式有多种，但大体可归为两类。一类是源于报刊评论，样式与广播评论相仿的口播评论，包括本台评论(相当于报刊的社论)、本台评论员文章、本台短评及编前话、编后话等。这类评论一般代表电视台编辑部或编导者的态度和意见，具有明显的导向性，目前使用较多的是短评及编前话、编后话等。在播出方式上，基本采用由播音员播诵 的方式，屏幕上只出播音员图 像及评论体裁或标题的字幕。作为一种尝试，中央电视台 1987 年曾在《新闻联播》一度开设《观众论坛》栏目，主要播诵观众来论，在其后期偶尔插播一些图片或画面，以增加其可视性。类似的栏目还有上海电视台在晚间新闻节目中开设的《今晚谈》，在周末新闻节目中开设的《周末论坛》等。这些栏目类似报纸上的专栏小言论，体现了电视评论栏目的开放性和群言性。北京电视台曾在《北京新闻》中开设《荧屏夜话》栏目，配合同时播发的新闻做适当评点分析，有些类似于编后话。这些节目是电视评论不可或缺的组成部分，发挥着表态、示趋的特殊功能。

1994 年 10 月，中央电视台《晚间新闻》连续四天报道了《"枫叶"状告"鳄鱼"》一事。起因是北京服装一厂的职工发现，在百盛购物中心二楼的鳄鱼专卖店出售的西裤，实际上是该厂生产的"枫叶"牌西裤。换上"鳄鱼"的商标后，这种一般只卖 250 元左右的西裤卖到了 560 元一条，为此"枫叶"状告"鳄鱼"。此案由于是国外知名企业用我国企业的产品假冒自己的名牌，因而引起包括消费者、三资企业及法律界在内的各界人士的普遍关注。在连续四天报道事件的发展及各方人士的分析、议论后，播发了一段"编后话"："人们常说，顾客是上帝。对待上帝是来不得半点欺诈的。如果专卖店不专卖，精品店非精品，而仅仅靠徒有其名的招牌，是不会长久的。"虽然只有寥寥数语，但其表态和警示作用仍然十分显明。

电视评论的另一类是视听结合的评论，即更加注意电视自身传播特性的评论。其节目形态大致可分为三种：谈话体评论、主持人评论和电视述评。这些评论已超出一般的代表电视台意志和编辑部意见的口播评论的范围，在不同程度上以不同方式体现声画兼备、声情并茂的特点。这三种评论样式可以称作电视评论的独特形式。

一、谈话体评论

电视谈话是一种以人际传播的方式表现的大众传播活动。电视谈话是由记者（或主持人）主持，在演播室或其他固定场景与特定的谈话者围绕某一新闻事件或社会话题，以访谈、座谈或论坛的方式直接进行交流或探讨的评论节目形式。在这类评论节目中，谈话者之间直接进行面对面的对话、探讨、争鸣或论辩。在人际交流的情境中，有利于谈话者畅所欲言，也有助于激发受众的收视兴趣和参与感，营造出一种与观众进行面对面交流的氛围。有时为了内容的需要，还可以在谈话过程中插入预先编辑好的新闻画面，使议论更有针对性。

电视谈话主要包括以下三种形式：

（一）访谈式（或对话式）

访谈式评论与以访谈为主要手法的电视述评节目有所不同，它是由主持人（或记者）在演播室与谈话对象进行的一对一或一对二的访谈或对话的谈话体节目。在这类节目中，主持人（或记者）以访为主，以提问为主；谈话者以谈为主，以回答问题、表明态度、发表议论为主。其访谈对象，多为公众关心的新闻人物或某方面的专家及权威人士，谈话中容易营造较为和谐的交流气氛。

在1994年10月26日约旦和以色列两国正式签署和平协议的当天，约以两国大使应邀来到中央电视台，在《焦点访谈》的演播室中并肩而坐，接受中国记者的采访：

> 主持人（同期声、英文采访）：大使阁下，再次欢迎来到我们中央电视台演播室。首先我要告诉你们，就像你们两国签署和平条约用了40年一样，今天你们两位——一位以色列大使，一位约旦大使能够第一次共同坐在我们演播室里，我们也用了很长的时间，这是我们的荣幸。那么，两位大使先生能否告诉我作为一个普通约旦人和一位普通的以色

列人，这个和平条约对于你们意味着什么？

以色列大使：这的确是一个快乐的节日，是幸福的一天，我们感到我们国家的一个梦想变成了一个现实。就我个人来讲，我出生在耶路撒冷，耶路撒冷离安曼只需要一个小时的时间。

主持人：您是指坐汽车吗？

以色列大使：是的，是的，以前我总是认为在我们的后面就是我们的敌人。在我的家庭里，我的一个兄弟在1948年的独立战争中阵亡了，今天，在46年之后，我们和约旦建立了和平的关系，这简直是令人难以置信，我从来没有这么想过，我也没有想到过作为一个耶路撒冷人，明天我就可以去约旦首都安曼旅行了。

主持人：这的确是一个历史性的时刻。那么，大使先生您呢？

约旦大使：我现在的感受是长期以来，我们两国人民都把对方看成是自己的敌人，而我们两国人民又都是热爱和平的人民，他们都希望通过和平来建立一个更美好的未来，而现在他们已经能够为了这个未来共同和平地努力。没有什么可以表达我现在的心情。我想，每一个约旦人此时此刻的心情也是这样。

在约以两国大使分别谈了对于这一历史性事件的感受、对和平条约的看法和对未来两国以至整个中东地区和平前景的预测以后，主持人提出了一个相当巧妙的问题。

主持人：的确，和平在中东似乎已经是不可逆转了，就像我们在今天的谈话当中所经常使用的这个词——和平。那么，我有一个最后的一个小问题想问你们二位。“和平”希伯莱语怎么说？

希伯莱语同期声：(语音)“萨拉姆。”

主持人：阿拉伯语呢？

阿拉伯语同期声：（语音）“萨拉姆。”

以色列大使：发音几乎是一样的。

主持人：再次感谢两位阁下。观众朋友们，刚才你们也听到了，在希伯莱和阿拉伯文里边，“和平”这个词发音非常的相似，这也许可以说明了犹太和阿拉伯这两个民族最终追求的目标是一个，这就是——和平。因为这两个生活在沙漠里的民族都有着一个共同的预言，这个预言也是他们的祖先留给他们的寓言，这就是——战争能够使绿洲变成沙漠，而和平将使沙漠变成绿洲。

这种面对面的访谈，使谈话双方处于一种平等交流的氛围之中，主持人和谈话者可以回到较为自然、轻松的状态，通过有问有答的交谈，对事件或问题的看法和认识也在不知不觉中传达给观众。

（二）座谈式

座谈式评论是主持人（或记者）邀请有关方面的政府官员、专家权威或各方面代表人士，在演播室就新闻事件或社会话题发表意见、交流看法和进行探讨的谈话体节目。这些意见往往相互启发、补充，对论题的探讨也往往较为全面和深入，谈话具有较为明显的交流感与互动作用。

中央电视台的青年节目《十二演播室》经常采用座谈式评论的方式讨论青年们目前关注的话题。中央电视台经济部的《今日视点》栏目一度采用这种形式，邀请有关专家、学者、企业界人士就某一经济问题或经济现象展开讨论。

北京电视台在《BTV 夜话》栏目中，曾播出上、下两集的座谈式评论节目《共和国拒绝腐败》，片中主持人与两位青年经济学家刘伟、魏杰就社会上普遍存在的“回扣”现象，对新形势下的“权钱交易”及由此滋生出的腐败现象进行了深入的探讨。

其中有一段是这样说的：

主持人：回扣，作为我们国家财务制度上好像没有哪一项款项能够明确地写出来回扣多少多少钱，通常它都是以一种变通形式，通过劳务费的形式或者是其他形式把它转出去，那么我想是不是咱们再来分析一下，劳务费和佣金它们之间的关系和区别。

刘伟：我想恐怕区别呀，正常的劳务费和回扣的区别主要是两点。一个呢，无论回扣也好，佣金也好，特别是回扣，实际上是一种转移支付。所谓转移支付，和我们前面谈的一样，第三方付款。刚才魏先生讲的那个卖方的回扣，我现在卖给你产品，希望你能买，然后我回扣给你多少。工厂跟我说了，我个人的推销费用是10000（元），你怎么花这10000（元）我不管，我可能跟你说，老魏，我给你2000（元），你买下去。但是你说这2000谁付的？是我个人的吗？

主持人：第三方付款。

刘伟：实际上还是第三方付款，相当于报销，实际上是报销的另一种形式，转移给别人了。我想这是一个和佣金很大的区别。

魏杰：而在现实中的区别，一个最主要的区别：劳务费和佣金是可以上账的，回扣往往不上账。

主持人：唉，就是。

魏杰：所以我们这个《反不正当竞争法》写了一条，不上账的回扣是坚决禁止的，它是错的！而它就是不上账。

刘伟：对，它不上账。

魏杰：在实践上最大的区别就是它。

刘伟：这是没法监督他的。从这儿就衍生出第二个问题，就是区别第二方面在哪儿呢？佣金也好，劳务费也好，是市场的，它是价格公开的。竞争嘛，你这个劳动力值多少钱，你这个服务值多少钱，劳务值多少钱，我给你报酬，这是一个市场交易的过程。而这个回扣是黑市。所以黑市这个价格形成呢，一个是价格不确定，最根本的是破坏了正常的市场交易。本来这道理很简单，我想对中国的情况稍微有点儿了解的观众都知道的，这个东西，公开价格，你多少钱卖，我多少钱买。我现在加一个回扣给人家，这就不是公开竞争了。它破坏我们那个市场的等价交换，是对市场交换事实上的一个瓦解。所以它并不是一个公开交易，而佣金和我们说的劳务费，它是一个市场过程呀！

魏杰：佣金呀，劳务费呀，这些东西同市场经济确实是连在一起的……回扣不是市场经济的必然结果。所以我不太赞成回扣是市场经济的必然结果，原因就在这里。

刘伟：对，对的。

魏杰：我们现在出现的问题在什么地方呢？回扣有的被当成劳务费、被当成佣金正常支付了，有的干脆就进入地下，根本不出来。

主持人：唉，没错儿！

魏杰：我们现在这个回扣所以打官司、出现问题（又）无法打，（问题）就在这里。你也找不到他不能拿的法律依据，你也找不到他能拿的法律依据，所以出现回扣上“撑死胆大的，饿死胆小的”。有的可能是劳务费，他也害怕是回扣就不拿了，有的根本不是劳务费，是回扣，他也拿了。

主持人：其实刚才咱们说的回扣呀，不只是对市场的一种破坏、一种瓦解，我觉得它还是我们这个腐败产生的一个重要原因。

刘伟：就是回扣不一定必然是腐败。

魏杰：对，但是回扣会产生腐败。

主持人：对，它会产生腐败。

刘伟：对。

……

以上讨论，对什么是回扣、它与正常的劳务费区别何在、如何从健全法制入手杜绝这种现象、回扣会给我们的社会带来哪些危害等，在主持人与两位专家的交流和探讨中，澄清了是非，划清了界限，明确了认识。在谈话中，主持人适时地提出问题并归纳总结，谈话者从不同角度、不同方面发表个人的看法。他们不同的言谈举止、表情神态及谈话的不同风格吸引着观众；他们或气愤、或幽默、或痛心疾首、或慷慨激昂的情绪感染着观众；他们既充满哲理又不乏独到之处的见解给观众以启示和思考。谈话间的穿插、停顿、应和、补充，营造了一种浓厚的现场交流氛围，使这期上下两集、长达40分钟的节目并不显得沉闷和冗长。

又如在中央电视台《经济半小时》播出的《高高低低话平价》中，就风靡一时的平价商场现象展开了讨论，参与座谈的经济界、企业界人士各抒己见，分析了现象，也对平价商场的前景做出了预测，取得了较好的收视效果。

（三）论坛式

论坛式评论是由主持人在演播室现场主持，由特邀嘉宾和部分受众直接参与，就社会生活中与群众比较贴近的事件和话题展开讨论、争鸣的谈话体节目。在西方国家，这类节目称之为“脱口秀”（Talk Show）。与访谈或座谈式节目的显著区别在于，现场观众的介入，使节目的人际交流氛围与现场参与感大幅度增强。特邀嘉宾与现场观众既是不同年龄、职业、文化背景的代表性人士，也可以是不同意见的代表者，因而在谈话过程中，可以有同类意见的补充与共鸣，也可以有不同意见的论辩与争鸣，讨论的气氛比前两种形式更为轻松、活跃和热烈。

这类节目最早出现在50年代的美国，近年来我国的一些电视台也先后开设了此类栏目，如中央电视台的《十二演播室》、上海东方电视台的《东方直播室》、广东电视台的《岭南直播室》等等，但影响最大的应首推 1996 年 3 月开播的中央电视台《实话实说》栏目。该栏目播出的第一期节目题为《谁来保护消费者》，邀请的五位嘉宾包括一位新闻记者、一位律师和两位著名的经济学家，最后一位出场的是化了妆的王海。这期节目围绕“消费者的正当权益由谁来保护”、“对‘王海现象’应该如何看”和“消费者如何运用法律保护自己的正当权益”等问题，嘉宾与观众站在不同角度、提出不同见解，展开了一场热烈的讨论甚至是激烈的争论。例如在节目开始后不久，有关“应如何评价王海打假”就展开了不同观点的尖锐“交锋”：

观众一：武松打虎是英雄，王海打假也是英雄。

观众二：我认为王海不是消费者。

观众三：王海不应该运用《消费者权益保护法》来进行获利的这种职业化行为。

观众四：他是一个商人。

观众五：经济学上的消费者跟法律上的消费者不应当是不一样的。

观众六：你怎么知道他不是为了生活消费的目的？

观众七：我觉得它既然是一种现象，它的存在是有它一定的合理性的。

伍高汉（消协投诉部主任）：

从消费者协会的角度来说，应该提出一个口号，这就是希望千百万个王海站起来，对市场经济进行监督，促进我们的社会主义商品经济健康发展。

肖灼基（经济学家）：

要王海他们这样的人来保护消费者权益，那你们的责任在哪里呢？出现王海这种现象，从某种意义上来说，也说明

你们的工作做得不够。(掌声)

王利公(记者):

关于这一点我想说点意见。我觉得市场经济的完善必须基于消费者的成熟。王海作为一个二十多岁的年轻人,他能有这样的意识学习“消法”的有关条款,包括学习有关的商品知识,这一点是难能可贵的。

高明(律师):

王海既不是打假英雄,也不是“刁民”,但他确实是一个聪明人,他从第一次获利以后,发现这个可以作为一项工作,可以去尝试,去干一干。

主持人:你觉得这是他的聪明之处?

高明:对。但对王海本人来讲,我个人认为王海不是在打假。

主持人:律师旗帜鲜明,他认为王海不是在打假。樊先生呢?

樊刚(经济学家):

王海就是在打假。他打假不一定是出于为了自己买了东西去索赔的目的,但他可以作为是一种盈利的目的去打假,面对社会上那么多以盈利为目的甚至坑害别人的假冒伪劣者,出现几个打假者我认为不为过。

这些争论随着化了妆的王海的上场,变得更为激烈。但“真理越辩越明”,不同观点的争鸣不仅使参加者和受众开启了思路,增长了有关法律、经济等方面的知识,而且使“如何运用法律武器保护自己”的意识得到增强,一些行之有效的作法也得以推广。在现场嘉宾和观众热烈讨论时,电视机前的观众也往往情不自禁地“加入”其中,发表自己的看法,家人之间甚至相互争论起来,使得“现场参与感”变成“参与”的行为,这也是此类节目的引人之处。

论坛式节目往往选择百姓身边发生的、与百姓息息相关的、引起百姓普遍关注或普遍兴趣的事物或问题为话题，如《为什么吸烟》、《该不该减肥》、《不打不成才》、《父母眼中的“孝子”》、《面对孩子的谎言》、《结婚的钱谁来出》、《话说广场鸽》等。邀请的嘉宾中有知名学者、著名演员，也有退休老人、居委会主任、下岗女工、中小学生……在《实话实说》每期节目的末尾都打出征集话题的广告；现场嘉宾和观众中，很多是“自告奋勇”者。由此看来，这类节目的开放性、参与性和趣味性，是其吸引力和生命力的源泉。

要办好谈话体评论节目，有四个方面的问题需要引起重视：一是选择受众普遍关心或感兴趣的话题，二是选择机敏、灵活、能够驾驭此类节目的合适的主持人，三是选择口头表达能力较强的有代表性的嘉宾及现场观众，四是善于营造轻松、和谐的现场交流气氛。应当指出的是，主持人的选择在四个要求中居于相当重要的位置，并直接影响着节目的传播效果。

二、主持人评论

主持人评论是近两年来在我国出现的电视评论的新样式。和以往由播音员口播的评论不同之处在于，主持人不只是新闻评论的播报者，他还可以直接参与评论的策划与写作，并直接以个人的身份、用谈话的方式发表意见和见解。随着电视新闻节目的杂志化和栏目化，新闻主持人的作用已变得越来越突出和重要。他不仅可以发挥组织、串连、协调的作用，而且通过及时、到位的分析、评点，起到沟通、辨析、表态、引导等作用。而主持人评论既可以与前后节目无关，由主持人有感而发，也可以配合前后节目缘事而议。其写法有些类似报纸上个人署名的专栏评论或署名评论员文章，与记者的广播谈话也比较相近；除表达上的口语化和交流感之外，还具有鲜明的个性化和人格化的特征，目前比较有代表性的栏目,是中央电视台《东方时空》中的《面对面》。

1996年2月27日,《面对面》栏目的主持人与观众谈论的话题是近些年出现的"领导'傍大款'"的现象:

观众朋友,这是个"傍"字,那么在《现代汉语词典》中是临近、靠近的意思,一般在组词的时候都用傍晚或傍黑,可是现在这个"傍"字又被大大地利用了一下,有了一些新词。比如说:"傍家儿",还有"傍大款"。它就有了比临近、靠近更亲密的意思。那么"傍大款"往往指一些女孩依附于一些大款,用美貌换金钱,周瑜打黄盖,一个愿打一个愿挨。老百姓虽然对这种"傍大款"的现象嗤之以鼻,但是似乎也没有什么办法。可是现在"傍大款"又有了发展,就是说不光有小姐傍大款,还有了这个领导傍大款。那么在无锡市32亿的非法集资大案中呢,有一个大款案犯叫潭根法(音),他在有一次喝酒时,跟他的朋友说,我跟咱们的副市长丁浩兴(音)究竟铁到什么程度呢?我现在给他打一个电话,让他15分钟到,他肯定不会迟到,于是他就拨了一个电话,结果真不到14分钟,丁副市长就来到了现场。那么他们两个傍在一起又交换了些什么呢?丁浩兴(音)非法挪用政府专项基金1050万元给他的这位大款朋友用作周转资金,后来他的这位大款朋友东窗事发进了监狱,而丁浩兴(音)也由于受贿进了牢房。这是一种非常典型的钱权交易。那么领导傍大款这种现象,一般都是这样出现的,先是领导干部利用权力和大款结交以希望自己得到实惠;然后有一些大款呢,在自己的经济实力慢慢达到一定程度之后,他就想靠近权力,以便自己有个靠山,于是钱权成交。那么"傍大款"这种现象最大的危害在于一些领导干部本来应该身为公仆,但是在傍了大款之后,吃人家的嘴软,拿了人家的手短，慢慢地就滑进了腐败的群落里，让老百姓深受其害。那么在领导傍大款这种现象里头还有非常有意思的情节，让人回味，就是一些被傍的大款往往瞧不起傍他的领导干部。在四川简阳（音）市有一个市长叫王善武（音），他是一个喜欢傍大款的领导干部，有一次他的一个大款哥们在喝醉了酒以后跟在座的朋友打赌，说简阳市谁最大，结果这些朋友回答说，王善武（音）市长最大啊。他最大？不一定吧？我现在给他拨一个电话，让他马上到，他肯定像狗一样的就来。果真拨完电话后不久，王善武（音）市长就来到了现场，那么这个情节跟我刚才讲的无锡市那个情节简直有异曲同工之妙！那么公仆呢？是为人民服务的，如果只是傍了少数的大款而不是广大的人民群众的话，那就背离了自己的职责。无锡市的那位副市长和四川简阳的王善武市长都已下台受到了法律惩处，不过我们有理由关心，那些现在还在傍着大款的某些公仆又做如何打算呢？好，现在让我们把反腐败的视线转向我们的邻居国家韩国，一个国家的总理或总统由于丑闻败露，被迫下台，或追究法律责任，这个我们经常听说，但是一个卸任了很多年的前国家总统，重新被请上法庭却似乎是不多见的。然而就在昨天韩国汉城地方法院，韩国卸任了8年之久的前总统全斗焕却由于被指控受贿罪重新出庭受审。

评论先讲了两个“领导‘傍大款’”的实例，虽然他们一个身在江苏无锡，一个供职于四川简阳，但“傍大款”的做法却如出一辙，以至于大款们也如出一辙地拿他们的人格和所代表的权力开了个让人笑不起来的“玩笑”。主持人如聊天般平易、自然的话语，和话语间流露出的发自内心的鄙夷、痛恨之情，通过“面对面”的交流直接传达给受众，产生了一般口播评论很难具有的感染力。在谈话的末尾，主持人把视线从中国移向韩国，在国内与国际、犯罪与制裁的参照与关联中，引出下面《时空报道》栏目即将播出的《全斗焕首次出庭受审》。这种叙述与评析的转换、过渡，不仅使整个“版块式节目”显得主题集中、结构严谨，也显示出主持人评论的特色和力度。

主持人评论具有鲜明的个性化特征。不同的主持人无论外在形象还是内在气质都有各自不同的特点；这些特点是因其成长环境、人生阅历、学识专长等诸方面的不同而形成的。承认差异，保持个性，不同主持人的评论才有特色，才有看头。在《面对面》栏目两年来的摸索和磨炼中，四位相对固定的主持人已开始各有“专工”：或侧重经济领域、或侧重政治领域、或侧重社会生活，或侧重国际时事。同时，也开始形成各自的风格：或潇洒、或平易，或端庄、或机敏……由于个性化，主持人评论才得以在较为单一的表现方式中展示其多样性和丰富而深广的内涵。

主持人评论还具有人格化的特征。与代表媒介的口播评论不同的是，发出评论的不是抽象的媒介，而是具象的个体，是有名有姓、有感情有性格的人。在《面对面》中，主持人经常以第一人称的口吻，从自己的个人经历和感受中引出话题或发表议论。在《飞机禁用“大哥大”》（1996 年 11 月 15 日）中，主持人从前两天发生在印度新德里的一起空难说起，引出自己前不久的一段亲身经历：

> 最近我去珠海采访，在离开北京和回来的飞机上，尽管喇叭里不断地在广播禁止使用“大哥大”等这样一些工具的通知，然而飞机上的“大哥大”声仍然是此起彼伏，有的乘客甚至于在飞机正准备落地的时候，用“大哥大”告诉他自己的亲朋好友说：哎，我已经到了。而这个时候，并没有发现飞机上的服务人员上前去制止。更让人担心的是，现在有一些航班上，甚至于连禁止使用“大哥大”等这样一些规定

的通知都不广播。虽然说到现在为止，我们并没有发生由于使用“大哥大”而酿成机毁人亡的重大事故，但是我们总不能够等到有一天说，由于使用“大哥大”，空难的事故率在上升，由于使用“大哥大”掉了几架波音 747。到那个时候，我们再去呼吁说赶紧采取措施，再去亡羊补牢。因为到那个时候，恐怕就已经晚了。

由于是主持人亲眼所见，这段事实让人感到真实可信，由此引发的议论也显得顺理成章，具有较强的说服力。在《关于医生敬业的一段往事》（1996 年 3 月 2 日）中，主持人动情地讲述了若干年前自己的父亲去天津出差时被热心而又细心的医生收治住院的故事，结尾处主持人说道：“虽然过了三年我父亲由于的确患的是癌症去世了，但我还是从内心里非常感谢这个大夫，不知道他现在过着什么样的生活。我在这儿只能说一句：好人一生平安。这件事是过了十年后我母亲才讲述给我听的。我现在印象非常深的是我母亲在把这个故事讲完之后对我讲的一句话：“如果那时候那位大夫的那种敬业精神和现在的医疗技术结合在一起的话，也许你父亲的病是可以治好的。”由主持人自己执笔、由主持人自己讲述的这个故事和其中蕴含的道理，不仅感人至深，而且耐人寻味。

观众通过主持人评论认识了主持人，又通过个性化的主持人接受了人格化的主持人评论。虽然它同样反映着媒介的立场和态度，但这种个性化与人格化的评论，拉近了与观众心理上和情感上的距离，具有更强的易受性和感情冲击力。

三、电视述评

电视述评是述评这种融新闻报道和新闻评论于一体的杂交品种在电视中的具体运用。它既报道事实，又对新闻事实做出必要的分析和评价。虽然在篇幅上述多于评，但述是手段，评是目的。在夹叙夹议、述评结合中，以评驭述，具有鲜明的导向性。电视述评与报纸、广播述评的不同之处在于它特殊的表现手段。它综合运用画面、音响、屏幕文字和解说、论述性语言，是表现手段最为丰富的述评，也是最能体现电视传播特点、发挥电视传播优势的电视评论形式。

我国的电视述评起源于80年代初期。1980年7月12日，中央电视台推出第一个电视述评栏目《观察与思考》，播出的第一期节目是《北京居民为什么吃菜难》。此后，该栏目不定期播出，1988年11月改版，更名为《观察思考》，每周日晚与观众见面，1993年3月27日停播，其大部分成员加入1994年4月1日开播的《焦点访谈》。经过十多个春秋的不懈实践，《观察思考》和以它为代表的一批电视述评栏目日臻完善和成熟。它们紧扣时代脉膊，贴近群众、贴近生活、贴近实际；节目或弘扬正气，或针砭时弊，或追踪热点，或探索难点，有相当一部分在当时产生较大社会反响。如安徽电视台《社会之窗》报道与评析率先在全国实行"包产到户"的安徽凤阳小岗村农民如何亟需转变观念、跟上改革步伐的《小岗一日》，中央电视台《观察思考》揭露医疗战线上的不正之风，呼唤医德和医疗制度改革的《红十字下的"红包"》，北京电视台《18分钟经济·社会》追踪侵害消费者利益的售假事件、呼吁用《消费者权益保护法》保护自身权益的《悬赏打假》，广东电视台《社会聚焦》从几个特大经济案件的犯罪分子同时伏法，分析他们犯罪的原因及有关思考的《刑场上的枪声留下的警示》等。《焦点访谈》的开播，使电视述评节目以从未有过的规模和影响迅速扩展到全国各省、市电视台。"时事追踪报道、新闻背景分析、社会热点透视、大众话题评说"，《焦点访谈》栏目的定位，也大致代表了电视述评节目的总体定位。

目前，我国电视述评在表现形式上已形成较为成熟的基本形态，即以新闻事件或社会现象等为报道、评析的对象，以画面、音响为主要的表现手段，以字幕为辅助手法，以记者（或主持人）的解说、评析为主线，按照事物发展的逻辑顺序和人们分析、认识事物的逻辑规律，将权威人士、专家学者及各界群众的分析议论加以恰当的剪辑组合，在节目结尾处予以画龙点睛式的点评或提炼，使节目视听结合，事理融合，使受众获得事实性与意见性信息的双重满足。但基本形态不是“模式”或“套路”，不同的节目内容可以有不同表现手法和节目形态，也只有如此，电视述评才具有旺盛的生命力。

1995年9月，北京电视台《今日话题》的记者在采访中注意到：在京城啤酒业的9家啤酒厂中，有8家与外商合资，唯独燕京啤酒厂一家没有合资，而合资的8家啤酒厂全部亏损，唯独燕京一家盈利，从一家规模不大的啤酒厂，发展成为当时全国第二大啤酒生产厂家。联系一些企业盲目追风逐潮的“合资风”和国家统计局有关“三资企业亏损面占企业总数40%”的统计数字，经过两个多月的采访摄制，制作了一期电视述评《合资：引进来，更要利用好》：

画面	解　说
	（主持人）在北京的街头已有消费者在抱怨，一经合资生产的雪糕、冰激淋等冷饮，价格就高达一二十元，而一个普通工人的日工资只有二十元左右。永久、飞鸽、凤凰等名牌自行车也已被几个外国品牌夺去了“风骚”，化妆品市场更成了外国品牌的天下……

(续前表)

画面	解　说
长安街街景鳞次栉比的中外广告牌，夜景，外商霓虹灯广告	（解说词）记者在北京长安街——这条中华第一街，从东段大北窑到西头公主坟，对两侧高大建筑物上的广告做了一次统计：中外企业广告共116幅，中国企业广告有45幅，外商企业广告71幅，而且许多是“大家伙”。其中外商产品商标广告58幅，中国企业产品商标广告只有16幅，外商广告竟是中方广告的近4倍。
车水马龙的长安街	改革开放16年来，引进外资给我国的经济繁荣带来了巨大促进，在初期为了吸引外资和技术，让外商了解中国市场和政策，我们有的降低条件，有的给出优惠待遇，也有的付出了昂贵的学费。16年后的今天，到了该规范合理地利用外资的时候了！（黑场）
外国报纸特写字幕：朝日公司成为中国最大啤酒厂商…… 中策公司厂门，啤酒生产线	（黑而渐隐）近日，京城啤酒业爆出一特大新闻：已与香港中策集团合资并被其控股的北京中策啤酒 厂，被中策公司在国外上市，将其拥有的75%的股份，出让给了朝日和伊藤忠两家日本公司，使日本朝日集团一跃成为中国最大的啤酒酿造商。
	至此，在京城的九家啤酒厂中有八家同外商合资并被其控股，唯独燕京啤酒厂一家未加入合资的行列。而北啤、五星、燕京三大京城啤酒巨头中，有两家亏损，唯独燕京盈利。
采访燕京啤酒厂总经理李福成	（李福成）：企业合不合资要根据企业的自身情况来定。像我们这样的企业有拳头产品，有较雄厚的技术和广阔的市场，经济效益又很好。我觉得这样合资就会把利润白白地被外商分掉。

(续前表)

画面	解　说
外国人喝啤酒。外国服务员端啤酒。燕京厂负责人与外商洽谈	（解说词）目前，世界啤酒市场趋于饱和，欧美等国人均啤酒年消量在 100 公升左右，而中国只有 10 公升，市场潜力巨大，外商纷纷垂涎中国市场，世界十大啤酒厂商中曾有七家前来燕京洽谈合资事宜。
访燕京总经理李福成	（李福成）如果我们把 50%的股份出让给外商，那么他们不用担任何风险，在不到三年的时间就会把投资收回。像我们这样已过了风险期的企业，市场、产品、效益又都很好，为什么不能在社会主义市场经济中，与外国资本一争高低呢?
餐厅中服务员端燕京啤酒，顾客喝燕京啤酒。干杯	（解说词）曾几何时，“北京啤酒”和“五星啤酒”当数京城的“啤老大”，而现今在京城每两瓶啤酒中就有一瓶是“燕京啤酒”，当年这个被称为“农民啤酒”的燕京啤酒厂一跃成为华北第一大，全国第二大的啤酒生产厂家。为什么当年的“啤老大”陨落了呢?
采访北京中策啤酒厂总经理李运伯	（李运伯）1990 年北啤进行企业扩大再生产，到了 1992 年扩产完成，企业欠了贷款两个亿。如果按当时的酒价，企业还款要几十年才能还清，为了还款企业走了合资路。
啤酒设备生产线上转动的易拉罐，瓶装啤酒	（解说词）一步到位的扩大生产使北京啤酒厂背上了债务重负，钱还不了怎么办? 由此想到了合资。1994 年 1 月香港中策集团以 2500 万美元的资金购走了北啤 55%的股份。
工人用车推成箱啤酒，啤酒箱垛，运啤酒的大卡车	与此同时，当年的“小弟弟”燕京啤酒厂走“滚动式”发展的道路，他们通过市场的占有，形成利润，再投入生产，一步步扩大市场。

(续前表)

画面	解　说
采访北啤总经理李运伯)	(李运伯) 在北京啤酒行业，凡是走合资路的企业都是当时采取一步到位的扩大生产负债过重的企业；没走合资路的都是走滚动发展、一步步扩大生产的企业。
生产线上工人操纵设备，检测啤酒	(解说词) 企业欠了钱，负债过重，是否一经合资就能解决问题呢?
采访国有资产局科研所所长姜洪	(姜洪) 合资不是目的，而是手段。企业引进外资是一个长期的效应，应该伴随着技术和市场网络引进。如果只是为了短期的资金缺乏，暂时没原料了、没设备了，为了这种暂时的投寸紧张，而走引进外资的路子，那是不上算的。

从画面展示的长安街上五彩缤纷的外商广告入题，记者分别采访了燕京啤酒厂和其他几家已合资企业的总经理，他们的“现身说法”，提供了可信的论据；国有资产管理局有关人士的议论是对以上现象的恰如其分的分析；画外音的适时解释、补充和评析，则使节目的脉络更加明晰，采访间的过渡也由此变得比较自然和流畅。节目还适时采访了普通百姓，使议论的过程具有了群言性和参与性，论点也具有了一定的复合性：

画　面	解　说
生产线上转动的啤酒罐、啤酒瓶。燕京厂厂房、厂牌，各类品牌啤酒“燕京”、“五星”、“北京”等。长安街景	(解说词) 对于北京的啤酒行业是否走合资发展的道路，仁者见仁，智者见智，但最终是要见市场。不过有一点是有所共识的：国有品牌不能丢！没有自己的品牌，还有什么民族工业可言。名牌事业是千秋万代的民族事业！

(续前表)

画　面	解　说
采访一组百姓街头采访骑车人	(百姓甲)即使奥迪、桑塔纳都是100%的国产件，那也是外国的品牌，也不是我们民族工业的结晶。
自行车商店采访销售人员	(百姓乙——自行车销售员)像国产的自行车吧，总是那些老样子；这些外国品牌的车子款式、色彩都很新。
化妆品柜台采访售货员	(百姓丙——化妆品售货员)国产化妆品和进口的质量差不多，但进口化妆品价格要高出好几倍。
长安街景，进口汽车在行驶。商店中成排的自行车。照相机柜台、照相机特写	(解说词)走在商业街上，涌入眼帘的广告牌多是洋文、洋名，马路上跑着的多是外国品牌的轿车。在京城的一些大商场，永久、飞鸽、凤凰等国有名牌自行车已被一些外商品牌挤到一个角落；照相机行业也只留下上海“海鸥”这个中国唯一的名牌……
加框资料画面：日本、新加坡、韩国各类产品生产线	中国的消费品市场有的似乎已被外商占据，而与此同时，我们的一些工业领域也受到了冲击。相比日本、新加坡、韩国工业的腾飞，他们引进资金却受到相当的法律限制，只有技术先进型和空白产业才允许外国资本的涌入。
采访国家统计局外贸司司长丁延生	(丁延生)外商来不来我们这儿投资，并不看你给他多少优惠条件，他更注重的是市场，能不能在这个市场挣到钱。只要你有一个较完善的投资环境和较好的法律环境，在这个国际规范的环境他能够挣钱，他就会来的。 ……

片中大量运用现场采制的同期声，配以大量空镜头画面，以丰富和充实谈话的内容。同时，通过群众的议论，分析的范围得到了扩展，由此及彼，举一反三，从啤酒行业联系到汽车、自行

车、化妆品等行业，有关权威人士的谈话，又使报道与评析的范围从国内扩展到了世界，通过日、新、韩三国用法律规范和限制外资引进的“他山之石”，为我们的引资提供了借鉴。现场画面、采访对象的同期声、记者与专家权威和各方人士的分析评点，使电视述评有叙有议、有声有色、有点有面，有形象，有深度，较为充分地体现了其他电视评论样式很难达到的综合性传播优势。

第三节　电视评论的构成要素

电视评论是多种传播符号综合运用的评论形式，包括文字符号（如标题、字幕），图像符号（如画面、图片、资料、图表）和语言符号（如解说词、论述语言、同期声、音乐、背景音响）。电视评论的制作过程，也比报刊、广播评论复杂。报刊评论是靠单一的文字符号传播的评论形式，写成评论的文字稿后，经过排版印刷即可与读者见面。广播评论主要运用声音符号传播，在采录现场音响、收集背景音响、写作解说词、进行评述并录制后再与前者进行合成就可以播出。电视评论，特别是电视述评的制作过程比较复杂，要经过前期的采访、摄录及后期的解说词写作、画面编辑、字幕制作、音响合成、必要的特技处理等一系列工序才能最后完成。电视评论是“多工种多程序的集团作战”，除编导、记者、主持人的直接参与外，必须有专门的摄像师、录音师以至灯光师的合作。因此，任何一个电视评论节目都是集体智慧的结晶。为了使电视评论收到更好的传播效果，需要对电视评论的基本构成要素有一个全面的了解，对各种要素之间的关系和配合有一种总体的把握。

一、电视评论的画面

电视是迄今为止最能保持生活素材的完整性和原始状态的传

播媒介，它通过真实记录的形象、声音、动作、表情、环境等传达事实性信息。

画面是指用摄影机或摄像机拍摄下来的，在银幕、屏幕或感光材料上呈现的形象。画面是电视评论的基本构成要素，也是电视评论与报刊、广播评论首要的区别，它以可感知的视觉形象，排除了人们对于事物认识的不确定性，以及由于文化程度、生活经验等原因造成的理解上的差异，具有很强的真实性和直观性。电视评论的画面一般 由现场画面、资料画面以及后期制作的图表、图像等组成。

（一）现场画面

现场画面是指记者在采访现场摄录下来的有关环境状况、事物状态及人们动作、表情等真实情况的画面。它是电视评论各类画面形式中最重要、最基本的画面形式，也是最具现场感、真实性和表现力的画面语言。

中央电视台《焦点访谈》播出的《难圆绿色梦》（1995 年 8 月 1 日），报道了内蒙古库布其沙漠北部边缘的小村园子塔拉从无林到造林，又从造林到毁林的典型事例，片中 82 岁的老人徐志民是当地的植树模范，他种了一辈子的树，腰弯了，腿瘫了，在他卧病离开园子塔拉仅有两三年的时间里，他当年带领大家种下的树被一棵棵砍倒，肆虐的风沙又重新逼近这个小村庄。片中许多现场画面表现细腻、寓意深邃。如面对成片被砍伐的树木，徐志民老人痛苦抽搐的脸部特写，大滴的泪珠顺着他布满皱纹的脸滚落下来；老人蹲在“树王”的残根旁，这棵当年他种下的参天大树已被他的“接班人”锯倒当了自家儿子的房梁，老人颤抖的手抚摸着残存的树桩，并用自己的拐杖一下一下地戳动树桩缝隙中的泥土……用不着其他任何语言，老人对几十年心血的痛惜，对“败家货”的痛恨尽在无声的画面之中。又如片中在沙丘上嬉戏玩耍的小男孩李磊，想做“捏圪蛋蛋”的游戏给记者看看，于是两只小手在沙丘上拼命地挖，直到挖出一个深深的洞，也没掏出往日还能见到的湿土；一阵风吹过后李磊家土炕的特写，床单上厚厚的一层灰尘，与记者聊天的李磊的奶奶拿起笤帚在炕上轻轻扫了几下，立刻呈现出绿色床单的本来面目……乱砍滥伐的危害，土地荒漠化的威胁不用历数，随着一组组生动的画面，形象地展示在观众面前。

现场画面具有极其丰富的表现力，在纪实性上有其他媒介无法企及的真实性和完整性。同时，现场画面又兼有表情达意的功能。1994 年 4 月 16 日中央电视台《焦点访谈》的《从教不仁》中因贪污受贿被判处死刑的招生办副主任老泪纵横、哽咽难言的表情，获得国际金奖的著名指挥家在狭窄幽暗的斗室中无奈徘徊的动作，1995 年 6 月 20 日中央电视台《焦点访谈》的《雄县追车记》中被有关执法者明显涂改过的汽车车架号码，1996 年 6 月 8 日甘肃电视台《焦点评说》的《沙尘暴的警告》中沙尘暴到来时遮天蔽日的黑风暴和马路上无法前行的车辆与行人……这些画面的准确捕捉，不仅显示出事实的确凿无疑，而且深化了叙事的内涵，激起人们感情上的波澜，帮助人们理解节目的主题，领悟评论的观点。

（二）资料画面

资料画面是指为表现节目主题而选用的有关事物原因、背景和发展脉络的资料性画面，包括影视资料和图片。这些画面能够使节目突破时空的界限，扩充节目的信息量，增强节目的可信性，使节目更有深度。

在联合国成立 50 周年之际，《焦点访谈》播出了《联合国：风雨五十年》（1995 年 10 月 23 日），该片选用了大量历史镜头，包括联合国建立初期在少数大国的操纵下成为干涉各国内政的表决机器的一组画面，50 年来联合国对一些发生战争或自然灾害的国家和地区实行紧急救援活动的一组画面，以及中国恢复在联合国合法席位的一组画面。这些画面如同一幅幅历史的画卷，真实而全面地回顾了联合国“风雨五十年”的发展过程，也准确而鲜明地表达出中国在联合国问题上的一贯立场和态度。在50年的时空跨越中，该片显示出一种历史的纵深感，也表现出中国参与联合国各项事务的使命感和自信力。

在电视评论中，现场画面与资料画面的穿插运用，不仅可以扩充节目的信息量，还可以产生对比与反差，深化节目的主题。如在前面提到的《难圆绿色梦》中，编导者还精心制作了几组对比强烈的画面，如十年前郁郁葱葱的林带与今天被砍伐过的成排树桩；过去参天的“树王”与今天巨大的残根；昔日头戴草帽在绿荫下忙碌的徐志民与今天戴着用柳枝编成的草帽在烈日下除草的农民，锄下的庄稼已被沙土掩埋了一半……通过现场画面与资料画面的对比，“人进沙退”、“人退沙进”的危害和“前人栽树，后人无凉可乘”的教训，鲜明地呈现在观众面前。

（三）后期制作的图表、图像

后期制作的图表、图像是指为节目主题及内容的需要，运用特技手法专门制作的表格、图形或活动影像。

在电视评论节目中，经常出现诸如统计数据、地理方位等较为抽象和笼统的内容，而这些内容又往往是说明事物变化和表现事物间联系的重要依据，因此，制作各类图表、图形或活动影像，就可以起到化抽象为直观、变笼统为具体的作用，产生更好的传播效果。

在“十五大”召开前夕，北京电视台《今日话题》栏目推出一组《展示新成就，迎接十五大》的系列述评，第一集题为《谈消费，看转变》(1997年8月26日)。为了展示北京市民消费趋向的变化，片中引用了北京市统计局的一组数字：1992年北京市民人均收入1787.08元，1996年上升为6885.36元；1992年因市民旅游还不普遍，旅游消费未列入统计范围，1996年人均旅游消费81.95元。当画外音介绍这组数字时，屏幕上出现一幅彩色柱形图，两组数字变为两组高低对比悬殊的彩色立柱，使变化直观地表现出来。

在《今日话题》的另一个节目《联合之后的思考》(1997 年 11 月 14 日)中，为了说明资产重组、加强联合的必要性，该片以北京西单商场与友谊集团的联合为例，制作了一幅地理位置图：

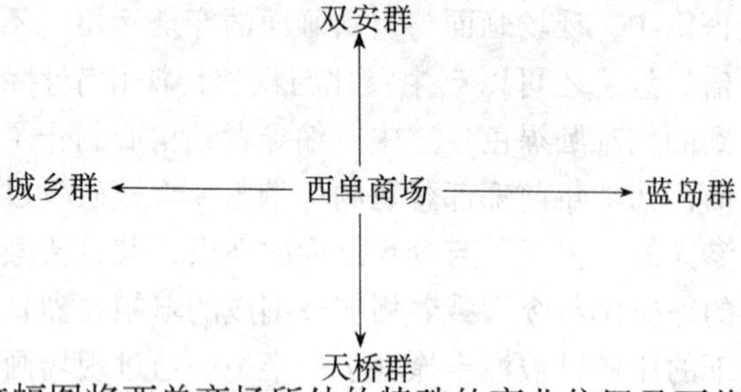

这幅图将西单商场所处的特殊的商业位置及面临的严峻挑战直观地展现在观众面前，帮助人们理解企业联合的意义所在。

总之，在电视评论中，各类画面按照一定的叙事或议论需要的组合运用，构成了电视评论的画面语言，它是电视评论各类语言形式中最具电视特征的形式。它的主要作用包括报道新闻事实、交待相关背景、提供议论依据和烘托节目气氛。

在电视评论中，画面的作用应注意以下几个基本原则：

一是摆正画面在电视评论中的位置，让画面为展示事实和佐证论点服务，并以此为前提拍摄、剪辑和运用画面，使其成为电视评论有机的组成部分。

二是恰当处理画面与解说、论述性语言的关系，避免生硬的声画对位和过分的声画分离。在“以视为主”的同时不能以画面代替必要的分析议论，让画面为引出、佐证、补充和强化论述性语言服务。

三是在使用画面的过程中，应根据评论内容的需要调动各种画面形式，灵活运用各种画面的表现技巧和编排手段，使画面语言更为丰富，以增强其特有的表现力和感染力。

二、电视评论的同期声

同期声是指与电视画面同步出现的各种声音，包括人物的谈话和现场的各种实况音响。同期声是电视评论各种声音符号中最重要和最富感染力的组成部分。与画外音、主持人（记者）的演播室点评及各类背景音响不同的是，它更具有现场感和表现力，而且具有更为鲜明的个性特征。

在电视评论的表现手段中，同期声与画面是无法分割的一个整体，有了同期声，画面才显得真实可信；有了同期声，才能够传达无法用画面语言传递的内容和思想；有了同期声，才能够渲染气氛，增强评论的现场感。

《焦点访谈》1996 年 4 月 29 日播出的《咸宁工商，取财有“道”》，报道了咸宁市工商局违反国家有关法律和规定，私扣过往车辆，强行罚款的恶劣作法，对其影响和危害也予以了一定的分析。片中两次采访了咸宁工商局局长徐碧琼，第一次为暗访、偷拍，第二次为正式采访。徐碧琼两次截然不同的表现，特别是其截然不同的话语形成了强烈的对照。其中第一次采访是这样的：

> （画面）隐蔽采访咸宁工商局局长徐碧琼接待车主的场面，徐碧琼着便装、手拎黑包，语气越来越激烈。
>
> 车主：徐局长，我们是梅州市的，我们的车能放吗？
>
> 徐碧琼：还要等等。
>
> 车主：我们的手续全部是全的啊！
>
> 徐碧琼：你们什么全的，我们搞的不对你们可以去告我们嘛！
>
> 车主：我们把所有的东西都让市长传过来了。
>
> 徐碧琼：市长传过来了，哪个说的也不行，你们越是这么做，那我们查得越严厉，我跟你讲清楚。
>
> 车主：我们没有问题你有什么好查的？你有什么证据讲

给我们听！我全拿给你了，行驶证你们都扣了。

徐碧琼：我们搞的不对你们可以告，你别来找我！

车主：不找你？是你扣的！

徐碧琼：我扣了你的证件你能把我怎么样！我还要继续扣！我还要扣！当然扣了！

车主：我去告你！

（画面）：徐碧琼恼羞成怒，满脸骄横，对车主大喊起来。

徐碧琼：你去告，你去告！我叫你去告！

车主：我到哪儿也要告你！

徐碧琼：你去呀，你去呀，你马上去！你去晚了不行！

车主：我现在已经告了！

徐碧琼：我不吃你这一套！我告诉你，我不吃你这一套！我不吃你这一套！你胆子这么大，我把你抓起来！

车主：查这么久，你们应该给个结果呀。

徐碧琼：我告诉你，我还要扣你们的车！我不吃你这一套！

这一段同期声，把有关执法者无视法律、骄横无理、气急败坏表现得相当充分，用不着任何画外音的解释和补充，其“潜台词”已让观众心领神会。

电视评论议论过程的一个明显特征，是它议论的参与性和论点的复合性。采访当事人及普通群众、政府官员、专家权威的同期声，不仅可以作为有说服力的论据，而且可以成为有代表性的论点。

在《焦点访谈》的《巨额粮款化为水》(1996 年 12 月 7 日)中，记者就黑龙江省五大连池市挪用 1900 万元农民售粮款修建矿泉水厂一事进行了深入的采访和评析，片中有三位农民的话相当有代表性：“写两个字就拉倒了，拿回去搁炕头上焐和着去吧！”

“你钱不到位老百姓过年怎么过呀？当官的都知道吃饺子，老百姓不知道吃饺子？你没钱搁啥吃呀？”

“粮款下不来，过年种地，你再指挥他都不灵了，指挥棒都给你撅了。”

在这三段同期声中，农民对“打白条”的不满与无奈，对当地政府和有关部门的意见，对“打白条”造成的影响和危害的看法，通过质朴、泼辣的语言充分表现出来，具有很强的感情冲击力。

此外，同期声的使用还可以节省论述性语言的篇幅，使记者或主持人的评点更为精炼。借众人之口，将议论“分解”，使电视评论的议论过程更加富于变化，便于提高传播效果。同时，参与议论的政府官员，专家学者自身具有的“权威性”与记者、主持人代表的媒介本身的“权威性”相结合，也有助于提高电视评论的说服力和舆论导向作用。

三、电视评论的屏幕文字

电视评论的屏幕文字(即字幕)是根据节目内容需要,在后期制作时运用电子技术叠加在画面上的文字。标题是屏幕文字的特殊形式。作为电视评论的一种可视性因素,它具有以下几种作用。

（一）补充、说明

在电视评论中，运用字幕可以补充、说明画面无法表达的内容，如时间、地点、人物姓名及身份、事件的起因及结果等等；也可以以此来消除由于录音效果不好或因口音较重、口齿不清及外国人士用本国语言谈话等所造成的听知障碍和理解歧义。

（二）提示、强调

以字幕的形式打出标题或论述重点，既可以帮助刚刚打开电视机的观众了解评论的论题和内容，也可以帮助观众理解评论的见解和主旨。同时，由于标题的适时出现和论点的及时标明，评论的层次感和条理性也显得越发清晰，使线性传播的电视评论增添了节奏感，便于在人们的记忆中更长久地留存。

（三）提炼、升华

由于电视评论具有直观性和转瞬即逝的特点，也由于电视受众的文化程度和理解能力的差异比其他媒介更大，在电视评论中打出字幕，用以提炼论点、升华主题显得必不可少。与论述性语言相结合的论点性字幕，可以起到“画龙点睛”的作用。

在中日邦交正常化25周年之际，《中国青年报》以“中国青年对日本的认识”为题搞了一项大型的读者调查，参加这项调查的有十多万人，他们的平均年龄为25.2岁，也就是说他们中间的绝大多数人是在中日邦交正常化后出生、成长起来的。然而这次调查的结果却令一些人特别是许多日本人震惊。在《焦点访谈》为此次调查特别制作的一期节目《日本，听我对你说》（1997年2月19日）中，采用了大量的字幕：

（画面）日本侵华历史的一组资料镜头。

字幕特技：“日本”二字最容易使您想到的是（可多选）

1. 川端康成 5.5%　2. 阿信和八佰伴 6.4%　3. 奥姆真理教与东京毒气事件 12.7%　4. 田中角荣 15.3%　5. 山口百惠 16.6%　6. 日本人的团结与敬业 35.8%　7. 东条英机 40.7%　8. 广岛原子弹爆炸 44.4%　9. 富士山 47.7%

10. 钓鱼岛事件 48.5%　11. 日本电器 48.9%　12. 樱花 51.2%　13. 武士道 58.1%　14. “日本鬼子”与抗日战争 81.3%　15. 南京大屠杀 83.9%，

南京大屠杀 83.9%　（定格）

字幕特技：您心目中的日本人是（可多选）

1. 怯懦 1.9%　2. 驯服 4.1%　3. 善良 5.7%　4. 柔弱善变 8.1%　5. 循规蹈矩 13.7%　6. 冷漠 15.6%　7. 待人温和 17.9%　8. 自私 19.8%　9. 不愿受人摆布 13.7%

10. 勇敢 25.4%　11. 顽梗不化 33.9%　12. 狂热 41.3%

13. 彬彬有礼 42.6%　14. 倨傲自尊 45.2%　15 生性好斗 45.3%　16. 团结 52.1%　17. 富创造性 54.4%　18. 残忍 56.1%

残忍　56.1%　（定格）

该片在背景画面（包括事先录制的空镜头和历史资料画面）上叠加文字，并把分值最高的内容用放大、定格的方式加以突出强调，强化了信息，给人以事实确凿、寓意深刻的强烈印象。

此外，屏幕文字的颜色、字体、字号、出屏方式等都蕴含着某种意味，这也是制作字幕时应该考虑到的因素。

例如在中央电视台《观察思考》1992 年 9 月 6 日播出的《迟发的报道——关于工人、企业、法律的思考》中，有这样一个画面，在同时签有南京市有关领导和江苏省总工会主席不同批示的文件特写镜头上，打出两行字幕，左上方是两行黄色的小字："不能因为一个工人毁了一个企业"；正中是两行黄色的大字："不能因为一个企业毁了一个法"。两相对照，哪一个批示更符合改革开放的大趋势，更符合国家、企业和工人的现实利益和长远利益，显得意味深长。

电视评论发展到今日，一些栏目为了体现个性特点，不仅在节目片头、形态、手法上下功夫，也往往把屏幕文字作为其"整体包装"的有机组成部分。浙江卫视周末版节目有一个栏目，名叫《观点》，在每期节目的末尾，都用字幕的形式打出"本期观点"，在大红的屏幕上，随着键盘"哒哒"作响的敲击声，有关本期节目中心论点的凝练文字便一个个出现，既点明主旨，便于观众理解，又言简意赅，便于观众记忆和回味。

四、电视评论的解说、论述性语言

电视评论的解说、论述性语言是对节目内容的补充性介绍及评价、分析与议论，具体表现为画外音和主持人（或记者）出镜点评。它同样是电视评论有机的组成部分，它像一根链条，把画面与同期声串接起来，使整个节目成为一个完整的集合体；它还是编导者主体思想与个性风格的集中体现，电视评论的理论色彩和评析力度很大程度上借助于它表现出来。

在电视评论中，画外音及记者、主持人的口头表达有两种功能，一为解释、补充，一为评点、生发。前者属于解说性语言，后者属于论述性语言。在节目中，这两类语言经常交替出现、穿插运用，即所谓夹叙夹议，有时很难将二者截然分开。

电视评论的解说、论述性语言有以下几个特点和要求：

（一）似断实连，与画面、同期声互为补充

电视评论（特别是电视述评）的解说、论述性语言与文字评论不同，报刊评论一般独立成篇，本身就是一篇完整的文章，电视评论的解说与论述性语言一般不能独立存在，只是电视评论各类语言中一个重要的构成要素，与其他要素相互依存，相辅相成。如果把解说词从节目中单独抽出来，就会发现它们显得东一句、西一句，思维上存在着跳跃，段落间不够连贯，逻辑上也时常显得不够完整，但正是这种不连贯和不完整，才为画面、同期声等电视评论的其他要素提供了应有的空间。

（二）简捷流畅，具有口语化的特征

电视评论的解说、论述性语言是为“说”而写的，因而有效地利用有限的时间和空间、简练准确地叙述事实和分析议论显得尤为重要。同时，考虑到电视广泛的群众性和转瞬即逝的传播特点，在写作解说词时应尽量使用通俗、生动的大众化语言和易受性较强的口语化方式。

（三）逻辑严密，具有一定的思辨色彩

电视评论与电视报道的根本区别在于它的理论色彩和思辨性。因而，在发挥电视长于表现事实、展示过程优势的同时，以收集、整合而成的各方意见为基础，适时地做出准确的分析、发表精当的议论，是显示电视评论逻辑力量和增强其评析力度的关键所在。

在《观察思考》播出的《迟发的报道》（1996 年 9 月 6 日）中有这样一段主持人议论：

> 但是，在对本案进行具体分析的时候，将会得出另一个结论。这起久断不决的案件的一个最基本点，就是辞退女工张志萍的理由与事实不相符合。那么，如果我们把这种辞退工人的做法说成是用工制度的改革，甚至还要加以保护，这将会产生什么样的后果呢？且不说冤枉了一个张志萍，对于那些了解真相的工人来说，他们又会怎么样去理解今天这场伟大的改革呢？
>
> 厂长们 16 天不上班没人管，发钱让工人上街游行也没有人过问。如果我们把这种偏离了法制轨道的行为也称作改革的话，其结果不仅会导致广大群众误解改革的真正涵义，同时，也会给那些打着改革旗号为所欲为的人以可乘之机。

这番议论，抓住了报道的关键所在，由现象议论到本质、由个别联想到一般。观众听后，不仅能够对新闻事件有一个较为清晰的了解，而且对正在推行的劳动用工制度的改革有一个更为全面的认识。

在中央电视台《焦点访谈》报道和评析优秀信访干部吴天祥的节目《愿做一座桥》（1996 年 5 月 14 日）的末尾，主持人说了这样一段话：

> 在武汉市有一个非常著名的景观，那就是武汉长江大桥。这座桥梁对长江两岸的经济发展起着非常重大的作用。如果说这座桥梁是一座有形的桥梁的话，那么吴天祥在人民群众和政府之间却架起了一座无形的桥梁。

从 40 年前架起的武汉长江大桥，联想到今天吴天祥在人民群众和政府之间架起的沟通之桥；从有形的桥，联想到无形的桥；从经济之桥，联想到心灵之桥……话虽不多，但平易、通俗的话语点出了评论的主题，呼应了节目的标题，也升华了吴天祥事迹的内涵。

电视评论的表现形式和手法多种多样，但凡属成功的电视评论都是各种构成要素合理配置、综合运用的结果。在电视评论中，应正确处理“视听结合”与“双线互补”的关系，尽量保持画面与声音要素的连续性和完整性，还应正确处理“以视为主”和“以论述性语言为主导”的关系，前者是指表现手法，后者是指节目导向，不能片面追求画面的感官刺激而忽略了评论色彩，也不能过分地强调论述性语言的主导地位而忽视了电视传播的独特艺术。

思考与练习

1. 与报刊、广播评论相比，电视评论有哪些特点和独特的形式？

2. 联系实际阐述电视评论中各种构成要素的种类和所发挥的作用。

3. 写作一篇主持人评论。

4. 结合一期电视述评节目写作一篇作品评析。

图书在版编目（CIP）数据

新闻评论教程/胡文龙等著．--北京：中国人民大学出版社，1998.8
ISBN 978-7-300-02678-7

Ⅰ.①新… Ⅱ.①胡… Ⅲ.①评论性新闻-新闻写作 Ⅳ.①G212.2

中国版本图书馆CIP数据核字（1998）第11694号

高等学校文科教材

新闻评论教程

胡文龙　秦　珪　涂光晋　著

Xinwen Pinglun Jiaocheng

出版发行	中国人民大学出版社			
社　址	北京中关村大街31号	**邮政编码**	100080	
电　话	010－62511242（总编室）		010－62511770（质管部）	
	010－82501766（邮购部）		010－62514148（门市部）	
	010－62515195（发行公司）		010－62515275（盗版举报）	
网　址	http：//www.crup.com.cn			
经　销	新华书店			
印　刷	北京密兴印刷有限公司			
规　格	140 mm×202 mm　32开本	**版　次**	1998年7月第1版	
印　张	13.75	**印　次**	2022年6月第35次印刷	
字　数	339 000	**定　价**	28.00元	